Das bayerische Vermögensteuergesetz

vom 17. August 1918

mit den Vollzugsvorschriften

erläutert von

Dr. August Fürnrohr,

Rechtsanwalt in München.

1919

München, Berlin und Leipzig

J. Schweitzer Verlag (Arthur Sellier).

Druck Dr. F. P. Datterer & Cie. (Arthur Sellier), München-Freising.

Vorwort.

Angesichts des Breunigschen halbamtlichen Kommentars zu den bayerischen Steuergesetzen muß es bei dem durch seine Konkurrenzlosigkeit bedingten Monopolcharakter dieses Werkes fast als ein Wagnis erscheinen, ein bayerisches Steuergesetz zu kommentieren, ohne gleichfalls aus amtlichem Wissensquell schöpfen zu können. Trotzdem mir das bevorstehende Erscheinen eines Ergänzungsbandes des Breunigschen Kommentars mit Erläuterungen auch des neuen bayerischen Vermögensteuergesetzes bekannt war, habe ich es doch unternommen, auch meinerseits dieses Gesetz zu kommentieren. Ich bin dabei zunächst von der Erwägung ausgegangen, daß eine kleinere und wohlfeilere Ausgabe zweifellos all jenen Interessenten willkommen sein wird, die sich das kostspieligere Breunigsche Buch nicht anschaffen wollen oder können. Abgesehen hievon aber hielt ich es im Interesse von Wissenschaft und Praxis für geboten, dem halbamtlichen Kommentar eine Kommentierung an die Seite zu stellen, die — rein privater Arbeit, theoretischem Studium wie praktischer Erfahrung entsprungen — jenes Maß an gesunder Kritik enthalten soll, das den amtlichen und halbamtlichen Kommentaren begreiflicherweise stets fehlt.

Nachdem nunmehr der Breunigsche Ergänzungsband erschienen ist, habe ich gerade in dieser letzteren Hinsicht keinen Anlaß, meinen Entschluß zu bedauern. Da ich zudem zahlreiche praktisch wichtige Fragen wesentlich eingehender als Breunig behandelt habe, darf ich hoffen, daß meine Ausgabe auch neben jenem Werke wird bestehen können.

München, den 5. April 1919.

Dr. Fürnrohr.

Inhaltsübersicht.

Abkürzungen.

a. a. O.	=	am angeführten Orte.
Abs.	=	Absatz.
a. E.	=	am Ende.
AG. BGB.	=	bayer. Ausführungsgesetz zum Bürgerlichen Gesetzbuch.
AG. StPO.	=	bayer. Ausführungsgesetz zur Strafprozeßordnung.
Amtl. Mitt.	=	Amtliche Mitteilungen des Reichsschatzamtes über die Zuwachssteuer, die Reichsbesitzsteuern und die Reichsverkehrssteuern.
Anm.	=	Anmerkung.
Art.	=	Artikel.
AusfBest.	=	Ausführungsbestimmungen.
Bd.	=	Band.
Beil.	=	Beilage.
Bem.	=	Bemerkung.
BesStG.	=	Besitzsteuergesetz.
BGB.	=	Bürgerliches Gesetzbuch.
Breunig I	=	Breunig, Einkommensteuergesetz, 1911.
Breunig II	=	Breunig, Ertragssteuergesetze, 1912.
bzw.	=	beziehungsweise.
CunoZuwStG.	=	Cuno, Erläuterungsbuch zum Zuwachssteuergesetz vom 14. Febr. 1911, Berlin 1912.
Denkschrift	=	Denkschrift der bayr. Staatsregierung vom 14. Januar 1918 betr. Fortführung der Reform der direkten Steuern.
d. h.	=	das heißt.
DJZ.	=	Deutsche Juristenzeitung.
EG.	=	Einführungsgesetz.
EinkStG.	=	Einkommensteuergesetz.
ErgStG.	=	Ergänzungssteuergesetz.
Erler	=	Erler, Doppelsteuergesetz, 1918.
GewStG.	=	Gewerbesteuergesetz.
Glaser	=	Glaser, Besitzsteuergesetz, 1917.
GVBl.	=	Gesetz- und Verordnungsblatt.
GVG.	=	Gerichtsverfassungsgesetz.
HausStG.	=	Haussteuergesetz.

Henle-Schneider	=	Henle-Schneider, Die bayer. Ausführungsgesetze zum BGB., München 1909.
JW.	=	Juristische Wochenschrift.
KapRentStG.	=	Kapitalrentensteuergesetz.
K. d. Abg.	=	Kammer der Abgeordneten.
K. d. RR.	=	Kammer der Reichsräte.
KO.	=	Konkursordnung.
KriegsAbgG.	=	Gesetz über eine außerordentliche Kriegsabgabe für das Rechnungsjahr 1918.
KriegsStG.	=	Kriegssteuergesetz vom 21. Juni 1916.
m. E.	=	meines Erachtens.
OBK.	=	Oberberufungskommission.
OBKMitt.	=	Mitteilungen der Oberberufungskommission.
Prot.	=	Protokoll des besonderen Ausschusses zur Beratung der Steuergesetzentwürfe der Kammer der Reichsräte (36. Landtagsversammlung, IV. Session 1917/18).
RDoppStG.	=	Reichsdoppelsteuergesetz.
RErbStG.	=	Reichserbschaftssteuergesetz.
RG.	=	Reichsgericht.
RGBl.	=	Reichsgesetzblatt.
RGSt.	=	Entscheidungen des Reichsgerichts in Strafsachen.
RuStAG.	=	Reichs- und Staatsangehörigkeitsgesetz.
S.	=	Seite.
StflG.	=	Steuerfluchtgesetz.
StGB.	=	Strafgesetzbuch.
StPO.	=	Strafprozeßordnung.
UmlG.	=	Umlagengesetz.
Verh.	=	Verhandlungen.
vgl.	=	vergleiche.
VGH.	=	Verwaltungsgerichtshof.
VollzBek.	=	Vollzugsbekanntmachung.
VSt.	=	Vermögensteuer.
VStG.	=	Vermögensteuergesetz.
VV.	=	Vollzugsvorschriften.
WehrbeitrG.	=	Gesetz über einen einmaligen außerordentlichen Wehrbeitrag vom 3. Juli 1913.
z. B.	=	zum Beispiel.
Ziff.	=	Ziffer.
ZuwStG.	=	Zuwachssteuergesetz.

Gesetzestext.

Vermögensteuergesetz

vom 17. August 1918 (GVBl. S. 409).

Ludwig III., von Gottes Gnaden König von Bayern, Pfalzgraf bei Rhein, Herzog von Bayern, Franken und in Schwaben usw. usw.

Wir haben nach Vernehmung des Staatsrats mit Beirat und Zustimmung der Kammer der Reichsräte und der Kammer der Abgeordneten beschlossen und verordnen was folgt:

Art. 1. Vom 1. Januar 1919 ab wird in jedem Rechnungsjahr eine Vermögensteuer als direkte Steuer erhoben.

Art. 2. I Steuerpflichtig sind die nach dem Einkommensteuergesetz (Art. 1, 2 Abs. I Ziff. 1, 3, Art. 3) einkommensteuerpflichtigen natürlichen Personen, und zwar

1. die nach Art. 1 des Einkommensteuergesetzes steuerpflichtigen Personen mit ihrem gesamten Vermögen mit Ausnahme des außerbayerischen Grund- und Betriebsvermögens,
2. die nach Art. 2 Abs. I Ziff. 1, 3 des Einkommensteuergesetzes steuerpflichtigen Personen mit ihrem in diesen Bestimmungen bezeichneten Vermögen.

II In den Fällen des Abs. I Ziff. 2 findet Art. 2 Abs. III des Einkommensteuergesetzes entsprechende Anwendung.

Art. 3. I Der Besteuerung unterliegt in den auf das Ende eines Besitzsteuerveranlagungszeitraums (Veranlagungszeitpunkt) folgenden drei Steuerjahren (Vermögensteuerjahre) das in Bayern zur Reichsbesitzsteuer (Reichsgesetz vom 3. Juli 1913, Reichsgesetzbl. S. 524), nötigenfalls das besonders festgestellte Vermögen (steuerbares Vermögen).

II Eine besondere Feststellung des Vermögens erfolgt regelmäßig:

1. wenn der Steuerpflichtige vor Ablauf der Berufungsfrist (Art. 9 Abs. III) beantragt, daß nur für die Besitzsteuerveranlagung oder nur für die Vermögensteuerveranlagung nach Maßgabe der §§ 30 bis 33 des Besitzsteuergesetzes verfahren wird;
2. wenn das steuerbare Vermögen eines Steuerpflichtigen auf den maßgebenden Veranlagungszeitpunkt in Bayern zur Besitzsteuer nicht festgestellt ist;
3. bei Änderungen des Vermögenstandes, Zugängen und Abgängen innerhalb der drei Vermögensteuerjahre (Art. 5).

III Für die Feststellung maßgebend ist in den Fällen des Abs. II Ziff. 3 der Stand der Verhältnisse zu Beginn des der Veränderung folgenden Monats, in den übrigen Fällen der Stand der Verhältnisse im letztvorangegangenen Veranlagungszeitpunkte. Die Feststellung erfolgt nach den Vorschriften des Besitzsteuergesetzes.

Art. 4. Im Falle einheitlicher Veranlagung der Ehegatten zur Vermögensteuer findet Art. 9 Abs. II des Einkommensteuergesetzes entsprechende Anwendung.

Art. 5. I Änderungen des Vermögenstandes innerhalb der drei Vermögensteuerjahre werden nicht berücksichtigt. Ausnahmen finden nur statt,

1. wenn eine Vermehrung des steuerbaren Vermögens eines Steuerpflichtigen um mehr als 5000 M infolge eines Erwerbes von Todes wegen, einer Schenkung unter Lebenden (Reichserbschaftssteuergesetz vom 3. Juni 1906 §§ 1 bis 3, 4 Abs. 1 und § 55), eines Lotteriegewinns oder einer Vermögensübergabe eintritt,
2. wenn nachgewiesen wird, daß sich das gesamte steuerbare Vermögen eines Steuerpflichtigen um mehr als den sechsten Teil vermindert hat, oder daß ein bei einem Steuerpflichtigen wegfallender Vermögensteil anderweit zur Vermögensteuer herangezogen wird.

II Abs. I Ziff. 1 findet auch in den Fällen der §§ 1483, 1490 und 1491 des Bürgerlichen Gesetzbuchs Anwendung.

III Art. 66 Abs. II, 68 Abs. I, II, 69 Abs. I, IV, 70 Abs. I des Einkommensteuergesetzes finden sinngemäß Anwendung.

Art. 6. Eine Berichtigung der Steuerveranlagung für die drei Vermögensteuerjahre findet statt, wenn vor Ablauf des ersten Viertels des dritten Steuerjahrs nachgewiesen wird, daß das gesamte steuerbare Vermögen eines Steuerpflichtigen bei Anwendung oder Nichtanwendung der §§ 30 bis 33 des Besitzsteuergesetzes um wenigstens ein Zehntel niedriger festzustellen gewesen wäre.

Art. 7. I Die Vermögensteuer beträgt für jedes Vermögensteuerjahr eins vom Tausend des festgestellten auf 1000 M nach unten abgerundeten steuerbaren Vermögens.

II Von der Vermögensteuer sind Personen mit einem in Bayern steuerbaren Gesamtvermögen von nicht mehr als 20 000 M befreit.

III Die Vermögensteuer ermäßigt sich für Vermögen

von mehr als	20 000 M	bis einschl.	25 000 M	um	9/10
" " "	25 000 M	" "	30 000 M	"	8/10
" " "	30 000 M	" "	35 000 M	"	7/10
" " "	35 000 M	" "	40 000 M	"	6/10
" " "	40 000 M	" "	45 000 M	"	5/10
" " "	45 000 M	" "	50 000 M	"	4/10
" " "	50 000 M	" "	55 000 M	"	3/10
" " "	55 000 M	" "	60 000 M	"	2/10
" " "	60 000 M	" "	65 000 M	"	1/10

Art. 8. Staatssteuerzuschläge, Kirchensteuern und Umlagen sind aus der Vermögensteuer nicht zu entrichten.

Art. 9. I Die Besitzsteuererklärung gilt als Vermögensteuererklärung. In den Fällen des Art. 3 Abs. II ist jedoch der Steuerpflichtige oder sein gesetzlicher Vertreter auf Aufforderung der Steuerbehörde zur Abgabe einer besonderen Vermögensteuererklärung verpflichtet.

II Über die Veranlagung zur Vermögensteuer wird ein Vermögensteuerbescheid erteilt.

III Im übrigen finden auf die Erklärungspflicht, die Veranlagung, das Verfahren einschließlich des Rechtsmittelverfahrens und die Kostenpflicht die in Bayern für die Besitzsteuer maßgebenden gesetzlichen Vorschriften entsprechende Anwendung.

IV Die Einlegung der Rechtsmittel gegen die Besitzsteuerveranlagung erstreckt sich unbeschadet einer gegenteiligen Erklärung des Steuerpflichtigen auch auf die Vermögensteuerveranlagung.

Art. 10. I Wer in einer besonderen Vermögensteuererklärung oder in einer Besitzsteuererklärung oder im Veranlagungsverfahren wissentlich unrichtige oder unvollständige Angaben macht, die geeignet sind, zur Verkürzung der Vermögensteuer zu führen, wird mit einer Geldstrafe bis zum zehnfachen Betrage der gefährdeten Steuer bestraft. Neben der Geldstrafe kann auf Gefängnis bis zu sechs Monaten erkannt werden, wenn die unrichtigen oder unvollständigen Angaben in der Absicht, die Vermögenssteuer zu hinterziehen, gemacht worden sind und wenn der Steuerbetrag, der durch die unrichtigen oder unvollständigen Angaben gefährdet worden ist, nicht weniger als zehn vom Hundert der geschuldeten Steuer, mindestens aber dreihundert Mark ausmacht, oder wenn der Steuerpflichtige wegen Vermögen- oder Besitzsteuerhinterziehung vorbestraft ist. Bei einer Steuergefährdung der vorbezeichneten Art kann im Urteil angeordnet werden, daß die Bestrafung auf Kosten der Verurteilten öffentlich bekanntzumachen ist.

II Ist in den Fällen des Abs. I die unrichtige oder unvollständige Angabe zwar wissentlich, aber nicht in der Absicht der Steuerverkürzung gemacht, so tritt an Stelle der in Abs. I vorgesehenen Strafe eine Geldstrafe bis zu fünfhundert Mark.

III Besteht nach der von der Steuerbehörde geführten Untersuchung der Verdacht, daß eine Steuergefährdung der im Abs. I Satz 2 bezeichneten Art vorliegt, so ist die Sache an die zuständige Staatsanwaltschaft abzugeben. Findet diese, daß dieser Verdacht nicht hinreichend begründet ist, so kann sie die Sache zur weiteren Erledigung im Verwaltungsstrafverfahren an die Verwaltungsbehörde abgeben.

IV Eine Geldstrafe bis zu einhundertfünfzig Mark tritt ein, soweit nicht ein genügender Entschuldigungsgrund vorgebracht werden kann, bei Zuwiderhandlungen gegen die Vorschriften dieses Gesetzes oder die zu seiner Ausführung erlassenen Bestimmungen, die im Gesetze mit keiner besonderen Strafe bedroht sind.

V Die §§ 79, 81, 82 und 84 des Besitzsteuergesetzes finden entsprechende Anwendung.

VI Die Einziehung der Vermögensteuer erfolgt unabhängig von der Bestrafung.

VII Die Bestrafung nach den vorstehenden Vorschriften tritt nur ein, wenn eine Bestrafung nach dem Besitzsteuergesetze nicht eintritt.

Art. 11. Art. 72, 90 und 92 des Einkommensteuergesetzes und Art. 2 des Einführungsgesetzes zu den Gesetzen über die direkten Steuern vom 14. August 1910 finden für die Vermögensteuer sinngemäß Anwendung.

Art. 12. I Die Zuständigkeit und das Verfahren bei strafbaren Handlungen (Art. 9 und 10 mit § 54 Abs. 1, § 56 Abs. 2, § 58 Abs. 4 und § 62 Abs. 4 des Besitzsteuergesetzes) richten sich nach den Vorschriften des Reichs-Gerichtsverfassungsgesetzes und der Reichs-Strafprozeßordnung.

II Die Rentämter sind berechtigt, Strafbescheide im Verwaltungswege zu erlassen; auf das Verfahren hierbei finden die Vorschriften der Art. 86, 87 Abs. I, 88 Abs. I, 89 Abs. I bis III, V, 90, 91, 92 Abs. II des Gesetzes vom 18. August 1879 zur Ausführung der Reichs-Strafprozeßordnung entsprechende Anwendung.

Art. 13. I Die Vermögensteuer wird mit Beginn des Vermögensteuerjahrs, in den Fällen des Art. 5 Abs. I Ziff. 1 und Abs. III mit dem Beginne des auf die Änderung oder den Zugang folgenden Monats fällig.

II Den Zeitpunkt der Entrichtung bestimmt die Staatsregierung.

Art. 14. Die zum Vollzuge dieses Gesetzes erforderlichen Vorschriften werden von der Staatsregierung erlassen.

Gegeben zu Leutstetten den 17. August 1918.

Ludwig.

v. Dandl. v. Thelemann. v. Breunig.
Dr. v. Knilling. Dr. v. Brettreich. v. Hellingrath.
J. V.
Staatsrat Riegel.

Auf Allerhöchsten Befehl:
Der Regierungsrat
im K. Staatsministerium des Innern:
Hartmann.

Erläuterungen zum Bayerischen Vermögensteuergesetz.

Art. 1.

Vom 1. Januar 1919 ab wird in jedem Rechnungsjahr eine Vermögensteuer als direkte Steuer erhoben.

1. In jedem Rechnungsjahr wird die Vermögensteuer erhoben. Trotzdem hier im Gegensatz zu den einjährigen Veranlagungsperioden unserer bayerischen Einkommen-, Gewerbe- und Kapitalrentensteuer die Veranlagungsperiode grundsätzlich drei Jahre umfaßt (Art. 3 Abs. I), wird die Steuer doch in jedem Jahre und für jedes Jahr gesondert erhoben (vgl. § 48 Abs. III der VV.). Im zweiten und dritten Vermögensteuerjahr wird die Steuerschuldigkeit lediglich auf Grund des im ersten Vermögensteuerjahr erteilten Vermögensteuerbescheides mitgeteilt und zwar in der nach Maßgabe des Art. 48 Abs. III EinkStG. mit § 63 Abs. VII bis IX der VV. hiezu ergehenden Mitteilung (über die Schuldigkeit des Steuerpflichtigen an Einkommen-, Gewerbe- und Kapitalrentensteuer und Umlagen), vgl. § 48 Abs. II der VV.

2. Die VSt. wird erstmals für das Rechnungsjahr (= Steuerjahr, Kalenderjahr) 1919 erhoben. Da die eine normale Veranlagungsperiode bildenden, jeweils zusammenhängenden drei Vermögensteuerjahre mit den auf das Ende eines Besitzsteuerveranlagungszeitraums folgenden drei Steuerjahren identisch sind (Art. 3), der erstmals maßgebende Veranlagungszeitpunkt aber der 31. Dezember 1916 ist, so umfaßt die erste allgemeine Veranlagungsperiode nur ein Steuerjahr, das Kalenderjahr 1919, also ein „drittes Vermögensteuerjahr" im Sinne des Art. 3 Abs. I. Die erste Vermögensteuerveranlagung hat also ausnahmsweise nur auf ein Jahr (bei Zugängen während des Steuerjahrs nur für den Rest des laufenden Jahrs) Geltung; eine neue allgemeine Vermögensteuerveranlagung erfolgt im Anschluß an die Reichsbesitzsteuer bereits wieder auf den 31. Dezember 1919. Daß es sich bei dem Steuerjahr 1919 um ein drittes Vermögensteuerjahr handelt, hat in mehrfacher Hinsicht Bedeutung (vgl. Bem. 6, 11, 13 und 15 zu Art. 3 und Bem. 5 zu Art. 6). Wegen der Besonderheiten der erstmaligen Vermögensteuerveranlagung für das Jahr 1919 vgl. folgende Stellen der VV.: §§ 2, 3 Abs. I, II, 5 Abs. I, 7 Abs. II, 11 Abs. III, 12 Abs. I, III, 13, 14, 15, 18 Abs. II, 24 Abs. I, 29 Abs. II bis IV.

3. Die Bezeichnung der VSt. als direkte Steuer stellt fest, was an sich nicht zweifelhaft gewesen wäre, daß sie zu jener Gattung von Steuern gehört, die unsere bayerische Steuergesetzgebung und die bisherige bayerische Verfassung als direkte bezeichnen und daß somit §§ 3, 5 des Tit. VII dieser Verfassung auf sie Anwendung fanden, wonach ihre Erhebung für jede Finanzperiode (zweijährig) vom Landtag besonders zu bewilligen war.

Der weitere Zweck, den der Gesetzgeber nach der amtlichen Begründung zu Art. 1 (Denkschrift S. 119) mit der Bezeichnung als direkte Steuer verfolgte, nämlich die Anwendbarkeit des Art. 3 Abs. I und II des EG. zu den Gesetzen über die direkten Steuern auch für die VSt. klarzustellen, wurde durch die vom Landtag dem Art. 8 gegebene Fassung vereitelt. Art. 3 Abs. I und II EG. lautet:

I Durch das jeweilige Finanzgesetz wird festgesetzt, ob die direkten Steuern für die Finanzperiode mit den veranlagten Beträgen (Normalsteuer) oder mit welchem Hundertsatze dieser Beträge sie zu erheben sind.

II Dieser Hundertsatz ist für alle Steuergattungen gleichmäßig festzusetzen.

Dadurch, daß Art. 8 bestimmt, daß Staatssteuerzuschläge aus der VSt. nicht zu entrichten sind, ist die VSt. als einzige von den bayerischen direkten Staatssteuern der Geltung dieser Bestimmung entrückt worden (vgl. auch Bem. 1 a. E. zu Art. 8).

Art. 2.

I Steuerpflichtig sind die nach dem Einkommensteuergesetz (Art. 1, 2 Abs. I Ziff. 1, 3, Art. 3) einkommensteuerpflichtigen natürlichen Personen, und zwar

1. die nach Art. 1 des Einkommensteuergesetzes steuerpflichtigen Personen mit ihrem gesamten Vermögen mit Ausnahme des außerbayerischen Grund- und Betriebsvermögens,
2. die nach Art. 2 Abs. I Ziff. 1, 3 des Einkommensteuergesetzes steuerpflichtigen Personen mit ihrem in diesen Bestimmungen bezeichneten Vermögen.

II In den Fällen des Abs. I Ziff. 2 findet Art. 2 Abs. III des Einkommensteuergesetzes entsprechende Anwendung.

1. Der Regierungsentwurf wurde unverändert angenommen. Die amtliche Begründung (Denkschrift S. 119) lautet:

Art. 2 regelt die persönliche Steuerpflicht im Anschluß an die Vorschriften des Einkommensteuergesetzes und unterscheidet wie dieses und das Besitzsteuergesetz zwischen allgemeiner und beschränkter Steuerpflicht. Es wurde davon abgesehen, die persönliche Steuerpflicht nach dem Besitzsteuergesetz abzugrenzen, weil dieses Reichsgesetz mit dem Einkommensteuergesetze hinsichtlich der persönlichen Steuerpflicht in einigen wenigen Punkten nicht ganz übereinstimmt und der engere Anschluß an das Landesgesetz wünschenswert schien.

Die Abweichungen des Vermögensteuergesetzes vom Besitzsteuergesetze bestehen hauptsächlich in einer verschiedenen Behandlung der Ausländer; sie sind von geringer Bedeutung und werden lediglich einige Vermögensfeststellungen erforderlich machen.

Art. 2 sieht auch eine durch die Vorschriften des Reichsdoppelsteuergesetzes bedingte grundsätzliche Abweichung des Vermögensteuergesetzes vom Besitzsteuergesetze hinsichtlich der steuerpflichtigen Gegenstände vor. Es muß nämlich das in anderen deutschen Bundesstaaten befindliche Grund- und Betriebsvermögen einer in Bayern besitzsteuerpflichtigen Person von der Vermögensteuer freigelassen werden, dagegen ist das in Bayern befindliche Grund- und Betriebsvermögen ohne Rücksicht auf den Ort der Besitzsteuerveranlagung des Inhabers für die Vermögensteuer in Bayern in Anspruch zu zu nehmen. Zum Grundvermögen gehört auch der Hausbesitz. Unter „außerbayerischem" Grund- und Betriebsvermögen ist jenes Grund- und Betriebsvermögen zu verstehen, das sich außerhalb Bayerns befindet bzw. einem außerhalb Bayerns befindlichem Betriebe der Land- und der Forstwirtschaft, des Bergbaues oder eines Gewerbes dient (vgl. § 2 Ziff. 1, 2 des Besitzsteuergesetzes). Da für die Veranlagung zur Besitzsteuer ausschließlich die Wohnsitz- und Aufenthaltsverhältnisse des Pflichtigen maßgebend sind (§ 2 der Bundesrats-AusfBest. zum Besitzsteuergesetz), ergibt sich aus der Regelung im Art. 2 die Notwendigkeit besonderer Feststellung des vermögensteuerpflichtigen Vermögens. Zur Vermögensteuer soll auch das in Bayern dinglich versicherte Kapitalvermögen und das Kapitalvermögen eines Abwesenden, für den von einem bayerischem Gericht eine Pflegschaft nach § 1911 BGB.

angeordnet ist, mit der in Art. 2 Abs. I Ziff. 3 des Einkommensteuergesetzes vorgesehenen Einschränkung herangezogen werden.

Die einkommensteuerfreien Personen — in Betracht kommen die im Art. 3 Abs. I Ziff. 2, 3 des Einkommensteuergesetzes bezeichneten Personen mit dem im Abs. II ausgesprochenen Vorbehalte — sollen auch von der Vermögensteuer frei bleiben. Dagegen entscheidet für die Frage, ob das Vermögen mehrerer Personen für die Vermögensteuer zusammengerechnet werden muß, ausschließlich das Besitzsteuergesetz, das eine solche Zusammenrechnung nur im § 14 für Ehegatten vorsieht. Das selbständige Vermögen minderjähriger Kinder ist sonach getrennt von dem Vermögen der Eltern zu veranlagen.

2. Vermögensteuerpflichtig sind im Anschluß an das BesStG. nur natürliche Personen. Die Frage der Einbeziehung auch der juristischen Personen hat im Landtag anläßlich eines Antrages, in einem anzufügenden Absatz III auch die Erwerbsgesellschaften (die Aktiengesellschaften, Kommanditgesellschaften auf Aktien, Gesellschaften mit beschränkter Haftung und Berggewerkschaften) der Vermögensteuerpflicht zu unterwerfen, zu eingehenden Erörterungen geführt. Man hat aber schließlich unter Ablehnung des Antrages von ihrer Heranziehung zur Vermögensteuer abgesehen vor allem mit der ausgesprochenen handelsfreundlichen Absicht, unsere Erwerbsgesellschaften im Wettbewerbe mit jenen der übrigen deutschen Bundesstaaten, die die juristischen Personen meist vermögensteuerfrei belassen, konkurrenzfähig zu erhalten.

3. Die persönliche (subjektive) Vermögensteuerpflicht bestimmt sich nach dem bayerischen Einkommensteuergesetz. Die einschlägige Bestimmung im § 11 BesStG. war für das bayerische VStG. nicht verwendbar, weil jenes als Reichsgesetz bezüglich Staatsangehörigkeit, Wohnsitz und Aufenthalt einen Unterschied nur zwischen Deutschland und dem Ausland macht, das bayerische Vermögensteuergesetz aber als Landesgesetz die ihm durch das Reichsdoppelsteuergesetz gezogenen Schranken einhalten mußte. — Im Sinne des bayer. EinkStG. ist also auch für den Bereich des VStG. in erster Linie zwischen der unbeschränkten und der beschränkten subjektiven Steuerpflicht zu unterscheiden.

4. Die Bestimmungen über die **subjektiv unbeschränkte oder die allgemeine Steuerpflicht** finden sich in Art. 1 und 3 EinkStG. und lauten, soweit sie auf natürliche Personen (vgl. oben Bem. 2) Bezug haben, folgendermaßen:

Art. 1 Abs. I Ziff. 1 mit 3 EinkStG.

I Einkommensteuerpflichtig sind:

1. die bayerischen Staatsangehörigen, jedoch mit Ausnahme jener:
   a) die in einem anderen Bundesstaate wohnen, ihren dienstlichen Wohnsitz haben oder sich aufhalten, ohne daneben in Bayern einen Wohnsitz zu haben,
   b) die in einem anderen Bundesstaat einen Wohnsitz und zugleich ihren dienstlichen Wohnsitz haben,
   c) die im Auslande seit mehr als zwei Jahren sich dauernd aufhalten, ohne daselbst ihren dienstlichen Wohnsitz zu haben;
2. die nichtbayerischen Reichsangehörigen:
   a) die in Bayern einen Wohnsitz haben, ohne daneben in einem anderen Bundesstaat einen Wohnsitz und zugleich ihren dienstlichen Wohnsitz oder in ihrem Heimatstaat einen Wohnsitz zu haben,
   b) die in Bayern ihren dienstlichen Wohnsitz oder einen Aufenthalt haben, ohne in einem anderen Bundesstaat einen Wohnsitz zu haben;
3. die Ausländer, die in Bayern einen Wohnsitz haben oder sich daselbst des Erwerbes wegen oder länger als ein Jahr aufhalten.

Art. 3 EinkStG.

I Einkommensteuerfrei sind:

1. **die Mitglieder des Königlichen Hauses, soweit sich die ihnen durch die Verfassung vorbehaltene Steuerfreiheit erstreckt,**

2. die beim Könige beglaubigten Vertreter anderer Staaten und die ihnen zugewiesenen Beamten, ferner die in deren Diensten stehenden Personen, sofern diese Personen Ausländer sind,
3. Personen, denen sonst nach völkerrechtlichen Grundsätzen oder nach besonderen Vereinbarungen mit anderen Staaten ein Anspruch auf Einkommensteuerfreiheit zukommt.

II Die Befreiungen der Ziff. 2, 3 erstrecken sich nicht auf die nach Art. 2 Abs. I Ziff. 1, 2 steuerbaren Einkünfte und sind ausgeschlossen, wenn keine Gegenseitigkeit gewährt wird.

5. Außerbayerisches Grund- und Betriebsvermögen. Auch bei der grundsätzlich unbeschränkten subjektiven Steuerpflicht besteht (ähnlich wie nach Art. 8 Ziff. 1 und 2 EinkStG., § 5 BesStG.) eine sachliche Einschränkung: auch hier unterliegt der Vermögensteuer nicht das außerbayerische Grund- und Betriebsvermögen. Wegen der Begriffe „Grundvermögen" und „Betriebsvermögen" vgl. §§ 2 bis 4 BesStG. Diese Einschränkung ist, soweit es sich um außerbayerisches Grund- und außerbayerisches gewerbliches Betriebsvermögen innerhalb des Deutschen Reiches handelt, durch § 3 RDoppStG. bedingt. Soweit es sich um solches Vermögen im Auslande handelt, entspricht die Freilassung teils besonderen staatsvertraglichen Verpflichtungen (z. B. bayr.-österreichischer Doppelbesteuerungsvertrag von 1913) und im übrigen dem im Steuerrecht insoweit allgemein geltenden Territorialprinzip. Die Freilassung auch des nichtgewerblichen außerbayerischen Betriebsvermögens wäre durch § 3 RDoppStG. nicht gefordert. Sie hätte hier deshalb nicht geschehen sollen, weil andererseits der beschränkten Vermögensteuerpflicht in Bayern nicht etwa auch alles bayerische Betriebsvermögen unterliegt, sondern nur das einem stehenden Gewerbebetrieb gewidmete (vgl. unten Bem. 13 S. 29).

Eine Unklarheit bringt hier die aus dem preuß. ErgStG. und dem WehrbeitragsG. in das BesStG. übernommene Begriffsbestimmung des Grund- und des

Betriebsvermögens mit sich. Denn da nach der Fassung des § 4 BesStG. auch die dem Betriebe eines Gewerbes usw. gewidmeten Grundstücke zum Betriebs-, nicht zum Grundvermögen gehören, müßte eigentlich ein in Bayern gelegenes, aber zu einem außerbayerischen Betriebsvermögen gehörendes Grundstück in Bayern steuerfrei bleiben und ein im Auslande gelegenes, aber zu einem bayerischen Betriebsvermögen gehörendes Grundstück in Bayern steuerpflichtig sein. Das widerspräche aber dem auch hier gültigen § 5 BesStG., wonach das im Ausland befindliche Grund- und Betriebsvermögen nicht zum steuerbaren Vermögen gehört. Die Gesetzesbegründung (oben Bem. 1) und ebenso § 1 Abs. III der VV. sagen hier nur ungenau: „Unter außerbayerischem Grund- und Betriebsvermögen ist jenes Grund- und Betriebsvermögen zu verstehen, das sich außerhalb Bayerns befindet bzw. einem außerhalb Bayerns befindlichen Betriebe der Land- und Forstwirtschaft, des Bergbaues oder eines Gewerbes dient." Man wird die Unstimmigkeit mit Strutz (dieser zu § 11 II BesStG.; KriegsStG. 1916 S. 61) dahin zu lösen haben, daß bezüglich der Frage der Steuerpflicht alle Grundstücke, gleichviel wenn sie auch dem Betriebe eines Gewerbes usw. dienen, zum Grundvermögen zu zählen sind, insoweit also zum Betriebsvermögen nur die beweglichen Sachen, Forderungen usw. gehören. Die Bewertung eines dem Betriebe eines Gewerbes usw. gewidmeten Grundstückes erfolgt dagegen stets im Rahmen des Betriebsvermögens. Bei dem nur aus beweglichen Sachen, Forderungen usw. bestehenden Betriebsvermögen aber wird man mit Strutz (auch die zitierte Stelle aus der amtlichen Begründung und der VV. scheint dieser Ansicht zu sein, ebenso Glaser, Bem. 4 zu § 5) über den Wortlaut des § 5 BesStG. hinweg eine Steuerpflicht der einzelnen Bestandteile nur dort annehmen können, wo das Unternehmen betrieben wird, dem die Gegenstände dienen. Außerbayerisches Betriebsvermögen sind also z. B. auch die in Bayern lagernden Waren eines österreichischen Geschäftes, das in Bayern keine Betriebsstätte unterhält. Erstreckt sich ein gewerbliches Unternehmen, das in Bayern eine Betriebsstätte (vgl. unten Bem. 10) unterhält, auch auf außerbayerische Betriebsstätten, so ist (§ 5 Abs. II der VV.) nur der auf Bayern treffende Anteil am Betriebsvermögen in Bayern steuerpflichtig (Erler S. 167); das dürfte nicht nur im Verhältnis zu den anderen deutschen Bundesstaaten nach § 3 Abs. III RDoppStG., sondern allgemein gelten. Wegen der Ausscheidung der Anteile vgl. Breunig II S. 373 ff., Erler S. 167 ff.

6. Die subjektiv unbeschränkt vermögensteuerpflichtigen Personen scheiden sich in folgende Gruppen:

I. Bayerische Staatsangehörige sind grundsätzlich unbeschränkt vermögensteuerpflichtig. Sie sind nach § 11 Abs. I Ziff. 1 BesStG. ebenso grundsätzlich unbeschränkt besitzsteuerpflichtig.

Ausnahmen: Nicht der unbeschränkten Vermögensteuerpflicht unterliegen jene bayerischen Staatsangehörigen,

a) die in einem anderen Bundesstaate wohnen, ihren dienstlichen Wohnsitz haben oder sich aufhalten, ohne daneben in Bayern einen Wohnsitz zu haben,
b) die in einem anderen Bundesstaat einen Wohnsitz und zugleich ihren dienstlichen Wohnsitz haben,
c) die im Auslande seit mehr als zwei Jahren sich dauernd aufhalten, ohne daselbst ihren dienstlichen Wohnsitz oder in Bayern einen Wohnsitz oder ihren dienstlichen Wohnsitz zu haben.

Wer das Vorliegen einer dieser Ausnahmen behauptet, ist hiefür beweispflichtig.

Die Ausnahme zu a bringt zum Ausdruck, daß ein Bayer, der in Bayern keinen Wohnsitz hat, in Bayern nicht unbeschränkt vermögensteuerpflichtig ist, wenn er in einem anderen deutschen Bundesstaate einen Wohnsitz, dienstlichen Wohnsitz oder Aufenthalt hat. Letzterenfalls steht nach §§ 1, 2 RDoppStG. nicht Bayern, sondern dem anderen deutschen Bundesstaate das Recht zur direkten Besteuerung zu.

Die Ausnahme zu b bringt zum Ausdruck, daß ein Bayer (es kommen hier nur Beamte in Betracht), der in einem anderen deutschen Bundesstaate zugleich

Wohnsitz und dienstlichen Wohnsitz hat, im Sinne der Vorschrift des § 2 Abs. III RDoppStG. stets nur in jenem anderen Bundesstaate der unbeschränkten Steuerpflicht unterliegt, gleichviel ob er in Bayern auch einen Wohnsitz oder Aufenthalt hat. — Die Ausnahmen zu a und b gelten, da sie nur durch das RDoppStG. erzwungene Rücksichtnahmen auf das direkte Besteuerungsrecht der anderen Bundesstaaten darstellen, natürlich nicht auch im Gebiet des BesStG.; die unter diese beiden Ausnahmen fallenden Personen unterliegen also zwar nicht der subjektiv unbeschränkten Vermögensteuerpflicht in Bayern, wohl aber der subjektiv unbeschränkten Besitzsteuerpflicht.

Die Ausnahme zu c (dauernder Aufenthalt seit mehr als zwei Jahren im Auslande ohne Wohnsitz oder dienstlichen Wohnsitz in Bayern) gilt wie im EinkStG. und VStG. ähnlich auch im BesStG., hier mit der selbstverständlichen Maßgabe, daß nicht nur ein Wohnsitz in Bayern, sondern überhaupt ein Wohnsitz im Reich (= Reichsgebiet ohne Schutzgebiete!) die befreiende Wirkung des Auslandsaufenthaltes verhindert. — Eine weitere Abweichung zwischen EinkStG. und VStG. einerseits und dem BesStG. andererseits besteht darin, daß bei dauerndem Aufenthalt seit mehr als zwei Jahren im Auslande nach dem BesStG. die unbeschränkte subjektive Steuerpflicht nur durch einen Wohnsitz im Inlande erhalten wird, nach dem bayr. EinkStG. und VStG. dagegen weitergehend sowohl durch einen Wohnsitz wie durch einen dienstlichen Wohnsitz in Bayern. (Wegen der Bedeutung der Begriffe „Wohnsitz", „dienstlicher Wohnsitz" und „Aufenthalt" vgl. unten Bem. 10 S. 25 ff.). — Zu der Frage, wie lange der Mangel eines inländischen Wohnsitzes zur Anwendung der Ausnahme zu c gedauert haben müsse, führt Strutz (KriegsStG. von 1916 S. 56 Bem. 15) aus: „Es kann keinem Zweifel unterliegen, daß sich die längere als zweijährige Frist sowohl auf den dauernden Aufenthalt im Auslande als auch auf das Nichthaben eines Wohnsitzes in einem deutschen Bundesstaate bezieht, die Befreiung also z. B. nicht eintritt für denjenigen, der sich zwar

3 Jahre dauernd im Auslande aufgehalten, aber die ersten 1½ Jahre noch einen Wohnsitz — der ja persönliches Verweilen am Wohnorte nicht voraussetzt — beibehalten hat." Die bayr. Oberberufungskommission ist hier einer anderen, dem Steuerpflichtigen günstigeren Ansicht; in OBK. Mitt. Bd. 16 S. 276 führt sie aus: „Es genügt, daß X. bei Beginn des Steuerjahrs 1913, zu welcher Zeit er sich unbestrittenermaßen mehr als zwei Jahre im Auslande dauernd aufgehalten hatte, in Bayern keinen Wohnsitz mehr besaß. Denn die Ausnahme von der Einkommensteuerpflicht nach Art. 1 Abs. I Ziff. 1 Buchst. c des EinkStG. und demnach auch von der Kapitalrentensteuerpflicht nach Art. 2 des KapRent.-StG. ist für einen bayr. Staatsangehörigen dann begründet, wenn er im Auslande seit mehr als zwei Jahren sich dauernd aufhält, ohne daselbst seinen dienstlichen Wohnsitz oder in Bayern einen Wohnsitz oder seinen dienstlichen Wohnsitz zu haben. Der Wortlaut der Bestimmung berechtigt nicht zu der Annahme, daß er seit mehr als zwei Jahren auch keinen Wohnsitz mehr in Bayern bzw. nicht seinen dienstlichen Wohnsitz in Bayern oder im Auslande gehabt haben darf. Wäre dies beabsichtigt gewesen, so hätte es das Gesetz doch wohl besonders — etwa durch Einschaltung der Worte ‚während dieser Zeit‘ oder ‚während dieses Aufenthalts‘ nach dem Worte ‚ohne‘ — zum Ausdrucke gebracht." Die letztere Ansicht dürfte vor der gegenteiligen, von Strutz auch weiter nicht begründeten den Vorzug verdienen.

Die Bedeutung des Begriffes Ausland im Bereiche des VStG. ist nicht ohne weiteres klar. Nach dem BesStG. (und dem WehrbeitragsG.) umfaßt das Ausland nämlich auch die deutschen Schutzgebiete; zum Inland gehört im Sinn dieser Reichssteuergesetze zufolge Art. 1 der Reichsverfassung nur das Reichsgebiet (vgl. Hoffmann, WehrbeitrG. Bem. 6 zu § 10 S. 22; Mrozek, BesStG., Bem. 6 zu § 11 S. 61, Köppe, BesStG., Bem. 3 zu § 11 S. 59; Rheinstrom, BesStG., Bem. 2 zu § 11 S. 50). Dagegen erklärt § 1 Abs. V der VollzBek. zum bayr. EinkStG. als Ausland im Sinne dieses Gesetzes nur die außerdeutschen Staaten, als Inland auch die deutschen Schutzgebiete. Und Art. 1 Abs. IV EinkStG. bestimmt: „Der Wohnsitz, der dienstliche Wohnsitz und der Aufenthalt in einem deutschen Schutzgebiete sind dem Wohnsitze, dem dienstlichen Wohnsitz und dem Aufenthalt in einem anderen Bundesstaate gleich zu achten." Auch das RDoppStG., dessen Auffassung natürlich für die bayerische Steuergesetzgebung maßgebend war, begreift unter dem Reichsgebiete die deutschen Schutzgebiete ein (vgl. Breunig II S. 380). Da es sich bei dem Reich um eine den Bundesstaaten übergeordnete Steuerhoheit handelt, eine Doppelbesteuerung im Sinne des RDoppStG. also im Verhältnis zwischen Reich und Bundesstaaten nicht möglich ist und das RDoppStG. deshalb auch für Reichssteuergesetze nicht gilt, konnte der Reichssteuergesetzgeber ohne Schwierigkeiten einen anderen Begriff „Ausland" anwenden, als es das RDoppStG. und die bundesstaatlichen Steuergesetze tun. Für das VStG. kann selbstverständlich nach Vorstehendem nur die auch dem EinkStG. zugrunde liegende Bedeutung des Begriffes Ausland maßgebend sein, wonach die deutschen Schutzgebiete zum Inland gehören. Ein mehr als zwei Jahre währender dauernder Aufenthalt in einem deutschen Schutzgebiete befreit also (auch beim Vorliegen der sonstigen in Art. 1 Abs. I Ziff. 1c EinkStG. geforderten Voraussetzungen) nicht von der Vermögensteuerpflicht in Bayern, wenn im übrigen dafür die Voraussetzungen gegeben sind, während ein solcher Aufenthalt die Besitzsteuerpflicht zum Erlöschen bringen kann.

Eine vorübergehende Besonderheit hinsichtlich der befreienden Wirkung des Auslandsaufenthaltes bringen für BesStG., EinkStG. und VStG die Bestimmungen des Steuerfluchtgesetzes (vgl. unten Bem. 19).

II. Nichtbayerische Reichsangehörige sind grundsätzlich in Bayern nicht allgemein vermögensteuerpflichtig (Breunig Bd. I S. 10 Bem. 7).

Ausnahmen. Der subjektiv unbeschränkten Vermögensteuerpflicht in Bayern unterliegen nur jene nichtbayerischen Reichsangehörigen,

a) die in Bayern einen Wohnsitz haben, ohne daneben in einem anderen Bundesstaat einen Wohnsitz und zugleich ihren dienstlichen Wohnsitz oder in ihrem Heimatstaat einen Wohnsitz zu haben,

b) die in Bayern ihren dienstlichen Wohnsitz oder einen Aufenthalt haben, ohne in einem anderen Bundesstaat einen Wohnsitz zu haben.

Wer das Vorliegen einer dieser Ausnahmen behauptet, ist dafür beweispflichtig.

Die Ausnahme zu a bringt neben dem Grundsatz des § 1 RDoppStG., daß für das direkte Besteuerungsrecht in erster Linie der Wohnsitzstaat in Betracht kommt, zwei in § 2 des RDoppStG. enthaltene Grundsätze für die direkte Besteuerung im Verhältnis zwischen den deutschen Bundesstaaten zur Geltung. Nämlich einmal den, daß bei mehrfachem Wohnsitz eines Deutschen in verschiedenen Bundesstaaten dann, wenn der Deutsche in einem der beteiligten Bundesstaaten auch seinen dienstlichen Wohnsitz hat, nur der Staat des dienstlichen Wohnsitzes zur Erhebung direkter Steuern berechtigt ist, und zwar ohne Rücksicht auf die Staatsangehörigkeit des Deutschen (Erler S. 83). Der zweite Grundsatz ist der, daß bei mehrfachem Wohnsitz eines Deutschen in verschiedenen Bundesstaaten, in deren keinem er einen dienstlichen Wohnsitz hat, dann, wenn einer von den beteiligten Staaten der Heimatstaat des betreffenden Deutschen ist, nur dieser Heimatstaat zur direkten Besteuerung berechtigt ist.

Die Ausnahme zu b bestimmt zunächst die allgemeine Vermögensteuerpflicht in Bayern für jene nichtbayerischen Reichsangehörigen, die — ohne einen Wohnsitz in einem deutschen Bundesstaate zu haben — einen dienstlichen Wohnsitz in Bayern besitzen; das entspricht dem in § 2 Abs. 3 Satz 2 RDoppStG. aufgestellten Grundsatze. Weiter bestimmt die Ausnahme zu b die allgemeine Vermögensteuerpflicht für jene nichtbayerischen Reichsangehörigen, die — ohne in einem anderen deutschen Bundesstaate einen Wohnsitz zu haben

— einen Aufenthalt in Bayern haben; damit ist dem in § 2 Abs. 1 des Reichsdoppelsteuergesetzes aufgestellten Grundsatz Rechnung getragen.

III. Ausländer sind grundsätzlich in Bayern nicht allgemein vermögensteuerpflichtig.

Ausnahmen. Der allgemeinen Vermögensteuerpflicht in Bayern unterliegen nur jene Ausländer, die entweder

a) in Bayern einen Wohnsitz haben oder
b) sich in Bayern des Erwerbes wegen aufhalten oder
c) sich in Bayern länger als ein Jahr aufhalten.

Wer das Vorliegen einer dieser Ausnahmsfälle behauptet, ist hiefür beweispflichtig.

Zu den Ausländern im Sinn dieser Bestimmungen gehören alle nichtreichsangehörigen Personen, also auch die Staatenlosen (Breunig I S. 11).

Im BesStG. ist die allgemeine Steuerpflicht der Ausländer etwas anders geregelt, insoferne als dort Wohnsitz oder „dauernder Aufenthalt" im Deutschen Reiche als Voraussetzung hiefür gefordert werden. Es kann also ein sich in Bayern aufhaltender Ausländer schon der allgemeinen Besitzsteuerpflicht auf Grund dieses Aufenthaltes unterliegen, der bereits die Merkmale eines dauernden an sich trägt, trotzdem aber noch nicht der allgemeinen Einkommen- und Vermögensteuerpflicht in Bayern unterliegen, weil der Aufenthalt beim Mangel eines Erwerbszweckes noch kein Jahr dauert. Andererseits kann ein Ausländer bei vorübergehendem, Erwerbszwecken dienenden Aufenthalt in Bayern einkommen- und vermögensteuerpflichtig sein, ohne doch beim Mangel eines Wohnsitzes oder dauernden Aufenthaltes in Bayern der Besitzsteuerpflicht zu unterliegen.

Wegen völkerrechtlicher Steuerbefreiungen für Ausländer vgl. unten Bem. 8 S. 24. Wegen der durch das Steuerfluchtgesetz vorübergehend bedingten Besonderheiten vgl. unten Bem. 19.

7. Für den Begriff der Reichsangehörigkeit ist maßgebend das Reichs- und Staatsangehörigkeitsgesetz vom 22. Juli 1913 (RGBl. S. 583). Darnach gibt es eine mittelbare und eine unmittelbare Reichsangehörigkeit.

a) Die mittelbare Reichsangehörigkeit ist die notwendige Folge des Besitzes der Staatsangehörigkeit in einem deutschen Bundesstaate (einschließlich Elsaß-Lothringen), wird also mit dieser erworben und verloren. Die Staatsangehörigkeit in einem deutschen Bundesstaate wird erworben:

1. durch Geburt (§ 4 RuStAG.),
2. durch Legitimation (§ 5 a. a. O.),
3. durch Eheschließung (§ 6 a. a. O.),
4. für einen Deutschen durch Aufnahme (§§ 7, 14, 16 a. a. O.),
5. für einen Ausländer durch Einbürgerung (§§ 8 bis 16 a. a. O.).

Sie geht verloren:

1. durch Entlassung (§§ 18 bis 24 a. a. O.),
2. durch den Erwerb einer ausländischen Staatsangehörigkeit (§ 25 a. a. O.),
3. durch Nichterfüllung der Wehrpflicht (§§ 26, 29 a. a. O.),
4. durch Ausspruch der Behörde (§§ 27—29 a. a. O.),
5. für ein uneheliches Kind durch eine von dem Angehörigen eines anderen Bundesstaates oder von einem Ausländer bewirkte und nach den deutschen Gesetzen wirksame Legitimation,
6. für eine Deutsche durch Eheschließung mit dem Angehörigen eines anderen Bundesstaates oder mit einem Ausländer.

Die mittelbare Reichsangehörigkeit geht beim Verluste der Staatsangehörigkeit in einem Bundesstaate natürlich nur dann verloren, wenn nicht entweder eine andere Bundesstaatsangehörigkeit an die Stelle der verlorenen getreten ist oder wenn nicht die Staatsangehörigkeit mehrerer deutscher Bundesstaaten besessen worden war, weil letzterenfalls ja beim Verluste einer von ihnen immer noch die verbleibenden (oder die verbleibende) den Fortbestand der mittelbaren Reichsangehörigkeit sicherten. — Der frühere Verlustgrund des zehnjährigen

Aufenthaltes im Auslande ist seit der Novelle zum RuStAG. von 1913 in Wegfall gekommen.

b) Die unmittelbare Reichsangehörigkeit kann verliehen werden

1. einem Ausländer, der sich in einem Schutzgebiete niedergelassen hat, oder einem Eingeborenen in einem Schutzgebiete;
2. einem ehemaligen Deutschen, der sich nicht im Inland niedergelassen hat; dem ehemaligen Deutschen steht gleich, wer von ihm abstammt oder an Kindes Statt angenommen ist (§ 33 RuStAG.).

Näheres hiezu bei Woeber, Reichs- und Staatsangehörigkeitsgesetz, 2. Auflage, 1916.

8. Subjektive Vermögensteuerfreiheit. Art. 3 EinkStG. bestimmt zweierlei Ausnahmen von den allgemeinen Regeln über die subjektive unbeschränkte Steuerpflicht; diese Ausnahmen haben infolge der ausdrücklichen Anführung des Art. 3 EinkStG. in Art. 2 Abs. I VStG. auch für das Gebiet des Vermögensteuergesetzes Geltung.

a) Die Mitglieder des Königlichen Hauses genossen als verfassungsgemäßes Vorrecht (indirekt aus der ehemaligen Fassung des § 53 der Beil. IV der bayr. Verfassungsurkunde zu entnehmen) die Freiheit von allen Personalsteuern und von der Haussteuer für die von ihnen bewohnten Schloßgebäude (vgl. § 2 HausStG.). Seit Einführung der allgemeinen Einkommensteuer erstreckte sich die Steuerfreiheit abgesehen von der Haussteuer für die selbstbewohnten Schloßgebäude auf die Einkommensteuer für Berufseinkünfte und für den Mietwert der selbstbewohnten Schloßgebäude (Breunig I S. 30).

Da es ein „Königliches Haus" in Bayern nicht mehr gibt, die Befreiungsbestimmung aber selbstredend nicht für die Mitglieder eines ehemaligen Königlichen Hauses, sondern nur des jeweils regierenden Königlichen Hauses gelten konnte und kann, so ist sie heute gegenstandslos geworden, auch ohne ausdrückliche Aufhebung.

b) Völkerrechtliche Steuerbefreiungen enthalten Art. 3 Abs. I Ziff. 2 und 3 und Abs. II EinkStG. Unter Ziff. 2 fallen nur die beim bayerischen (König, nunmehr) Volksstaat beglaubigten Vertreter anderer Staaten samt ihren Beamten. Die Vertreter anderer Staaten beim Deutschen Reich fallen unter Ziff. 3 (§ 4 Abs. IV der VB. zum EinkStG.). Die in Ziff. 2 auch erwähnten Bediensteten genießen das Vorrecht der Steuerfreiheit ohne weiteres nur, wenn sie Ausländer sind. Besitzen sie die Reichsangehörigkeit, so sind sie steuerfrei (nach Ziff. 3) nur dann, wenn eine besondere diesbezügliche Vereinbarung mit dem betreffenden auswärtigen Staate besteht.

Abs. II bringt zweierlei Einschränkungen:

aa) die völkerrechtlichen Steuerbefreiungen sollen sich keinesfalls erstrecken auf die nach Art. 2 Abs. I Ziff. 1 und 2 steuerbaren Einkünfte, also auf die Einkünfte aus bayerischem Grund- oder gewerblichen Betriebsvermögen oder an den von bayerischen öffentlichen Kassen bezahlten Gehalten. Für die Vermögensteuer hat nur die erstere Einschränkung Bedeutung. Darnach finden also die Vorschriften über die subjektiv beschränkte Vermögensteuerpflicht, soweit sie in Art. 2 Abs. 1 Ziff. 1 (nicht auch Ziff. 3!) ihre Grundlage haben, auch auf die aus völkerrechtlichen Gründen bevorzugten Personen Anwendung. Vgl. hiezu unten Bem. 11 ff. S. 27 ff.;

bb) die völkerrechtlichen Steuerbefreiungen sind ausgeschlossen, wenn keine Gegenseitigkeit gewährt wird. § 4 Abs. V der VB. zum EinkStG. bemerkt hiezu: Bis auf gegenteilige Weisung ist davon auszugehen, daß Gegenseitigkeit gewährt wird.

9. Nicht zu den unbeschränkt vermögensteuerpflichtigen Personen gehören die nach Art. 6 Abs. I Ziff. 1 EinkStG. vormerkungsweise zur Einkommensteuer zu veranlagenden Personen (d. s. Personen, die zwar in Bayern einen Wohnsitz oder einen Aufenthalt haben, die aber zur Vermeidung einer Doppelbesteuerung für ihre Einkünfte aus Kapitalvermögen und Beruf usw. nicht einkommensteuerpflichtig sind), weil die Rücksichten, die eine unbeschränkte Einkommensteuerpflicht verbieten, natürlich auch einer unbeschränkten Vermögensteuerpflicht (nicht so der Umlagenpflicht, deren Zwecken die vormerkungsweise Veranlagung zur Einkommensteuer dient, die aber nach Art. 8 VStG. hier nicht in Betracht kommt) entgegenstehen. Dagegen können solche Personen sehr wohl der beschränkten Vermögensteuerpflicht nach Art. 2 Abs. I Ziff. 2 VStG., Art. 2 Abs. I Ziff. 1 (nicht auch 3!) EinkStG. in Bayern unterliegen.

10. Die Begriffe Wohnsitz, dienstlicher Wohnsitz, Betriebsstätte und Aufenthalt sind auch im Bereich der bayerischen Steuergesetzgebung im Sinne des Reichsdoppelsteuergesetzes zu verstehen (vgl. Art. 1 Abs. II und Art. 2 Abs. II EinkStG.).

a) Wohnsitz. Nach § 1 Abs. II des Reichsdoppelsteuergesetzes hat ein Deutscher einen Wohnsitz im Sinn dieses Gesetzes an dem Orte, an welchem er eine Wohnung unter Umständen inne hat, welche auf die Absicht der dauernden Beibehaltung einer solchen schließen lassen. Der steuerrechtliche Wohnsitzbegriff ist durchaus nicht identisch mit dem bürgerlichrechtlichen nach § 7 BGB. Der Wohnsitzbegriff der Steuergesetze verlangt nicht ein längeres oder kürzeres Wohnen oder Sichaufhalten an einem Orte, es genügt das Innehaben einer Wohnung sowie in subjektiver Hinsicht die Absicht, diese Wohnung dauernd beizubehalten. Unter „Wohnung" sind nur Wohnräume zu verstehen, die geeignet sind, dem Inhaber eine standesgemäße Unterkunft zu gewähren. Bei einer Landwohnung ist es aber genügend, wenn die Wohnung der Lebenshaltung des Inhabers in einem Landaufenthalte entspricht (OBK. Mitt. Bd. 13 S. 64). Ein bloßes Absteigequartier genügt nicht für die Annahme eines steuerrechtlichen Wohnsitzes (Entsch. des preuß. OVG. in Staatssteuersachen Bd. 13 S. 9). Dagegen schließt der Umstand, daß ein Landhaus seit Jahren immer nur vorübergehend für die Jagd benützt wurde, die Annahme eines steuerrechtlichen Wohnsitzes nicht aus, wenn sonst die gesetzlichen Voraussetzungen hiefür gegeben sind (OBK. Mitt. Bd. 17 S. 297). Der steuerrechtliche

Wohnsitz beginnt mit der Bewohnbarkeit; er fällt nicht schon mit der Kündigung, sondern erst mit der Räumung der Mietwohnung weg (OVK. Mitt. Bd. 14 S. 191). Näheres bei Breunig II S. 351 ff., Erler S. 23 ff. Vgl. ferner Entsch. des bayr. VGH. vom 25. Okt. 1918 in JW. 1919 S. 62.

b) Dienstlicher Wohnsitz ist die einem Beamten zur Ausübung seines Berufs angewiesene Station (Erler S. 77 ff.). Er ist nicht eine Unterart des steuerrechtlichen Wohnsitzes des § 1 Abs. II des RDoppStG., sondern er ist begrifflich etwas von ihm Verschiedenes (preuß. OVG. i. St. Bd. 11 S. 15). Einen dienstlichen Wohnsitz im Sinne des Gesetzes hat nur ein Deutscher, der im Reichs- oder Staatsdienste steht, und zwar an dem Orte, der ihm dienstlich als Amtssitz angewiesen ist, gleichviel ob er selbst dort Wohnung nimmt oder nicht (§ 1 Abs. V der VollzBek. zum EinkStG.). Näheres bei Breunig II S. 359 ff., Erler S. 75 ff.

c) Betriebsstätte im Sinne des DoppStG. ist jede feste örtliche Anlage oder Einrichtung, die der Ausübung des Betriebs eines stehenden Gewerbes dient. Außer dem Hauptsitz eines Betriebs gelten hiernach als Betriebsstätten: Zweigniederlassungen, Fabrikationsstätten, Ein- und Verkaufsstellen, Niederlagen, Kontore und sonstige zur Ausübung des Gewerbes durch den Unternehmer selbst, dessen Geschäftsteilhaber, Prokuristen oder andere ständige Vertreter unterhaltene Geschäftseinrichtungen (§ 3 Abs. II RDoppStG., § 3 Abs. V der VV. zum EinkStG.). Näheres bei Breunig II S. 366 ff., Erler S. 133 ff.

d) Aufenthalt. Der Begriff Aufenthalt ist im Doppelsteuergesetze selbst nicht näher bestimmt. Für die Annahme eines Aufenthalts ist eine nicht bloß vorübergehende Anwesenheit, sondern eine Anwesenheit von einer gewissen Dauer und Stetigkeit und die Innehabung einer Aufenthaltsstätte, insbesondere einer zur regelmäßigen Benützung bestimmten Schlafstätte, erforderlich (§ 1 Abs. V der VV. zum EinkStG.). Wegen des Aufenthaltes eines Geisteskranken vgl. OVK. Mitt.

Bd. 13 S. 173. Im übrigen näheres bei Breunig II S. 58f., Erler S. 62ff. und OBKMitt. Bd. 17 S. 9.

e) Dauernder Aufenthalt. Dieser Begriff ist nicht im RDoppStG., dagegen im BesStG. und im EinkStG. enthalten und nirgends näher umschrieben. In ihm kommt das Erfordernis der Dauer und Stetigkeit in erhöhtem Maße zum Ausdruck; er muß im wesentlichen ununterbrochen sein (Breunig I S. 9). Ein dauernder Aufenthalt an verschiedenen Orten zu gleicher Zeit ist nicht möglich. Wohl aber kann sich der dauernde Aufenthalt „im Auslande" der Reihe nach an verschiedenen Orten des Auslandes abspielen.

11. Die Bestimmungen über die **subjektiv beschränkte Steuerpflicht** finden sich in dem von Art. 2 Abs. I Ziff. 2 VStG. angezogenen Art. 2 Abs. I Ziff. 1 und 3 EinkStG. und lauten (vgl. auch § 1 Abs. I der VB.):

Art. 2 Abs. I EinkStG.

Einkommensteuerpflichtig sind auch Personen und nicht rechtsfähige Vereine, die der Steuerpflicht nach Art. 1 nicht unterliegen, für ihre Einkünfte:

1. aus dem in Bayern gelegenen Grundvermögen und aus dem Betrieb eines stehenden Gewerbes, zu dessen Ausübung in Bayern eine Betriebsstätte unterhalten wird,
2. . . . .
3. aus dem in Bayern dinglich versicherten oder aus dem Kapitalvermögen eines Abwesenden, für den von einem bayerischen Gericht eine Pflegschaft nach § 1911 des Bürgerlichen Gesetzbuchs angeordnet ist, falls nicht diese Einkünfte nach reichsgesetzlichen Vorschriften der Besteuerung in Bayern entzogen sind.

12. Der subjektiv beschränkten Vermögensteuerpflicht unterliegen ebenso wie der unbeschränkten nur natürliche Personen. Wer schon subjektiv unbeschränkt steuerpflichtig ist, kann in dem gleichen Bundesstaat nicht auch subjektiv beschränkt steuerpflichtig sein. Staatsangehörigkeit, Wohnsitz, dienstlicher Wohnsitz und Aufenthalt sind bei der beschränkten Steuerpflicht ohne jede Bedeutung.

Die Fälle der subjektiv beschränkten Einkommensteuerpflicht nach Art. 2 EinkStG. scheiden sich in zwei Gruppen. Die unter Art. 2 Abs. I Ziff. 2 rechnenden Fälle setzen neben dem Mangel der subjektiv unbeschränkten Einkommensteuerpflicht stets und allein den Bezug gewisser Einkünfte (Gehalte, Pensionen, Wartegelder usw. aus bayerischen öffentlichen Kassen) voraus. Diese Gruppe kommt für das VStG. nicht in Betracht, weil es sich hier nur um Berufseinkünfte handelt. Die zweite Gruppe der Fälle der subjektiv beschränkten Einkommensteuerpflicht dagegen, die auch die Fälle der subjektiv beschränkten Vermögensteuerpflicht bilden, setzt nicht den Bezug gewisser Einkünfte, sondern nur den Besitz gewisser Einkommensquellen (Grund- oder Betriebsvermögen in Bayern usw.) voraus. Die — nicht schon in Bayern unbeschränkt steuerpflichtigen — Besitzer solcher Einkommensquellen gehören zu den beschränkt einkommensteuerpflichtigen (und damit auch beschränkt vermögensteuerpflichtigen) Personen also auch dann, wenn sie tatsächlich aus diesen Einkommensquellen keine Einkünfte oder wenigstens keine steuerbaren Reineinkünfte beziehen. Arbeitet also z. B. das in Bayern gelegene industrielle Unternehmen eines im Auslande lebenden Ausländers mit Verlust, so muß der Ausländer zwar keine Einkommensteuer hiefür in Bayern bezahlen, aber er gehört doch zu den nach Art. 2 Abs. I Ziff. 1 Eink.-StG. in Bayern im weiteren Sinne einkommensteuerpflichtigen Personen und unterliegt deshalb mit diesem bayerischen Betriebsvermögen der beschränkten Vermögensteuerpflicht. „Diese beschränkte Steuerpflicht ist auf die Lage . . . des Steuerobjekts (der Einkommensquelle . . .) gegründet und erfordert keinerlei weitere Voraussetzungen." (Breunig I S. 24).

13. Die beschränkte Vermögensteuerpflicht in Bayern kann sich erstrecken auf

a) in Bayern gelegenes Grundvermögen (Grund- und Hausbesitz). Beschränkt einkommensteuerpflichtig für Einkünfte aus Grundvermögen kann nach Art. 2 EinkStG. sein im Falle der Selbstbewirtschaftung der Eigentümer, im Falle der Verpachtung sowohl der Verpächter wie der Pächter (vgl. § 3 Abs. II der VV. zum EinkStG. und Breunig I S. 25). Als vermögensteuerpflichtig kann hinsichtlich des Grundvermögens in jedem Falle nur der Eigentümer des Grundvermögens erscheinen. Betreibt nun eine in Bayern nicht allgemein steuerpflichtige Person auf fremdem Grund in Bayern die Land- oder Forstwirtschaft, so besitzt sie zwar Einkünfte aus bayerischem Grundvermögen, aber kein bayerisches Grundvermögen, sondern bayerisches Betriebsvermögen (§ 2 Ziff. 2 BesStG.). Vom bayerischen Betriebsvermögen ist aber (vgl. unten b) nur das einem stehenden Gewerbebetrieb gewidmete der beschränkten Steuerpflicht in Bayern unterworfen. Die Diktion des Art. 2 Abs. I Ziff. 2 VStG. („mit ihrem in diesen Bestimmungen bezeichneten Vermögen") zwingt also zur Freilassung all jenen nichtgewerblichen Betriebsvermögens von der VSt., das in Bayern in der Hand einer hier nicht allgemein steuerpflichtigen Person zur Gewinnung von Einkünften aus Grundvermögen dient (vgl. auch Erler S. 104 f.); anders die Vermögensteuergesetze Badens, Württembergs und Bremens und das preußische wie das sächsische ErgStG.

b) den Betrieb eines stehenden Gewerbes, zu dessen Ausübung in Bayern eine Betriebsstätte unterhalten wird. Das „in dieser Bestimmung bezeichnete Vermögen" ist identisch mit dem gewerblichen Betriebsvermögen der §§ 2, 4 BesStG., aber nur soweit es einem stehenden Gewerbebetrieb gewidmet ist; das einem in Bayern nicht allgemein Steuerpflichtigen gehörige Betriebsvermögen, das einem in Bayern betriebenem Gewerbe im Umherziehen dient, ist trotz der Ermächtigung des § 3 Abs. 4 RDoppStG. in Bayern vermögensteuerfrei. (Das hat seinen Grund darin, daß die Einkünfte aus dem Gewerbebetrieb im Umherziehen nur der Hausiersteuer, nicht aber der Einkommensteuer unterliegen, weshalb der Gewerbebetrieb im Umherziehen in Art. 2 EinkStG. nicht genannt ist.) — Auch hier muß, was oben in Bem. 5 zur Erläuterung des außerbayerischen Grund- und Betriebsvermögens ausgeführt wurde, für die Abgrenzung des die beschränkte Steuerpflicht in Bayern begründenden Grund- und Betriebsvermögens gelten. Darnach zählen Grundstücke, gleichviel ob sie einem Gewerbebetriebe gewidmet sind oder nicht, stets zum Grundvermögen, soweit es sich um die Frage der Steuerpflicht handelt; zum gewerblichen Betriebsvermögen aber gehören für Beurteilung der Frage der Steuerpflicht nur die nach Abzug etwaiger Immobilien verbleibenden gewerblichen Vermögensteile. Betreibt also z. B. ein im Ausland lebender Ausländer in Bayern ein stehendes Gewerbe, dem auch ein jenseits der Grenze im Ausland gelegenes Grundstück dient, so unterliegt dieses Grundstück als im Ausland gelegenes Grundvermögen nicht der beschränkten Vermögensteuerpflicht in Bayern. Erstreckt sich der Gewerbebetrieb auch auf außerhalb Bayerns gelegene Betriebsstätten, so kann nur der auf Bayern treffende Anteil am Betriebsvermögen von der bayr. VSt. erfaßt werden (§ 3 RDoppStG., Erler S. 167). Wegen der Ausscheidung der Anteile vgl. Breunig I S. 373 ff., Erler S. 167 ff. Wegen des Begriffes „Betriebsstätte" vgl. oben Bem. 10 c.

c) In Bayern dinglich versichertes Kapitalvermögen. Dinglich versichert ist das durch Eintragung einer Reallast, Hypothek, Grundschuld oder Rentenschuld in das Grundbuch gesicherte Kapitalvermögen (§ 3 Abs. IV der VV. zum EinkStG.). Wohl zu beachten ist, daß das „Kapitalvermögen" im Sinn dieser Bestimmung durchaus nicht identisch ist mit dem Kapitalvermögen des BesStG. Denn das „in Bayern dinglich versicherte Kapitalvermögen" findet sich ja in Art. 2 EinkStG., so daß zur Erklärung des Begriffes „Kapitalvermögen" natürlich hier nur das Einkommensteuergesetz herangezogen werden kann, dessen Art. 15 Abs. I — bis auf ein unwesentliches Wort identisch mit Art. 1 Abs. I KapRentStG. — die Einkünfte oder Erträge aus Kapitalvermögen (und damit zugleich das Kapitalvermögen selbst) dahin definiert, daß sie insbesondere umfassen:

1. Zinsen und Renten aus Anleihen, Darlehen, Grund- und Rentenschulden, Sparkasseneinlagen, Kontokor-

rentguthaben und sonstigen Kapitalforderungen sowie aus verzinslich gewordenen Zins- und anderen Ausständen, ferner vererbliche sonstige Rentenbezüge,

2. Dividenden, Zinsen, Ausbeuten und sonstige Gewinnanteile von Aktiengesellschaften, Gesellschaften m. b. H., Genossenschaften, stillen Gesellschaften, Berggewerkschaften, ferner auch Gewinnanteile der Kommanditisten bei Kommanditgesellschaften auf Aktien,

3. Zinsen und Gewinne, die in unverzinslichen Kapitalforderungen (Zielforderungen, Wechseln, Schatzscheinen usw.) dadurch inbegriffen sind, daß ein höheres als das ursprünglich hingegebene Kapital zurückgewährt wird; als solche Zinsen und Gewinne sind im Zweifelsfalle vier vom Hundert des Nennwerts der Forderungen anzusetzen.

Hievon unterscheidet sich das Kapitalvermögen des BesStG. (vgl. § 6 BesStG.), dessen Bestimmungen für das der unbeschränkten Vermögensteuerpflicht unterliegende Kapitalvermögen maßgebend sind, nicht unwesentlich (§ 17 der bayr. VollzBek. zum BesStG. weist ausdrücklich auf die weitere Fassung des Begriffes Kapitalvermögen in § 6 BesStG. gegenüber jener der bayerischen Steuergesetzgebung hin und nennt hiebei besonders § 6 Nr. 1, 4, 5, 6 BesStG.). Die Vorschrift des Art. 3 Abs. III Satz 2 VStG., daß die Feststellung (Berechnung) des Vermögens nach den Vorschriften des BesStG. erfolge, erlaubt nicht, den Begriff „Kapitalvermögen" auch für die beschränkte Vermögensteuerpflicht im Sinne des § 6 BesStG. auszulegen. Denn das im Art. 2 EinkStG. gebrauchte Wort „Kapitalvermögen" könnte in seinem ihm dort gegebenen Inhalte nur durch eine Änderung des EinkStG., nicht aber im Rahmen des VStG. geändert werden. Die Tragweite der Abweichung wird allerdings abgeschwächt dadurch, daß es sich hier bei dem nach dem EinkStG. zu bestimmenden Kapitalvermögen nur um solches handeln kann, das einer dinglichen Sicherung fähig ist, was ja bei einem erheblichen Teil des unter § 6 BesStG. fallenden nicht der Fall ist. Bedeutsame Abweichungen aber bleiben doch bestehen und es ist bedauerlich, daß man bei der Abfassung des Gesetzes nicht vermieden hat, für die unbeschränkte und für die beschränkte Vermögensteuerpflicht verschiedene Begriffe von Kapitalvermögen zu schaffen. (Man setze folgenden Fall: ein bayrischer Großgrundbesitzer stirbt und hinterläßt als Erben seinen Sohn, der der 40jährigen in Italien lebenden Witwe des Verstorbenen eine auf seinem ererbten Grundbesitz dinglich zu sichernde lebenslängliche Rente von jährlich 50000 Mk. auszuzahlen hat. Der Sohn darf nach Art. 3 VStG., §§ 10, 38 BesStG. den Kapitalwert der ihn belastenden Rente mit 14mal 50000 = 700000 Mk. von seinem steuerpflichtigen Vermögen abziehen, während die Witwe mit dem Kapitalwert ihrer Rente in Bayern nicht vermögensteuerpflichtig ist, weil zwar die dingliche Sicherung in Bayern, nicht aber die Natur des Kapitalvermögens nach dem maßgebenden bayr. EinkStG. gegeben ist.)

Die Vorschrift über die beschränkte Vermögensteuerpflicht des einer in Bayern nicht unbeschränkt vermögensteuerpflichtigen Person gehörigen, in Bayern dinglich versicherten Kapitalvermögens ist (vgl. Art. 2 Abs. I Ziff. 3 EinkStG. am Ende) eingeschränkt durch den Zusatz: falls nicht diese Einkünfte (muß für das Gebiet des VStG. natürlich heißen „dieses Vermögen") nach reichsgesetzlichen Vorschriften der Besteuerung in Bayern entzogen sind (ist). Gemeint sind damit die Vorschriften des RDoppStG., die allerdings auch ohne diese ausdrückliche, nur der Klarheit wegen aufgenommene Vorschrift den bayerischen Bestimmungen vorgegangen wären. Da das RDoppStG. für dinglich versichertes Kapitalvermögen nicht wie für Grund- und Gebäudebesitz und Gewerbebetrieb eine Ausnahme von den allgemeinen Grundsätzen über die Verteilung des staatlichen Besteuerungsrechts (§ 1 und 2 RDoppStG.) zugunsten des Staates gemacht hat, in dem das der dinglichen Sicherung dienende Grundstück liegt, so kann natürlich auch das in Bayern dinglich versicherte Kapitalvermögen im Verhältnis zu den anderen deutschen Bundesstaaten nicht anders als das übrige Kapitalvermögen behandelt werden. Ist also der Eigentümer des in Bayern dinglich versicherten

Kapitalvermögens nur in einem anderen deutschen Bundesstaat nach §§ 1, 2 RDoppStG. der subjektiv unbeschränkten Steuerpflicht unterworfen, so zählt auch sein in Bayern dinglich versichertes Kapitalvermögen zu seinem nur in jenem Bundesstaate der direkten Staatsbesteuerung unterworfenen Vermögen, muß also von der bayrischen Vermögensteuer frei bleiben, gleichviel ob dieser andere Staat eine Vermögensteuer erhebt oder nicht.

Gegen die Heranziehung des in Bayern dinglich versicherten Kapitalvermögens zur Vermögensteuer wurde im Ausschuß der Abgeordnetenkammer (Beil. 2401 S. 235) geltend gemacht, daß sie, wie auch die Heranziehung der Einkünfte hieraus zur EinkSt., nicht zweckmäßig sei, weil sie das Auslandsvermögen von inländischen Beleihungen zurückhalte, was besonders zurzeit nicht wünschenswert sei. Auch könne die Steuerpflicht jederzeit dadurch umgangen werden, daß sich der Grundstückseigentümer eine Grundschuld bestelle und sie dem ausländischen Geldgeber verpfände. Dann habe der Geldgeber jede Sicherheit, sei aber steuerfrei weil das Kapital in Bayern nicht dinglich versichert sei. Daraufhin wurde vom Regierungskommissar die Notwendigkeit der Bestimmung mit Rücksichten auf den bayrisch-österreichischen Doppelsteuervertrag von 1913 begründet. Nach diesem Vertrag muß Österreich z. B. die Renten eines in Österreich lebenden Österreichers aus bayerischen Hypotheken steuerfrei lassen, ebenso wie Bayern die Renten eines in Bayern lebenden Gläubigers aus österreichischen Hypotheken. Würde nun die beschränkte Steuerpflicht für in Bayern dinglich versichertes Kapitalvermögen und die Einkünfte daraus nicht festgesetzt, so würde ungerechtfertigterweise in beiden Ländern völlige Steuerfreiheit jenes Vermögens und seiner Erträge eintreten. Soferne sich im Einzelfalle aus der Heranziehung zur VSt. Unstimmigkeiten ergeben sollten, wird die Staatsregierung nach der Zusage des Regierungsvertreters gerne bereit sein, wenn eine Doppelbesteuerung in Frage steht, auf Grund des Art. 2 des EG. zu den Gesetzen über die direkten Steuern Abhilfe zu schaffen.

d) **Kapitalvermögen eines Abwesenden, für den von einem bayerischen Gericht eine Pflegschaft nach § 1911 BGB. angeordnet ist.** § 1911 BGB. lautet:

Ein abwesender Volljähriger, dessen Aufenthalt unbekannt ist, erhält für seine Vermögensangelegenheiten, soweit sie der Fürsorge bedürfen, einen Abwesenheitspfleger. Ein solcher Pfleger ist ihm insbesondere auch dann zu bestellen, wenn er durch Erteilung eines Auftrags oder einer Vollmacht Fürsorge getroffen hat, aber Umstände eingetreten sind, die zum Widerrufe des Auftrags oder der Vollmacht Anlaß geben.

Das gleiche gilt von einem Abwesenden, dessen Aufenthalt bekannt, der aber an der Rückkehr und der Besorgung seiner Vermögensangelegenheiten verhindert ist.

Solche Pflegschaftsfälle sind gerade in der Kriegszeit bei Vermißtsein bzw. Kriegsverschollenheit und Kriegsgefangenschaft häufig geworden.

Über die Bedeutung des Begriffes „Kapitalvermögen" gilt auch hier das oben unter c Gesagte, jedoch mit dem Abmaße, daß hier der Unterschied zwischen dem anzuwendenden engeren Begriffe und dem weiteren des BesStG. wieder bedeutungsvoller wird, weil es sich hier bei dem Kapitalvermögen des Abwesenden natürlich auch um zur dinglichen Sicherung nicht geeignetes Kapitalvermögen handeln kann.

Die Einschränkung, daß das Kapitalvermögen des Abwesenden von der bayr. VSt. frei zu lassen ist, wenn nach den Grundsätzen des RDoppStG. eine direkte Besteuerung in Bayern unzulässig wäre, gilt auch hier (vgl. oben c S. 32).

Besitzt der Abwesende auch Grund- oder gewerbliches Betriebsvermögen in Bayern, so ist er hiemit schon nach Art. 2 Abs. I Ziff. 1 EinkStG. beschränkt einkommensteuerpflichtig und demzufolge auch vermögensteuerpflichtig.

14. **Für den Abzug der Schulden und Lasten** bei der Berechnung des der **beschränkten** Vermögensteuerpflicht unterliegenden Reinvermögens müssen nach Art. 3 VStG. die Vorschriften des BesStG.

über den Schuldenabzug zur Anwendung kommen. Der hier einschlägige § 10 Abs. 3 BesStG. erlaubt jedoch nicht ohne weiteres eine wörtliche Anwendung; näheres hierüber ist in Bem. 14 Buchst. a zu Art. 3 ausgeführt.

15. Nach Art. 2 Abs. II VStG. soll in den Fällen des Art. 2 Abs. I Ziff. 2 VStG., d. h. in den Fällen der beschränkten Vermögensteuerpflicht, Art. 2 Abs. III EinkStG. entsprechende Anwendung finden. Diese Bestimmung lautet:

Solche Steuerpflichtige sind in den Fällen des Abs. I Ziff. 1, 3 verbunden, auf Verlangen der Steuerverwaltung für die Erfüllung aller durch dieses Gesetz und dessen Vollzugsvorschriften auferlegten Verpflichtungen einen Bevollmächtigten zu bestellen. Dieser Bevollmächtigte muß in Bayern seinen Wohnsitz haben; er ist für die Erfüllung dieser Verpflichtungen neben dem Steuerpflichtigen haftbar.

§ 3 Abs. VI der VollzBek. zum EinkStG. führt hiezu folgendes aus: „Die Aufstellung des Steuerbevollmächtigten soll die Veranlagung erleichtern. Er hat deshalb im Veranlagungs- und im Rechtsmittelverfahren in der Regel zunächst mitzuwirken. Zustellungen sind an ihn zu machen. Der Steuerpflichtige selbst ist jedoch seiner Obliegenheiten nicht enthoben, wenn er hiefür in Anspruch genommen wird. Der Steuerbevollmächtigte haftet zwar auch für die Steuer seines Auftraggebers; die Anforderung soll jedoch zunächst gegen den Pflichtigen selbst gerichtet werden, wenn nicht der Auftraggeber den Steuerbevollmächtigten auch zur Entrichtung der Steuer besonders beauftragt hat."

§ 1 Abs. II der VB. zum VStG. bemerkt hiezu ergänzend: „Die . . . . . bezeichneten Steuerpflichtigen sind verbunden, auf Verlangen des Rentamts für die Erfüllung aller durch das VStG. und dessen Vollzugsvorschriften auferlegten Verpflichtungen einen Bevollmächtigten zu bestellen. Der Bevollmächtigte muß in Bayern seinen Sitz haben und ist für die Erfüllung dieser Verpflichtungen neben dem Steuerpflichtigen haftbar (Art. 2 Abs. II des Gesetzes, Art. 2 Abs. III Eink.-

StG.). Wer dem Verlangen nach Aufstellung eines Bevollmächtigten nicht rechtzeitig genügt, kann nach Art. 10 Abs. IV des Gesetzes bestraft werden."

16. Nach Art. 22 Abs. II EinkStG. sind subjektiv beschränkt einkommensteuerpflichtige Personen „sofern eine von einem bayerischen Gerichte bestellte Pflegschaft in Frage ist, am Sitze des Pflegschaftsgerichts, sonst aber dort zu veranlagen, wo der für die Steuerverwaltung etwa bestellte Vertreter seinen Wohnsitz hat, in Ermangelung eines solchen Vertreters an jenem Orte, wo das steuerbare Einkommen ganz oder zum größeren Teile bezogen wird". Da Art. 9 Abs. III VStG. für die Veranlagung zur Vermögensteuer, also auch den Veranlagungsort, „die in Bayern für die Besitzsteuer maßgebenden gesetzlichen Vorschriften" für entsprechend anwendbar erklärt, für den Bereich des Besitzsteuergesetzes aber nach § 2 der bayer. VB. zum BesStG. bezüglich des Veranlagungsortes wiederum Art. 22 EinkStG. maßgebend ist, so hat also auch für die in Bayern beschränkt Vermögensteuerpflichtigen die Veranlagung zur Vermögensteuer gegebenenfalls am Orte des Wohnsitzes des Steuerbevollmächtigten zu erfolgen.

17. Für die unbeschränkte wie die beschränkte Vermögensteuerpflicht ist zu beachten, daß (abgesehen von der einheitlichen Veranlagung von Ehegatten, vgl. Bem. 3 zu Art. 4) nie eine Personenmehrheit gemeinschaftlich zur Vermögensteuer veranlagt werden kann. § 1 Abs. V der VB. führt hiezu aus: „Das Vermögen einer offenen Handelsgesellschaft (§§ 105 ff. HGB.), einer einfachen Kommanditgesellschaft (§§ 161 ff. a. a. O.), einer stillen Gesellschaft (§§ 335 ff. a. a. O.) und einer Gesellschaft des bürgerlichen Rechtes (§§ 705 ff. BGB.) unterliegt nur in der Hand des einzelnen Gesellschafters nach dem Verhältnis seines Anteils am Gesellschaftsvermögen der Vermögensteuer. Auch andere Gemeinschaften zur gesamten Hand wie der Gütergemeinschaft, der Erbengemeinschaft sind nicht selbständig vermögensteuerpflichtig, ebenso auch nicht Konkurs- und Nachlaßmassen (vgl. auch Art. 5 Abs. II des Gesetzes)."

18. Maßgebender Zeitpunkt für das Bestehen der Steuerpflicht. „Voraussetzung für die erstmalige Vermögensteuerveranlagung (für das Vermögensteuerjahr 1919) ist das Bestehen der subjektiven Einkommensteuerpflicht am 1. Januar 1919, für die künftigen ordentlichen Veranlagungen (Art. 3 Abs. I und Abs. II Ziff. 1 und 2 des Gesetzes) das Bestehen der subjektiven Einkommensteuerpflicht im Veranlagungszeitpunkt, d. i. an dem den drei Vermögensteuerjahren letztvorangegangenen Ende eines Besitzsteuerveranlagungszeitraums, für die Zugangsveranlagungen nach Art. 5 Abs. III des Gesetzes (Art. 68 Abs. I, II EinkStG.) das Bestehen der subjektiven Einkommensteuerpflicht zu Beginn des dem Eintritt der Steuerpflicht folgenden Monats. Das gleiche gilt, wenn durch eine nach Art. 5 Abs. I Ziff. 1 des Gesetzes zu berücksichtigende Vermögensvermehrung bei schon bestandener subjektiver Einkommensteuerpflicht die Vermögensteuerfreigrenze von 20000 Mk. überschritten wird und damit objektive Steuerpflicht eintritt" (§ 2 der VB.).

Steuerfluchtgesetz.

19. Die Bestimmungen des EinkStG. und des VStG. über die Steuerpflicht erleiden in gewisser Hinsicht eine nicht unwesentliche Änderung bzw. Erweiterung von allerdings nur vorübergehender Dauer durch das Reichsgesetz gegen die Steuerflucht vom 26. Juli 1918 (RGBl. S. 351).

A. Allgemeines. Angesichts der ständig wachsenden Steuerlast der Kriegs- wie besonders der Nachkriegszeit ist die Befürchtung begründet, daß so manche kapitalkräftigen Leute, die bisher in Deutschland lebten, dem Deutschen Reiche unter Mitnahme ihres Vermögens den Rücken kehren und sich einen Aufenthaltsstaat mit geringerer Steuerlast wählen werden. Zur Hintanhaltung dieser die Interessen von Reich, Staat und Gemeinde natürlich aufs schwerste schädigenden „Steuerflucht" bieten die bisherigen Steuergesetze keine ausreichende Handhabe.

Hinsichtlich der bayerischen Einkommen- und Vermögensteuer ist die Rechtslage bezüglich der Steuerpflicht im Falle der Auswanderung nach den Bestimmungen dieser beiden Gesetze folgende (wobei unter Auswanderung mit dem Steuerfluchtgesetz die Aufgabe des dauernden Aufenthaltes im Inlande ohne Beibehaltung eines Wohnsitzes im Inlande verstanden wird):

a) Wandert ein bayerischer Staatsangehöriger ins Ausland aus, der bisher in Bayern allgemein steuerpflichtig war (vgl. oben Bem. 6 I), so bleibt diese seine Steuerpflicht noch zwei Jahre lang bestehen. Zur Durchsetzung seines Steueranspruches wird allerdings der bayerische Staat in diesen zwei Jahren in der Regel keinerlei Mittel besitzen, weshalb diese Bestimmung praktisch ziemlich wertlos ist.

b) Wandert ein bisher in Bayern allgemein steuerpflichtiger (vgl. oben Bem. 6 II) nichtbayerischer Reichsangehöriger aus Bayern ins Ausland aus, dann geht das Recht Bayerns zur direkten Besteuerung dieser Person mit dem auf den Wegzug folgenden Monatsersten verloren. An dessen Stelle tritt im Sinne des RDoppStG. das Besteuerungsrecht des Heimatsstaates bzw. bei mehrfacher Bundesstaatsangehörigkeit der mehreren Heimatstaaten, das aber natürlich wieder (vgl. oben a) an dem Mangel der praktischen Durchführbarkeit krankt.

c) Wandert ein bisher in Bayern allgemein steuerpflichtiger (vgl. oben Bem. 6 III) Ausländer (oder Staatenloser) aus Bayern ins Ausland aus,-dann geht das Recht Bayerns zur direkten Besteuerung dieser Person wie bei b mit dem auf den Wegzug folgenden Monatsersten verloren und zwar ohne daß das Besteuerungsrecht eines anderen deutschen Bundesstaates an seine Stelle träte.

Diese Rechtslage in Bayern bietet natürlich keinerlei Schutz gegen die zu befürchtende Steuerflucht. Entsprechendes gilt von den übrigen Bundesstaaten ebenso wie vom Reich und von den Gemeinden. Hier Abhilfe zu schaffen ist das erwähnte **Reichsgesetz gegen die Steuerflucht** bestimmt, das sich dabei nicht nur auf den Schutz der Interessen des Reiches, sondern auch jenen der ja ganz gleich gearteten Interessen der Bundesstaaten und der Gemeinden erstreckt. Der Grundgedanke des Gesetzes ist der, die bis zur Auswanderung bestehende Pflicht zur Entrichtung direkter Steuern an Reich, Staat und Gemeinde mindestens auf die Dauer der Geltung des Gesetzes noch fortbestehen zu lassen und zur Sicherung dieses Besteuerungsrechtes von dem Auswandernden eine ausreichende Sicherheitsleistung unter Androhung schwerer Rechtsnachteile zu erzwingen.

B. Die hier besonders interessierenden Bestimmungen des Steuerfluchtgesetzes lauten:

§ 1 StflG.

Angehörige des Deutschen Reiches bleiben, wenn sie ihren dauernden Aufenthalt im Inland aufgeben, für die Geltungsdauer dieses Gesetzes der inländischen Steuerpflicht in Beziehung auf die Personalsteuern sowohl des Reichs wie der Bundesstaaten unterworfen. Die bundesstaatlichen Steuern sind im zweieinhalbfachen Betrage zu erheben; drei Fünftel dieses Betrages sind nach näherer Bestimmung der Landesregierung für die Gemeinden (Gemeindeverbände) und Schulgemeinden zu verwenden; soweit in Gebietsteilen einzelner Bundesstaaten eine besondere Gemeindeverfassung nicht vorhanden ist, werden die bundesstaatlichen Steuern nur zum einfachen Betrage erhoben. Bisherige weitergehende und künftige landesgesetzliche Vorschriften bleiben unberührt.

Die Vorschrift des Abs. 1 gilt auch für

1. ehemalige Angehörige des Deutschen Reichs, die nach dem 1. August 1914 eine fremde Staatsangehörigkeit erworben haben,
2. nicht reichsangehörige Personen, die auch eine fremde Staatsangehörigkeit nicht besitzen, wenn sie seit dem 1. August 1914 in einem deutschen Bundesstaat ihren Wohnsitz oder gewöhnlichen Aufenthalt gehabt haben.

§ 2 StflG.

Welche Steuern Personalsteuern im Sinne des § 1 sind, wird durch Verordnung des Bundesrats bestimmt. Die Verordnung ist dem Reichstag alsbald mitzuteilen und auf Verlangen des Reichstags aufzuheben.

Als steuerpflichtiges Einkommen gilt mindestens das durchschnittliche Einkommen, das sich aus der letzten landesrechtlichen Veranlagung vor der Aufgabe des dauernden Aufenthalts im Inland und den zwei ihr vorangegangenen Jahresveranlagungen ergibt. Als steuerpflichtiges Vermögen gilt mindestens das nach der Vorschrift des § 6 festgestellte Vermögen. Verringerungen hat der Steuerpflichtige nachzuweisen.

§ 3 StflG.

Gläubiger der bundesstaatlichen Steuern ist, unbeschadet der Vorschrift des § 3 des Doppelsteuergesetzes vom 22. März 1909 (RGBl. S. 332), der Bundesstaat, in dem der Steuerpflichtige vor Aufgabe des dauernden Aufenthalts im Inland seinen Wohnsitz oder in Ermangelung eines Wohnsitzes den gewöhnlichen Aufenthalt gehabt hat. Bei mehrfachem Wohnsitz hat den Vorrang zunächst der Bundesstaat des dienstlichen Wohnsitzes, dann der Bundesstaat, in dem der Steuerpflichtige die Staatsangehörigkeit besitzt, weiter der Bundesstaat, in dem der Steuerpflichtige den vorwiegenden Aufenthalt hatte. Hat der Steuerpflichtige vor Aufgabe des dauernden Aufenthalts im Inland einen Wohnsitz oder einen gewöhnlichen Aufenthalt nicht gehabt, so ist der Bundesstaat, in dem der Steuerpflichtige die Staatsangehörigkeit besitzt, Gläubiger der bundesstaatlichen Steuern. Besitzt der Steuerpflichtige die Staatsangehörigkeit in mehreren Bundesstaaten, so entscheidet der Bundesstaat, in dem er die Staatsangehörigkeit zuerst erworben hat; hat er die Staatsangehörigkeit in mehreren Bundesstaaten gleichzeitig erworben, so sind die beteiligten Bundesstaaten zu gleichen Anteilen berechtigt; besitzt der Steuerpflichtige in keinem Bundesstaat die Staatsangehörigkeit, so ist der Bundesstaat, in dem der

Steuerpflichtige seinen letzten Aufenthalt hatte, Gläubiger der Steuern.

§ 30 StflG.

Das Gesetz tritt unbeschadet der Durchführung schwebender Verfahren außer Kraft mit dem Schluß des dritten Jahres, in dem der Krieg mit allen Großmächten beendet ist.

C. Geltung für das Vermögensteuergesetz.

Daß die Vermögensteuer zu den „Personalsteuern" im Sinne des § 1 des Steuerfluchtgesetzes gehört, ist in § 1 Abs. 2 der Ausführungsbestimmungen des Bundesrats zum Steuerfluchtgesetz vom 31. Juli 1918 (RGBl. S. 951, bayr. GVBl. S. 567) ausdrücklich ausgesprochen.

Weniger zweifelsfrei ist die folgende Frage. Das StflG. trägt das Datum des 26. Juli 1918 und bestimmt in § 1, daß „künftige" landesgesetzliche Vorschriften (über das Fortbestehen der Steuerpflicht Auswandernder) unberührt bleiben. Nun trägt aber das VStG. das Datum des 17. August 1918, gehört also zweifellos schon zu den „künftigen" landesgesetzlichen Vorschriften, die den Bestimmungen des StflG. gegebenenfalls vorgehen sollen. Seine Vorschriften über die Steuerpflicht entnimmt das VStG. zwar einem schon seit Jahren bestehenden Gesetz (allerdings trägt auch das EinkStG. neuerdings das Datum des 17. August 1918 — vgl. GVBl. 1919 S. 815 —, aber hiebei handelt es sich nur um eine rein formelle nachträgliche Umdatierung), aber das ändert doch nichts daran, daß die Vorschriften über die Vermögensteuerpflicht zur Zeit des Inkrafttretens des StflG. noch nicht bestanden, also zu den „künftigen" landesgesetzlichen Vorschriften im Sinne des § 1 Abs. I Satz 3 StflG. gehören. Aber um die Anwendung der Bestimmungen des StflG. ausschließen zu können, müßte das VStG. eine bestimmte Regelung der Frage der Fortdauer der Steuerpflicht Auswandernder enthalten, mindestens in dem Sinne, daß es die Anwendung der Grundsätze des StflG. verbot. Das VStG. läßt jedoch diese Materie ganz unbehandelt. Die aus Art. 1

Abs. I Ziff. 1 c EinkStG. übernommene Vorschrift (vgl. oben Bem. 6 I) kann als Regelung der Steuerpflicht des Auswanderers nicht gelten; sie schränkt nur die bayerische Steuerpflicht im Ausland lebender bayerischer Staatsangehöriger hinsichtlich der Dauer ein, weil anderenfalls alle im Ausland lebenden, und zwar nicht nur die ausgewanderten, sondern auch die dort geborenen Bayern lebenslänglich in Bayern steuerpflichtig wären. Es ist also davon auszugehen, daß das VStG. die Frage der Besteuerung Auswandernder ungeregelt gelassen, andererseits aber auch nicht zum Ausdruck gebracht hat, daß es eine Anwendung der Bestimmungen des StflG. ausschließen wolle. Die Bestimmungen des StflG. haben deshalb auch für das Gebiet des VStG. Anwendung zu finden. (Nach der von Stier-Somlo auf S. 36 seines Kommentars zum StflG. vertretenen Ansicht, daß auch „künftige" landesgesetzliche Regelungen der Besteuerung Auswandernder nie hinter dem Maße des StflG. zurückbleiben, sondern nur darüber hinausgehen dürften, ergäbe sich das gleiche Resultat. Die Ansicht Stier-Somlos wird aber mit dem Wortlaut des Gesetzes nicht zu verneinen sein.)

Die Ausführungsbestimmungen des Bundesrats zum StflG. sind mit Bekanntmachung des Reichskanzlers vom 31. Juli 1918 (Zentralblatt für das Deutsche Reich S. 403) ergangen und im bayr. GVBl. 1918 S. 567ff. abgedruckt. Die bayr. VollzBek. vom 12. Oktober 1918 findet sich im bayr. GVBl. 1918 S. 903. — Im einzelnen muß hier auf die Kommentare zum StflG. verwiesen werden, von denen allerdings die bisher erschienenen (von Zimmermann, Stier-Somlo, Buck) bezüglich der hier interessierenden Fragen auffallend wenig befriedigen können; die folgende Darstellung will nur einen kurzen Überblick über die Einwirkungen des StflG. auf das Gebiet des VStG. bieten.

D. Steuerberechtigung.

§ 1 StflG. bestimmt zunächst nur, daß gewisse (unter E a unten näher bezeichnete) Personenklassen „der inländischen Steuerpflicht" in Beziehung auf die Personalsteuern des Reiches und der Bundesstaaten für die Geltungsdauer dieses Gesetzes unterworfen bleiben. Die Frage, welcher Bundesstaat die bundesstaatlichen Steuern nach dem StflG. erheben und erhalten soll, klärt erst § 3. Die Regelung geschah in der Hauptsache naheliegenderweise im Sinne des RDoppStG., weil das StflG. grundsätzlich nur die bis zur Auswanderung bestehenden Rechte der Bundesstaaten zur Erhebung von Personalsteuern erhalten und sichern will. (Wegen des Vorbehaltes „unbeschadet der Vorschrift des § 3 des Doppelsteuergesetzes vom 22. März 1909" siehe weiter unten.) Soweit allerdings das RDoppStG. infolge gewisser Lücken eine gleichzeitige Besteuerung durch mehrere deutsche Bundesstaaten nebeneinander zuläßt (vgl. aber nunmehr § 14 Abs. I Ziff. 2 Reichsfinanzhofsgesetz!), hat das StflG. grundsätzlich in Anlehnung an die Zuständigkeitsregelung des § 48 BesStG. einen von diesen Staaten ausgewählt und nur ihm das Recht zu der durch Sicherheitsleistung nach §§ 5ff. StflG. gesicherten Forterhebung seiner Personalsteuern für die Zeit zwischen Auswanderung und Außerkrafttreten des StflG. zugesprochen. (Zum Teil ist der Grundsatz jedoch offenbar infolge Übersehens nicht durchgeführt worden, vgl. unten b, c.) Damit ist natürlich keinem der bis zur Auswanderung auch steuerberechtigten oder erst mit der Auswanderung steuerberechtigt werdenden anderen Bundesstaaten sein ihm nach seinen Gesetzen zustehendes Besteuerungsrecht abgesprochen. Aber für die Steuern der anderen Bundesstaaten haftet die bestellte Sicherheit nicht und für sie gelten auch die anderen Vorschriften des StflG. (über die Erhebung im zweieinhalbfachen Betrag und über die Dauer der Steuerpflicht usw.) nicht. Auch dem nach § 3 StflG. steuerberechtigten Bundesstaat nimmt das StflG. sein nach seinen Gesetzen bestehendes Besteuerungsrecht keineswegs; es normiert nur auf die Dauer seiner Geltung eine Mindesthöhe des steuerbaren Einkommens und Vermögens und das für Bundesstaat und Gemeinde gemeinsam zu erhebende Vielfache der Personalsteuern und verschafft diesen Beträgen für die Dauer seiner Geltung durch die Sicherheitsleistung jene praktische Beitreibbarkeit, die ihnen ohne diese meist fehlen würde. Gewähren die landesgesetzlichen Bestimmungen dem Bundesstaate ein über die Geltungsdauer des StflG. hinausreichendes Besteuerungsrecht (was z. B. dann praktisch wird, wenn die Auswanderung kurz vor dem Außerkrafttreten des StflG. erfolgt), so bleibt dieses Recht selbstredend auch nach dem Außerkrafttreten des StflG. bestehen, allerdings ohne die Sicherung des StflG. usw.

Die ganze Regelung der bundesstaatlichen Steuerberechtigung in § 3 StflG. erfolgt ausdrücklich unter dem Vorbehalte „unbeschadet der Vorschrift des § 3 RDoppStG.". Das bedeutet, daß hinsichtlich der bundesstaatlichen Besteuerung des Grund- und Gebäudebesitzes und des Betriebes eines stehenden Gewerbes und eines Gewerbes im Umherziehen und des aus diesen Quellen herrührenden Einkommens nach wie vor der Grundsatz Geltung behält, daß hiezu nur der Bundesstaat berechtigt ist, in dessen Gebiete der Grund- und Gebäudebesitz liegt oder die Betriebsstätte zur Ausübung des stehenden Gewerbes unterhalten wird oder das Gewerbe im Umherziehen betrieben wird oder werden soll. Insoweit bleibt also nach wie vor der Auswanderung das Territorialprinzip maßgebend. Durch die Auswanderung vermag hier höchstens die unbeschränkte zur beschränkten persönlichen Steuerpflicht zu werden (hinsichtlich der EinkSt. und VSt.); die bundesstaatlichen Personalsteuern auf diese Vermögens- und Einkommensteile stehen aber ohne Rücksicht auf Staatsangehörigkeit, bisherigen Wohnsitz oder Aufenthalt des Steuerpflichtigen dem Belegenheits- oder Betriebsstaate zu, während der nach § 3 StflG. steuerberechtigte Staat nur die übrigen Teile des Vermögens und Einkommens besteuern darf. Die Sicherheit nach §§ 5 ff. StflG. haftet bezüglich der bundesstaatlichen Steuern nur für die Steuern des nach § 3 StflG. steuerberechtigten Bundesstaates, also nicht auch für die Personalsteuern (auf Grund- und Gebäudebesitz oder Gewerbebetrieb) eines anderen Bundesstaates. Der nach § 3 RDoppStG. steuerberechtigte Bundesstaat kann allerdings auf diese Sicherung deshalb leicht verzichten, weil er ja den Zugriff auf die in seinem Gebiet bleibenden Steuerquellen hat.

Angesichts der Tatsache, daß das StflG. nur bereits bei der Auswanderung bestehende Rechte zur Erhebung von Personalsteuern forterhalten (§ 1 StflG.: „.... bleiben ... der inländischen Steuerpflicht ... unterworfen") und sichern will, ist endlich weiter zu beachten, daß das Recht zur Erhebung der direkten Steuern nach der Rechtsprechung zum RDoppStG. wie auch nach dem bayerischen Steuerrechte nicht sofort mit dem Eintritt oder Wegfall der Voraussetzungen beginnt oder aufhört, sondern daß dies erst mit dem folgenden Monatsbeginn geschieht (vgl. Erler S. 53, ferner Art. 70 Abs. I bayr. EinkStG., Art. 5 Abs. III VStG.). Wenn also z. B. jemand am 2. August 1919 seinen Wohnsitz von Preußen nach Bayern verlegt und er entschließt sich infolge einer am 7. August 1919 erhaltenen Nachricht (er erbt ein Gut im Ausland), ins Ausland auszuwandern, und führt die Absicht noch im August 1919 durch, dann war — trotzdem der Steuerpflichtige seinen letzten Wohnsitz im Inlande in Bayern hatte, doch zuletzt noch nicht Bayern steuerberechtigt, sondern noch Preußen. Ein bayerisches Besteuerungsrecht, das erst mit dem 1. September 1919 entstanden wäre, war also im Zeitpunkt der Auswanderung noch nicht vorhanden, vielmehr muß in diesem Falle Preußen als der im Sinne des § 3 StflG. auch nach der Auswanderung steuerberechtigte Staat erachtet werden.

Nur im Sinne der vorstehenden Ausführungen ist also die im folgenden dargelegte Regelung des § 3 StflG. hinsichtlich der Frage der Steuerberechtigung der Bundesstaaten zu verstehen.

a) In erster Linie soll steuerberechtigt sein während der Geltungsdauer des StflG. der Bundesstaat des letzten Wohnsitzes (§ 1 Abs. 2 RDoppStG.) des Steuerpflichtigen. Dieser Staat war, da es sich nicht um den Fall eines mehrfachen Wohnsitzes in verschiedenen Bundesstaaten handelt (vgl. unten c), auch vor der Auswanderung der allein steuerberechtigte Bundesstaat (§ 1 RDoppStG.).

b) Hatte der Steuerpflichtige vor der Auswanderung keinen Wohnsitz im Inland, so soll für die Zeit von der Auswanderung bis zum Außerkrafttreten des StflG. der Bundesstaat steuerberechtigt im Sinne des StflG. sein, in dem der Steuerpflichtige vor der Auswanderung den gewöhnlichen Aufenthalt hatte. Der „gewöhnliche Aufenthalt" (vgl. auch § 1320 BGB., §§ 5, 6, 33 ReichserbschaftsStG., § 34 WehrbeitrG., § 48 BesStG.) ist wohl identisch mit dem Aufenthalt des RDoppStG. (vgl. oben Bem. 10d, ferner Strutz, KriegsStG. 1916 S. 415, Zimmermann, StflG., Bem. 3 zu § 3, S. 128). — Der Bundesstaat des Aufenthalts oder gewöhnlichen Aufenthalts ist im Sinne des § 2 Abs. I RDoppStG. auch vor der Auswanderung beim Mangel eines Wohnsitzes in Deutschland der zur direkten Besteuerung berechtigte Staat. — Hatte der Steuerpflichtige im Zeitpunkt der Auswanderung einen mehrfachen Aufenthalt in verschiedenen Bundesstaaten (Erler S. 71, 73), so wird man in diesem vom Gesetzgeber nicht geregelten Fall dann, wenn man der obigen Auslegung des Begriffes „gewöhnlicher Aufenthalt" streng folgt, die mehreren Aufenthaltsstaaten nebeneinander als voll steuerberechtigt im Sinne des StflG. erklären müssen. Strutz (Steuerarchiv 1919 S. 3) sucht dieses mißliche Ergebnis dadurch zu vermeiden, daß er bei Konkurrenz mehrerer Aufenthaltsstaaten den gewöhnlichen Aufenthalt nur dort annimmt, wo der Aufenthalt von der Auswanderung zurück gerechnet am längsten gedauert hat.

c) Hatte der Steuerpflichtige einen mehrfachen Wohnsitz (§ 1 Abs. 2 RDoppStG.) in verschiedenen deutschen Bundesstaaten, so soll für die Zeit zwischen Auswanderung und Außerkrafttreten des StflG. steuerberechtigt im Sinne des StflG. sein jener Wohnsitzbundesstaat, in dem der Steuerpflichtige daneben auch noch einen dienstlichen Wohnsitz (vgl. oben Bem. 10b S. 26) hatte. Dieser Staat war auch vor der Auswanderung nach § 2 Abs. 3 RDoppStG. allein zur direkten Besteuerung berechtigt. — Hatte der Steuerpflichtige zwar in keinem der Wohnsitzbundesstaaten einen dienstlichen Wohnsitz, besaß er aber die Staatsangehörigkeit eines der Wohnsitzstaaten, dann soll die Steuerberechtigung des StflG. diesem Bundesstaat zustehen. Dieser Staat war nach § 2 Abs. 2 RDoppStG. auch vor der Auswanderung allein zur direkten Besteuerung berechtigt. — Hatte der Steuerpflichtige mit mehrfachem Wohnsitz in verschiedenen deutschen Bundesstaaten in keinem derselben einen dienstlichen Wohnsitz, besaß er aber auch die Staatsangehörigkeit keines der Wohnsitzbundesstaaten, dann soll endlich für die Steuerberechtigung des StflG. maßgebend sein, in welchem von den Wohnsitzbundesstaaten der Steuerpflichtige „den vorwiegenden Aufenthalt hatte". (Vgl. § 48 Abs. 2 BesStG.) Steuerberechtigt im Sinne des StflG. ist hier der Wohnsitzbundesstaat, in dem sich der Steuerpflichtige von dem Zeitpunkt der Begründung des letztentstandenen dieser Wohnsitze bis zur Auswanderung am längsten aufgehalten hat (Strutz, Steuerarchiv 1919 S. 3). Nach dem RDoppStG. dagegen waren in diesem Falle bis zur Auswanderung die sämtlichen Wohnsitzstaaten steuerberechtigt (Erler S. 74). — Nicht berücksichtigt hat der Gesetzgeber des StflG. hier die Möglichkeit, daß der Steuerpflichtige in mehreren Wohnsitzbundesstaaten staatsangehörig war, in welchem Falle nach wie vor der Auswanderung jeder dieser Wohnsitzheimatstaaten zur direkten Besteuerung berechtigt wäre. Denn der recht undeutliche Ausdruck „weiter der Bundesstaat, in dem der Steuerpflichtige den vorwiegenden Aufenthalt hatte" soll im Sinne dieser Eventualitätenstaffelung doch wohl bedeuten, daß dann, wenn der Steuerpflichtige mit mehrfachem Wohnsitz in verschiedenen Bundesstaaten die Staatsangehörigkeit keines dieser Bundesstaaten besitzt, der Wohnsitzbundesstaat steuerberechtigt im Sinne des StflG. sein soll, in dem sich der Steuerpflichtige vorwiegend aufhielt. Es wäre allerdings auch die Auslegung denkbar, daß der Bundesstaat des vorwiegenden Aufenthalts jedenfalls dann der bevorzugte sein solle, wenn das Kriterium der Staatsangehörigkeit nicht zur Feststellung des einen bevorrechtigten Wohnsitzbundesstaates führte; dieser Fall wäre dann gegeben, sowohl wenn der Steuerpflichtige in keinem der Wohnsitzbundesstaaten, wie wenn er in mehreren von ihnen staatsangehörig ist. Wenn diese letztere Auslegung auch kaum von dem äußerst flüchtig vorgehenden Gesetzgeber (Stier-Somlo StflG. S. 47f.) gewollt war, so beseitigt sie doch in brauchbarer Weise das Dilemma, die mehreren Wohnsitzheimatstaaten als steuerberechtigt im Sinne des § 3 StflG. erklären zu müssen. (Die in Satz 4 des § 3 getroffene Auswahl unter mehreren in Betracht kommenden Heimatstaaten (vgl. unten d) gilt, wie nicht nur die Stellung des Satzes, sondern auch die Entstehungsgeschichte zeigt, nur für den im Satz 3 behandelten Fall des Steuervagabundismus; vgl. Stier-Somlo StflG. S. 47f.)

d) Hatte der Steuerpflichtige vor der Auswanderung weder Wohnsitz noch gewöhnlichen Aufenthalt im Inlande, dann soll für die Zeit nach der Auswanderung der Bundesstaat im Sinne des StflG. steuerberechtigt sein, dessen Staatsangehörigkeit der Steuerpflichtige besitzt. Dieser Staat war auch vor der Auswanderung im Sinne des RDoppStG. allein steuerberechtigt (vgl. Erler S. 72f.).

Hier hat das StflG. die Möglichkeit berücksichtigt, daß der Steuerpflichtige etwa eine mehrfache Bundesstaatsangehörigkeit besitzt; dann soll nämlich der Bundesstaat die Steuerberechtigung im Sinne des StflG. besitzen, dessen Staatsangehörigkeit der Steuerpflichtige zuerst erworben hat. Hat er aber in diesem Zeitpunkte mehrere Staatsangehörigkeiten gleichzeitig erworben, dann sollen diese letzteren Heimatstaaten zu gleichen Teilen im Sinne des StflG. steuerberechtigt sein. Das ist wohl nur so zu verstehen, daß, wenn z. B. drei Staaten zu gleichen Anteilen steuerberechtigt sind, jeder Staat für ein Drittel der — vorbehaltlich § 2 Abs. 2 StflG. (vgl. unten E b) — nach seinen Gesetzen berechneten Personalsteuern die Steuerberechtigung des StflG. genießen soll (so auch Strutz, Steuerarchiv 1919 S. 3). Jeder dieser Staaten berechnet also Vermögen und Einkommen nach seinen Steuergesetzen und darf zwei Drittel der hiefür geschuldeten Steuer ohne die Hilfe des StflG. beitreiben, sofern ihm das gelingt. Zur Berechnung des privilegierten Drittels dagegen muß er Einkommen und Vermögen nach den Vorschriften des StflG. (unten E b) berechnen. Ein Drittel der nach seinen Gesetzen hieraus geschuldeten Steuer darf er von der Auswanderung bis zum Außerkrafttreten des StflG. im zweieinhalbfachen Betrage und geschützt durch die Sicherheitsleistung erheben. — Bei mehrfacher Bundesstaatsangehörigkeit und Fehlen von Wohnsitz oder Aufenthalt im Inlande sind nach dem RDoppStG. sowohl vor wie nach der Auswanderung sämtliche Heimatstaaten zur direkten Besteuerung berechtigt.

e) Hatte der Auswandernde ohne Wohnsitz oder gewöhnlichen Aufenthalt im Inlande auch in keinem deutschen Bundesstaate die Staatsangehörigkeit, so soll im Sinne des StflG. steuerberechtigt nach der Auswanderung der Bundesstaat sein, in dem der Auswandernde seinen letzten Aufenthalt hatte. Hier wird also angenommen, daß trotz Fehlens eines „gewöhnlichen Aufenthaltes" doch ein „letzter Aufenthalt" bestand. Die Schwierigkeit wird dahin zu lösen sein, daß unter „gewöhnlichem Aufenthalt" ein Aufenthalt im Sinne des Aufenthaltsbegriffes des RDoppStG. (vgl. oben b S. 46), dagegen unter dem letzten „Aufenthalt" eine körperliche Anwesenheit zu verstehen ist, die die Qualitäten des Aufenthaltes des RDoppStG. hinsichtlich der Stetigkeit und Dauer nicht besitzt. — Derartige Steuervagabunden sind nun aber in Bayern überhaupt nicht einkommen- oder vermögensteuerpflichtig. Da das StflG. keinesfalls Steuerberechtigungen schafft, die vor der Auswanderung nicht bestanden, sondern nur bis zur Auswanderung bestehende Steuerberechtigungen über jenen Zeitpunkt hinaus aufrecht erhalten und sichern will, so ist diese Bestimmung also für Bayern vorerst bedeutungslos (vgl. Zimmermann, StflG., Bem. 5 zu § 3, S. 129).

E. Steuerpflicht.

a) Steuersubjekt. Es kommen für die Anwendung des StflG. dreierlei Personengruppen in Betracht. Das sind unter der gemeinsamen Voraussetzung der während der Geltungsdauer des StflG. erfolgenden Aufgabe des dauernden Aufenthaltes im Inlande die folgenden:

aa) die Reichsangehörigen. Maßgebender Zeitpunkt ist (mit der sich aus bb ergebenden Modifikation) für die Frage des Besitzes der Reichsangehörigkeit der Zeitpunkt der Aufgabe des dauernden Aufenthaltes im Inlande. Die hienach Reichsangehörigen sind hier im Sinne des bayr. EinkStG. und VStG. noch folgendermaßen zu gliedern:

α) die bayerischen Staatsangehörigen (vgl. oben Bem. 6 I S. 16 ff.),

β) die nichtbayerischen Reichsangehörigen (vgl. oben Bem. 6 II S. 19 ff.).

bb) Die ehemaligen Reichsangehörigen, die nach dem 1. August 1914 eine fremde Staatsangehörigkeit erworben haben. Hier ist zu beachten, daß diese nunmehrigen Ausländer (sie müssen eine fremde Staatsangehörigkeit auch bei der Auswanderung noch besitzen, anderenfalls fallen sie unter die Gruppe cc) bis zu ihrer während der Geltungsdauer des StflG. erfolgenden Auswanderung im Inlande steuerpflichtig gewesen sein müssen, weil ja das StflG. nur bestehende Besteuerungsrechte aufrecht erhält und sichert. Seit wann diese Steuerpflicht bestand, ist allerdings gleichgültig; sie kann also auch erst nach dem Erwerb der fremden Staatsangehörigkeit eingetreten sein (z. B. eine in Italien geborene Tochter reichsangehöriger Eltern lebte bis zum Frühjahr 1915 in Italien, von wo sie kurz nach ihrer Verheiratung mit einem Italiener infolge des Kriegsausbruches nach Deutschland floh, um nunmehr mit ihrem Mann zusammen ihren dauernden Aufenthalt in Deutschland zu nehmen. Nach Friedensschluß entschließen sie sich, wieder nach Italien zurückauszuwandern.)

cc) die Staatenlosen, die seit dem 1. Aug. 1914 in einem deutschen Bundesstaat ihren Wohnsitz oder gewöhnlichen Aufenthalt gehabt haben. Auch hier gilt das zu bb Gesagte; über die Voraussetzungen der Einkommen- und Vermögensteuerpflicht der Staatenlosen, überhaupt der Ausländer, in Bayern vgl. oben Bem. 6 III. Hat der Wohnsitz oder gewöhnliche Aufenthalt des Staatenlosen im Inlande erst **nach** dem 1. August 1914 begonnen, so fällt der Staatenlose bei seiner Auswanderung aus Deutschland nicht unter das StflG. Die Ansicht **Zimmermanns** (StflG., Bem. 14 zu § 1, S. 124), daß § 1 Abs. II Ziff. 2 auch auf Staatenlose Anwendung finde, die erst **nach Kriegsausbruch** ihren Aufenthalt im Deutschen Reich genommen haben, dürfte an dem unzweideutigen Wortlaut des Gesetzes („seit dem 1. August 1914") scheitern. — Auch hier muß für die Frage des Vorliegens der Staatenlosigkeit der Zeitpunkt der Auswanderung, nicht etwa der 1. August 1914 maßgebend sein. Anderenfalls würde z. B. eine Frau, die vorher stets in Deutschland gelebt hatte, nach dem 1. August 1914 durch Verehelichung mit einem in Deutschland lebenden Staatenlosen ihre Reichsangehörigkeit verloren hat, bei ihrer nach dem Inkrafttreten des StflG. erfolgenden Auswanderung unter keine der drei Personengruppen des § 1 fallen. Und es könnte sich jeder Auswandernde den Wirkungen des Gesetzes entziehen, wenn es ihm gelänge, sich noch rechtzeitig staatenlos zu machen.

b) Steuerobjekt. Hier interessiert naturgemäß nur das **Vermögen** als Steuerobjekt. Hierüber sagen § 2 Abs. II Satz 2 und 3 StflG. folgendes: „**Als steuerpflichtiges Vermögen gilt mindestens das nach der Vorschrift des § 6 festgestellte Vermögen. Verringerungen hat der Steuerpflichtige nachzuweisen.**" § 6 StflG. normiert an sich nur die **für die Bemessung der 20%igen Sicherheit** maßgebende Höhe des Vermögens und lautet:

§ 6 StflG.

Das Vermögen (§ 5) ist auf den Zeitpunkt der Aufgabe des dauernden Aufenthalts im Inland nach den Vorschriften des Besitzsteuergesetzes vom 3. Juli 1913 (RGBl. S. 524) zu ermitteln. Dem nach diesen

Vorschriften festgestellten Vermögen sind hinzuzurechnen Beträge, die seit dem 1. August 1914 in ausländischem Grund- oder Betriebsvermögen angelegt worden sind, sowie Beträge, die seit dem 1. August 1914 zum Erwerbe von Gegenständen aus edlen Metallen, von Edelsteinen oder Perlen, von Kunst-, Schmuck- oder Luxusgegenständen sowie von Sammlungen aller Art aufgewendet worden sind, sofern der Anschaffungspreis für den einzelnen Gegenstand fünfhundert Mark und darüber oder für mehrere gleichartige oder zusammengehörige Gegenstände eintausend Mark und darüber beträgt. Die Hinzurechnung findet nur statt, wenn die bezeichneten Gegenstände noch im Besitze des Steuerpflichtigen sind. Ist die Anlage in ausländischem Grund- oder Betriebsvermögen erfolgt, so verringert sich die Hinzurechnung um den Betrag einer nachweislich eingetretenen erheblichen Wertminderung.

Hier liegt eine über den übrigen Rahmen des StflG. hinausgehende materielle Abänderung des bis zur Auswanderung bestehenden bundesstaatlichen Besteuerungsrechtes vor, die zugleich eine besondere Vermögensfeststellung auf den Zeitpunkt der Auswanderung erforderlich macht. Die Vermögensteuer wird also für die nach der Auswanderung liegende Zeit nicht aus dem nach den Vorschriften des VStG. berechneten Vermögen, sondern aus dem nach den Vorschriften des BesStG. neu für den Zeitpunkt der Auswanderung festgestellten und zum Schutz gegen Schiebungen um den Betrag gewisser Aufwendungen vermehrten Vermögen erhoben. (Auch im § 6 StflG. ist wieder das BesStG. in seiner ursprünglichen Fassung vom 3. Juli 1913 — RGBl. S. 524 — angezogen, ohne daß seine inzwischen durch § 39 des KriegsStG. von 1916 erfolgte Abänderung berücksichtigt worden wäre. Es gilt deshalb das in Bem. 5 zu Art. 3 (S. 60f.) Ausgeführte hier entsprechend.)

Personen, deren Vermögen hienach dreißigtausend Mark nicht übersteigt, fallen nach § 20 Abs. I Ziff. 2 StflG nicht unter die Vorschrift des § 1 StflG., sie haben aber gleichwohl nach § 20 Abs. II die nach § 4

StflG. vorgeschriebene Anzeige von der bevorstehenden Auswanderung zu erstatten und eine Vermögenserklärung beizufügen.

F. Steuer.

Auch die Vermögensteuer wird nach § 1 StflG. im zweieinhalbfachen Betrage erhoben, trotzdem die Gemeinden, für die drei Fünftel dieses Betrages bestimmt sind, nach Art. 8 VStG. Umlagen aus der Vermögensteuer gar nicht erheben dürfen.

Art. 3.

I Der Besteuerung unterliegt in den auf das Ende eines Besitzsteuerveranlagungszeitraums (Veranlagungszeitpunkt) folgenden drei Steuerjahren (Vermögensteuerjahre) das in Bayern zur Reichsbesitzsteuer (Reichsgesetz vom 3. Juli 1913, RGBl. S. 524), nötigenfalls das besonders festgestellte Vermögen (steuerbares Vermögen).

II Eine besondere Feststellung des Vermögens erfolgt regelmäßig:

1. wenn der Steuerpflichtige vor Ablauf der Berufungsfrist (Art. 9 Abs. III) beantragt, daß nur für die Besitzsteuerveranlagung oder nur für die Vermögensteuerveranlagung nach Maßgabe der §§ 30 bis 33 des Besitzsteuergesetzes verfahren wird;
2. wenn das steuerbare Vermögen eines Steuerpflichtigen auf den maßgebenden Veranlagungszeitpunkt in Bayern zur Besitzsteuer nicht festgestellt ist;
3. bei Änderungen des Vermögenstandes, Zugängen und Abgängen innerhalb der drei Vermögensteuerjahre (Art. 5).

III Für die Feststellung maßgebend ist in den Fällen des Abs. II Ziff. 3 der Stand der Verhältnisse zu Beginn des der Veränderung folgenden Monats, in den übrigen Fällen der Stand der Verhältnisse im letztvorangegangenen Veranlagungszeitpunkt. Die Feststellung erfolgt nach den Vorschriften des Besitzsteuergesetzes.

1. Amtliche Begründung (Denkschrift S. 120): „Art. 3 Abs. I bezeichnet als steuerbares Vermögen grundsätzlich das zur Besitzsteuer festgestellte Vermögen, wie es sich aus den Besitzsteuer- oder Feststellungsbescheiden (§ 65 Abs. I des Besitzsteuergesetzes) ergibt. Im Gegensatze zur Besitzsteuer ergreift die Vermögensteuer nicht den innerhalb des Besitzsteuerveranlagungszeitraums eingetretenen Vermögenszuwachs, sondern den Bestand des Vermögens selbst, wie er am Ende eines solchen Zeitraums für die Besitzsteuerveranlagung festgestellt ist. Dieser Vermögensstand bildet jeweils für die drei dem Veranlagungszeitpunkte folgenden Steuerjahre (Vermögensteuerjahre) die Grundlage der Besteuerung.

Daneben sieht das Gesetz im Abs. II für eine Reihe von Fällen eine besondere Feststellung des steuerbaren Vermögens vor.

Ziff. 1. Der Grundsatz, daß das für die Besitzsteuerveranlagung festgestellte Vermögen auch als Grundlage für die Vermögensteuerveranlagung dient, würde zur Folge haben, daß die nach den §§ 30 bis 33 des Besitzsteuergesetzes gestellten Anträge auch für die Vermögensteuer maßgebend wären. Die Erfahrungen bei der ersten Besitzsteuerveranlagung haben es aber mit Rücksicht darauf, daß die Vermögensteuer jeweils für mehrere Jahre veranlagt wird, als angezeigt erscheinen lassen, den bezeichneten Grundsatz, soweit es sich um die Anwendung der §§ 30 bis 33 des Besitzsteuergesetzes handelt, zu durchbrechen. Das Gesetz sieht daher vor, daß die nach den angeführten Vorschriften zulässigen Anträge — vorbehaltlich der Bestimmung des § 46 Abs. I der Ausf.-

Best. des Bundesrats zum Besitzsteuergesetze hinsichtlich der Besitzsteuer — bis zum Ablaufe der Berufungsfrist auf die Besitzsteuerveranlagung oder auf die Vermögensteuerveranlagung beschränkt werden können. Wird von diesem Rechte Gebrauch gemacht, so ergibt sich die Notwendigkeit einer besonderen Vermögensfeststellung.

Ziff. 2 wird zur Anwendung kommen, wenn eine nach dem bayerischen Einkommensteuergesetz einkommensteuerpflichtige und damit auch vermögensteuerpflichtige Person in Bayern nicht zur Besitzsteuer veranlagt ist, ferner wenn eine nach dem Besitzsteuergesetz in Bayern nur beschränkt steuerpflichtige Person nach dem Einkommensteuergesetz in Bayern allgemein steuerpflichtig ist (z. B. ein Ausländer, der in Bayern ein Gewerbe betreibt, sich aber in Bayern nicht dauernd, sondern nur des Erwerbes wegen vorübergehend aufhält) und umgekehrt (z. B. ein Österreicher mit Wohnsitz in Bayern und Österreich, der in Bayern ein Gewerbe betreibt). Die Bestimmung wird aber hauptsächlich in den zahlreichen Fällen Platz zu greifen haben, in denen bei der jeweiligen Vermögensteuerveranlagung ein rechtskräftiger Besitzsteuer- oder Feststellungsbescheid nicht vorliegt, weil sich für die Besitzsteuer kein Vermögenszuwachs oder nur ein steuerfreier ergeben hat und der für eine künftige Besitzsteuerveranlagung maßgebende Vermögensstand bereits seit der Wehrbeitrags- oder einer früheren Besitzsteuerveranlagung rechtskräftig feststeht (vgl. § 47 Abs. I des Wehrbeitragsgesetzes mit § 65 Abs. I des Besitzsteuergesetzes). Ist das letztere nicht der Fall, so erfolgt ohnehin Vermögensfeststellung nach § 65 des Besitzsteuergesetzes.

Eine besondere Vermögensfeststellung kann auch in den Fällen des Art. 2 Abs. I Ziff. 1, 2 erforderlich werden, so vor allem, wenn außerbayerisches Grund- oder Betriebsvermögen aus dem zur Besitzsteuer in Bayern festgestellten Vermögen auszuscheiden ist, ferner wenn in Bayern befindliches Grund- oder Betriebsvermögen nicht in Bayern zur Besitzsteuer festgestellt ist.

Abs. III. Bei der Wahl des für die Vermögensfeststellung maßgebenden Zeitpunkts und Standes sämtlicher Verhältnisse konnte in den Fällen der Ziff. 1 und 2 des Abs. II wie für die allgemeine Vermögensteuerveranlagung nur das Ende des letztvorangegangenen Besitzsteuerveranlagungszeitraums (Abs. I) in Betracht kommen. Auch bei den Änderungen des Vermögensstandes durch Verminderung des steuerbaren Vermögens (Art. 5 Abs. I Ziff. 2) und bei den Abgängen (Art. 5 Abs. III) konnte kein Zweifel bestehen, daß ihre Berücksichtigung nur mit Wirkung vom Beginne des auf die Änderung oder den Abgang folgenden Monats ab erfolgen kann. Das gleiche gilt für die Zugänge durch Vermögensvermehrung (Art. 5 Abs. I Ziff. 1) . . . Dagegen könnten die übrigen nach Art. 5 Abs. III zugehenden Personen an sich nach dem Stande der Verhältnisse am letztvorangegangenen Veranlagungszeitpunkte zur Vermögensteuer veranlagt werden. Es erschien jedoch entsprechender und für den Vollzug einfacher, daß auch diese Personen mit dem Vermögensstande veranlagt werden, der für den ersten Tag des dem Zuzuge folgenden Monats festgestellt wird."

Der Entwurf gelangte unverändert zur Annahme.

Abs. I.

2. Abs. I führt zunächst eine grundsätzlich dreijährige Veranlagungsperiode für die Vermögensteuer ein. Die auf das Ende eines Besitzsteuerveranlagungszeitraums, also auf den „Veranlagungszeitpunkt" des VStG. folgenden drei Jahre werden zu einer Veranlagungsperiode zusammengefaßt und einer grundsätzlich gleichbleibenden Besteuerung unterworfen. Die dreijährige Dauer der Veranlagungsperiode ist eine notwendige Folge der Anlehnung an das BesStG., dessen § 18 lautet:

§ 18 BesStG.

Die Feststellung des Vermögenszuwachses erfolgt erstmals zum 1. April 1917 für den in der Zeit vom 1. Januar 1914 bis zum 31. Dezember 1916 entstandenen Zuwachs, späterhin in Zeitabständen von drei zu drei Jahren für den in den vorvergangenen drei Kalenderjahren entstandenen Zuwachs.

Selbstverständlich kommen auch bei der VSt. kürzere als dreijährige Veranlagungsperioden vor, nämlich in den im Laufe der allgemeinen dreijährigen Periode eintretenden Fällen von Steuerzu- oder -abgängen (vgl. Art. 5 Abs. III und IV).

3. Die normale Grundlage für die Besteuerung innerhalb der dreijährigen Veranlagungsperiode bildet das im Besitzsteuerverfahren für den Endpunkt der letzten und damit zugleich den Anfangspunkt der laufenden dreijährigen Veranlagungsperiode festgestellte Vermögen. Was aber gilt als „zur Besitzsteuer festgestelltes Vermögen" im Sinne des Art. 2? § 3 Abs. I Satz 1 der VV. sagt hierüber folgendes: „Steuerbares Vermögen ist grundsätzlich das zur Besitzsteuer festgestellte Vermögen, wie es sich aus den Steuer- und Feststellungsbescheiden (§ 65 Abs. 1 BesStG.) und aus Spalte 8 b der Besitzsteuerliste ergibt." Dieser Satz ist zusammenzuhalten mit § 24 Abs. II Satz 2 der VV., welcher lautet: „In den Fällen, in denen Vermögen im Besitzsteuerveranlagungsverfahren behufs Prüfung der Frage, ob ein steuerpflichtiger Vermögenszuwachs vorliegt, bereits ermittelt und in der Besitzsteuerliste eingetragen, aber nicht durch einen Steuer- oder Feststellungsbescheid festgesetzt worden ist (§ 65 Abs. 1 BesStG.), hat der Steuerausschuß das Vermögen zur Vermögensteuerveranlagung förmlich festzusetzen." Aus diesen beiden Sätzen ergibt sich, daß die VV. ein zur Besitzsteuer festgestelltes Vermögen nur dann für vorliegend erachten, wenn diese Feststellung durch einen der Rechtskraft fähigen Bescheid dem Steuerpflichtigen mitgeteilt worden ist. Dagegen soll die lediglich interne Vermögensfeststellung, die im Besitzsteuerveranlagungsverfahren zur Konstatierung keines oder nur eines steuerfreien Zuwachses, gleichwohl aber nicht zur Erteilung eines Feststellungsbescheides geführt hat, als nicht der Rechtskraft fähig, auch nicht als brauchbare Unterlage für eine Vermögensteuerveranlagung behandelt werden.

Dieser auch von der Gesetzesbegründung (vgl. oben S. 55) geteilte Standpunkt ist aber richtig nur insoweit, als er das in einem Besitzsteuerbescheid festgestellte Vermögen als taugliche Grundlage für die Vermögensteuerveranlagung erklärt. Dagegen ist er falsch, insoweit er dies auch für die in einem Feststellungsbescheid mitgeteilte Vermögensfeststellung gelten lassen will (vgl. Erler, Deutsches Steuerblatt, I. Jahrgang S. 100). Denn man muß doch bedenken, daß für die Vermögensteuerveranlagung maßgebend ist der Vermögenstand im letztvorhergegangenen Veranlagungszeitpunkt, der Feststellungsbescheid aber nach § 65 Abs. 1 BesStG. nicht das in diesem Zeitpunkt sondern das am 1. Januar 1914 oder dem späteren Eintritt der subjektiven Besitzsteuerpflicht vorhandene Vermögen („den für eine künftige Veranlagung maßgebenden Vermögenstand") angibt. Ein auf den letzten Veranlagungszeitpunkt erteilter Feststellungsbescheid kann deshalb — im Gegensatz zu der Ansicht der VB. — niemals eine taugliche Grundlage für die Vermögensteuerveranlagung abgeben (falls nicht der Eintritt der subjektiven Besitzsteuerpflicht gerade im Veranlagungszeitpunkte erfolgt sein sollte). Das wird auch in § 5 Abs. I der VB. verkannt, wo als hauptsächlichster Fall der Notwendigkeit einer besonderen Vermögensfeststellung für Vermögensteuerzwecke jener bezeichnet wird, daß bei der jeweiligen Vermögensteuerveranlagung „ein Besitzsteuer- oder Feststellungsbescheid für den maßgebenden Stichtag nicht vorliegt, weil sich für die Besitzsteuer kein Vermögenszuwachs oder nur ein steuerfreier ergeben hat und der für eine künftige Besitzsteuerveranlagung maßgebende Vermögenstand bereits seit der Wehrbeitrags- oder — und das kommt erstmals für die Vermögensteuerveranlagung für 1920 in Betracht — seit einer früheren Besitzsteuerveranlagung rechtskräftig feststeht, also veraltet ist". Die VB. gehen also offenbar von der Ansicht aus, daß eine brauchbare Grundlage für die Vermögensteuerveranlagung gegeben wäre, wenn z. B. bei der erstmaligen Vermögensteuerveranlagung ein bei der letzten Besitzsteuerveranlagung auf den 31. Dezember 1916 erteilter, also jetzt noch nicht „veralteter" Feststellungsbescheid vorläge. Der Feststellungsbescheid würde aber das am 1. Januar 1914 oder dem späteren Zeitpunkt des Eintrittes der subjektiven Besitzsteuerpflicht vorhandene Vermögen angeben, während nach Art. 3 bei der erstmaligen Vermögensteuerveranlagung doch grundsätzlich der am 31. Dezember 1916 gegebene Vermögenstand maßgebend ist. — Nach richtiger Ansicht wird also nur das auf den letztvorhergegangenen Veranlagungszeitpunkt in einem Besitzsteuerbescheid festgestellte Vermögen als Grundlage für die Vermögensteuerveranlagung im Sinne des Art. 3 Abs. I erachtet werden können.

Daß die Feststellung des Vermögens zur Besitzsteuer schon rechtskräftig sei, ist dagegen keine notwendige Voraussetzung für ihre Zugrundelegung bei der Vermögensteuerveranlagung. Wird die Vermögensfeststellung im Besitzsteuerverfahren später rechtskräftig geändert, so hat diese Änderung dann die notwendige Folge, daß die auf der aufgehobenen Vermögensfeststellung aufgebaute Vermögensteuerveranlagung auch von Amts wegen entsprechend rückwirkend berichtigt werden muß (vgl. § 34 Abs. I Ziff. 1, § 39 Ziff. 1 der VV., auch Bem. 12 zu Art. 6).

Daß eine brauchbare Grundlage für die Vermögensteuerveranlagung nur die auf den letztvorangegangenen Veranlagungszeitpunkt zur BesSt. erfolgte Vermögensfeststellung bilden kann, nicht auch mangels solcher die Feststellung auf einen früheren Veranlagungszeitpunkt, das ergibt sich zwar nicht aus Abs. I, wohl aber aus Abs. II Ziff. 2, da der dort genannte „maßgebende Veranlagungszeitpunkt" wohl nichts anderes sein kann, als der letztvorhergegangene, an den sich die drei Vermögensteuerjahre anschließen.

Das Vermögen muß auf den Veranlagungszeitpunkt in Bayern zur Besitzsteuer festgestellt sein. Eine außerbayerische Feststellung zur Besitzsteuer genügt also keinesfalls, auch wenn das steuerbare Vermögen vollkommen identisch mit dem dort festgestellten ist.

4. Wenn bei der Besitzsteuerveranlagung nach § 26 Abs. 3 der AusfBest. des Bundesrats zum BesStG.

vom Endvermögen etwaige nach §§ 15 oder 16 BesStG. steuerfreie Zuwachsbeträge (Gattenerbe, Kapitalabfindung) abgezogen wurden, so kann im Sinne des VStG. als zur Besitzsteuer festgestelltes Vermögen nur das unverminderte Endvermögen gelten, weil der (übrigens von den AusfBest. im offenbaren Widerspruch zu §§ 15, 16 BesStG., die einen Abzug nicht vom Endvermögen, sondern vom Zuwachs verlangen, angeordnete) Abzug vom Endvermögen lediglich eine in dem System der Zuwachsbesteuerung begründete Maßnahme darstellt. Das VStG. aber besteuert nicht den Zuwachs, sondern das gesamte steuerbare Vermögen. Vgl. hiezu die Ausführungen von Consbruch, DJZ. 1918, S. 635.

5. Der Ausdruck „das in Bayern zur Reichsbesitzsteuer festgestellte Vermögen" wird durch den in Klammern beigefügten Zusatz erklärt: Reichsgesetz vom 3. Juli 1913, Reichsgesetzblatt S. 524. Finanzminister von Breunig erläuterte die Bedeutung dieses Zusatzes anläßlich der Ausschußberatungen der Reichsratskammer folgendermaßen: „Durch die ausdrückliche Bezugnahme auf das Gesetz vom 3. Juli 1913 wollte festgelegt werden, daß dieses Gesetz für alle Folgezeit maßgebend ist in der Fassung, die es mit dem Datum vom 3. Juli 1913 hatte. Weil die Staatsregierung von dieser Auffassung ausgegangen ist, hat sie auch in dem Schlußartikel 15 ursprünglich die Ermächtigung erbeten, falls das Reichsbesitzsteuergesetz abgeändert wird allenfalls wünschenswerte Änderungen für Bayern vorläufig im Verordnungswege durchführen zu dürfen . . . Die Ermächtigung ist zwar . . . nicht erteilt worden, sie ist aber mit ein Beweis dafür, daß die Staatsregierung davon ausgeht, und der Wortlaut des Gesetzes deutet dies auch an, daß maßgebend bleibt das Reichsgesetz vom 3. Juli 1913, mag es nun geändert werden oder nicht, bis das bayerische Gesetz dann wieder geändert wird." (I. Protokoll d. bes. Aussch. d. K. d. RR. S. 14.)

Für künftig etwa erfolgende Abänderungen des BesStG. ist dadurch die Rechtslage zweifellos richtig dargelegt. Aber die Staatsregierung hat scheinbar ganz übersehen, daß das BesStG.

damals schon gar nicht mehr in der ursprünglichen, in RGBl. 1913 S. 524 enthaltenen Fassung galt. § 39 des Kriegssteuergesetzes vom 21. Juni 1916 hat nämlich bekanntlich eine Reihe von Änderungen des ursprünglichen Gesetzestextes des Bes.-StG. vorgenommen, von denen eine die materiellen Vorschriften über die Vermögensfeststellung betrifft und deshalb hier von Bedeutung ist. Diese Änderung bestand darin, daß in § 30 Abs. II Satz 2 BesStG. an die Stelle des Wortes „Abnutzung" das Wort „Verschlechterung" gesetzt wurde. Daß die beiden Worte durchaus nicht das gleiche bedeuten, geht abgesehen von der Erwägung, daß man solchenfalls doch keinen Anlaß zu der Änderung gehabt hätte, deutlich aus § 30 Abs. 4 der AusfBest. des Bundesrats zum BesStG. hervor. Korrekterweise darf also für die Vermögensteuerveranlagung ein zur Besitzsteuer festgestelltes Vermögen dann niemals zugrunde gelegt werden, wenn bei dieser Feststellung der § 30 Abs. II Satz 2 BesStG. in seiner neuen Fassung angewendet worden ist; es liegt dann der Fall des Art. 3 Abs. II Ziff. 2 VStG. vor, daß das steuerbare Vermögen auf den maßgebenden Veranlagungszeitpunkt zur Besitzsteuer in dem durch Abs. I nach den Erklärungen des Ministers geforderten Sinne nicht festgestellt ist und deshalb eine besondere Feststellung des Vermögens zu erfolgen hat. Diese Unstimmigkeit wäre leicht zu vermeiden gewesen. — Die VV. suchen sich nun so zu helfen, daß sie beim Abdruck des BesStG. im Anhange den § 30 einfach in der neuen Fassung abdrucken und in einer Fußnote auf § 39 des KriegsStG. verweisen. So einfach dürfte allerdings der Fehler des Gesetzgebers kaum zu beseitigen sein.

6. Für die erstmalige Vermögensteuerveranlagung (für 1919) ist steuerbares Vermögen grundsätzlich das anläßlich der ersten Besitzsteuerveranlagung für den 31. Dezember 1916, also das auf den zwei Jahre zurückliegenden Stichtag festgestellte Vermögen (§ 3 Abs. I der VV.).

Hievon ist aber aus praktischen Erwägungen eine bemerkenswerte Abweichung durch § 3 Abs. II der VV. zugelassen. Dort heißt es nämlich:

„Aus Gründen der Geschäftsvereinfachung besteht jedoch keine Erinnerung dagegen, wenn bei dieser erstmaligen Veranlagung das Vermögen nach dem Stande vom 1. Januar 1919 berechnet wird. Jedenfalls soll der Schwierigkeit, der bei der erstmaligen Veranlagung die Feststellung des Standes und Wertes nach einem 2 Jahre zurückliegenden Zeitpunkte begegnen kann, durch eine Sachbehandlung Rechnung getragen werden, die sich von kleinlichen Beanstandungen frei hält und einen gewissen Spielraum gestattet, solange nicht die Absicht einer Verkürzung des Staatsärars anzunehmen ist. Der Vermögensstand vom 1. Januar 1919 kann um so unbedenklicher als Grundlage für die Steuererklärung und -Festsetzung zugelassen werden, als nach dem Gesetz ohnehin eine Mehrzahl von Änderungen, die sich in den letzten 2 Jahren ergeben haben, berücksichtigt werden müßten. Nach Art. 5 Abs. II des Gesetzes werden nämlich schon Verminderungen, die ein Sechstel des am 1. Januar 1917 vorhanden gewesenen Vermögens überschreiten, und jedwede Minderung berücksichtigt, zufolge deren ein anderer das weggefallene Vermögen zu versteuern hat, so daß insbesondere also bei Schenkungen, Anwesensübergaben usw., — einen Wert von mehr als 5000 Mk. vorausgesetzt — (Art. 5 Abs. I Ziff. 1), die nach dem Vermögensstande vom 31. Dezember 1916 festgestellten Vermögen ohnehin im Änderungsverfahren alsbald wieder abgemindert werden müßten (Art. 5 Abs. III des Gesetzes im Zusammenhalte mit Art. 70 Abs. I EinkStG.)"

Vgl. auch Bem. 7 zu Art. 9.

Abs. II.

7. Abs. II bringt die nähere Erklärung zu dem am Ende des Abs. I stehenden Ausdruck „nötigenfalls das besonders festgestellte Vermögen", indem er drei Gruppen von Fällen aufführt, in welchen entweder eine Vermögensfeststellung zur Besitzsteuer auf den maßgebenden Zeitpunkt nicht vorliegt oder die vorliegende Feststellung sich nicht zur Grundlage für die Vermögensteuerveranlagung eignet und deshalb eine besondere Feststellung des Vermögens für die Vermögensteuerveranlagung notwendig wird. Durch das Wort „regelmäßig" wollte offenbar zum Ausdruck gebracht werden, daß es neben den ausdrücklich aufgezählten Hauptfällen auch noch andere Fälle gibt, in denen eine besondere Vermögensfeststellung für Vermögensteuerzwecke erforderlich werden kann (z. B. vgl. § 5 Abs. III der VV.).

8. Die Ziffer 1 des Abs. II hat den Fall im Auge, daß eine subjektiv sowohl besitz- wie vermögensteuerpflichtige Person unter Zugrundelegung des in dem Besitzsteuerbescheide festgestellten Vermögenstandes zur VSt. veranlagt wurde oder werden soll. Dieser Steuerpflichtige kann im Besitzsteuerveranlagungsverfahren die Anträge nach §§ 30 bis 33 BesStG. stellen. (Die Rechtsgültigkeit der Vorschrift des § 29 Abs. 2 Satz 1 der AusfBest. zum BesStG., daß nicht nur der Antrag nach § 31 Abs. 5, sondern auch jener nach § 30 Abs. 1 BesStG. nur bis zum Ablaufe der Berufungsfrist gestellt werden könne, ist bestritten.) Mit solcher Antragstellung erreicht er, daß für die Besitzsteuerveranlagung seine Grundstücke (oder einzelne Bewertungseinheiten von ihnen, wenn er den Antrag auf sie beschränkt hat) einer gewissen Andersbewertung unterworfen werden, als es bei Anwendung der primär geltenden Bewertungsregel des § 29 BesStG. geschähe. Nach der Regel des Art. 3 Abs. I VStG. würde das die automatische Folge haben, daß diese Andersbewertung auch für die Vermögensteuerveranlagung Geltung hätte. Ziff. 1 gestattet nun diesem Steuerpflichtigen, im Vermögensteuerveranlagungsverfahren bis zum Ablaufe der Vermögensteuerberufungsfrist (hier ist die Fristbestimmung ausdrücklich ins Gesetz selbst aufgenommen!) zu beantragen, daß die im Besitzsteuerverfahren beantragte Andersbewertung nicht auch für die Vermögensteuerveranlagung gelten solle. Damit wird der etwa schon unter Zugrundelegung der Besitzsteuervermögensfeststellung erteilte Vermögensteuerbescheid hinfällig und es hat auf jeden Fall eine besondere Vermögensfeststellung für die Vermögensteuerveranlagung zu erfolgen. Hiebei wird aber lediglich der Wert der von dem Antrage betroffenen Grundstücke (nach der anderen Bewertungsart) besonders festgestellt; im übrigen verbleibt es bei der für die Besitzsteuerveranlagung erfolgten Vermögensfeststellung (§ 4 der VV.).

Der Steuerpflichtige kann aber andererseits auch im Besitzsteuerverfahren die nach § 29 BesStG. primär gebotene Bewertungsart für seine Grundstücke gelten lassen, dagegen den Wunsch haben, daß die nach §§ 30 bis 33 BesStG. mögliche Andersbewertung gleichwohl bei der Vermögensteuerveranlagung eintreten solle. Für einen solchen Fall gibt Ziff. 1 dem Steuerpflichtigen das Recht, im Vermögensteuerverfahren bis zum Ablaufe der Vermögensteuerberufungsfrist zu beantragen, daß jene Andersbewertung nur der Vermögensteuerveranlagung zugrunde gelegt werde. Auch hier wird dadurch ein etwa schon erteilter, auf der Grundlage der Besitzsteuervermögensfeststellung aufgebauter Vermögensteuerbescheid hinfällig und es findet eine besondere Vermögensfeststellung für die Vermögensteuerveranlagung statt. Wie im ersteren Falle beschränkt sich aber auch diese besondere Vermögensfeststellung auf die Ermittelung des Wertes der von dem Antrag betroffenen Grundstücke (§ 4 der VV.). Mit der Zustellung des neuen Vermögensteuerbescheides beginnt eine neue Berufungsfrist für das Vermögensteuerverfahren. Das Besitzsteuerverfahren bleibt hievon völlig unberührt.

Einem fristzeitig gestellten Antrage des Steuerpflichtigen im Sinne der beiden vorstehenden Absätze muß stattgegeben werden.

9. Die §§ 30 bis 33 BesStG. lauten:

§ 30 BesStG.

Bei Grundstücken tritt auf Antrag des Steuerpflichtigen an die Stelle des gemeinen Wertes der Betrag der nachgewiesenen oder glaubhaft gemachten Gestehungskosten.

Zu den Gestehungskosten sind zu rechnen der Gesamtwert der Gegenleistungen beim Erwerb (Erwerbspreis), sonstige Anschaffungskosten sowie alle auf das

Grundstück gemachten besonderen Aufwendungen während der Besitzzeit, soweit sie nicht zu den laufenden Wirtschaftsausgaben gehören und soweit die durch die Aufwendungen hergestellten Bauten und Verbesserungen noch vorhanden sind. Von den Gestehungskosten sind die durch Verschlechterung (ursprünglicher Wortlaut: Abnutzung) entstandenen Wertminderungen abzuziehen.

§ 31 BesStG.

Beim Erwerbe von Todes wegen im Sinne der §§ 1 bis 4 des Erbschaftsteuergesetzes, beim Erwerb im Wege der Erbteilung, beim Erwerbe von Eltern, Großeltern oder entfernteren Voreltern sowie beim Erwerb auf Grund einer ohne entsprechende Gegenleistung erfolgten Zuwendung unter Lebenden tritt an die Stelle des Erwerbspreises, soweit die Grundstücke dauernd land- oder forstwirtschaftlichen oder gärtnerischen Zwecken zu dienen bestimmt sind, oder soweit bebaute Grundstücke Wohnzwecken oder gewerblichen Zwecken zu dienen bestimmt sind und ihre Bebauung und Benutzung der ortsüblichen Bebauung und Benutzung entspricht, der Ertragswert, sonst der gemeine Wert zur Zeit des Erwerbes.

Als Ertragswert gilt bei land- oder forstwirtschaftlichen oder Gärtnereigrundstücken das Fünfundzwanzigfache des Reinertrags, den sie nach ihrer bisherigen wirtschaftlichen Bestimmung bei ordnungsmäßiger Bewirtschaftung mit entlohnten fremden Arbeitskräften nachhaltig gewähren können.

Die der Land- und Forstwirtschaft oder der Gärtnerei dienenden Gebäude und Betriebsmittel werden nicht besonders veranlagt, sondern sind in der Veranlagung des Ertragswerts einbegriffen.

Bei bebauten Grundstücken, die Wohnzwecken oder gewerblichen Zwecken zu dienen bestimmt sind, gilt als Ertragswert das Fünfundzwanzigfache des Miet- oder Pachtertrags, der in den letzten drei Jahren im Durchschnitt erzielt worden ist oder im Falle der Vermietung oder Verpachtung hätte erzielt werden können, nach Abzug von einem Fünftel für Nebenleistungen und Instandhaltungskosten oder von dem als erforderlich nachgewiesenen höheren Betrag für Nebenleistungen und Instandhaltungskosten ohne Rücksicht darauf, ob die hiezu notwendigen Arbeiten von dem Steuerpflichtigen selbst oder durch entlohnte fremde Arbeitskräfte geleistet worden ist.

In allen Fällen kann der Steuerpflichtige verlangen, daß statt des Ertragswerts der gemeine Wert der Veranlagung zugrunde gelegt wird. Dieses Recht erlischt, wenn es nicht spätestens bis zum Ablauf der mit der Zustellung des Steuer- oder des Feststellungsbescheids eröffneten Rechtsmittelfrist geltend gemacht wird.

§ 32 BesStG.

Die Vorschrift des § 31 findet in anderen Erwerbsfällen entsprechende Anwendung, wenn der vereinbarte Preis um mehr als 10 vom Hundert hinter dem gemeinen Wert zur Zeit des Erwerbes und, sofern bei Grundstücken der Ertragswert zugrunde gelegt werden kann, zugleich auch hinter dem Ertragswert zur Zeit des Erwerbes zurückgeblieben ist.

§ 33 BesStG.

Hat der Erwerb vor dem 1. Januar 1914 stattgefunden, so gilt der bei der Veranlagung des Wehrbeitrags festgestellte Wert eines Grundstücks als Betrag der bis dahin entstandenen Gestehungskosten.

Zur Erläuterung dieser schwer verständlichen Vorschriften sei kurz folgendes ausgeführt (im einzelnen muß hier auf die bekannten Kommentare zum BesStG. und zum KriegsStG. 1916 verwiesen werden:

Die §§ 30 bis 33 BesStG. beziehen sich nur auf Grundstücke und zwar grundsätzlich ohne Unterschied, ob sie im Einzelfall zum Grund- oder zum Betriebsvermögen des Steuerpflichtigen gehören (vgl. Strutz, KriegsStG. 1916 S. 204). Wird der steuerpflichtige Kaufmann mit seinem Betriebsvermögen gemäß § 28 Abs. 2 BesStG. auf Grund seiner letzten Bilanz veranlagt, so wird für eine Anwendung der §§ 30 bis 33 BesStG. hinsichtlich der zu diesem Betriebsvermögen gehörenden Grundstücke **kein** Raum sein. Denn bei einer Veranlagung auf Grund der letzten Bilanz (nach § 15 Abs. 2 WehrbeitrG. = § 28 Abs. 2 BesStG.) werden nach der **bayerischen** Rechtsprechung (OVG. Mitt. Bd. 16 S. 269, vgl. auch **Fürnrohr**, Bilanzbewertung und Steuerpflicht S. 54 bis 56) allgemein die von der betr. Bilanz eingehaltenen Grundsätze ordnungsgemäßer kaufmännischer Bilanzbewertung auch steuerlich anerkannt, es erfolgt insoweit also keine Bewertung zum derzeitigen Verkaufswert (§ 29 BesStG.). Da aber die §§ 30 bis 33 BesStG. nur bestimmen, was auf Antrag des Steuerpflichtigen **an die Stelle des Verkaufswertes** seiner Grundstücke bei der Veranlagung gesetzt werden soll, müssen sie unanwendbar bleiben, wo von vornherein der Verkaufswert gar nicht in Betracht kommt. Übrigens bedeutet die Nichtanwendbarkeit der §§ 30 bis 33 Bes.-StG. hier keinen Schaden für den Steuerpflichtigen, weil sich der ordnungsgemäß angesetzte Bilanzwert eines Grundstückes von dem Gestehungskostenwert des § 30 BesStG. ohnedies kaum unterscheiden wird. — Nicht nur die §§ 30 und 33 (so **Strutz** a. a. O. S. 206), sondern auch die §§ 31 und 32 BesStG. beziehen sich auf **alle** Arten von Grundstücken ohne Rücksicht auf ihre Benützung oder Zweckbestimmung.

An sich, d. h. wenn nichts anderes beantragt wird, gilt auch für die Grundstücke die allgemeine Bewertungsregel des § 29 BesStG., es ist also bei der Feststellung des Vermögens der **gemeine Wert** der einzelnen Bewertungseinheiten zugrunde zu legen.

Bis zum Ablauf der Berufungsfrist (so § 29 Abs. 2 der BesitzsteuerAusfBest. des Bundesrats; da das Bes-StG. selbst jedoch hier, anders als in § 31 Abs. 5 keine Frist setzt, ist diese Ansicht mit Recht bestritten; vgl. auch oben Bem. 8) kann jedoch der Steuerpflichtige beantragen, daß für einzelne oder alle Bewertungseinheiten seines Grundvermögens eine andere Bewertungsart, nämlich jene nach den **Gestehungskosten** eintreten solle.

A. Die Gestehungskosten bestehen aus:

a) Gesamtwert der Gegenleistungen beim Erwerb (Erwerbspreis).

b) Sonstige Anschaffungskosten.

c) Alle auf das Grundstück gemachten besonderen Aufwendungen während der Besitzzeit, soweit sie nicht zu den laufenden Wirtschaftsausgaben gehören und soweit die durch die Aufwendungen hergestellten Bauten und Verbesserungen noch vorhanden sind.

B. Von den Gestehungskosten sind abzuziehen:

die durch Verschlechterung (bzw. Abnutzung) entstandenen Wertminderungen.

Zu **A.** Hat der Erwerb vor dem 1. Januar 1914 stattgefunden, so gilt der bei der Veranlagung des Wehrbeitrags festgestellte Wert eines Grundstücks als Betrag der bis dahin entstandenen Gestehungskosten. Bei den vor dem 1. Januar 1914 erworbenen Grundstücken ist der Steuerpflichtige also, wenn er die Bewertung nach den Gestehungskosten beantragt, insoferne beschränkt, als die Höhe der bis zum 1. Januar 1914 entstandenen Gestehungskosten unveränderlich feststeht; hiezu kommen dann die nach dem 31. Dezember 1913 etwa noch erwachsenen Anschaffungskosten und die seitdem gemachten besonderen Aufwendungen; von dieser Summe abzuziehen sind die seit dem 1. Januar 1914 entstandenen Wertminderungen. (Dem nicht völlig korrekten Wortlaut der §§ 30, 33 BesStG. nach müßten hier eigentlich die seit dem Erwerb entstandenen Wertminderungen abgezogen werden; aber da die vom Erwerb bis zum 1. Januar 1914 entstandenen Wertminderungen ja schon bei der Wehrbeitragsveranlagung berücksichtigt sind, so kämen jene früheren Wertminderungen doppelt zum Abzug. Vgl. § 31 der AusfBest. des Bundesrats zum BesStG.)

Zu **A. a)** In zahlreichen Fällen des Eigentumserwerbes an Grundstücken fehlt es teils an jedem Erwerbspreis, teils wenigstens an einem für die Steuerzwecke brauchbaren Erwerbspreis. Hier muß also, wenn der Antrag auf Bewertung nach den Gestehungskosten gestellt wird, ein Ersatz für den Erwerbspreis geschaffen werden.

Die Fälle, in denen ein Ersatz an die Stelle des Erwerbspreises im Rahmen der unter A (a bis c) aufgeführten Zusammenstellung treten muß, sind folgende:

1. Erwerb von Todes wegen im Sinne der §§ 1 bis 4 des Erbschaftssteuergesetzes (siehe Anhang).
2. Erwerb im Wege der Erbteilung.
3. Erwerb von Eltern, Großeltern oder entfernteren Voreltern.
4. Erwerb auf Grund einer ohne entsprechende Gegenleistung erfolgten Zuwendung unter Lebenden.
5. Sonstige Erwerbsfälle, wenn der vereinbarte Preis um mehr als 10 vom Hundert hinter dem gemeinen Werte zur Zeit des Erwerbes und, sofern bei Grundstücken der Ertragswert zugrunde gelegt werden kann, zugleich auch hinter dem Ertragswert zur Zeit des Erwerbes zurückgeblieben ist.

Der in diesen fünf Arten von Fällen an die Stelle des Erwerbspreises tretende Ersatz ist:

aa) bei Grundstücken, die dauernd land- oder forstwirtschaftlichen oder gärtnerischen Zwecken zu dienen bestimmt sind oder soweit bebaute Grundstücke Wohnzwecken oder gewerblichen Zwecken zu dienen bestimmt sind und ihre Bebauung und Benutzung der ortsüblichen Bebauung und Benutzung entspricht: der Ertragswert zur Zeit des Erwerbes,

bb) bei allen sonstigen Grundstücken oder wenn bei den unter aa fallenden Grundstücken vor Ablauf der Berufungsfrist ein dahingehender Antrag gestellt wird: der gemeine Wert zur Zeit des Erwerbes.

Zu **A. b)** Sonstige Anschaffungskosten sind Aufwendungen, die mit dem obligatorischen oder dinglichen Erwerbsvorgang zusammenhängen, so die Staats- und Notariatsgebühren für die Vertragsbeurkundung und die Eintragung im Grundbuch, die gemeindliche Besitzveränderungsabgabe, Vermittlergebühren, Anwaltskosten usw. Auch die auf ein ererbtes Grundstück pro rata entfallende Erbschaftssteuer wird wohl hierher zu rechnen sein.

Zu A. c) Die besonderen Aufwendungen müssen in der Zeit zwischen dem Eigentumserwerb durch den Steuerpflichtigen und dem für die Vermögensfeststellung maßgebenden Tag (Art. 3 Abs. III Satz 1, vgl. unten Bem. 12, 13, S. 75 ff) gemacht worden sein (vgl. auch Strutz, KriegsStG. von 1916 S. 212 f.). Der für die Vermögensfeststellung maßgebende Termin ist auch bei Beantwortung der Frage zugrunde zu legen, ob Bauten oder Verbesserungen „noch vorhanden sind". — Hat der Erwerb des Grundstückes vor dem 1. Januar 1914 stattgefunden und ist das Vermögen zum Wehrbeitrag festgestellt worden, dann können solche Aufwendungen nur dann berücksichtigt werden, wenn sie nach dem 31. Dezember 1913 gemacht wurden. Die vor dem 1. Januar 1914 gemachten Aufwendungen haben ja bereits den auf den 31. Dezember 1913 zum Wehrbeitrag festgestellten Grundstückswert erhöht; und nach § 33 Bes.-StG. gilt deshalb der zum Wehrbeitrag festgestellte Grundstückswert als Betrag der bis dahin entstandenen Gestehungskosten.

Zu B. Der ursprüngliche Text des § 30 BesStG. hatte nur den Abzug der durch „Abnutzung" entstandenen Wertminderungen gestattet. Erst § 39 des KriegsStG. von 1916 setzte an die Stelle des engeren Begriffes der Abnutzung den weiteren der Verschlechterung. Hiezu bemerkt § 30 Abs. 4 Satz 2 der AusfBest. des Bundesrats zum BesStG.: Als Verschlechterung ist jede Beeinträchtigung des Bestandes und der Beschaffenheit eines Grundstücks anzusehen, so daß auch Wertminderungen infolge Abnutzung, infolge mangelhafter Bodenbestellung oder Verringerung des lebenden und toten Inventars zu berücksichtigen sind. — Wie bereits oben in Bem. 5

ausgeführt, gilt für den Bereich des VStG. nur das BesStG. der ursprünglichen Fassung, es dürfen also bei der Veranlagung zur Vermögensteuer von den Gestehungskosten nur die durch Abnutzung entstandenen Wertminderungen abgezogen werden. Wenn die der Vermögensteuerveranlagung zugrunde zu legende Besitzsteuer-Vermögensfeststellung unter Anwendung des neuen Wortlautes (Verschlechterung) zustande gekommen ist, dann liegt eine für die Vermögensteuerveranlagung verwendbare Vermögensfeststellung nicht vor und es bedarf nach Art. 3 Abs. II Ziff. 2 VStG. einer besonderen Vermögensfeststellung. (Vgl. auch die obigen Ausführungen zu A, ferner die folgende Bem.)

10. Nach Abs. II Ziff. 2 erfolgt eine besondere Feststellung des Vermögens weiter dann, wenn das steuerbare Vermögen des Steuerpflichtigen auf den maßgebenden Veranlagungszeitpunkt in Bayern nicht zur Besitzsteuer festgestellt ist.

a) Diese Bestimmung kommt zur Anwendung, wenn eine nach dem bayr. EinkStG. einkommensteuerpflichtige und damit auch vermögensteuerpflichtige Person in Bayern zum maßgebenden Veranlagungszeitpunkt überhaupt nicht zur Besitzsteuer veranlagt ist, ferner wenn eine nach dem BesStG. in Bayern nur beschränkt steuerpflichtige Person nach dem EinkStG. in Bayern unbeschränkt steuerpflichtig ist (z. B. ein Ausländer, der in Bayern ein Gewerbe betreibt, sich aber in Bayern nicht dauernd, sondern nur des Erwerbes wegen vorübergehend aufhält) und umgekehrt (§ 5 Abs. I der VB.).

b) Weiter hat eine besondere Vermögensfeststellung (allerdings beschränkt auf das davon betroffene Grundvermögen) nach der hier vertretenen Ansicht dann zu erfolgen, wenn bei der Besitzsteuervermögensfeststellung der § 30 BesStG. in der durch § 39 KriegsStG. von 1916 abgeänderten Fassung (vgl. oben Bem. 5) angewandt wurde. Denn insoweit ist dann das Vermögen auf den maßgebenden Veranlagungszeitpunkt zur Besitzsteuer in Bayern nicht nach dem für das Gebiet des VStG.

allein maßgebenden ursprünglichen Wortlaut des Bes.-StG. festgestellt. Wenn auch die Ziff. 2 des Abs. II dem Worte „Besitzsteuer" nicht den gleichen erklärenden Zusatz anfügt wie Abs. I, so kann es doch nicht zweifelhaft sein, daß in Abs. II (und III) nur die gleiche Gesetzesfassung angezogen sein kann, wie in Abs. I ausdrücklich geschehen. — Die VV. erwähnen diesen Fall nicht, wie sie überhaupt den vom Gesetzgeber hier gemachten Fehler (oben Bem. 5) entweder übersehen haben oder ignorieren zu können glauben.

c) Nach § 5 Abs. I der VV. hat die Bestimmung aber hauptsächlich Platz zu greifen in den zahlreichen Fällen, in denen bei der jeweiligen Vermögensteuerveranlagung ein Besitzsteuer- oder Feststellungsbescheid für den maßgebenden Stichtag nicht vorliegt, weil sich für die Besitzsteuer kein Vermögenszuwachs oder nur ein steuerfreier ergeben hat und der für eine künftige Besitzsteuerveranlagung maßgebende Vermögenstand bereits seit der Wehrbeitrags- oder einer früheren Besitzsteuerveranlagung rechtskräftig feststeht, also veraltet ist (vgl. § 47 Abs. 1 WehrbeitrG., § 65 Abs. 1 BesStG.). In Bem. 3 oben ist gezeigt, daß hier die VV. den Kreis der Anwendungsfälle des Abs. II Ziff. 2 zu eng zieht. Denn auch wenn ein „Feststellungsbescheid für den maßgebenden Stichtag" vorliegt, ist darin durchaus nicht das an diesem Stichtage bestehende Vermögen festgestellt. (Eine Ausnahme gilt nur für den Fall, daß der Eintritt der Besitzsteuerpflicht zeitlich gerade mit dem Stichtage zusammenfällt.)

d) Weiter ist nach § 5 Abs. II der VV. eine besondere Vermögensfeststellung erforderlich, wenn außerbayerisches Grund- oder Betriebsvermögen aus dem zur Besitzsteuer in Bayern festgestellten Vermögen auszuscheiden ist, ferner wenn in Bayern befindliches Grund- oder Betriebsvermögen nicht in Bayern zur Besitzsteuer festgestellt ist, weil der Steuerpflichtige wegen der Wohnsitz- und Aufenthaltsverhältnisse in einem anderen Bundesstaate zur Besitzsteuer veranlagt war (der letztere Fall ist bereits durch § 5 Abs. I der VV. getroffen, vgl.

oben Buchstabe a, erster Halbsatz). Zu dem in Bayern befindlichen Grund- und Betriebsvermögen gehört nach § 5 Abs. II der VV. außer dem in Bayern gelegenen Grund- und Gebäudebesitz alles Vermögen, das zum Betriebe der Land- und Forstwirtschaft auf in Bayern gelegenen Grundstücken dient, oder der Ausübung eines stehenden Gewerbes in einer innerhalb Bayerns befindlichen Betriebsstätte gewidmet ist. (Daß aber, was § 5 der VV. scheinbar übersieht, der beschränkten Vermögensteuerpflicht in Bayern nur das in Bayern befindliche gewerbliche Betriebsvermögen [stehendes Gewerbe!], nicht auch das land- oder forstwirtschaftliche Betriebsvermögen unterliegt, ist des Näheren in Bem. 13 zu Art. 2, oben S. 29 ausgeführt). Liegt ein einheitlicher über bayerisches und außerbayerisches Gebiet sich erstreckender Betrieb vor, so sind bei der Besteuerung in Bayern die Vorschriften im § 3 RDoppStG. (siehe Anhang) zu beachten. Für den Abzug von Schulden und Lasten bei anteiliger Besteuerung ist § 10 Abs. 3 BesStG. mit § 51 der Besitzsteuer-AusfBest. des Bundesrats maßgebend. § 5 Abs. II der VV.

e) Als weiteren Fall, in dem eine — allerdings nur auf das Grundvermögen beschränkte — besondere Feststellung des Vermögens geboten ist, führt § 5 Abs. III der VV. jenen des Art. 6 VStG. an. Vgl. hiezu auch § 42 der VV.

f) Endlich ist — ein Fall, den die VV. nicht erwähnen — eine besondere Vermögensfeststellung bei bestehender beschränkter Besitz- und Vermögensteuerpflicht dann erforderlich, wenn der beschränkten Vermögensteuerpflicht auch Kapitalvermögen unterliegt (Bem. 13c zu Art. 2 S. 30 ff.), weil sich hierauf die beschränkte Besitzsteuerpflicht niemals erstreckt (§ 11 Abs. 1 Ziff. II BesStG.), dieses Vermögen also in der Besitzsteuervermögensfeststellung nicht berücksichtigt sein kann. Und ebenso wird bei beschränkter Besitz- und Vermögensteuerpflicht eine besondere Vermögensfeststellung dadurch erforderlich werden können, daß das zur Besitzsteuer in Bayern festgestellte Vermögen zwar nur bayerisches Grund- und Betriebsvermögen umfaßt, die beschränkte Vermögensteuerpflicht aber nur das bayerische Grundvermögen und das einem bayerischen stehenden Gewerbebetrieb gewidmete Betriebsvermögen, also durchaus nicht alles bayerische Betriebsvermögen erfaßt. (Vgl. Bem. 13 zu Art. 2 S. 29).

11. Wohl zu beachten ist (vgl. § 7 Abs. II der VV. daß der in Abs. II Ziff. 2 ausgedrückte Grundsatz bei der ersten allgemeinen Vermögensteuerveranlagung für das Jahr 1919 nur mit Vorsicht anzuwenden ist. Denn es handelt sich hier um ein drittes Vermögensteuerjahr, während die Vorschrift des Abs. II Ziff. 2 nur an die normale allgemeine Veranlagung jeweils zu Beginn des ersten von den drei zusammengehörigen Vermögensteuerjahren denkt. (Vgl. Bem. 2 zu Art. 1 und oben Bem. 2 f). War also auf den 31. Dezember 1916 eine Vermögensfeststellung (vgl. oben Bem. 3 Abs. 1) nur deshalb nicht erfolgt, weil der Steuerpflichtige damals kein steuerbares Vermögen von mehr als 20000 Mk. besaß, so darf dieser Steuerpflichtige, der sich inzwischen ein Vermögen von 100000 Mk. erspart hat, nicht etwa unter Zugrundelegung einer besonderen Vermögensfeststellung für den 1. Januar 1919 aus seinem jetzigen Vermögen zur Vermögensteuer veranlagt werden. Denn da eine Vermögensvermehrung im Laufe der drei Vermögensteuerjahre an sich grundsätzlich keine Änderung der Veranlagung zur Folge hat, so muß auch hier die zwischen dem maßgebenden Veranlagungszeitpunkt (31. Dezember 1916) und dem Beginn des dritten Vermögensteuerjahres eingetretene Vermögensvermehrung grundsätzlich unberücksichtigt bleiben. (Wegen der hievon wohl zu unterscheidenden Fälle, daß in der Zeit zwischen dem 31. Dezember 1916 und dem 1. Januar 1919 Tatsachen eingetreten sind, die — abgesehen von dem Termine des Inkrafttretens des VStG. — nach Art. 5 eine ausnahmsweise Änderung der Veranlagung während der Veranlagungsperiode rechtfertigen oder einen Steuerzu- bzw. -abgangsfall darstellen würden, vgl. unten Bem. 12 und 13.)

Liegt dagegen bei der erstmaligen Veranlagung (für das Jahr 1919) einer der in Bem. 10 aufgezählten Fälle vor, hat also eine besondere Vermögensfeststellung auf den 31. Dezember 1916 zu erfolgen, so sind die Weisungen in § 3 Abs. II der VB. zu beachten (§ 5 Abs. I Schlußsatz der VB.). Wegen der erstmals allgemein abzugebenden Steuererklärung vgl. Bem. 6, 7 zu Art. 9.

Wie die in der Zeit zwischen dem 31. Dezember 1916 und dem 1. Januar 1919 eingetretenen Vermögensveränderungen, so müssen grundsätzlich auch die in dieser Zeit erfolgten Eheschließungen, Ehescheidungen, dauernden Trennungen und Wiedervereinigungen vorher dauernd getrennt lebender Eheleute bei der Vermögensteuerveranlagung für 1919 unberücksichtigt bleiben. Denn Eheschluß, Ehescheidung usw. haben, wie in Bem. 3 f zu Art. 4 näher gezeigt, auf die Veranlagung für die hiebei gerade laufende dreijährige Vermögensteuerveranlagungsperiode an sich keinen Einfluß. Wenn also z. B. das in Bayern steuerbare Vermögen zweier Personen für die Besitzsteuer im letzten Veranlagungszeitpunkt nur deshalb nicht zusammenzurechnen war, weil die beiden Personen damals noch nicht verheiratet waren, so müssen sie auch getrennt zur Vermögensteuer für 1919 veranlagt werden, wenn sie auch inzwischen geheiratet haben. Die Zusammenrechnung erfolgt dann erstmals für die Veranlagungsperiode 1920 bis 1922. (Vgl. § 29 Abs. IV der VB.)

12. Die Ziffer 3 des Abs. II erklärt eine besondere Vermögensfeststellung für die Zwecke der Vermögensteuerveranlagung weiter für erforderlich in den von Art. 5 aufgeführten Fällen

a) der Änderungen des Vermögenstandes, soweit sie ausnahmsweise zu einer Änderung der Veranlagung führen,

b) der Steuerzu- und -abgänge, soferne solche Vorgänge eine neuerliche oder überhaupt erstmals eine Vermögensteuerveranlagung im Laufe der drei Vermögensteuerjahre erforderlich machen (vgl. § 6 der VV.).

Vgl. hiezu die Erläuterungen zu Art. 5.

13. Die Grundsätze des Art. 5 VStG. haben an sich (vgl. aber § 5 Abs. I am Ende, § 3 Abs. II der VV.!) auch bei der erstmaligen Vermögensteuerveranlagung (für das Jahr 1919) Anwendung zu finden hinsichtlich der in der Zeit zwischen dem 31. Dezember 1916 und dem 1. Januar 1919 eingetretenen Änderungen des Vermögenstandes der am 31. Dezember 1916 bereits subjektiv Steuerpflichtigen sowie der innerhalb des bezeichneten Zeitraums subjektiv steuerpflichtig gewordenen Personen (§ 29 Abs. II der VV.).

Bezüglich der Vermögensvermehrungen führt § 29 der VV. aus: Für die erstmalige wie künftige Veranlagungen ist zu beachten, daß auch jene unter Art. 5 Abs. I Ziff. 1 des Gesetzes fallenden Änderungen in Betracht kommen, die an einem bei Eintritt der subjektiven Steuerpflicht nicht mehr als 20000 Mk. betragenden Vermögen erfolgt sind. Das überschreiten der für die Vermögensteuerpflicht maßgebenden Vermögensgrenze von 20000 Mk. nach oben während der drei Vermögensteuerjahre hat in diesen Fällen — und zwar nur in diesen Fällen — bei einer subjektiv einkommensteuerpflichtigen Person die Vermögensteuerpflicht zur Folge. Es besteht sonach Steuerpflicht für das Vermögensteuerjahr 1919, wenn sich das steuerbare Vermögen in der Zeit zwischen dem 31. Dezember 1916 und dem 1. Januar 1919 durch eine nach Art. 5 Abs. I Ziff. 1 zu berücksichtigende Vermehrung auf mehr als 20000 Mk. erhöht hat. Dagegen begründet der in der Zeit zwischen dem 31. Dezember 1916 und dem 1. Januar 1919 erfolgte nicht unter Art. 5 Abs. I Ziff. 1 fallende Vermögenserwerb einer am 31. Dezember 1916 subjektiv einkommensteuerpflichtigen oder in der Zeit bis zum 1. Januar 1919 subjektiv einkommensteuerpflichtig gewordenen Person keinesfalls eine Vermögensteuerpflicht für das Jahr 1919, auch wenn durch die Vermehrung eine Erhöhung des Vermögens auf mehr als 20000 Mk. eingetreten ist. Sonach sind die in der Zeit vom 31. Dezember 1916 bis 1 Januar 1919 infolge des Krieges eingetretenen Wertsteigerungen aller Art ohne Einfluß auf die erstmalige Vermögensteuerveranlagung, soweit nicht ein späterer Stand der Verhältnisse als der vom 31. Dezember 1916 für die Vermögensfeststellung maßgebend ist (§ 7 der VV.). § 29 Abs. III, IV der VV.

In gleicher Weise sind grundsätzlich bei der erstmaligen Veranlagung an Vermögens**verminderungen** — auf Antrag! — zu berücksichtigen und führen also zu einer besonderen Vermögensfeststellung nur die unter Art. 5 Abs. II Ziff. 2 fallenden Verminderungen, die zwischen dem 31. Dezember 1916 oder dem späteren Zeitpunkt des Beginnes der subjektiven Einkommensteuerpflicht und dem 1. Januar 1919 eingetreten sind. Vgl. aber oben Bem. 6.

In den Fällen der **Steuerzugänge** während der drei Vermögensteuerjahre einer Veranlagungsperiode (also den Fällen der Entstehung der beschränkten oder unbeschränkten Vermögensteuerpflicht und des Überganges der beschränkten in die unbeschränkte Vermögensteuerpflicht) hat **stets** eine besondere Vermögensfeststellung zu erfolgen (vgl. § 36 der VV.), da ja auf den maßgebenden Stichtag (Beginn des auf den Zugang folgenden Monats, Art. 3 Abs. III VStG.) eine Besitzsteuervermögensfeststellung regelmäßig nicht vorliegen kann. Vgl. auch unten Bem. 14.

Von den Fällen der **Steuerabgänge** während der drei Jahre einer Veranlagungsperiode (also den Fällen des Erlöschens der beschränkten oder unbeschränkten Vermögensteuerpflicht und des Überganges der unbeschränkten in die beschränkte Vermögensteuerpflicht und beschränkten in die beschränkte Vermögensteuerpflicht, vgl. § 40 der VV., erfordert nicht nur der letztere von beiden eine besondere Vermögensfeststellung. Vielmehr wird eine solche auch erforderlich, wenn der Fall des Steuerabganges (ausgenommen den Fall des Todes, § 40 Ziff. 4 der VV.) während einer Veranlagungsperiode bei einem von zwei einheitlich veranlagten Ehegatten eintritt (vgl. Bem. 3h zu Art. 4 S. 91).

Abs. III.

14. Abs. III bestimmt den Zeitpunkt, der im Falle der „besonderen Vermögensfeststellung" (Art. 3 Abs. II) für die Feststellung des Vermögenstandes jeweils maßgebend sein soll.

Als grundsätzliche Regel hat zu gelten, daß der Stand der Verhältnisse im letztvorangegangenen Veranlagungszeitpunkte für die Feststellung zugrunde zu legen ist. Auch für die Besitzsteuer gilt ja das für das Ende eines Veranlagungszeitraums festgestellte Endvermögen zugleich als Anfangsvermögen des folgenden Veranlagungszeitraumes. So betrachtet auch das VStG. den auf das Ende der vorangehenden Veranlagungsperiode festgestellten Vermögenstand als den auch zu Beginn der neuen Veranlagungsperiode gegebenen Vermögenstand und bemißt deshalb die Steuer grundsätzlich für die drei folgenden Jahre nach diesem Stande.

Eine Ausnahme gilt nur für die besonderen Vermögensfeststellungen, die in den Fällen der Art. 3 Abs. II Ziff. 3, Art. 5 VStG. veranlaßt sind (vgl. oben Bem. 12 und 13). Die materielle Wirkung der Steueränderungen, Zugänge und Abgänge tritt hier mit dem Beginn des auf die tatsächliche Änderung folgenden Monats ein (vgl. §§ 32 Abs. IV, 36 Abs. IV, 37 Abs. I, 38, 41 Abs. I der VV. und Bem. 19 zu Art. 5 S. 118 f., vgl. ferner § 30 Abs. III der VV.). Es war deshalb naheliegend und zweckmäßig, diesen Zeitpunkt auch für die Feststellung des zu besteuernden Vermögenstandes maßgebend sein zu lassen.

15. Für die erstmalige Vermögensteuerveranlagung für das Steuerjahr 1919 faßt § 7 Abs. II der VV. die vorbehandelten Grundsätze übersichtlich folgendermaßen zusammen:

„Die Vorschriften des Art. 3 des Gesetzes kommen auch bei der erstmaligen Vermögensteuerveranlagung für das Steuerjahr 1919 zur Anwendung. Für die Vermögensteuerpflicht ist hier das Bestehen der subjektiven Einkommensteuerpflicht am 1. Januar 1919 Voraussetzung, für die Feststellung der Höhe des steuerbaren Vermögens aber ist grundsätzlich der auf den 31. Dezember 1916 als Stichtag treffende Stand des Vermögens — vorbehaltlich der nach dem Gesetze hieran vorzunehmenden Änderungen — maßgebend, es ist also an sich zu verfahren, wie wenn die Vermögensteuerveranlagung schon im Jahre 1917 auf Grund der Besitzsteuerveranlagung für den 31. Dezember 1916 als Stichtag stattgefunden hätte. Steuerbares Vermögen ist sonach grundsätzlich das zur Besitzsteuer für den 31. Dezember 1916 festgestellte Vermögen. Die erforderlichen besonderen Feststellungen vollziehen sich nach Maßgabe des Art. 3 Abs. II Ziff. 1 bis 3 und Abs. III des Gesetzes In den Fällen des Art. 3 Abs. II Ziff. 3, d. i. bei den nach Art. 5 Abs. I zu berücksichtigenden Änderungen des Vermögenstandes, sowie beim Eintritt der allgemeinen oder beschränkten subjektiven Einkommensteuerpflicht in der Zeit zwischen dem 31. Dezember 1916 und dem 1. Januar 1919 — ist der Stand der Verhältnisse zu Beginn des der Änderung bzw. dem Eintritt der Steuerpflicht folgenden Monats (also nicht etwa der Stand am 1. Januar 1919), in den übrigen Fällen, also insbesondere bei Änderung in der Bewertung des Grundvermögens nach Art. 3 Abs. II Ziff. 1 des Gesetzes, bei Ausscheidung außerbayerischen Grund- und Betriebsvermögens aus der Besitzsteuerveranlagung für 31. Dezember 1916 und bei Feststellung bayerischen Grund- und Betriebsvermögens, das in einem anderen Bundesstaate zur Besitzsteuer auf den 31. Dezember 1916 veranlagt war, ist der Stand am 31. Dezember 1916 maßgebend. Wenn hienach auch bei der ersten Veranlagung grundsätzlich die besonderen Vermögensfeststellungen — abgesehen von jenen nach Art. 3 Abs. II Ziff. 3 — nach dem 2 Jahre zurückliegenden Stichtag erfolgen sollen, so soll doch aus Gründen der Geschäftsvereinfachung in der im § 3 Abs. II oben bezeichneten Weise verfahren und so den Pflichtigen bei Bedarf im Rahmen des Zulässigen die Abgabe der Steuererklärungen erleichtert werden."

16. Die Feststellung erfolgt nach den Vorschriften des Besitzsteuergesetzes. Wegen der

Frage, ob hier das BesStG. in seiner jetzigen oder der ursprünglichen Fassung gemeint ist, vgl. oben Bem. 5 S. 60 f. Die „Feststellung" ist nicht das formelle Verfahren, sondern die materielle Berechnung der Reinvermögenshöhe. „Der bayerischen Vermögensbesteuerung liegt sonach in allen Fällen das in den §§ 2 bis 10 BesStG. im Zusammenhalte mit Art. 2 des Gesetzes bezeichnete Vermögen zugrunde. Hienach gehört das außerbayerische Grund- und Betriebsvermögen nicht zum steuerbaren Vermögen im Sinne des VStG. (vgl. § 1 Abs. III). Für die Ermittelung der Vermögenswerte bei besonderer Vermögensfeststellung sind die Bestimmungen in den §§ 28 Abs. 2, 29 mit 47 BesStG., in den §§ 27 mit 45, 47 mit 51 der Besitzsteuer-AusfBest. des Bundesrats (GVBl. 1916 S. 509 ff.) und in den §§ 13 mit 17 der VV. zum BesStG. vom 16. Dezember 1916 (GVBl. S. 638) sinngemäß anzuwenden (Art. 9 Abs. III des Gesetzes)." § 3 Abs. III der VV. — Auch die Anwendbarkeit des § 14 Satz 1 BesStG. gründet sich neben Art. 3 Abs. I auf Art. 3 Abs. III Satz 2 (vgl. Bem. 1 zu Art. 4 S. 84).

Das BesStG., die Ausführungsbestimmungen des Bundesrats und die bayerischen VV. hiezu sind im Anhange abgedruckt. Eine Erläuterung all dieser Bestimmungen würde hier zu weit führen, ist angesichts der reichlich vorhandenen guten Literatur zum BesStG. auch nicht notwendig.

Besonderer Besprechung bedürfen hier nur folgende Punkte:

a) Für den Abzug der Schulden und Lasten von dem der beschränkten Vermögensteuerpflicht unterliegenden Vermögen kann nur die Vorschrift des § 10 Abs. 3 BesStG. in Betracht kommen (vgl. § 5 Abs. II Satz 4 der VV.), welche lautet: „Beschränkt sich die Zuwachsbesteuerung auf das inländische Grund- und Betriebsvermögen (§ 11 Nr. II), so sind nur die in einer wirtschaftlichen Beziehung zu diesen Vermögensteilen stehenden Schulden und Lasten abzugsfähig." Hier wird nur vom „inländischen Grund- und Betriebsvermögen" gesprochen, weil sich eben die beschränkte Besitzsteuerpflicht nur auf dieses erstreckt. Die beschränkte Vermögensteuerpflicht dagegen erfaßt infolge des Aufbaues auf Art. 2 EinkStG. einerseits nicht alles Betriebsvermögen, andererseits auch gewisse Teile des Kapitalvermögens (vgl. Bem. 13 zu Art. 2 S. 29ff.) Dem Willen des Gesetzgebers wird man gerecht werden, wenn man bei der beschränkten Vermögensteuerpflicht für abziehbar erklärt die in einer wirtschaftlichen Beziehung zu allen dieser Steuerpflicht unterliegenden Vermögensteilen stehenden Schulden und Lasten.

Eine „wirtschaftliche Beziehung" zwischen Schuldzinsen und gewissen Einkünften oder zwischen Schulden und gewissen Vermögensteilen wird noch nicht dadurch begründet, daß die Einkommensquelle oder der Vermögensbestandteil rechtlich für die Schuld haftet. Eine Schuld steht also nicht schon deshalb in wirtschaftlicher Beziehung zu einem Grundstück, weil sie durch Eintragung einer Hypothek auf dem Grundstück dinglich gesichert ist. Diesen Standpunkt teilt ausdrücklich § 17 Abs. VII der VB. zum EinkStG. Die bayr. Oberberufungskommission hat dagegen in der Entscheidung vom 27. Febr. 1914 (OBK. Mitt. Bd. 14 S. 140ff.) die gegenteilige Ansicht — kaum überzeugend — vertreten. Die Geschichte des oben zitierten § 11 Abs. II BesStG., der aus dem preußischen Ergänzungssteuergesetz (Novelle vom 19. Juni 1906 zu § 8) übernommen ist, zeigt unzweideutig, daß auch der Gesetzgeber des BesStG. die rechtliche Haftung z. B. des Grundstücks für die Hypothekforderung, also die rechtliche Beziehung zwischen beiden, durchaus nicht mit ihrer wirtschaftlichen Beziehung indentifizieren wollte. (Näheres hierüber bei Strutz, Kommentar zum Kriegssteuergesetz von 1916, S. 115.) Nur soviel wird man allgemein sagen dürfen, daß die Tatsache der rechtlichen Haftung immerhin eine — natürlich widerlegbare — Vermutung für das Bestehen auch einer wirtschaftlichen Beziehung begründen wird. So auch Urteil des pr. OVG. vom 3. Juli 1918, Deutsches Steuerblatt 1. Jahrgang S. 75. Vgl. auch Hallbauer, „Die abzugsfähigen Schulden und Lasten bei steuerfreien Vermögensstücken und bei beschränkter Steuerpflicht" in der Zeitschrift für Zollwesen und Reichssteuern 1918 S. 1, 33.

b) § 3 Abs. III der VV. erklärt ausdrücklich für anwendbar auch den § 28 Abs. 2 BesStG., welcher lautet: „Für Betriebe, bei denen regelmäßige jährliche Abschlüsse stattfinden, kann der Vermögensfeststellung der Vermögensstand am Schlusse des letzten Wirtschafts- oder Rechnungsjahrs zugrunde gelegt werden." (Vgl. hiezu § 28 der Besitzsteuer-AusfBest. des Bundesrats). Zu dem dem § 28 Abs. 2 BesStG. völlig gleichlautenden § 15 Abs. 2 WehrbeitrG. hat nun die bayerische OVK. in der Entscheidung vom 31. März 1916 (OVK. Mitt. Bd. 16 S. 269) folgendes ausgeführt:

„Nach § 15 Abs. 2 des Wehrbeitragsgesetzes kann für Betriebe, bei denen regelmäßige jährliche Abschlüsse stattfinden, der Vermögensaufstellung der Vermögensstand am Schlusse des letzten Wirtschafts- oder Rechnungsjahrs zugrunde gelegt werden. Diese Bestimmung besagt zunächst, daß bei Betrieben der erwähnten Art zeitlich ein anderer Vermögensstand als der des 31. Dezember 1913 zugrunde gelegt werden kann. Ihre wesentlichste Bedeutung aber liegt darin, daß die Veranlagungsbehörde ermächtigt ist, die Vermögensbewertung nicht nach dem gemeinen Werte, d. h. nach dem augenblicklichen Verkaufswerte, sondern nach den Grundsätzen einer ordentlichen kaufmännischen Bilanzführung vorzunehmen (Hoffmann, Kommentar zum WehrbeitragsG. S. 31). Dies führt dazu, daß als die maßgebenden Werte die Werte der Bilanz anzunehmen sind, sofern die Bilanz ordnungsgemäß aufgestellt ist und die vorgenommenen Abschreibungen sich in den nach kaufmännischen Grundsätzen angemessenen Grenzen bewegen (Hoffmann, Kommentar zum WehrbeitragsG. S. 35)."

Diese meines Wissens außer in Fürnrohr, Bilanzbewertung und Steuerpflicht S. 54, literarisch noch nirgends verwertete sehr wichtige Entscheidung weicht erheblich von der preußischen Rechtsprechung (vgl. Strutz, KriegsstG. von 1916 S. 202f., Rosendorff, Steuerrecht S. 38) ab und betont auch deutlich den Unterschied zwischen einer Bewertung nach dem „gemeinen Wert" (= Verkaufswert) und einer solchen nach den Grundsätzen ordentlicher kaufmännischer Bilanzierung.

Wird der Kaufmann antragsgemäß zur Besitzsteuer nach seiner letzten Bilanz veranlagt und bildet die Besitzsteuervermögensfeststellung zugleich die Grundlage für die Vermögensteuerveranlagung, so üben die ordnungsgemäßen Bilanzwertansätze der mit ihrem Stichtage in das Jahr des maßgebenden Veranlagungszeitpunktes fallenden Bilanz automatisch ihren Einfluß auf die Vermögensteuerveranlagung aus. Erfolgt aber für die Vermögensteuerveranlagung nach Art. 3 Abs. II eine besondere Vermögensfeststellung, so muß der Steuerpflichtige in diesem Verfahren gesondert die Veranlagung auf Grund der letzten Bilanz verlangen. Mangels einer gesetzlichen Fristsetzung wird anzunehmen sein, daß der Antrag auch im Rechtsmittelverfahren noch gestellt werden kann; § 28 Abs. 4 der Besitzsteuer-AusfBest. scheint anderer Ansicht zu sein, die aber im Gesetz keine Stütze hat. Eine Fußnote auf S. 1 des Besitzsteuer- wie des Vermögensteuererklärungsvordruckes (siehe Anhang) verlangt Beifügung der letzten Bilanz zur Steuererklärung, falls Veranlagung auf Grund der Bilanz gewünscht wird. Diese Anordnung hat aber m. E. nur für den Fall Bedeutung, daß der betr. Antrag schon in der Steuererklärung gestellt wird, und will solchenfalls zweckmäßigerweise eine spätere besondere Erholung einer Bilanzabschrift entbehrlich machen.

17. Auf sozialdemokratischen Antrag war dem Art. 3 in der Kammer der Abgeordneten folgender Absatz II eingefügt worden:

Als steuerbares Vermögen gelten auch — nicht schon als Bestandteile eines Betriebsvermögens anzusehende — Gegenstände aus edlem Metall, Edelsteine, Perlen- Kunst-, Schmuck- und Luxusgegenstände, sowie Sammlungen aller Art, sofern der Anschaffungspreis für den einzelnen Gegenstand mindestens 1000 Mk. und für mehrere gleichartige oder zusammengehörige Gegenstände mindestens 1500 Mk. beträgt und die Gegenstände von dem Steuerpflichtigen nach dem 1. Januar 1915 erworben sind.

Der Antrag war seitens der Staatsregierung aus praktischen Erwägungen entschieden abgelehnt worden, wegen seiner Undurchführbarkeit auch sonst inner- und außerhalb der Kammer lebhaftem Widerspruche begegnet (vgl. Fürnrohr, „Die bayerische Vermögensteuer als Luxussteuer" in der München-Augsburger Abendzeitung vom 18. Juni 1918, Nr. 303, Morgenausgabe), trotzdem aber von der Mehrheit der Abgeordnetenkammer angenommen worden. In der Kammer der Reichsräte wurde der Absatz mit Recht wieder gestrichen. Die bayerische Vermögensteuer eignet sich bei ihrem geringen Steuersatze nicht zu einer auch nur einigermaßen die Schwierigkeiten und Kosten der Durchführung rechtfertigenden Erfassung der in der gedachten Weise versteckten Kriegsgewinne. Dafür müssen und werden andere Steuern sorgen. Übrigens ist die Vermögensteuer auch als dauernde Einrichtung nicht der richtige Platz zur Aufnahme einer Sonderbestimmung, die nur Kriegsverhältnisse im Auge hat.

Art. 4.

Im Falle einheitlicher Veranlagung der Ehegatten zur Vermögensteuer findet Art. 9 Abs. II des Einkommensteuergesetzes entsprechende Anwendung.

1. Amtliche Begründung (Denkschrift S. 121): Mit Rücksicht auf Art. 3 Abs. I und Abs. III Satz 2 würde für die Veranlagung der Ehegatten an sich nur § 14 des BesStG. Anwendung finden. Im Interesse der Übereinstimmung mit dem Einkommensteuergesetze schien es jedoch angezeigt, auch die weitergehende Vorschrift des Art. 9 Abs. II des EinkStG. für anwendbar zu erklären. — Der Entwurf wurde unverändert angenommen.

2. § 14 BesStG. lautet:

Für die Veranlagung der Besitzsteuer wird das Vermögen der Ehegatten zusammengerechnet, sofern sie nicht dauernd voneinander getrennt leben. Die Ehegatten sind, falls ihr Vermögen hienach zusammenzurechnen ist, der Staatskasse als Gesamtschuldner der Steuer verpflichtet.

Art. 9 Abs. II EinkStG lautet:

Im Falle einheitlicher Veranlagung gelten die Ehegatten als Gesamtschuldner der Steuer, wenn nicht nachgewiesen wird, welches Einkommen an dem veranlagten Gesamteinkommen auf die Ehefrau trifft; in diesem Falle haftet die Ehefrau nur für den hierauf entfallenden Teil der Steuer.

3. Zusammenrechnung des Vermögens der Ehegatten.

a) Für die Besitzsteuer und demzufolge (vgl. oben Bem. 1) auch für die Vermögensteuer gilt die Regel, daß das Vermögen der Ehegatten bei der Veranlagung zusammengerechnet wird (Ausnahmen siehe unter Buchstabe d, e und f). Die regelmäßig vom Ehemann abzugebende Besitz- bzw. Vermögensteuererklärung hat auch das — nicht gesondert anzugebende — Vermögen der Ehefrau mitzuumfassen (§ 17 Abs. I der Ausf.-Best. zum BesStG., § 18 Abs. I der VV. zum VStG.). Der eheliche Güterstand ist für die Zusammenrechnung ohne Bedeutung. Die Zusammenrechnung erfolgt auch dann, wenn nur der eine Ehegatte subjektiv unbeschränkt, der andere aber subjektiv beschränkt vermögensteuerpflichtig sind. (Vgl hiezu auch unten Buchst. e.)

b) Die Zusammenrechnung der beiderseitigen Vermögen (also sowohl der Aktiven wie der Passiven) hat hinsichtlich des Schuldenabzugs (§ 10 BesStG.) unter Umständen die eigenartige Folge, daß für die Steuerveranlagung Schulden ein Vermögen verkürzen, das für ihre Deckung rechtlich gar nicht in Betracht kommt. Z. B. der Mann hat 20 000 Mk. Aktiven und 100 000 Mk. Passiven, die Frau, mit der er in Gütertrennung lebt, besitzt ein schuldenfreies Aktivvermögen von 90 000 Mk.

Hier werden von 20000 + 90000 = 110000 Mk. die Schulden von 100000 Mk. abgezogen, so daß nur ein steuerfreies Gesamtreinvermögen von 10000 Mk. verbleibt, trotzdem die 90000 Mk. der Frau tatsächlich wie rechtlich völlig lastenfreies Reinvermögen darstellen.

Zu beachten ist ferner, daß Ersatzforderungen und Ersatzverbindlichkeiten, die zwischen den Ehegatten bestehen, als sich gegenseitig aufhebend, bei der Zusammenrechnung außer Betracht bleiben müssen (Hoffmann, WehrbeitrG. S. 28).

c) Für die Frage der Steuerzahlungspflicht und die Höhe der Vermögensteuer ist die Zusammenrechnung des Vermögens der Ehegtten nur bei den kleineren Vermögen von Bedeutung. So wird gegebenenfalls das an sich steuerfreie Vermögen des einen Ehegatten (unter 20999,99 Mk.) mit dem des anderen Ehegatten zusammen 20999,99 Mk. übersteigen und dadurch steuerpflichtig werden. Oder das zusammengerechnete Vermögen der Ehegatten wird infolge der bei Vermögen von abgerundet 65000 Mk. bis herab auf 21000 Mk. durch Art. 7 Abs. III VStG. vorgesehenen Degression des Steuersatzes einem höheren Steuersatz unterliegen, als es die beiden Vermögen getrennt täten. Z. B. der Mann hat 25150 Mk., die Frau 45222 Mk. Vermögen; bei getrennter Veranlagung würde der Mann 2,50, die Frau 22,50 Mk. Vermögensteuer und würden also beide zusammen 25 Mk. Vermögensteuer zu zahlen haben. Infolge der Zusammenrechnung ihrer Vermögen haben sie aber $^{1}/_{1000}$ aus 70000 Mark = 70 Mk. Vermögensteuer zu entrichten.) Daß die steuererhöhende Wirkung der Zusammenrechnung nur die kleinen Vermögen trifft, ist die Folge der sozial gemeinten Einführung eines degressiven Steuersatzes für die kleinen Vermögen. — Die Abrundung (Art. 7 Abs. I VStG.) findet erst nach der Zusammenrechnung am zusammengerechneten Vermögen statt.

d) Ausnahmsweise sollen die beiderseitigen Vermögen nicht zusammengerechnet werden, wenn die Ehegatten dauernd getrennt leben. Nach § 13 Abs. II der VV. zum EinkStG. ist „eine dauernde Trennung dann anzunehmen, wenn die Ehegatten die häusliche Gemeinschaft aufgegeben haben und wenn dabei nach den Umständen zu folgern ist, daß sie nicht die Absicht haben, sie wieder herzustellen. Als solche Trennung gilt für sich allein nicht die Abwesenheit des einen Ehegatten auf einer längeren Reise, in einer Pflegeanstalt u. dgl." Vgl. hiezu auch Strutz, KriegsStG. von 1916 S. 76; Glaser, BesStG. S. 56.

Sind sonach Ehegatten bei bestehender Ehe getrennt zu veranlagen (was außer im Falle der dauernden Trennung in gewissem Sinne auch in dem in der folgenden Bem. besprochenen Fall geschieht, daß nur einer von beiden Ehegatten in Bayern subjektiv vermögensteuerpflichtig ist), so ergibt sich die Frage, wer das Gesamtgut der verschiedenen Gütergemeinschaften zu versteuern hat oder, ob und wie es auf die beiden Ehegatten für die Zwecke der Veranlagung zu verteilen ist. Die Frage dürfte im Sinne von § 13 der bayr. VB. zum BesStG. zu beantworten sein, wo es in Abs. I heißt: „Besteht an einer Gesamtheit von Vermögenswerten zwischen mehreren eine Rechtsgemeinschaft, so ist jeder von ihnen mit seinem Anteile steuerpflichtig. Dies gilt insbesondere auch dann, wenn nach dem Tode eines Ehegatten zwischen dem überlebenden Ehegatten und den übrigen Erben des Verstorbenen zufolge güterrechtlicher oder erbrechtlicher Bestimmung an einem Vermögen (Gesamtgut bei fortgesetzter Gütergemeinschaft, Nachlaß des Verstorbenen) eine Rechtsgemeinschaft stattfindet." Wenn hier auch das Gesamtgut einer noch bestehenden Ehe nicht ausdrücklich genannt ist, so muß doch im Sinne dieser Ausführungen (vgl. auch § 1 Abs. V der VB. zum VStG.) auch bei der gesonderten Veranlagung von Ehegatten jedem von ihnen das Gesamtgut der verschiedenen Gütergemeinschaften anteilig, d. h. zur Hälfte zugerechnet werden. So auch Zimmermann, Erläuterugen zum Kriegs- und Besitzsteuergesetz, Heß-Kriegsschriftensammlung Nr. 70 S. 20f., ferner Zimmermann, Fortsetzung der Erläuterungen, Heß-Kriegsschriftensammlung Nr. 107 S. 10ff.

e) Eine vom Gesetz nicht genannte Ausnahme von der Regel der Zusammenrechnung besteht weiter dann, wenn nicht beide Ehegatten subjektiv vermögensteuerpflichtig sind. Wenn also z. B. von einem in Preußen lebenden Ehepaar preußischer Staatsangehörigkeit nur die Frau Grundvermögen in Bayern besitzt, so ist sie allein hiemit in Bayern zur Vermögensteuer zu veranlagen, ohne daß eine Zusammenrechnung mit dem Vermögen des subjektiv in Bayern nicht vermögensteuerpflichtigen Ehemannes stattfände. Dagegen bildet kein Hindernis für die Zusammenrechnung der Umstand, daß von den beiden in Bayern subjektiv vermögensteuerpflichtigen Ehegatten der eine unbeschränkt und der andere nur beschränkt oder daß beide Ehegatten nur beschränkt vermögensteuerpflichtig sind. (Unrichtig zum Teil Mrozek, BesStG. S. 70; richtig Rheinstrom, BesStG. S. 63; vgl. auch Breunig, I S. 98.) Wegen Behandlung des Gesamtgutes vgl. oben Buchstabe d.

f) Eine weitere Besonderheit hinsichtlich der Zusammenrechnung der Vermögen der Ehegatten ergibt sich für die Vermögensteuer gegenüber der Besitzsteuer aus der Tatsache, daß es sich bei der Vermögensteuer um eine das Vermögen fortlaufend erfassende Steuer handelt, während die Besitzsteuer nur den in einem bestimmten Zeitpunkte (gegenüber einem gewissen früheren Zeitpunkte) eingetretenen Vermögenszuwachs einmalig erfaßt und deshalb bei der Frage der Zusammenrechnung oder Nichtzusammenrechnung allein auf diesen Stichtag abstellt. Bei der Vermögensteuer kommen dagegen auch Steuerzugänge und -abgänge im Laufe der drei Vermögensteuerjahre in Betracht (vgl. Bem. 12, 13 zu Art. 3, Bem. 17 zu Art. 5) und es tritt hier die Frage der Zusammenrechnung in allerlei Schattierungen auf.

Als Grundsatz hat zu gelten: Die während der drei Vermögensteuerjahre erfolgende Verheiratung hat als solche auf die Vermögensteuerveranlagung keinen Einfluß (amtliche Begründung zu Art. 5, Denkschrift S. 121). Waren also beide Ehegatten vor ihrer Verheiratung jedes mit seinem Vermögen getrennt zur Vermögensteuer veranlagt, so tritt hierin durch die Verheiratung bis zum Ablaufe der laufenden drei Vermögensteuerjahre keinerlei Änderung ein (§ 29 Abs. IV Satz 2 der VV.). Ganz das gleiche muß natürlich gelten, wenn einer von den beiden Ehegatten oder wenn beide Ehegatten trotz ihrer bei der Verheiratung schon bestehenden subjektiven Vermögensteuerpflicht mangels eines genügend großen Vermögens faktisch zur Vermögensteuer nicht veranlagt waren. Wenn also z. B. der Mann ein Vermögen von 18000 Mk. und die Frau ein solches von 17000 Mk. hat und beide deshalb bei der letzten allgemeinen Veranlagung vermögensteuerfrei blieben, so werden sie durch ihre Verheiratung nicht etwa aus einem zusammengerechneten Vermögen von 35000 Mk. für den Rest der laufenden 3 Vermögensteuerjahre vermögensteuerpflichtig, sondern sie bleiben vorerst unverändert vermögensteuerfrei; die Zusammenrechnung erfolgt dann erstmals bei der nächsten allgemeinen Veranlagung.

Hat es sich im Vorigen um Fälle gehandelt, wo die beiden späteren Ehegatten im letzten Veranlagungszeitpunkt schon subjektiv vermögensteuerpflichtig waren und die einzige Änderung der Verhältnisse in ihrer im Laufe der 3 Vermögensteuerjahre erfolgenden Verheiratung lag, so bleiben nun die Fälle zu betrachten, in denen außer der Verheiratung auch eine Änderung in der Steuerpflicht im Laufe der 3 Vermögensteuerjahre insoferne eintritt, als der e i n e von beiden Ehegatten erst subjektiv steuerpflichtig wird (bzw. von der beschränkten zur unbeschränkten subjektiven Steuerpflicht übergeht) oder daß ein solcher Wechsel sich bei b e i d e n Ehegatten vollzieht. Z. B. zwei in Preußen lebende Brautleute preußischer Staatsangehörigkeit heiraten dort am 15. Mai 1919 und nehmen vom 10. Juli 1919 ab ihren einzigen Wohnsitz in München. Hier ist der beiderseitige Erwerb der subjektiv unbeschränkten Vermögensteuerpflicht zeitlich n a ch dem Eheschluß eingetreten, die Eheleute sind also sofort unter Zusammenrechnung ihres beiderseitigen Vermögens zu veranlagen und zwar als Steuerzugang mit Wirkung vom 1. August 1919 ab. Hätte einer von den Ehegatten schon bisher Grundbesitz in Bayern besessen und wäre damit in Bayern beschränkt vermögensteuerpflichtig gewesen, so würde das in diesem

Falle nichts ändern. Denn nach Art. 5 Abs. III VStG., Art. 68 Abs. II EinkStG. gilt auch der Übergang von der beschränkten zur allgemeinen Steuerpflicht als ein Fall des „Steuerzuganges“, es tritt also eine Neuveranlagung ein und bei dieser ist die inzwischen erfolgte Verheiratung durch Zusammenrechnung zu berücksichtigen (analog § 80 Abs. VIII der VV. zum EinkStG.). — Hat dagegen der Mann die unbeschränkte Vermögensteuerpflicht (etwa durch Zuzug) bereits im Februar 1919, die Frau aber ihrerseits die unbeschränkte Vermögensteuerpflicht erst durch den Zuzug anläßlich ihrer Verheiratung am 15. Mai 1919 erworben, dann kann eine Vermögenszusammenrechnung vorerst nicht erfolgen. Denn der Mann ist im Wege der Zugangsveranlagung mit Wirkung ab 1. März 1919 zur Vermögensteuer in Bayern zu veranlagen (oder mangels steuerpflichtigen Vermögens steuerfrei zu belassen). Auf seine Veranlagung (oder Nichtveranlagung mangels steuerpflichtigen Vermögens) aber darf die später im Laufe des Restes der laufenden Veranlagungsperiode erfolgende Verheiratung nach dem oben aus der amtlichen Begründung wiedergegebenen Grundsatze keinen Einfluß ausüben. Die Ehefrau wird darnach gesondert als Zugangsfall behandelt und bleibt vorerst bis zum nächsten Veranlagungszeitpunkt getrennt zur Vermögensteuer veranlagt. — Im Sinne dieser Ausführungen hat eine Zusammenrechnung auch zu unterbleiben, wenn zunächst eines von den beiden künftigen Eheleuten beschränkt vermögensteuerpflichtig wird, dann der Eheschluß erfolgt und hierauf erst der andere Ehegatte gleichfalls in Bayern beschränkt vermögensteuerpflichtig wird. Bis zum nächsten Veranlagungszeitpunkt darf die Verheiratung auch auf die vorher erfolgte Veranlagung eines nur beschränkt Vermögensteuerpflichtigen keinen Einfluß ausüben; erst bei der nächsten allgemeinen Veranlagung werden die der beschränkten Vermögensteuerpflicht in Bayern unterworfenen Vermögensteile der beiden beschränkt vermögensteuerpflichtigen Ehegatten zusammengerechnet.

Für die Fälle der Zugangsveranlagung läßt sich sonach der Grundsatz aufstellen: Liegt der Eheschluß vor dem Zeitpunkt, in dem für beide Ehegatten die (entweder unbeschränkte oder beschränkte) Vermögensteuerpflicht eintritt, dann sind die beiderseitigen Vermögen zusammenzurechnen. Hiebei ist dem Eintritt der Steuerpflicht auch der Übergang von der beschränkten zur unbeschränkten Steuerpflicht gleichzuachten. In allen übrigen Zugangsfällen hat zunächst getrennte Veranlagung der Ehegatten zu erfolgen.

Wegen der Anwendung dieses Grundsatzes auf die erste Vermögensteuerveranlagung (für das Jahr 1919) vgl. Bem. 11 zu Art. 3 S. 75.

g) Die Zusammenrechnung erfolgt für die und bei der Veranlagung. Ist sie nach Ansicht des Steuerpflichtigen zu Unrecht erfolgt oder unterblieben, so ist dies als Teil der Veranlagung mit den gegen den Vermögensteuerbescheid gegebenen ordentlichen Rechtsmitteln anzufechten. Rechtsmittelberechtigt dürften auf jeden Fall beide Ehegatten (jeder für sich) sein (Glaser, BesStG., Bem. 7 zu § 14 S. 57). Mindestens aber muß auch für die Frau eine Rechtsmittelberechtigung dann angenommen werden, wenn ihr Vermögen von weniger als 66000 Mk. durch die unrichtigerweise erfolgte Zusammenrechnung mit Vermögen des Mannes prozentual höher (Art. 7 Abs. III VStG.) besteuert wird, weil sie sich dieser Höherbelastung auch nicht durch die Haftungsbeschränkung nach Art. 9 Abs. II EinkStG. (unten Bem. 5) entziehen kann.

h) Im gleichen Umfange, wie der Eheschluß auf die Veranlagung ohne Einfluß zu bleiben hat, muß dies auch von der Ehescheidung und der dauernden Trennung der Ehegatten gelten. (Wegen des Falles einer Auflösung der Ehe durch Tod eines Gatten vgl. § 40 Ziff. 4 der VB.) Ist also ein Ehepaar einmal mit Recht unter Zusammenrechnung der beiderseitigen Vermögen zur Vermögensteuer veranlagt, so bleibt es das bis zur nächsten allgemeinen Veranlagung, auch wenn die Ehe inzwischen wieder geschieden wird oder die Ehegatten sich für dauernd trennen. Anders dagegen ist im allgemeinen die Wirkung des Eintrittes eines Steuerabgangsfalles in der Person eines von zwei einheitlich veranlagten Ehegatten, gleichviel ob die Ehe noch besteht oder nicht. Hier muß — unter Umständen schon mit Rücksicht auf das RDoppStG. — mit Wirkung vom folgenden Monatsersten ab das Vermögen des abgehenden Gatten ausgeschieden, also die Zusammenrechnung gelöst werden. Aber hievon sind zwei Arten von Abgangsfällen auszunehmen: der Tod eines Ehegatten (vgl. hiezu § 40 Ziff. 4 der VV.) und der Übergang eines Gatten von der allgemeinen zur beschränkten Steuerpflicht. Im letzteren Falle ist aber dann, sofern die Voraussetzungen für die Zusammenrechnung noch bestehen, das Vermögen des unbeschränkt steuerpflichtig gebliebenen und das jetzt der beschränkten Steuerpflicht unterliegende Vermögen des anderen Ehegatten neuerlich zusammenzurechnen (oben e S. 88).

i) Eine Zusammenrechnung des Vermögens anderer Personen als von Ehegatten findet keinesfalls (vgl. § 1 Abs. V der VV.) statt. Das selbständige Vermögen minderjähriger Kinder ist sonach getrennt von dem Vermögen der Eltern zu veranlagen. (Amtliche Begründung zu Art. 2, Denkschrift S. 120; § 8 der VV.). — Bei fortgesetzter Gütergemeinschaft (§ 1483 BGB.) sind die Anteile der Beteiligten am Gesamtgute so zu ermitteln, als ob die Gemeinschaft auf den für die Vermögensfeststellung maßgebenden Zeitpunkt aufzuheben wäre und die Auseinandersetzung auf diesen Tag zu erfolgen hätte (pr. OVG. Bd. 13 S. 26). Vgl. auch § 13 Abs. I der bayr. VollzBek. zum BesStG.

4. Gesamtschuldnerische Haftung der Ehegatten.

a) Im Falle einheitlicher Veranlagung der Ehegatten zur Vermögensteuer findet Art. 9 Abs. II EinkStG. entsprechende Anwendung, d. h. die Ehegatten gelten in erster Linie als Gesamtschuldner der Steuer. Der Fall der einheitlichen Veranlagung ist nur dann gegeben, wenn Ehegatten tatsächlich einheitlich, das heißt unter Zusammenrechnung der beiderseitigen Vermögen zur Vermögensteuer veranlagt wurden, also nicht auch, wenn die Zusammenrechnung zu Unrecht unterblieben ist (anders § 14 Satz 2 BesStG., wonach die Ehegatten der Staatskasse als Gesamtschuldner der Steuer verpflichtet sind, „falls ihr Vermögen sonach zusammenzurechnen ist"! Dort kommt es also für die Gesamthaftung darauf an, ob die Voraussetzungen für die Zusammenrechnung erfüllt sind, nicht auch, ob die Zusammenrechnung tatsächlich erfolgt ist. Vgl. Glaser, Bem. 6 zu § 14 S. 56f.)

b) Die gesamtschuldnerische Haftung der Ehegatten bedeutet, daß der Staat den Betrag der geschuldeten Steuer ganz oder teilweise nach seiner Wahl vom Manne wie von der Frau verlangen kann, wobei er aber selbstverständlich insgesamt nur einmal den ganzen Betrag einziehen darf (§ 421 BGB.). Bis zur Bewirkung der ganzen Leistung bleiben beide Ehegatten verpflichtet.

c) Die Bestimmung der Gesamthaftung der Ehegatten trifft natürlich nur das öffentlichrechtliche Verhältnis zwischen Staat und Steuerpflichtigem, indem es die Regel abändert, nach der sonst nur der Eigentümer eines Vermögens hiefür vermögensteuerpflichtig ist. Im Innenverhältnis zwischen den Ehegatten regelt sich die Pflicht zur endgültigen Tragung der Steuer allein nach dem bürgerlichen Rechte, und zwar verschieden je nach dem in der Ehe geltenden Güterstande. § 17 BesStG. ist hier nicht anwendbar.

Zu dieser letzteren und der weiteren Frage, wer im Falle a) der Nutznießung, b) des Nießbrauchs einerseits dem Staate steuerpflichtig, andererseits im Innenverhältnis zur endgültigen Tragung der Steuer verpflichtet sei, hat sich Finanzminister von Breunig im Ausschusse der Abgeordnetenkammer des Näheren verbreitet. Hiezu sei vorweg festgestellt, daß den Ehemann die primäre Vermögensteuerpflicht auch für das Frauenvermögen nicht wegen seiner Nutznießung, die er zudem ja nur beim gesetzlichen Güterstande am eingebrachten Gute der Frau hat, sondern deshalb trifft, weil er dem Staate gegenüber der Repräsentant der ehelichen Zweiheit ist. Der Minister führte aus (Beilage 2401 S. 257):

Und nun komme ich zu der Anfrage des Herrn Abgeordneten Häberlein, wie es mit der Bezahlung der Steuer gehalten wird, wenn Eigentum und Nutzgenuß nicht zusammenfallen. Ich habe darauf zu erwidern, daß die Vermögensteuer immer von dem Eigentümer des Vermögens geschuldet ist. Wir haben das gleiche Verhältnis, wie es nun bei der Vermögensteuer vorkommen wird, auch bei der Grundsteuer und bei der Haussteuer. Es wird Sache der Beteiligten sein, dafür zu sorgen, daß ein entsprechender Ausgleich stattfindet. Die Grundsteuer und die Haussteuer sind bisher auch vom Eigentümer zu entrichten gewesen und es ist mir nicht bekannt, daß sich Schwierigkeiten bei der Steuererhebung ergeben haben. Tatsächlich hat auch bisher weder bei der Grundsteuer noch bei der Haussteuer die Erhebung der Steuer vom Eigentümer zu Beschwerden geführt. Es ergibt sich wohl von selbst, daß, wenn die Eltern die Rente aus dem Hause eines Kindes beziehen, sie auch die Steuer hierfür aus dieser Rente entrichten. Ich betone ausdrücklich, daß sowohl bei der Vermögensteuer wie auch bei der Grund- und Haussteuer die Steuer entsprechend dem Wesen einer Objektsteuer, wie es Grund- und Haussteuer sind, immer vom Eigentümer geschuldet ist.

Die Frage, ob der Nießbraucher verpflichtet ist, nach Befriedigung des Staates durch den Eigentümer dem Eigentümer die Steuer zu ersetzen, ist eine Frage des bürgerlichen Rechtes, die zu entscheiden, mir hier nicht zukommt. Ich möchte nur aufmerksam machen auf den § 1047 des Bürgerlichen Gesetzbuchs, wornach der Nießbraucher dem Eigentümer gegenüber verpflichtet ist, für die Dauer des Nießbrauchs die auf der Sache ruhenden öffentlichen Lasten mit Ausschluß der außerordentlichen Lasten, die als auf den Stammwert der Sache gelegt anzusehen sind, zu tragen.

Bezüglich des auf Familienrecht beruhenden Nutznießungsrechts der Eltern kämen noch die §§ 1654 mit 1385 Nr. 1 und 1388 des Bürgerlichen Gesetzbuchs mit in Betracht, wenn nicht § 17 des Besitzsteuergesetzes anderes bestimmt hätte, und dieser § 17 lautet:

> Steht das der Besteuerung unterliegende Vermögen in Nutznießung, so fällt, wenn nicht rechtsgeschäftlich

— also durch Vertrag —

> etwas anderes bestimmt ist, die Besitzsteuer dem Eigentümer zur Last.

Für die Reichsbesitzsteuer ist nämlich eine besondere Bestimmung in § 17 getroffen, die, wie der Herr Berichterstatter mit Recht betont, infolge der uneingeschränkten Anwendung der Bestimmungen des Besitzsteuergesetzes auf unser Vermögensteuergesetz auch für die Vermögensteuer gilt. Diese Bestimmung bezieht sich praktisch nur auf die Nutznießung der Eltern am Vermögen des Kindes (und jene des Ehemannes am eingebrachten Gute der Frau beim gesetzlichen Güterstand! Der Verf.), nicht aber auf den Nießbrauch eines beliebigen Dritten. Für den letzteren Fall käme wohl der schon erwähnte § 1047 des Bürgerlichen Gesetzbuchs in Betracht. Meines Erachtens werden sich in der Praxis Schwierigkeiten nicht ergeben.

Wenn Sie aber einen besonderen Wert darauf legen, das Verhältnis nicht so regeln zu wollen, wie es auch im Besitzsteuergesetze geschehen ist, habe ich kein Bedenken, eine Bestimmung aufzunehmen, daß § 17 des Besitzsteuergesetzes keine Anwendung finden soll. Allein durchschlagende Gründe scheinen mir für eine derartige ausdrücklich abweichende Reglung nicht vorzuliegen. Ich möchte daher bitten, es bei dem Gesetzentwurfe zu belassen.

Es ist nicht verständlich, worauf der Minister seine Ansicht von der „uneingeschränkten Anwendung der Bestimmungen des Besitzsteuergesetzes auf unser Vermögensteuergesetz" gründet. Im VStG. hat sie jedenfalls keinen Ausdruck gefunden. Entsprechend anwendbar sind in Art. 3 erklärt die Vorschriften über das Vermögen und seine Feststellung, im Art. 9 hinsichtlich der Erklärungspflicht, der Veranlagung, des Verfahrens einschließlich des Rechtsmittelverfahrens und der Kostenpflicht die in Bayern für die Besitzsteuer maßgebenden gesetzlichen Vorschriften, endlich in Art. 10 die §§ 79, 81, 82 und 84 des BesStG. Zu all diesen Vorschriften gehört § 17 BesStG., der eigentlich überhaupt in ein Steuergesetz nicht hineingehört, weil er eine rein bürgerlichrechtliche Frage regelt, nicht. Schon die ausdrückliche Nennung der einzelnen für das VStG. anwendbaren Bestimmungen zeigt am besten, daß von einer „uneingeschränkten Anwendung" gar keine Rede sein kann. § 17 BesStG. ist für das VStG. nicht anwendbar. Die Frage der endgültigen Tragung der Vermögensteuer regelt sich zwischen Ehegatten, soweit sie nicht stillschweigend oder ausdrücklich anderes vereinbaren, in folgender Weise:

aa) Beim gesetzlichen Güterstande hat der Mann nach § 1385 BGB. endgültig zu tragen „die der Frau obliegenden öffentlichen Lasten mit Ausschluß der auf dem Vorbehaltsgute ruhenden Lasten und der außerordentlichen Lasten, die als auf den Stammwert des eingebrachten Gutes gelegt anzusehen sind". Da die bayerische Vermögensteuer eine „nominelle", also nicht auf den Vermögensstamm gelegt ist, hat der Mann die auf das ganze beiderseitige Vermögen (mit Ausnahme eines etwaigen Vorbehaltsgutes der Frau) treffende Vermögensteuer endgültig zu tragen. Das gilt selbstredend auch dann, wenn die Frau von der ihr durch Art. 4 VStG., Art. 9 Abs. II EinkStG. eingeräumten Befugnis der öffentlichrechtlichen Haftungsbeschränkung Gebrauch gemacht hat (vgl. unten Bem. 5).

bb) Beim Güterstande der Gütertrennung hat jeder von den Ehegatten aus seinem Vermögen bzw. dessen Erträgnissen den auf sein Vermögen treffenden Teil der Steuer zu tragen, da die Vermögensteuer keinesfalls zum „ehelichen Aufwand" (§ 1427 BGB.) zu rechnen ist.

cc) Bei der allgemeinen Gütergemeinschaft trägt das Gesamtgut die Vermögensteuer, soweit diese auf das Gesamtgut oder auf Sondergut trifft; dagegen hat jeder Ehegatte die auf sein Vorbehaltsgut treffende Vermögensteuer aus dem Vorbehaltsgut bzw. dessen Erträgnissen selbst zu tragen (§§ 1438 ff., 1463 BGB.).

dd) Bei der Errungenschaftsgemeinschaft trägt das Gesamtgut die auf Gesamtgut wie eingebrachtes Gut treffende Vermögensteuer; die auf das Vorbehaltsgut der Frau treffende Steuer hat die Frau aus dem Vorbehaltsgut bzw. dessen Erträgnissen selbst zu tragen (§§ 1519 bis 1526, 1529 BGB.).

ee) Bei der Fahrnisgemeinschaft gilt das gleiche wie bei der Errungenschaftsgemeinschaft (§§ 1549 ff. BGB.).

d) Will der Staat die Steuer von der mit ihrem Ehemann einheitlich veranlagten Ehefrau auf Grund ihrer Gesamtschuldnereigenschaft verlangen, so wird er dies nicht auf Grund des auf den Namen des Ehemannes lautenden Vermögensteuerbescheides tun können, sondern der Frau einen eigenen auf ihren Namen lautenden Vermögensteuerbescheid zustellen müssen, gegen den dann für die Frau auch eine eigene Rechtsmittelfrist von der Zustellung ab läuft (so für die Besitzsteuer auch Mrozek, Bem. 8 zu § 14 S. 73 f. und wohl auch Zimmermann, BesStG. Bem. 5 zu § 14 S. 62, ferner Boethke im Deutschen Steuerblatt 1. Jahrg. S. 5).

5. Einschränkung der gesamtschuldnerischen Haftung zugunsten der Ehefrau. Der

Grundsatz von der gesamtschuldnerischen Haftung der Ehegatten erfährt durch die entsprechende Anwendung des Art. 9 Abs. II EinkStG. eine wesentliche Einschränkung zugunsten der Ehefrau, nicht auch des Ehemannes. Die Ehefrau haftet hienach nämlich nur für den auf ihr Vermögen entfallenden Teil der Steuer, wenn nachgewiesen wird, welches Vermögen an dem veranlagten Gesamtvermögen auf sie trifft. Wird der Nachweis schon anläßlich der Steuererklärung geführt, so ist die Ehefrau von vorneherein gegen jede über ihren Anteil hinausgehende Steuerforderung geschützt. Es bedarf keines besonderen Antrages der Ehefrau, sondern lediglich des Nachweises der Eigentumsverhältnisse.

Besitzen beide Ehegatten zusammen ein Vermögen von z. B. 80000 Mk., wovon auf die Frau ein Anteil von 10000 Mk. trifft, so kann sie nicht mit dem Argument, daß ein Vermögen von 10000 Mk. überhaupt steuerfrei sei, jede Haftung von sich abwälzen, sondern der auf ihr Vermögen entfallende Teil der Steuer von insgesamt 80 Mk. beträgt ein Achtel (= 10 Mk.), ebenso wie auch ihr Vermögen ein Achtel des Gesamtvermögens ausmacht. Beträgt bei einem einheitlich veranlagten Gesamtvermögen der Ehegatten von 80000 Mk. das Vermögen der Ehefrau 40000 Mk., so beschränkt sich beim Nachweise dieser Tatsache die Haftung der Frau nicht etwa auf den infolge der degressiven Steuersätze des Art. 7 Abs. III VStG. zu errechnenden Steuerbetrag von 16 Mk. für ein Vermögen von 40000 Mk., sondern die Frau haftet für die Hälfte des tatsächlich geschuldeten Steuerbetrages von 80 Mk., also für 40 Mk.

Das Gesamtgut ist bei den verschiedenen Gütergemeinschaften bei dieser Ausscheidung der beiderseitigen Vermögen jedem Ehegatten zur Hälfte anzurechnen; die vom badischen Verwaltungsgerichtshof mehrfach dafür ausgesprochenen Gründe, daß bei gesonderter Veranlagung (zu Wehrbeitrag oder Besitzsteuer) das Gesamtgut nur vom Ehemann (bzw. bei fortgesetzter Gütergemeinschaft vom überlebenden Ehegatten) zu versteuern sei, dürften dem nicht entgegenstehen, zumal es sich ja hier um tatsächlich einheitliche Veranlagung der Ehegatten und nur um eine Ausscheidung der beiderseitigen Anteile zum Zwecke der Haftungsbeschränkung für die Ehefrau handelt. Vgl. hiezu Zimmermann, BesStG. Bem. 9 zu § 14 S. 63 f. und Zimmermann, Weitere Erläuterungen zum Besitz- und Kriegssteuergesetz S. 10 ff. (Heß, Kriegsschriften-Sammlung Nr. 107). Vgl. ferner § 13 Abs. I der bayr. VB. zum BesStG.

Gegen die Ausscheidung der Steueranteile zum Zwecke der Haftungsbeschränkung zugunsten der Ehefrau kann nicht der ordentliche Rechtsmittelweg beschritten werden. Insoweit kann vielmehr nur mit der Verwaltungsbeschwerde vorgegangen werden. Vgl. Breunig I S. 100.

Art. 5.

I Änderungen des Vermögenstandes innerhalb der drei Vermögensteuerjahre werden nicht berücksichtigt. Ausnahmen finden nur statt,

1. wenn eine Vermehrung des steuerbaren Vermögens eines Steuerpflichtigen um mehr als 5000 Mk. infolge eines Erwerbes von Todes wegen, einer Schenkung unter Lebenden (Reichserbschaftssteuergesetz vom 3. Juni 1906 §§ 1 bis 3, 4 Abs. 1 und § 55), eines Lotteriegewinns oder einer Vermögensübergabe eintritt,
2. wenn nachgewiesen wird, daß sich das gesamte steuerbare Vermögen eines Steuerpflichtigen um mehr als den sechsten Teil vermindert hat, oder daß ein bei einem Steuerpflichtigen wegfallender Vermögensteil anderweit zur Vermögensteuer herangezogen wird.

II Abs. I Ziff. 1 findet auch in den Fällen der §§ 1483, 1490 und 1491 des Bürgerlichen Gesetzbuchs Anwendung.

III Art. 66 Abs. II, 68 Abs. I, II, 69 Abs. I, IV, 70 Abs. I des Einkommensteuergesetzes finden sinngemäß Anwendung.

1. Der Gesetzentwurf hatte in Abs. I Ziff. 2 eine Vermögensverminderung um mehr als den vierten Teil als Voraussetzung für eine Veranlagungsänderung verlangt, er wurde aber bei den Ausschußberatungen der K. d. Abg. dahin gemildert, daß schon eine Verminderung um mehr als ein Sechstel hinreichend sein solle.

Abs. III und IV lauteten im Entwurf folgendermaßen:

„III Im übrigen treten Änderungen in der Steuerveranlagung innerhalb der drei Vermögensteuerjahre nur ein bei Zu- und Abgängen im Sinne des Art. 68 Abs. I, II des Einkommensteuergesetzes ferner, wenn die Vermögensminderung oder -mehrung 5000 Mk. oder die Mehrung des steuerbaren Jahreseinkommens 100 Mk. überschreitet, beim Wegfall oder Eintritte der Voraussetzungen für die Befreiung von der Vermögensteuer.

IV Art. 66 Abs. II, 69 Abs. I, IV, 70 Abs. I des Einkommensteuergesetzes finden sinngemäß Anwendung."

Im Zusammenhang mit der Ausschaltung der Einkommensteuerveranlagung aus den Befreiungsbestimmungen des Art. 7 (vgl. Bem. 1 zu Art. 7) wurde auf regierungsseitigen Antrag in der K. d. Abg. zunächst Abs. III dahin abgeändert, daß aus ihm die Worte „ferner, wenn ....." bis „...Befreiung von der Vermögensteuer" gestrichen wurden (Beilage 2401 S. 252 ff.). In der K. d. RR. endlich wurde die Fassung dann weiter dahin verbessert, daß der Abs. III ganz gestrichen wurde, in den bisherigen Abs. IV und nunmehrigen Abs. III aber hinter „Art. 66 Abs. II" noch die Worte „Art. 68 Abs. I, II" eingefügt wurden (Prot. II S. 3).

2. Amtliche Begründung (Denkschrift S. 121):

„Die Vorschrift des Art. 5 Abs. I Ziff. 1 geht über die Vorschrift des Art. 66 des Einkommensteuergesetzes hinaus, indem sie auch die Schenkungen unter Lebenden, die Lotteriegewinne und die Vermögensübergaben unter der Voraussetzung einer Vermehrung des steuerbaren Vermögens um mehr als 5000 Mk. als Veranlassung einer Änderung der Veranlagung innerhalb der drei Vermögensteuerjahre berücksichtigt. Dagegen soll die während der drei Vermögensteuerjahre erfolgende Verheiratung als solche auf die Vermögensteuerveranlagung der Ehegatten keinen Einfluß üben.

Abs. I Ziff. 2 schließt sich an die Vorschrift des Art. 67 Abs. I des Einkommensteuergesetzes an, erfordert jedoch keine besondere Begründung der Vermögensverminderung. Es werden also auch Vermögensminderungen, die auf ein Sinken der Vermögenswerte zurückzuführen sind, berücksichtigt. Schon deshalb mußten die Änderungen, um nicht zahllose Änderungsanträge zu veranlassen, von der Minderung des gesamten steuerbaren Vermögens um mindestens ein Viertel[1]) abhängig gemacht werden. Für Steuerpflichtige, bei deren Veranlagung die §§ 30 bis 33 des Besitzsteuergesetzes zur Anwendung kommen, enthält Art. 6 einen weitergehenden Anspruch auf Steuerminderung. Im übrigen kann eine Steuerminderung durch einen Wechsel in der Wahl der Besteuerungsgrundlagen (gemeiner Wert oder Gestehungskosten bzw. Ertragswert) nicht herbeigeführt werden.

Abs. II dient der Beseitigung von Zweifeln, die sich bei der Besitzsteuerveranlagung hinsichtlich der Besteuerung der fortgesetzten Gütergemeinschaft ergeben haben.

Abs. III . . . . . .[2])

Zu Abs. V. Die entsprechend anzuwendende Vorschrift des Art. 66 Abs. II des Einkommensteuergesetzes gestattet, von der sofortigen Änderung der Veranlagung beim Tode eines Steuerpflichtigen abzusehen und die Vermögensteuer — unbeschadet der Beachtung der Vorschriften des Reichs-Doppelsteuergesetzes — für das laufende Vermögensteuerjahr durch den Erben fortentrichten zu lassen. Die Anwendung des Art. 69 Abs. I und IV soll die rechtzeitige steuerliche

---

[1]) Vgl oben Bem. 1 Satz 1.

[2]) Diese Ausführungen sind durch die Änderung des Entwurfs gegenstandslos geworden und wurden deshalb weggelassen (vgl. Bem. 1).

Erfassung von Vermögensmehrungen während der drei Vermögensteuerjahre sicher stellen."

Abs. I.

3. Der Abs. I stellt zunächst die allgemeine Regel der grundsätzlichen Einflußlosigkeit von Vermögensänderungen auf die Vermögensteuerveranlagung während der dreijährigen Veranlagungsperiode auf, um dann in Satz 2 — gesondert für Vermögensvermehrungen und -verminderungen — gewisse Ausnahmen von der allgemeinen Regel zuzulassen (vgl. § 29 der VV.). Diese Ausnahmen sind folgende:

a) Vermögensvermehrungen um mehr als 5000 Mk. infolge
  aa) eines Erwerbes von Todes wegen (§§ 1 bis 3, 4 Abs. 1 RErbStG.),
  bb) einer Schenkung unter Lebenden (§ 55 RErbStG.),
  cc) eines Lotteriegewinnes,
  dd) einer Vermögensübergabe;

b) Vermögensverminderungen
  aa) Verminderung des gesamten steuerbaren Vermögens um mehr als den sechsten Teil,
  bb) Vermögensverminderungen ohne Rücksicht auf ihre Höhe, wenn der bei dem Steuerpflichtigen wegfallende Vermögensteil anderweit zur VSt. herangezogen wird.

4. Bei Prüfung der Frage, ob eine der Art nach unter die vier privilegierten Klassen fallende Vermögensvermehrung eine Vermehrung des steuerbaren Vermögens um mehr als 5000 Mk. bedeutet, ist folgendermaßen zu verfahren: man addiert zu dem bei der letzten Veranlagung festgestellten, nicht abgerundeten Vermögen den nicht abgerundeten Betrag der reinen Vermehrung (beachte aber § 32 Abs. I der VV. unten Bem. 11) und rundet dann diese Summe auf volle Tausende nach unten ab. Ist dieser abgerundete Betrag um mindestens 6000 Mk. größer, als das bei der letzteren Veranlagung festgestellte abgerundete Vermögen, dann ist eine „Vermehrung des steuerbaren Vermögens um mehr als 5000 Mk." eingetreten. Beispiel: Bisheriges Vermögen 60 500 Mk., Lotteriegewinn 5 400 Mk., Summe 65 900 Mk. Bisheriges Vermögen abgerundet

60000 Mk., jetziges Vermögen abgerundet 65000 Mk. Die Mehrung beträgt nicht mehr als 5000 Mk., es darf also keine Änderung der Veranlagung vorgenommen werden.

5. Maßgebend für den Zeitpunkt der Vermögensvermehrung im Sinne des Art. 5 Abs. I Ziff. 1 ist nicht der Zeitpunkt der tatsächlichen Inbesitznahme des Vermögens, sondern der Rechtserwerb (Anfall). § 30 Abs. III der VV.

6. Wegen der Bedeutung des Begriffes „Erwerb von Todes wegen" vgl. die im Anhang abgedruckten §§ 1 bis 3, 4 Abs. 1 RErbStG. Die infolge des Todes des Rentenberechtigten beim Rentenverpflichteten durch den Wegfall der (steuerlich kapitalisierten) Last eintretende Vermögensvermehrung ist nicht als Erwerb von Todes wegen zu behandeln, rechtfertigt also keine Veranlagungsänderung während der drei Vermögensteuerjahre. — Vgl. ferner unten Bem. 15.

7. Wegen des Begriffes der „Schenkung unter Lebenden" vgl. den im Anhang abgedruckten § 55 RErbStG. Schenkung ist nach § 516 BGB. eine Zuwendung, durch die jemand aus seinem Vermögen einen anderen bereichert, wenn beide Teile darüber einig sind, daß die Zuwendung unentgeltlich erfolgt. Der dem § 55 RErbStG. entnommene Zusatz „unter Lebenden" kennzeichnet dort nur den Gegensatz zu den verschiedenen Arten des Erwerbes „von Todes wegen", ist hier aber ohne praktische Bedeutung, weil ja beide Arten gleich behandelt werden.

8. Der Ausdruck „Vermögensübergabe" ist wenig klar. Er stammt aus § 3 Abs. I Ziff. 3 KriegsStG. von 1916, wonach vom Vermögen abzuziehen ist „der Betrag des Vermögens, das nachweislich im Veranlagungszeitraume durch Schenkung oder durch eine sonstige ohne entsprechende Gegenleistung erhaltene Zuwendung (Vermögensübergabe) erworben ist". Der Ausdruck „Vermögensübergabe" wurde bei den Kommissionsberatungen zum KriegsStG. von einem Regierungsvertreter als ein „wirtschaftlicher" Begriff bezeichnet, unter den „in weitestem Sinne alle Vermögensübergaben unter Lebenden verstanden werden, z. B. Gutsüberlassungen, Ausstattungen, Abfindungen für Erbverzicht, Zuwendungen unter Lebenden, die auf den Pflichtteil ange-

rechnet werden sollen, also auch Zuwendungen, die unter § 2 ErbStG. fallen". Der damit schlecht definierte Ausdruck, der im KriegsStG. in Klammern als erklärender Zusatz zu der „ohne entsprechende Gegenleistung erhaltenen Zuwendung" beigefügt ist, wurde dann vom württembergischen, bremischen und bayerischen VStG. als selbständige Art der Vermögensvermehrung übernommen, ohne daß die Gesetzesberatungen oder die Vollzugsvorschriften eine Erklärung des vagen Ausdruckes gebracht hätten. Die Ausdehnung der Vermögensübergabe auch auf die unter § 2 ErbStG. fallenden Zuwendungen erscheint für das Gebiet des VStG. schon deshalb unmöglich, weil diese nach der ausdrücklichen Vorschrift des Art. 5 Abs. I Ziff. 1 ja schon unter den vorher genannten „Erwerb von Todes wegen" fallen.

§ 30 Abs. II der VV. führt lediglich aus: „Zu den Vermögensübergaben im Sinne des Art. 5 Abs. I Ziff. 1 des Gesetzes gehören auch die Gutsübergaben von Eltern an Kinder, die eine tatsächliche Vermehrung des steuerbaren Vermögens der Kinder um mehr als 5000 Mk. auf mehr als 20000 Mk. zur Folge haben. Eine solche Vermögensvermehrung bei den Kindern tritt ein, wenn ihnen ein Teil des Übergabspreises als Ausstattung oder in Anrechnung auf ihren künftigen Erbteil zugewendet wird oder wenn der wirkliche Wert des übergebenen Anwesens den Wert der für die Übergabe vereinbarten Gegenleistung erheblich übersteigt." Diese in der Hauptsache dem § 5 Ziff. 8 der württembergischen Ausführungsanweisung zum VStG. entnommenen Ausführungen sind wenig glücklich gefaßt und vermeiden es ängstlich, die geschuldete Aufklärung zu bringen. Wenn die Übergabe eines Anwesens an ein Kind zu einem erheblich unter dem wirklichen Wert sich haltenden Übergabspreis zu den hieher zählenden Vermögensübergaben gehört, so wird man das gleiche bei einem Verkaufe unter Preis an einen beliebigen Dritten nicht annehmen dürfen. Man wird m. E. die von Strutz (KriegsStG. von 1916 S. 147) gegebene Definition, daß Vermögensübergabe jede freiwillige Übereignung aus dem eigenen in fremdes Vermögen sei, gleichviel ob es sich um einen Inbegriff von Vermögensgegenständen oder um einen einzelnen solchen Gegenstand handelt, dahin einschränken müssen, daß es sich hiebei für Anwendung der Vorschrift des Art. 5 Abs. I Ziff. 1 um eine Übereignung auf der Grundlage familien- oder erbrechtlicher Beziehungen handeln muß. Anderenfalls würde ja jeder bei einer Übereignung unter Wert erzielte geschäftliche Gewinn größeren Umfanges eine Veranlagungsänderung bei dem Erwerber rechtfertigen, was keinesfalls beabsichtigt ist.

9. „Wer im Laufe der drei Vermögensteuerjahre eine nach Art. 5 Abs I Ziff. 1 die Steueränderung oder den Steuerzugang bedingende Mehrung des Vermögens erlangt hat, hat hierüber beim Rentamt oder bei der Gemeindebehörde Anzeige zu erstatten. Die Gemeindebehörde hat die Anzeigen allmonatlich dem Rentamte zu übersenden (Art. 5 Abs. III des Gesetzes, Art. 69 Abs. I EinkStG.).

Das Rentamt hat die neu zu veranlagenden Personen in die nach dem Muster der Anlage 9 je für ein Steuerjahr zu führende Zugangsliste aufzunehmen und sie, falls das zugewachsene Vermögen nicht anderweit einwandfrei festgestellt ist, unter Zusendung eines Vordrucks zur Abgabe einer Vermögensteuererklärung (§ 19 Abs. II) aufzufordern. Diese Erklärung hat jedenfalls den genauen Zeitpunkt der Vermögensvermehrung und das zugewachsene Vermögen nach dem Stande zu Beginn des der Veränderung folgenden Monats zu enthalten. Ist das bisherige Vermögen der neu zu veranlagenden Personen weder reichsrechtlich noch landesrechtlich festgestellt, so haben die Steuerpflichtigen außerdem noch das bisherige Vermögen nach dem Stande am letztvergangenen Veranlagungszeitpunkt anzugeben". (§ 31 VV.).

10. „Für die erstmalige wie für künftige Veranlagungen ist zu beachten, daß auch jene unter Art. 5 Abs. I Ziff. 1 des Gesetzes fallenden Änderungen in Betracht kommen, die an einem bei Eintritt der subjektiven Steuerpflicht nicht mehr als 20000 Mk. betragenden Vermögen erfolgt sind. Das Überschreiten der für die Vermögensteuerpflicht maßgebenden Vermögensgrenze von 20000 Mk. nach oben während der drei Vermögensteuerjahre hat in diesen Fällen — und zwar nur in diesen Fällen — bei einer subjektiv einkommensteuerpflichtigen Person die Vermögensteuerpflicht zur Folge. Es besteht sonach Steuerpflicht für das Vermögensteuerjahr 1919, wenn sich das steuerbare Vermögen in der Zeit zwischen dem 31. Dezember 1916 und dem 1. Januar 1919 durch eine nach Art. 5 Abs. I Ziff. 1 zu berücksichtigende Vermehrung auf mehr als 20000 Mk. erhöht hat. Dagegen begründet der in der Zeit zwischen dem 31. Dezember 1916 und dem 1. Januar 1919 erfolgte nicht unter Art. 5 Abs. I Ziff. 1 fallende Vermögenserwerb einer am 31. Dezember 1916 subjektiv einkommensteuerpflichtigen oder in der Zeit bis zum 1. Januar 1919 subjektiv einkommensteuerpflichtig gewordenen Person keinesfalls eine Vermögensteuerpflicht für das Jahr 1919, auch wenn durch die Vermehrung eine Erhöhung des Vermögens auf mehr als 20000 Mk. eingetreten ist.

Sonach sind die in der Zeit vom 31. Dezember 1916 bis 1. Januar 1919 infolge des Krieges eingetretenen Wertsteigerungen aller Art ohne Einfluß auf die erstmalige Vermögensteuerveranlagung, soweit nicht ein späterer Stand der Verhältnisse als der vom 31. Dezember 1916 für die Vermögensfeststellung maßgebend ist (§ 7). Die in der Zeit vom 31. Dezember 1916 bis 1. Januar 1919 erfolgte Verheiratung wird für die erstmalige Vermögensteuerveranlagung von Ehegatten nicht berücksichtigt, sie sind also getrennt zu veranlagen. Eine Ausstattung kann jedoch unter Umständen als Vermögensübergabe nach Art. 5 Abs. I Ziff. 1 des Gesetzes dem Ehemanne zuzurechnen sein." (§ 29 Abs. III und IV der VB.).

11. „[1] Bei Vermögensvermehrungen nach Art. 5 Abs. I Ziff. 1 des Gesetzes hat eine vollständige Neuveranlagung nur in den Fällen zu erfolgen, in denen das Vermögen eines Steuerpflichtigen bisher nicht festgestellt war. In allen übrigen Fällen ist nur das zugewachsene Vermögen festzustellen und dem bisher festgestellten hinzuzurechnen. D e m P f l i c h t i g e n b l e i b t j e d o c h u n b e n o m m e n, n a c h z u w e i s e n, d a ß d i e M e h r u n g d u r c h V e r m ö g e n s e i n b u ß e n g a n z o d e r t e i l w e i s e a u s g e g l i c h e n w o r d e n i s t. N a c h g e w i e s e n e M i n d e r u n g e n s o l l e n e n t s p r e c h e n d b e r ü c k s i c h t i g t w e r d e n. Die Feststellungen erfolgen durch das Rentamt ohne Mitwirkung des Steuerausschusses (Art. 5 Abs. III des Gesetzes, Art. 70 Abs. I EinkStG.).

II Die Vermögensvermehrung ist nach dem Betrage zu berechnen, um den der Erwerber durch den Vermögensanfall tatsächlich bereichert worden ist. Beim Erwerbe von Todes wegen ist also insbesondere die Erbschaftssteuer abzuziehen. Die Zugangsveranlagung ist auch dann begründet, wenn der bisherige Eigentümer des Vermögens oder Inhaber des Fideikommisses in Bayern nicht vermögensteuerpflichtig war (vgl. § 29 Abs. III).

III Beträgt das neu festgestellte Vermögen einschließlich des Vermögenszuwachses durch Erbfall, Schenkung, Lotteriegewinn oder Vermögensübergabe nicht mehr als 20 000 Mk., so ist eine Vermögensteuer nicht geschuldet. Dies ist in der Zugangliste entsprechend zu vermerken. Wird aber ein Vermögen von mehr als 20 000 Mk. festgestellt, so ist die Steuer aus dem gesamten festgestellten Vermögen, nicht etwa nur aus dem zugewachsenen Vermögen anzusetzen.

IV Die Steuermehrungen sind mit Wirkung für den Beginn des auf den Eintritt ihrer Voraussetzungen folgenden Monats in der Zugangsliste durchzuführen.

V Über die neue Veranlagung zur Vermögensteuer ist dem Steuerpflichtigen ein Bescheid nach dem Muster der Anlage 8 zu erteilen." (§ 32 der VollzV.).

Wegen einer etwaigen Abstandnahme von der Zugangführung für das laufende Vermögensteuerjahr vgl. unten Bem. 16.

12. Verminderung des gesamten steuerbaren Vermögens um mehr als den sechsten Teil. Das gesamte steuerbare Vermögen hat sich dann um mehr als den sechsten Teil vermindert, wenn das abgerundete jetzige Vermögen um mehr als ein Sechstel des bei der letzten Veranlagung festgestellten abgerundeten Vermögens kleiner ist als dieses. (Beispiel: zuletzt festgestelltes Vermögen 36 600 Mk. unabgerundet, jetziges Vermögen unabgerundet 30 100 Mk., also absolute Verminderung 6500 Mk., das ist mehr als ein Sechstel des absoluten Vermögens. Das steuerbare Vermögen ist aber stets das abgerundete Vermögen. Also sind die zu vergleichenden Zahlen 36 000 Mk. und 30 000 Mk. und die Minderung beträgt nur 6000 Mk. oder ein Sechstel des zuletzt festgestellten Vermögens. Sie ist also zur Begründung einer Steuerminderung nicht ausreichend.)

„Die Verminderung des steuerbaren Vermögens kann eingetreten sein:

a) bei unverändertem Bestande des Vermögens durch bloße Minderung des Wertes der einzelnen Vermögensteile (Sinken des gemeinen Wertes von Grundstücken, des Kurswertes von Wertpapieren usw.),

b) ausschließlich durch Veränderungen im Bestande des Vermögens durch Ausscheiden eines Vermögensteils ohne gleichwertigen Ersatz,

c) durch das Zusammentreffen beider Vorgänge.

Zur Feststellung, ob eine Verminderung des Gesamtwerts des steuerbaren Vermögens um mehr als den sechsten Teil eingetreten ist, ist der Wert des gesamten steuerbaren Vermögens nach dem Stande zu Beginn des der Wertminderung folgenden Monats vollständig neu zu ermitteln. Unter dem gesamten steuerbaren Vermögen im Sinne dieser Bestimmung sind auch innerhalb der drei Vermögensteuerjahre eingetretene Vermögensvermehrungen (wie Wertsteigerungen, Ersparnisse, Spekulationsgewinne usw.) zu verstehen, die nicht unter Art. 5 Abs. I Ziff. 1 des Gesetzes fallen und daher keine Steueränderung zur Folge gehabt haben." (§ 37 Abs I der VV.). Eine Verminderung des *steuerbaren* Vermögens tritt auch ein, wenn steuerfreie Vermögensteile (z. B. Möbel) durch Hingabe von steuerbarem Vermögen (z. B. Geld) erworben werden. Vgl. übrigens auch S. 109.

Die Feststellung des verminderten Vermögens muß stets nach den *gleichen* Veranlagungsgrundsätzen erfolgen, wie die abzumindernde Vermögensfeststellung (§ 37 Abs. II der VV.). Insbesondere ist hiebei ein Wechsel in der Bewertungsart der Grundstücke (Art. 3 Abs. II Ziff. 1) ausgeschlossen (*anders* bei der *Berichtigung* der Veranlagung nach Art. 6, vgl. Bem. 6, 7 zu Art. 6; *anders auch* bei dem Antrag nach Art. 3 Abs. II Ziff. 1, vgl. Bem. 8, 9 zu Art. 3).

Sinkt der Wert des gesamten in Bayern steuerbaren Vermögens durch die Vermögensverminderung auf oder unter die Freigrenze von 20 000 Mk. (Art. 7 Abs. II), so tritt Steuerfreiheit *nur dann* ein, wenn die Minderung mehr als ein Sechstel des bisher maßgebenden Vermögens beträgt. Jedes andere Sinken auf oder unter die Freigrenze ist ohne

Einfluß auf die Steuerpflicht (was in § 37 Abs. III der VV. nicht klar zum Ausdruck kommt).

13. Vermögensverminderungen bei anderweiter Heranziehung des wegfallenden Vermögensteils zur Vermögensteuer. Ohne Rücksicht auf die Höhe der Vermögensverminderung ist eine Veranlagungsänderung nach unten während der drei Vermögensteuerjahre dann zulässig, wenn nachgewiesen wird, daß ein bei dem Steuerpflichtigen wegfallender Vermögensteil anderweit, d. h. bei einem anderen Steuerpflichtigen, in Bayern zur Vermögensteuer herangezogen wird. Hiebei ist unter Vermögensteil jedes trennbare Stück einer Bewertungseinheit im Sinne des § 27 Abs. 3 der BesStAusfBest. des Bundesrats zu verstehen (§ 37 Abs. IV der VV.).

Eine Verminderung des steuerbaren Vermögens ist nur dann gegeben, wenn das abgerundete Vermögen nach Ausscheiden des Vermögensteils kleiner ist als das abgerundete Vermögen vor dem Ausscheiden. Betrug also z. B. das tatsächliche Vermögen vor dem Ausscheiden 39 970 Mk. und nach dem Ausscheiden 39 020 Mk., so beträgt doch das steuerbare (abgerundete) Vermögen nach wie vor 39 000 Mk., so daß also eine Verminderung desselben gar nicht vorliegt. Betrug dagegen das tatsächliche Vermögen vor dem Ausscheiden 39 020 Mk., nachher aber 38 970 Mk., so hat sich trotz des wesentlich geringeren Wertes des ausgeschiedenen Vermögensteiles das steuerbare Vermögen von 39 000 Mk. auf 38 000 Mk. vermindert. — Die weitere Voraussetzung, daß der wegfallende Vermögensteil bei einem anderen Steuerpflichtigen zur Vermögensteuer in Bayern herangezogen wird, dürfte nur dann gegeben sein, wenn die Einbeziehung gerade dieses Vermögensteiles in das steuerbare Vermögen dieses Steuerpflichtigen eine Erhöhung der abgerundeten Zahl des steuerbaren Gesamtvermögens verursacht. Beispiel: ein Sohn erbt von dritter Seite netto den Betrag von 6400 Mk. Da er zur Erweiterung seines Geschäfts aber 6800 Mk. benötigt, schenkt ihm sein Vater die fehlenden 400 Mk. Bei der letzten Veranlagung war das Vermögen des Sohnes auf 30 120 Mk. (abgerundet 30 000 Mk.) festgestellt worden. Das vermehrte Vermögen des Sohnes wird jetzt auf 30 120 + 6800 = 36 920 Mk. (abgerundet 36 000 Mk.) festgestellt. Die Tatsache, daß auch der beim Vater wegfallende Vermögensteil dem Sohne angerechnet wird, übt infolge der Abrundungsvorschrift keinerlei Einfluß auf die Höhe des steuerbaren (abgerundeten) Vermögens des Sohnes aus. Man wird deshalb in einem solchen Falle kaum davon sprechen können, daß nun der wegfallende Vermögensteil „anderweit zur Vermögensteuer herangezogen" sei.

Nicht unter Art. 5 Abs. I Ziff. 2 kann der Fall subsumiert werden, daß der bei dem bayerischen Steuerpflichtigen wegfallende Vermögensteil in der Hand eines anderen Eigentümers in einem anderen Bundesstaat oder im Ausland der Vermögensbesteuerung unterworfen wird. Der Ausdruck „zur Vermögensteuer herangezogen" kann sich nur auf die bayr. VSt. beziehen. Übrigens verstößt die gleichzeitige Besteuerung ein und desselben Vermögens in der Hand zweier verschiedener Personen durch zwei verschiedene Bundesstaaten auch nicht gegen die Grundsätze des RDoppStG. — Anderes hat dagegen in dem Falle zu gelten, daß sich das steuerbare Vermögen einer in Bayern vermögensteuerpflichtigen Person dadurch vermindert, daß ein Teil des Vermögens zwar nicht den Eigentümer wechselt, aber in außerbayerisches Grund- oder Betriebsvermögen verwandelt wird. Hier endet die Steuerberechtigung Bayerns mit dem auf die Änderung folgenden Monatsersten zugunsten des Belegenheits- oder Betriebsstaates, gleichviel ob dieser Staat von dem Besteuerungsrechte Gebrauch macht oder nicht. Es muß also eine Veranlagungsänderung erfolgen, trotzdem das VStG. diesen Fall nicht geregelt hat. Umgekehrt bildet keinen Anlaß zu einer Veranlagungsänderung nach oben der Umstand, daß sich das steuerbare Vermögen einer in Bayern vermögensteuerpflichtigen Person durch Umwandlung außerbayerischen Grund- oder Betriebsvermögens in steuerpflichtiges Vermögen vermehrt hat, weil dieser Fall nicht unter Art. 5 Abs. I Ziff. 1 gehört, das RDoppStG. aber natürlich keinen Bundesstaat zur Ausübung seines Besteuerungsrechtes zwingt.

14. Die Abminderung der Steuer nach Art. 5 Abs. I Ziff. 2 erfolgt nur auf Antrag, der Steuerpflichtige hat das Vorliegen der Voraussetzungen nachzuweisen. Eine Frist für die Antragstellung besteht nicht (Art. 69 Abs. II EinkStG. kommt nicht zur Anwendung). § 37 Abs I der VV.

Über das Verfahren bestimmt diesbezüglich § 38 VV.: „Die Anträge auf Abminderung der Steuer nach Art. 5 Abs. I Ziff. 2 des Gesetzes sind bei dem für die Erhebung der Jahressteuer zuständigen Rentamt (vgl. § 11), anzubringen. Das Rentamt kann nach seinem Ermessen den Steuerpflichtigen zur Abgabe einer Vermögensteuererklärung (§ 19 Abs. II) auffordern. Ist der Abminderungsanspruch begründet, so wird die Steuer vom Beginne des auf den Eintritt der Vermögensverminderung folgenden Monats ab auf den dem verminderten Vermögen entsprechenden Steuerbetrag herabgesetzt, oder wenn kein steuerbares Vermögen von mehr als 20000 Mk. verblieben ist, für den Rest der Vermögensteuerjahre abgeschrieben. Im ersteren Falle erteilt das Rentamt dem Steuerpflichtigen über die geänderte Veranlagung einen Steuerbescheid nach Maßgabe des Musters der Anlage 8. Die bei der Anwendung des Art. 5 Abs. I Ziff. 2 des Gesetzes sich ergebenden Steuerabminderungen und Steuerabgänge sind in der nach dem Muster der Anlage 10 zu gestaltenden Abgangsliste durchzuführen usw."

Abs. II.

15. Nach Abs. II findet die Vorschrift des Abs. I Ziff. 1 über die ausnahmsweise Berücksichtigung von Vermögensvermehrungen um mehr als 5000 Mk. auch in den Fällen der §§ 1483, 1490 und 1491 BGB. Anwendung (vgl. auch § 30 Abs. I VV.). Diese drei Paragraphen gehören zu den Vorschriften über die fortgesetzte allgemeine Gütergemeinschaft und sind unten im Anhange abgedruckt.

Die amtliche Begründung zu Abs. II sagt: „Abs. II dient der Beseitigung von Zweifeln, die sich bei der Besitzsteuerveranlagung hinsichtlich der Besteuerung der fortgesetzten Gütergemeinschaft ergeben haben." So hat z. B. der badische VGH. bei fortgesetzter Gütergemeinschaft das Gesamtgut als Bestandteil des Vermögens des überlebenden Ehegatten erklärt (Zimmermann, Weitere Erläuterungen zum Besitz- und Kriegssteuergesetz S. 11 in Heß, Kriegsschriftensammlung Nr. 107), während der Herzogl. Braunschweigische VGH. in seiner in den Amtlichen Mitteilungen 1915 S. 145 mitgeteilten Entscheidung vom 21. April 1915 die Anteile der Kinder an einer fortgesetzten Gütergemeinschaft zum steuerpflichtigen Vermögen der Kinder rechnete. (In letzterem Sinne auch § 13 Abs. I der bayr. VV. zum BesStG., ferner Kahn-Obermeyer, WehrbeitrG. S. 6; Hoffmann, WehrbeitrG. S. 28; Zimmermann, BesStG. S. 64; Rheinstrom, BesStG. S. 66; Strutz, KriegsStG. von 1916 S. 78). Abs. II bestimmt also zur Vermeidung jeder Unsicherheit, daß Vermögensvermehrungen, die aus Anlaß des Eintrittes der fortgesetzten Gütergemeinschaft oder aus Anlaß des Todes eines anteilsberechtigten Abkömmlings oder endlich aus Anlaß des Verzichtes eines anteilsberechtigten Abkömmlings auf seinen Anteil am Gesamtgute bei den an einer fortgesetzten Gütergemeinschaft beteiligten Personen entstehen, gleichfalls zu einer Änderung der Vermögensteuerveranlagung im Laufe der drei Vermögensteuerjahre führen, wenn die Vermögensmehrung der einzelnen Person mehr als 5000 Mk. beträgt. Damit ist zugleich auch zum Ausdruck gebracht, daß auch die an einer fortgesetzten Gütergemeinschaft beteiligten Abkömmlinge für ihre Anteile selbständig zu veranlagen sind.

Da die fortgesetzte Gütergemeinschaft nicht nur beim Güterstande der allgemeinen Gütergemeinschaft (kraft Gesetzes! 1483 BGB.), sondern auch bei jenem der Fahrnisgemeinschaft (nur kraft Ehevertrages! § 1557 BGB.) eintreten kann, und solchenfalls die §§ 1483, 1490, 1491 BGB. gleichfalls Geltung haben, so gilt das oben Ausgeführte auch für die fortgesetzte Gütergemeinschaft der Fahrnisgemeinschaft. Bei der Errungenschaftsgemeinschaft dagegen ist eine fortgesetzte Gütergemeinschaft ausgeschlossen.

Abs. III.

Der Abs. III ordnet die sinngemäße Anwendung einiger Vorschriften des EinkStG. über das Verfahren bei der Behandlung von Zu- und Abgangsfällen und Veranlagungsänderungen für das Gebiet des VStG. an. Vgl. hiezu § 36 VV.

16. Art. 66 Abs. II EinkStG. Der Abs. I des Art. 66 EinkStG. bestimmt ähnlich dem Art. 5 Abs. I Ziff. 1 VStG., wann ausnahmsweise eine Einkommensmehrung schon während des Steuerjahres (einjährige Veranlagungsperiode gegenüber der dreijährigen des VStG.) zu einer Zugangsveranlagung bzw. erhöhenden Abänderung der Veranlagung führt (dann nämlich, wenn sie infolge Erwerbes von Todes wegen oder infolge eines durch Tod veranlaßten Lehens- oder Fideikommißanfalls eingetreten ist). Der für das VStG. sinngemäß anwendbar erklärte Abs. 2 lautet dann:

Art. 66 Abs. II EinkStG.

Von der Veranlagung oder von der Änderung der Veranlagung ist jedoch Umgang zu nehmen, wenn für die zugegangenen Einkünfte in Bayern die Einkommensteuer des laufenden Steuerjahres anderweitig fortentrichtet wird.

Hiezu ist folgende Vollzugsvorschrift ergangen:

§ 78 Abs. VII der VV. zum EinkStG.

Nach Art. 66 Abs. II ist von der Änderung der Veranlagung z. B. dann Umgang zu nehmen, wenn bei einem Erbfalle die Steuer fortentrichtet wird, obwohl der Erbe allgemein sofort mit dem Erbanfall und nicht erst mit dem Zeitpunkte der Auseinandersetzung des Nachlasses steuerpflichtig wird. Der entsprechenden Anwendung des Art. 66 Abs. II wird auch über die Zeit des laufenden Steuerjahres hinaus vom Standpunkte der Finanzverwaltung solange nichts entgegenstehen, als die Auseinandersetzung noch nicht stattgefunden hat.

Ganz Entsprechendes hat § 33 Abs. III VV. zum VStG. bestimmt.

Die amtliche Begründung des Regierungsentwurfes sagt hiezu (Denkschrift S. 122): „Die entsprechend anzuwendende Vorschrift des Art. 66 Abs. II EinkStG. gestattet, von der sofortigen Änderung der Veranlagung beim Tode eines Steuerpflichtigen abzusehen und die Vermögensteuer — unbeschadet der Beachtung der Vorschriften des Reichsdoppelsteuergesetzes — für das laufende Vermögensteuerjahr durch den Erben fortentrichten zu lassen.“ Es wäre aber falsch, anzunehmen, daß hier nur der allseits erwähnte Fall des Todes eines Steuerpflichtigen in Betracht kommen kann; ganz das gleiche ist vielmehr bei den anderen in Art. 5 Abs. I Ziff. 1 aufgeführten Vermögensvermehrungsarten (mit Ausnahme wohl des Lotteriegewinnes) der Fall. Wenn A dem

B im September von seinem zur Vermögensteuer veranlagten Vermögen zu 300000 Mk. einen Teil von 100000 Mk. schenkt und er hat für das laufende Vermögensteuerjahr seine Jahressteuer von 300 Mk. schon entrichtet, so wird, wenn A keine Steuerabminderung pro 1. Oktober und Rückvergütung des bereits bezahlten Steuerbetrages für die 100000 Mk. im letzten Quartal verlangt, selbstverständlich B für die geschenkt erhaltenen 100000 Mk. erst mit Wirkung vom Beginn des nächsten Vermögensteuerjahres an zur VSt. veranlagt. — Die Begründung bemerkt auch, daß bei diesem Vorgehen nach Art. 66 Abs. II die Vorschriften des RDoppStG. zu beachten sind. Das darf natürlich bei Handhabung der Landessteuergesetze nie übersehen werden. Wenn also z. B. das Vermögen des in Bayern unbeschränkt steuerpflichtigen Erblassers an in Bayern nicht vermögensteuerpflichtige Erben fällt, so muß die Vermögensteuer auf jeden Fall mit Wirkung von dem dem Tode folgenden Monatsersten in Abgang gebracht werden (vgl. Erler S. 53 ff.), auch wenn die Erben dazu bereit wären, die bayerische Steuer anstatt der vielleicht höheren Steuer des für ihre Besteuerung zuständigen Bundesstaates vorerst weiter zu entrichten, weil eben mit dem bezeichneten Zeitpunkte in diesem Falle das Recht zur direkten Besteuerung nach dem RDoppStG. für Bayern verloren gegangen ist. — Auch folgendes ist bei der Anwendung des Art. 66 Abs. II zu beachten: durch die Teilung des Vermögens des Erblassers in mehrere Erbteile kann sehr wohl der Fall eintreten, daß die Erbteile einzelner oder aller Erben auch nach Zusammenrechnung mit deren sonstigem Vermögen infolge der degressiven Steuersätze des Art. 7 Abs. III in der Hand der jetzigen Eigentümer einer niedrigeren Steuer unterliegen oder gar nach Art. 7 Abs. II steuerfrei sind; solchenfalls wird das Verfahren nach Art. 66 Abs. II nicht, jedenfalls nicht gegen den Willen eines Beteiligten, durchzuführen sein.

17. Art. 68 Abs. I und II EinkStG. Diese Vorschrift bezieht sich auf die Behandlung der Steuerzu- und -abgänge und lautet:

Art. 68 Abs. I und II EinkStG.

Fälle, in denen die Steuerpflicht im Laufe des Steuerjahrs eingetreten oder erloschen ist, sind als Steuerzugänge oder Steuerabgänge zu behandeln.

Als ein solcher Fall gilt auch der Übergang von der beschränkten Steuerpflicht (Art. 2) zur allgemeinen Steuerpflicht (Art. 1) und umgekehrt.

Hiezu ist folgende Vollzugsvorschrift ergangen:

§ 80 VV. zum EinkStG.

I Ein Neueintritt in die Steuerpflicht (Steuerzugang) liegt nur vor, wenn eine Person im Laufe des Steuerjahrs in die subjektive Steuerpflicht neu eintritt (Art. 1, 2, 3, 4), nicht aber wenn eine Person, die an sich schon zu den subjektiv Steuerpflichtigen gehört hat, im Laufe des Steuerjahres in den Besitz von steuerbarem Einkommen tritt, also eigentlich objektiv steuerpflichtig würde. Ein solcher Eintritt in die objektive Steuerpflicht im Laufe des Steuerjahrs ohne gleichzeitiges Neuentstehen der subjektiven Steuerpflicht bedingt keine Steueränderung, ebenso wie ja auch die Mehrungen — abgesehen von den wenigen im Art. 66 Abs. I, III bezeichneten Ausnahmen — im Laufe des Steuerjahrs keine Steueränderungen bedingen. Dabei ist es belanglos, ob die an sich unter die subjektive Steuerpflicht fallende Person schon Einkommen bezog, das nicht steuerbar war, oder ob sie keinerlei Einkommen bisher bezog.

II Als Neueintritt in die Steuerpflicht, Steuerzugänge, kommen insbesondere in Betracht der Wegfall der Umstände, die nach Art. 1 die subjektive Steuerpflicht ausschlossen, z. B. der Ablauf des Jahres des Aufenthalts bei Ausländern, der Erwerb der bayerischen Staatsangehörigkeit, die Begründung eines Wohnsitzes in Bayern, ferner der Wegfall der subjektiven Steuerbefreiungsgründe nach Art. 3, 4, dann der Eintritt der beschränkten Steuerpflicht durch Erwerb von Grundbesitz, Beginn eines Gewerbes usw. (Art. 2), sowie nach der besonderen Vorschrift im Art. 68 Abs. II der Übergang von der beschränkten Steuerpflicht zur allgemeinen Steuerpflicht.

III Ein Erlöschen der Steuerpflicht, ein Steuerabgang liegt nur vor, wenn eine Person im Laufe des Steuerjahrs die Eigenschaft eines subjektiv Steuerpflichtigen verliert (Art. 1, 2, 3, 4), nicht aber, wenn eine nach wie vor zu den subjektiv Steuerpflichtigen gehörende Person eigentlich objektiv nicht mehr steuerpflichtig wäre, weil sie sämtliche

Einkommensquellen ersatzlos verloren hat. Ein solcher ersatzloser Verlust sämtlicher Einkommensquellen ohne gleichzeitigen Wegfall der subjektiven Steuerpflicht ist kein Steuerabgang, er ist vielmehr nach Art. 67 als Einkommensminderung zu behandeln.

IV Als Erlöschen der Steuerpflicht, Steuerabgang kommen insbesondere in Betracht der Wegfall der Umstände, die nach Art. 1 die subjektive Steuerpflicht begründen, z. B. Tod, Verlust der bayerischen Staatsangehörigkeit, Aufgabe eines Wohnsitzes in Bayern, ferner der Eintritt der subjektiven Steuerbefreiungsgründe nach Art. 3, 4, dann der Wegfall der beschränkten Steuerpflicht sowie nach der besonderen Vorschrift im Art. 68 Abs. II der Übergang von der allgemeinen Steuerpflicht zur beschränkten Steuerpflicht.

VI Der Wegzug eines Steuerpflichtigen aus einem Rentamtsbezirk in einen anderen Rentamtsbezirk begründet für sich allein keinen Steuerzugang und keinen Steuerabgang, es sei denn, daß — was selten der Fall sein wird — mit dem Wegzug ein Erlöschen der subjektiven Steuerpflicht am bisherigen Wohn- oder Aufenthaltsorte (Steuerabgang) und ein Neueintritt in die subjektive Steuerpflicht an dem neuen Wohn- oder Aufenthaltsorte (Steuerzugang) verbunden ist. Ist dies der Fall, so soll im Laufe des Steuerjahrs Überweisung nach Maßgabe des § 42 Abs. III eintreten. Ist dies aber nicht der Fall, so hat im Laufe des Steuerjahrs keine Überweisung an das Rentamt des neuen Wohnsitzes einzutreten, es ist vielmehr nach § 81 Abs. I zu verfahren (vgl. § 42 Abs. IV).

VIII Die Steuerzugänge sind durch Neuveranlagung vorzunehmen. Treffen Art. 68 und Art. 66 zusammen, so hat Art. 68 Maß zu geben. Dies kann z. B. der Fall sein, wenn eine Person, die bisher nur beschränkt steuerpflichtig war, allgemein steuerpflichtig wird, gleichzeitig aber eine Einkommensmehruug erfährt, die an sich keine Steueränderung bedingen würde. In diesem Falle ist also eine Neuveranlagung vorzunehmen.

Die §§ 35 und 40 VB. zum BStG. bringen folgende Aufzählung von Steuerzugangs- und -abgangsfällen:

„Abgesehen von den Fällen, die sich durch eine nach Art. 5 Abs. I Ziff. 1 des Gesetzes zu berücksichtigende Vermehrung des steuerbaren Vermögens über die Freigrenze während der drei Vermögensteuerjahre (§§ 28, 32 Abs. II) ergeben, können Steuerzugänge eintreten:

1. bei Begründung der Vermögensteuerpflicht
   a) durch Zuzug aus anderen Bundesstaaten oder aus dem Ausland, oder
   b) aus anderen Gründen (z B. Erwerb der bayerischen Staatsangehörigkeit durch eine bisher wegen der Bestimmungen des RDoppStG. trotz des Wohnsitzes in Bayern hier nicht steuerpflichtigen Person, Ablauf des Jahres des Aufenthalts bei Ausländern, Wegfall der subjektiven Steuerbefreiungsgründe nach Art. 3 EinkStG., Eintritt der beschränkten Steuerpflicht durch Erwerb von Grundbesitz in Bayern usw., Übergang von der beschränkten zur allgemeinen Steuerpflicht (Art. 5 Abs III des Gesetzes, Art. 68 Abs. II EinkStG.),
2. durch Nachveranlagung zur Besitzsteuer gemäß § 73 Satz I BesStG.,
3. durch Nachveranlagung zur Vermögensteuer gemäß Art. 10 Abs. VI und 11 des Gesetzes mit Art. 72 EinkStG."

„Abgesehen von dem Falle, daß durch eine Vermögensverminderung im Laufe der drei Vermögensteuerjahre das steuerbare Vermögen auf 20000 Mk. oder weniger sinkt, können sich Steuerabgänge ergeben:

1. durch Übergang von der allgemeinen zur beschränkten Steuerpflicht (Art. 9 Abs. III des Gesetzes, Art. 68 Abs. II EinkStG),
2. durch den Wegzug eines Steuerpflichtigen aus Bayern bei gleichzeitigem Erlöschen der Steuerpflicht in Bayern,
3 bei Verlust der bayerischen Staatsangehörigkeit,
4. durch Tod eines Steuerpflichtigen.

   Im Falle des Todes eines von zwei Ehegatten, die zusammen veranlagt sind, bleibt die Steuerveranlagung unverändert, wenn nicht die Voraussetzungen des Art. 5 Abs. I Ziff. 2 des Gesetzes vorliegen und entsprechender Abminderungsantrag gestellt wird.
5. durch Eintritt der subjektiven Steuerbefreiungsgründe nach Art. 3 EinkStG.,
6. durch Aufhebung von Veranlagungen, die gegen das RDoppStG. oder gegen einen Staatsvertrag zur Beseitigung von Doppelbesteuerungen verstoßen,

7. durch Wegfall der beschränkten Steuerpflicht."

Weitere Vorschriften über die Behandlung solcher Fälle treffen die §§ 36 und 41 VV.

18. Art. 69 Abs. I und IV EinkStG. Diese Vorschrift betrifft die Anzeigepflicht bei Einkommenmehrungen und lautet:

Art. 69 Abs. I und IV EinkStG.

I Wer im Laufe des Steuerjahrs eine die Steueränderung bedingende Mehrung des Einkommens erlangt hat (Art. 66) oder steuerpflichtig geworden ist, hat hierüber beim Rentamt oder bei der Gemeindebehörde Anzeige zu erstatten. Die Gemeindebehörde hat die Anzeige dem Rentamte zu übersenden.

IV Die zum Vollzuge weiter erforderlichen Anordnungen, insbesondere wegen der Abgabe der Steuererklärungen, trifft die Staatsregierung.

Hiezu ist folgende Vollzugsvorschrift ergangen, die nachstehend im Auszuge wiedergegeben sei:

§ 81 der VV. zum EinkStG.

I Bei der Kontrolle des Vollzugs des Art. 69 Abs. I haben sich die Rentämter durch entsprechende Mitteilungen .... gegenseitig wirksam zu unterstützen. Verzieht ein Steuerpflichtiger im Laufe des Steuerjahrs aus einem Rentamtsbezirk in einen anderen Rentamtsbezirk, ohne daß hiermit ein Erlöschen der subjektiven Steuerpflicht am bisherigen Wohn- oder Aufenthaltsorte (Steuerabgang) und ein Neueintritt in die subjektive Steuerpflicht (Steuerzugang) verbunden ist, wenn also eine Überweisung im Laufe des Steuerjahrs nicht veranlaßt ist (§ 80 Abs. VI), so ist der Steuerpflichtige dem anderen Rentamte zur Veranlagung für das nächste Steuerjahr nach Maßgabe des § 42 Abs. III rechtzeitig zu überweisen. Hinsichtlich der Mehrungen nach Art. 66 Abs. I ist an der Hand der Akten über die Reichserbschaftssteuer, der Mitteilungen der Amtsgerichte, der Umschreibverzeichnisse usw., ferner der Feststellungen nach Art. 73 Abs. I .... Kontrolle zu üben.

III Die Übersendung der bei der Gemeindebehörde nach Art. 69 Abs. I eingehenden Anzeigen an das Rentamt hat allmonatlich zu erfolgen.

§ 31 der VB. zum VStG. bestimmt hiezu folgendes:

§ 31 (Art. 5 Abs. I Ziff. 1).

I Wer im Laufe der drei Vermögensteuerjahre eine nach Art. 5 Abs. I Ziff. 1 des Gesetzes die Steueränderung oder den Steuerzugang bedingende Mehrung des Vermögens erlangt hat, hat hierüber beim Rentamt oder bei der Gemeindebehörde Anzeige zu erstatten. Die Gemeindebehörde hat die Anzeigen allmonatlich dem Rentamte zu übersenden. Art. 5 Abs. III des Gesetzes, Art. 69 Abs. I EinkStG.).

II Das Rentamt hat die neu zu veranlagenden Personen in die nach dem Muster der Anlage 9 je für 1 Steuerjahr zu führende Zugangsliste anfzunehmen und sie, falls das zugewachsene Vermögen nicht anderweit einwandfrei festgestellt ist, unter Zusendung eines Vordrucks zur Abgabe einer Vermögensteuererklärung (§ 19 Abs. II) aufzufordern. Diese Erklärung hat jedenfalls den genauen Zeitpunkt der Vermögensvermehrung und das zugewachsene Vermögen nach dem Stande zu Beginn des der Ver-Veränderung folgenden Monats zu enthalten. Ist das bisherige Vermögen der neu zu veranlagenden Personen weder reichsrechtlich noch landesrechtlich festgestellt, so haben die Steuerpflichtigen außerdem noch das bisherige Vermögen nach dem Stande am letztvergangenen Veranlagungszeitpunkt anzugeben.

Unrichtig ist die Ansicht bei Dürr-Stenger (Die neuen bayerischen Steuergesetze, Bem. 9 zu Art. 5 VStG.), daß die Anmeldepflicht nur für Personen bestehe, die bereits zur VSt. veranlagt sind. — Eine Frist für die Anzeigeerstattung ist nicht gesetzt. Unterlassung der Anzeige ist nach Art. 10 Abs. IV strafbar. Bezüglich der vor dem 1. Januar 1919 eingetretenen anzumeldenden Tatsachen wird der Anzeigepflicht durch fristzeitige Abgabe der vorgeschriebenen Vermögensteuererklärung genügt (Bem. 7 zu Art. 9). Das gleiche gilt für die nach dem 31. Dezember 1918 bis zur Erklärungsabgabe eingetretenen Änderungen.

19. Art. 70 Abs. I EinkStG. Diese Vorschrift betrifft den Zeitpunkt des Wirksamwerdens von Steuerzu- und -abgängen und Steueränderungen und lautet:

Art. 70 Abs. I EinkStG.

Die Steueränderungen sowie die Steuerzugänge und Steuerabgänge hat das Rentamt mit Wirkung für den Beginn des auf den Eintritt ihrer Voraussetzung folgenden Monats unter Festsetzung der Steuer durchzuführen.

Das sonach auch für das VStG. geltende Prinzip des Art. 70 Abs. I EinkStG., daß Änderungen in den Voraussetzungen für Steuerberechtigung und Steuerpflicht ihre Wirkung nicht schon vom Tage des Geschehens dieser Änderung sondern immer erst frühestens vom Beginne des nächstfolgenden Monats an äußern können (vgl. § 31 Abs. II, § 32 Abs. IV, § 36 Abs. IV, § 38, § 41 der VB. zum VStG.), bezweckt, eine Doppelbesteuerung in Konkurrenz mit anderen beteiligten Bundesstaaten zu vermeiden; der Einheitlichkeit halber mußte es dann natürlich allgemein zur Anwendung gebracht werden, also auch wenn die Konkurrenz mit anderen Bundesstaaten nicht in Betracht kommt. Im RDoppStG. hat der Grundsatz merkwürdigerweise keinen Ausdruck gefunden; die Rechtsprechung hat ihn aber mit Recht als allein den Intentionen des Gesetzgebers entsprechend erklärt (vgl. Erler S. 53). Die Steuergesetzgebung der anderen deutschen Bundesstaaten trägt dem Grundsatze gleichfalls Rechnung. — Notwendige Folgerungen aus dem besprochenen Grundsatze ziehen Art. 3 Abs. III VStG., der in den Fällen von Vermögensänderungen und Zugängen innerhalb der drei Vermögensteuerjahre für die Vermögenfeststellung zeitlich maßgebend sein läßt den „Stand der Verhältnisse zu Beginn des der Veränderung folgenden Monats", und Art. 13 Abs. I VStG., der in den Fällen des Art. 5 Abs. I Ziff. 1 und Abs. III die Vermögensteuer fällig werden läßt „mit dem Beginne des auf die Änderung oder den Zugang folgenden Monats". (Vgl. hiezu auch Bem. 3 zu Art. 13).

Art. 6.

Eine Berichtigung der Steuerveranlagung für die drei Vermögensteuerjahre findet statt, wenn vor Ablauf des ersten Viertels des dritten Steuerjahrs nachgewiesen wird, daß das gesamte steuerbare Vermögen eines Steuerpflichtigen bei Anwendung oder Nichtanwendung der §§ 30 bis 33 des Besitzsteuergesetzes um wenigstens ein Zehntel niedriger festzustellen gewesen wäre.

1. Amtliche Begründung (Denkschrift S. 122):

„Wie schon erwähnt, bildet diese Bestimmung eine Erweiterung der Vorschriften des Art. 5 Abs. I Ziff. 2 zugunsten jener Steuerpflichtigen, für die eine Veranlagung nach den §§ 30 bis 33 des Besitzsteuergesetzes in Betracht kommt. Die Aufnahme der Bestimmung erfolgte aus den gleichen Erwägungen, die für die Aufnahme der Vorschrift der Art. 3 Abs. II Ziff. 1 maßgebend waren. Es soll verhütet werden, daß weniger gewandten Steuerpflichtigen aus einer ungeeigneten Wahl der Besteuerungsgrundlagen (§§ 30 bis 33 des Besitzsteuergesetzes) Nachteile entstehen, die sich durch drei Vermögensteuerjahre hindurch geltend machen würden. Dem Charakter einer Berichtigung entsprechend, würde sie nach dem für die allgemeine Veranlagung maßgebenden Stande aller Verhältnisse, nicht etwa nach dem Stande zur Zeit der Berichtigung, zu erfolgen haben. Der Berichtigungsantrag soll ohne Rücksicht auf die Rechtskraft der Veranlagung jederzeit bis zum Ablaufe des ersten Viertels des dritten Vermögensteuerjahrs zulässig sein.

Es wird angenommen, daß die Bestimmung nur bei der Einführung des Vermögensteuergesetzes von Bedeutung sein und den Veranlagungsbehörden keine wesentliche Mehrarbeit verursachen wird."

Der Entwurf wurde unverändert angenommen.

2. Im Gegensatze zu der ausnahmsweisen Änderung der Vermögensteuerveranlagung des Art. 5 Abs. I (mit Wirkung von dem der Änderung des Vermögenstandes folgenden Monatsersten ab) handelt es sich im Art. 6 um eine Berichtigung der Vermögensteuerveranlagung mit Rückwirkung auf den Beginn der laufenden Veranlagungsperiode, die im Normalfall, an den der Gesetzgeber seiner Ausdrucksweise nach offenbar allein dachte, drei Vermögensteuerjahre umfaßt, in den Fällen der Zugangsveranlagung aber auch jeden kürzeren aus vollen Monaten gebildeten Zeitraum bis herunter zu einem Monat umfassen kann. Die Berichtigung der Veranlagung nach Art. 6 kommt allerdings,

da der diesbezügliche Antrag noch vor Ablauf des ersten Viertels des dritten Vermögensteuerjahres gestellt werden muß (vgl. unten Bem. 5), also doch die mit Zustellung des Vermögensteuerbescheides eröffnete einmonatige Rechtsmittelfrist am 1. April des dritten Vermögenssteuerjahres regelmäßig schon abgelaufen sein muß, für die in den letzten 9 Monaten des dritten Steuerjahrs erfolgenden Zugangsveranlagungen niemals, für die Zugangsveranlagungen, deren Berufungsfrist vor diesem 1. April noch nicht abgelaufen ist, nur ausnahmsweise in Betracht. Denn einer Veranlagung gegenüber, deren Berufungsfrist noch läuft (vgl. § 29 Abs. 2 der AusfBest. des Bundesrats zum BesStG. und Boethke im Deutschen Steuerblatt, 1. Jahrgang S. 6 Ziff. 17), ist das primär (weil uneingeschränkt) gegebene Abhilfemittel der Antrag nach § 30 Abs. 1 bzw. § 31 Abs. 5, § 32 BesStG. Versagt hier dieses Mittel, weil der Steuerpflichtige nach § 46 Abs. 1 der AusfBest. des Bundesrats zum BesStG. einen solchen früher gestellten Antrag nicht rückgängig machen kann, dann erst kommt auch gegenüber einer Veranlagung mit noch laufender Berufungsfrist der Weg des Art. 6 VStG. in Betracht. (Vgl. § 42 Abs. II VV.).

Als eigentlich ohne weiteres selbstverständlich sei hier noch festgestellt, daß eine nach Art. 6 erfolgende Berichtigung der Vermögensteuerveranlagung natürlich keinerlei Änderung des zur Besitzsteuer festgestellten Vermögens nach sich zieht.

3. Das Gesetz sagt, daß eine Berichtigung der Steuerveranlagung erfolgt, „wenn vor Ablauf des ersten Viertels des dritten Steuerjahrs nachgewiesen wird, ...“ Das Gesetz verlangt also doch wohl unzweideutig, daß bis zum Ablaufe der bestimmten Frist nachgewiesen d. h. der Nachweis geführt wird, daß ... usw. Die oben in Bem. 1 wiedergegebene amtliche Begründung sagt dagegen: „Der Berichtigungsantrag soll .... jederzeit bis zum Ablaufe des ersten Viertels des dritten Vermögensteuerjahrs zulässig sein“. Auch der Regierungsvertreter hat bei den Ausschußberatungen der Abgeordnetenkammer unwidersprochen diesen Standpunkt vertreten (Beilage 2401 S. 255). Den gleichen Standpunkt vertritt § 42 Abs. II VV. Wenn der Gesetzgeber das hätte ausdrücken wollen, so hätte er aber andere als die gewählten Worte gebrauchen müssen.

Denn es ist klar, daß die Antragstellung und die Führung des Nachweises (der um wenigstens ein Zehntel niedrigeren Vermögensfeststellung bei Anwendung oder Nichtanwendung der §§ 30 bis 33 BesStG.) zeitlich durchaus nicht zusammenfallen müssen. Es kann sehr wohl sein, daß der Antrag fristzeitig beim Rentamt eingeht, daß aber notwendige Belege auf Anfordern des Rentamts erst nach Ablauf der Frist beigebracht werden. Dann deckt jedenfalls der wenig glückliche Wortlaut des Gesetzes eine Zulassung der Berichtigung nicht mehr, weil eben der erforderliche Nachweis nicht innerhalb der gesetzlich gesteckten Frist geführt worden ist. (Wesentlich korrekter ist in einem ganz ähnlichen Fall die Ausdrucksweise des KriegsAbgG. von 1918 in seinen §§ 17, 4 Abs. III Satz 2.) — Der Steuerpflichtige hat allerdings in diesem Falle keine Veranlassung, die Gesetzesverletzung zu rügen, da sie ja nur zu seinen Gunsten erfolgt.

4. Eine Berichtigung der Steuerveranlagung usw. „findet statt", wenn nachgewiesen wird usw. Das bedeutet, daß die Berichtigung stattfinden muß, wenn der gesetzlich erforderte Nachweis erbracht und die vorgeschriebene Frist gewahrt ist. Aus anderen Gründen darf das Rentamt die Berichtigung also niemals verweigern. Wegen des zulässigen Rechtsmittels vgl. unten Bem. 11.

5. Drittes Vermögensteuerjahr ist unter allen Umständen das dritte auf einen Veranlagungszeitpunkt (Art. 3 Abs. I VStG.) folgende Steuerjahr (Kalenderjahr). Es kommt nicht darauf an, ob dieses Kalenderjahr auch im Einzelfall schon das dritte Jahr der konkreten Veranlagungsperiode ist. Erfolgt also z. B. eine Zugangsveranlagung mit Wirkung auf den 1. Dezember 1921, so beginnt doch auch für diesen Steuerpflichtigen schon mit dem 1. Januar 1922 das „dritte Vermögensteuerjahr" des Art. 6, weil eben seit dem letzten Veranlagungszeitpunkte (31. Dezember 1919) bereits zwei Kalenderjahre verstrichen sind. — Von allgemeiner Bedeutung ist diese Natur des „dritten Vermögensteuerjahres" im Kalenderjahr 1919. Denn dieses erste Erhebungsjahr der bayr. VSt. ist sogleich ein solch drittes Vermögensteuerjahr, weil den letzten Veranlagungszeitpunkt der 31. Dezember 1916 bildet (vgl. Bem. 2 zu Art. 1 S. 8 f.). Die meisten Steuerpflichtigen werden ihren Vermögensteuerbescheid also bei Ablauf der Berichtigungsfrist (1. April 1919) noch gar nicht in Händen haben. Eine Schädigung der Steuerpflichtigen ist aber damit nicht verbunden, weil diese ja bis zum Ablaufe der erst mit der Bescheidzustellung beginnenden Berufungsfrist gemäß Art. 3 Abs. II Ziff. 1 VStG. Antrag stellen können (vgl. Bem. 8 zu Art. 3). Wird auch diese Frist versäumt, so bleibt dem Steuerpflichtigen allerdings nichts als der Trost, daß schon auf den 31. Dezember 1919 eine neue allgemeine Veranlagung erfolgt.

Bei Versäumung der Frist des Art. 6 kann die neuerliche Einräumung einer Antragsfrist nach Art. 92 Abs. V EinkStG., Art. 11 VStG. (vgl. Bem. 6 zu Art. 11) nicht stattfinden, weil die für die Neueinräumung in Betracht kommenden Fristen in Art. 92 Abs. V ausdrücklich einzeln angeführt sind, die Frist des Art. 6 des gleichzeitig mit dieser Neuerung geschaffenen VStG. aber hiebei nicht genannt ist.

6. Wegen der Bedeutung der §§ 30 bis 33 BesStG. wird auf das in Bem. 8 und 9 zu Art. 3 Gesagte verwiesen. — Daß der Steuerpflichtige innerhalb der betr. Veranlagungsperiode bereits Antrag nach Art. 3 Abs. II Ziff. 1 gestellt hat hindert ihn nicht, später noch die Berichtigung der Veranlagung gemäß Art. 6 zu beantragen (§ 42 Abs. I VB.).

7. Der etwas summarische Ausdruck des Gesetzes, daß „bei Anwendung oder Nichtanwendung der §§ 30 bis 33 BesStG." das gesamte steuerbare Vermögen eines Steuerpflichtigen um wenigstens ein Zehntel niedriger festzustellen gewesen wäre, will folgendes besagen. Wenn die Grundstücke des Steuerpflichtigen oder ein Teil seines Grundbesitzes in der maßgebenden Vermögensfeststellung der Regel des § 29 BesStG. entsprechend mit dem gemeinen Werte angesetzt worden sind und der Steuerpflichtige weist nach, daß sein gesamtes steuerbares Vermögen (also nicht etwa nur sein Grundbesitz oder gar nur der betreffende Teil seines Grundbesitzes!) um wenigstens ein Zehntel niedriger (als in der maßgebenden Vermögensfeststellung tatsächlich geschehen) anzusetzen gewesen wäre, wenn für den Grundbesitz oder Grundbesitzteil anstatt des gemeinen Wertes die „Gestehungskosten" zugrunde gelegt worden wären, dann soll (bei rechtzeitiger Antragstellung) eine Berichtigung der Veranlagung dahin erfolgen, daß diese für den Steuerpflichtigen günstigere Berechnungsart der Feststellung des vermögensteuerpflichtigen Vermögens rückwirkend zugrunde gelegt wird. — Oder umgekehrt, wenn bei der maßgebenden Vermögensfeststellung der Grundbesitz des Steuerpflichtigen bzw. einzelne Bewertungseinheiten seines Grundbesitzes auf seinen Antrag mit dem Werte der Gestehungskosten angesetzt wurden, so obliegt ihm jetzt zur Herbeiführung einer Veranlagungsberichtigung nach Art. 6 der Nachweis, daß die Bewertung des betr. Grundvermögens zum gemeinen Werte eine um wenigstens ein Zehntel niedrigere Feststellung seines gesamten steuerbaren Vermögens zur Folge gehabt hätte.

Beispiel: Das gesamte vermögensteuerpflichtige Vermögen des A wurde bei der letzten Veranlagung auf 500000 Mk. festgestellt; hierin ist ein großstädtisches Miethaus, das A im Jahre 1915 von seinem Vater geerbt hatte, mit einem Gestehungskostenbetrage (§ 31 BesStG.) von 400000 Mk. enthalten. Weist er fristzeitig nach, daß bei Ansetzung des gemeinen Wertes für das Haus sich der Wert seines gesamten steuerbaren Vermögens z. B. um 50000 Mk. ermäßigen würde (daß also der gemeine Wert des Hauses in dem maßgebenden Zeitpunkte — vgl. unten Bem. 9 — nur 350000 Mk. betrug), dann erfolgt rückwirkend eine Berichtigung seiner Veranlagung dahin, daß sein gesamtes steuerbares Vermögen 450000 Mk. (enthaltend ein Miethaus im gemeinen Werte von 350000 Mk.) beträgt.

8. Die Anwendung oder Nichtanwendung der §§ 30 bis 33 BesStG. beschränkt sich im Vollzuge des Art. 6 VStG. nicht auf den in Bayern vermögensteuerpflichtigen, also den in Bayern gelegenen Grundbesitz, sondern kann gegebenenfalls auch auf außerbayerischen Grundbesitz zu erstrecken sein.

Beispiel: Der in Bayern vermögensteuerpflichtige Grundbesitz (= in Bayern steuerbares Gesamtvermögen) des in Bayern nur beschränkt vermögensteuerpflichtigen Österreichers B wurde letztmals zur Besitzsteuer auf 80000 Mk. festgestellt. Hiebei wurde davon ausgegangen, daß er in Bayern einen Grundbesitz im gemeinen Werte von 200000 Mk., in Österreich einen solchen im gemeinen Werte von 300000 Mk. hat, die er beide zusammen erworben hat und für die er dem

Verkäufer insgesamt noch den Betrag von 300 000 Mk. schuldet. Da diese Schuld einheitlich sowohl zu inländischem wie zu ausländischem Grundvermögen (also sowohl zu steuerbarem wie zu nicht steuerbarem Vermögen) in wirtschaftlicher Beziehung steht (§ 10 Abs. 3 BesStG.), war sie im Verhältnisse dieser beiden Größen für abziehbar erklärt worden, es waren also zwei Fünftel von der Schuld zu 300 000 Mk., d. h. 120 000 Mk. zum Abzuge zugelassen und somit das steuerbare Vermögen auf 200 000 — 120 000 = 80 000 Mk. festgestellt worden. Nun beantragt B eine Berichtigung seiner auf der letzten Besitzsteuerveranlagung aufgebauten Vermögenssteuerveranlagung, indem er nachweist, daß bei Zugrundelegung der Gestehungskosten für den österreichischen Teil seines Grundbesitzes dieser nur auf 200 000 Mk. zu bewerten gewesen wäre; in diesem Falle stünden 200 000 Mk. bayerischer Grundbesitz einem österreichischen Grundbesitz im Werte von ebenfalls 200 000 Mk. gegenüber, so daß auch die Schuld von 300 000 Mk. hälftig abzugsfähig wäre. Das in Bayern steuerbare Vermögen sei hienach auf 200 000 — 150 000 = 50 000 Mk. (d. i. um mehr als ein Zehntel weniger als 80 000 Mk.) zu berichtigen. — Dem Antrage des B muß stattgegeben werden. Art. 6 gilt natürlich auch für die nur subjektiv beschränkt Vermögensteuerpflichtigen. Auch der Umstand steht dem Antrage des B nicht im Wege, daß er bei seiner Berechnung den Gestehungskostenwert seines österreichischen Grundbesitzes mit dem gemeinen Wert seines bayerischen Grundbesitzes vergleicht; denn der Steuerpflichtige ist nicht gezwungen, für sämtliche Bewertungseinheiten seines Grundbesitzes die gleiche Wertart (gemeiner Wert, Gestehungskosten) zu wählen.

9. Maßgebender Zeitpunkt hinsichtlich der Umwertung im Sinne des Art. 6 ist der für die zu berichtigende Veranlagung maßgebend gewesene Zeitpunkt, im Normalfalle also der letzte Veranlagungszeitpunkt (Art. 3 Abs. I VStG), in den Fällen der Zugangsveranlagung usw. aber der Beginn des der Veränderung folgenden Monats (vgl. Art. 3 Abs. III VStG.). Wie auch die oben in Bem. 1 wiedergegebene amtliche Begründung ausführt, können für die Frage, welcher Wert an die Stelle des tatsächlich gewählten zu setzen ist, nicht die Verhältnisse zur Zeit des

Berichtigungsantrages, sondern — dem Charakter einer rückwirkenden Berichtigung entsprechend — nur die Verhältnisse maßgebend sein, die zeitlich für die zu berichtigende Veranlagung maßzugeben hatten (ebenso § 42 Abs. I der VV.).

Das gilt auch in dem Falle, daß der Steuerpflichtige im Laufe der drei Vermögensteuerjahre zunächst einmal eine Änderung seiner Veranlagung im Sinne des Art. 5 Abs. I durchgesetzt hat und dann erst eine Berichtigung der Veranlagung nach Art. 6 wünscht Der Wortlaut des Art. 6 am Ende („... festzustellen gewesen wäre") zeigt klar, daß für die Bemessung des das Mindestmaß bildenden Zehntels nur das in der ursprünglichen Veranlagung auf den Beginn der konkreten Veranlagungsperiode festgestellte steuerbare Gesamtvermögen in Betracht kommen kann. Lautete also z. B. die Veranlagung zum 31. Dezember 1919 auf ein steuerbares Gesamtvermögen von 300 000 Mk. (einschließlich 150 000 Mk. Grundvermögen zum Gestehungskostenwert) und setzte der Steuerpflichtige mit Wirkung vom 1. November 1920 ab eine Änderung seiner Veranlagung nach Art. 5 Abs. I Ziff. 2 dahin durch, daß sein steuerbares Gesamtvermögen auf nur 200 000 Mk. (einschließlich 150 000 Mk. Grundvermögen wie bisher) herabgesetzt wurde, so müßte er bei einem (bis spätestens 31. März 1922 zu stellenden) Berichtigungsantrage nach Art. 6 nachweisen, daß bei einer Zugrundelegung des gemeinen Wertes für sein Grundstück sein Vermögen auf den 31. Dezember 1919 mindestens um ein Zehntel von 300 000 Mk., also mindestens um 30 000 Mk. niedriger festzustellen gewesen wäre. Daß seine Veranlagung inzwischen von 300 000 Mk. auf 200 000 Mk. ermäßigt worden ist, gewinnt bei der Angelegenheit nur insoferne Bedeutung, als die Berichtigung nur für den vor Eintritt der Veranlagungsänderung liegenden Teil der ganzen Veranlagungsperiode an dem Vermögenswert von 300 000 Mk., für den Rest der Periode aber an dem Vermögenswert von 200 000 Mk. vorgenommen und die VSt. hienach berechnet wird. Ist umgekehrt dem Berichtigungsantrage nicht eine Ermäßigung, sondern eine Erhöhung der Veranlagung nach Art. 5 Abs. I Ziff. 1 vorausgegangen, so bemißt sich das Zehntel nicht nach dem jetzigen erhöhten, sondern nach dem bei der seinerzeitigen

Veranlagung zu Beginn der konkreten Veranlagungsperiode festgestellten geringeren Vermögen.

Wenn die ursprüngliche Vermögensteuerveranlagung infolge einer Berichtigung der Besitzsteuerveranlagung nach §§ 38, 43, 45, 46 BesStG. oder infolge Obsiegens des Steuerpflichtigen im Rechtsmittelweg gegen die Besitzsteuerveranlagung bzw. Vermögensteuerveranlagung rückwirkend berichtigt worden ist, so ist bei einer späteren Berichtigung nach Art. 6 die im ersteren Sinne berichtigte Veranlagung für die Bemessung des Zehntels maßgebend.

10. Daß die betreffenden Grundstücke zur Zeit des Berichtigungsantrages noch dem Steuerpflichtigen gehören, ist nicht erforderlich. Denn für die Berichtigung kommen nicht die Verhältnisse der Gegenwart, sondern in dem in der vorigen Bem. gekennzeichneten Zeitpunkte in Betracht. Und eine Veräußerung oder Vertauschung der Grundstücke ändert ja an sich keinesfalls etwas an der Vermögensteuerveranlagung für den Rest der laufenden drei Vermögensteuerjahre.

Zu einem anderen Ergebnis wird man nur dann kommen müssen, wenn der Umstand, daß die Grundstücke dem Steuerpflichtigen nicht mehr gehören, bereits zu einer Änderung seiner Vermögensteuerveranlagung im Sinne des Art. 5 Abs. I Ziff. 2 geführt hat. Z. B. der Steuerpflichtige hat die Grundstücke mit solchem Verluste verkauft, daß sich sein steuerbares Gesamtvermögen um mehr als den sechsten Teil vermindert hat; oder er hat die Grundstücke seinem Sohne geschenkt und nachgewiesen, daß sie nunmehr von diesem versteuert werden. Hier erschiene es offenbar unbillig, eine Berichtigung insoweit zuzulassen, als das ursprünglich festgestellte Vermögen eben durch die Entäußerung dieser Grundstücke bereits eine Ermäßigung erfahren hat. Für die vor der Zeit der Wirksamkeit der Änderung nach Art. 5 Abs. I Ziff. 2 liegende Zeit wird dagegen auch hier die Berichtigung gegebenenfalls nicht versagt werden dürfen.

11. Über das Verfahren bestimmt § 42 Abs. II der VV. folgendes: „Der Antrag ist beim Rentamt anzubringen. Die Berichtigung erfolgt, soweit veranlaßt, nach Einforderung einer Vermögensteuererklärung (§ 19

Abs. II) durch das Rentamt. Sie beschränkt sich auf das von der Änderung der Bewertung betroffene Grundvermögen. Über die berichtigte Veranlagung ist dem Steuerpflichtigen ein Vermögensteuerbescheid nach dem Muster der Anlage 8 zu erteilen. Gegen den neuen Vermögensteuerbescheid oder die Abweisung des Antrags steht dem Pflichtigen das Rechtsmittel des Einspruchs zu (Art. 70 Abs. III ff. EinkStG.). Die Berichtigungen sind mit Wirkung vom letztvorangegangenen Veranlagungszeitpunkte bzw. bei späterer Begründung der Steuerpflicht vom Zeitpunkte des Steuerzugangs in der Abgangsliste (§ 38) durchzuführen."

Wegen Art. 70 Abs. III ff. EinkStG. vgl. Bem. 2 zu Art. 11.

12. Die durch Art. 6 zugelassene Berichtigung der Vermögensteuerveranlagung ist aber nicht etwa die einzige Art einer solchen rückwirkenden Berichtigung. Es kommen vielmehr auch noch andere Berichtigungsfälle vor, die nicht übersehen werden dürfen:

a) Wenn die Vermögensteuerveranlagung auf der Vermögensfeststellnng einer nicht rechtskräftigen Besitzsteuerveranlagung aufgebaut wurde und im Rechtsmittelverfahren eine Korrektur der Besitzsteuer-Vermögensfeststellung erfolgt, dann muß, sobald die Korrektur rechtskräftig geworden ist, von Amts wegen die Vermögensteuerveranlagung rückwirkend mit der nunmehr gültigen Besitzsteuer-Vermögensfeststellung in Einklang gebracht werden (vgl. Bem. 3 Abs. III zu Art. 3 S. 59; §§ 34, 39, 41 der VV.).

b) Wenn die Vermögensteuerveranlagung auf der Besitzsteuervermögensfeststellung aufgebaut wurde und diese im späteren Verlaufe durch eine Berichtigung (§§ 38 Abs. 3, 43 Abs. 2, 44 Abs. 2, 45, 46 BesStG.) abgeändert wird, dann muß — von Amts wegen — die Vermögensteuerveranlagung rückwirkend mit der so veränderten Besitzsteuer-Vermögensfeststellung in Einklang gebracht, also berichtigt werden (vgl. §§ 34, 39, 41 der VV.).

c) Wenn die die Grundlage der Vermögensteuerveranlagung bildende Besitzsteuervermögensfeststellung im Wege der Neuveranlagung (§ 73 BesStG.) geändert wird, muß von Amts wegen auch die Vermögensteuerveranlagung berichtigt werden (vgl. § 34 der VB.).

d) Wenn die die Grundlage der Vermögensteuerveranlagung bildende Besitzsteuervermögensfeststellung gemäß § 69 Abs. 3 der AusfBest. des Bundesrats zum BesStG. infolge seinerzeitigen offenbaren Versehens richtiggestellt wird, muß von Amts wegen auch die Vermögensteuerveranlagung rückwirkend dementsprechend berichtigt werden (§ 39 Ziff. 2, § 41 der VB.).

e) Wenn die Vermögensteuerveranlagung nicht auf der Besitzsteuer-Vermögensfeststellung, sondern auf einer besonderen Vermögensfeststellung (Art. 3 Abs. II, III) beruht und sie im Rechtsmittelverfahren abgeändert wird, wirkt diese Berichtigung natürlich bis zum Beginn der betr. Veranlagungsperiode zurück (§ 34 Abs I Ziff. 2, § 39 Ziff 3, § 41 der VB).

f) Wenn die Vermögensteuerveranlagung nicht auf der Besitzsteuer-Vermögensfeststellung, sondern auf einer besonderen Vermögensfeststellung (Art. 3 Abs. II, III) beruht und diese besondere Vermögensfeststellung nach Art 3 Abs. III VStG., §§ 38, 43, 44, 45, 46 BesStG rückwirkend berichtigt wird, bedeutet das notwendig eine bis zum Beginn der Veranlagungsperiode rückwirkende Berichtigung der Vermögensteuerveranlagung (§ 39 Ziff. 1 der VB.).

g) Im Nachholungsverfahren (Art. 11 VStG, 72 EinkStG) kann eine Berichtigung nicht nur der Vermögensteuerveranlagung für die laufende Veranlagungsperiode, sondern auch jener für die früheren Veranlagungsperioden erfolgen (§ 34 Abs. I Ziff 2 der VB.).

Art. 7.

I Die Vermögensteuer beträgt für jedes Vermögensteuerjahr eins vom Tausend des festgestellten auf 1000 ℳ nach unten abgerundeten steuerbaren Vermögens.

II Von der Vermögensteuer sind Personen mit einem in Bayern steuerbaren Gesamtvermögen von nicht mehr als 20000 ℳ befreit.

III Die Vermögensteuer ermäßigt sich für Vermögen

von mehr als	20000 ℳ	bis einschl.	25000 ℳ	um	9/10
" " "	25000 ℳ	" "	30000 ℳ	"	8/10
" " "	30000 ℳ	" "	35000 ℳ	"	7/10
" " "	35000 ℳ	" "	40000 ℳ	"	6/10
" " "	40000 ℳ	" "	45000 ℳ	"	5/10
" " "	45000 ℳ	" "	50000 ℳ	"	4/10
" " "	50000 ℳ	" "	55000 ℳ	"	3/10
" " "	55000 ℳ	" "	60000 ℳ	"	2/10
" " "	60000 ℳ	" "	65000 ℳ	"	1/10

1. Art. 7 ist in seiner jetzigen Gestalt entstanden aus dem Art. 7 und dem Art. 8 Abs. I des Regierungsentwurfes, und zwar ist der Abs. I des nunmehrigen Art. 7 vollkommen identisch mit dem Art. 8 Abs. I des Entwurfes, während der Art. 7 des Entwurfes folgenden Wortlaut hatte:

I Von der Vermögensteuer sind befreit:

1. Personen mit einem in Bayern steuerbaren gesamten Vermögen von nicht mehr als 20000 Mk.,
2. nach Art. 1 des Einkommensteuergesetzes steuerpflichtige Personen mit einem in Bayern steuerbaren gesamten Vermögen von nicht mehr als

50000 Mk., wenn sie mit einem steuerbaren Jahreseinkommen von nicht mehr als 2500 Mk. veranlagt sind.

II Für die Anwendung des Abs. I Ziff. 2 werden die Einkünfte, die nach Art. 8 Ziff. 1, 2 des Einkommensteuergesetzes bei der Veranlagung außer Betracht bleiben, zum steuerbaren Jahreseinkommen gerechnet.

Die Regierung hat aber diese dem Art. 5 des württembergischen Vermögensteuergesetzes vom 31. Juli 1915 und dem § 4 des bremischen Vermögensteuergesetzes vom 9. Mai 1917 nachgebildete Verquickung von Einkommensteuerveranlagung und Vermögensteuerfreiheit selbst wieder aufgegeben, bevor der Artikel im Ausschuß der Abgeordnetenkammer zur Beratung kam, indem sie beantragte, dem Artikel die Fassung zu geben, die jetzt Abs. II und III des Art. 7 besitzen. Dieser Antrag wurde angenommen, zugleich aber den beiden Absätzen des Regierungsantrages als Abs. I der Abs. I des Art. 8 des Regierungsentwurfes über den normalen Steuersatz vorangestellt. In dieser Form ist der Artikel dann Gesetz geworden.

2. Für die Berechnung der Vermögensteuer kommt nach der Vorschrift des Abs. I stets nur das auf volle Tausende nach unten abgerundete Vermögen in Betracht. Für die Frage der in Abs. II bestimmten Freigrenze von 20000 Mk. könnte es an sich zweifelhaft sein, ob hierunter das abgerundete oder das nichtabgerundete Vermögen zu verstehen ist. Die Entscheidung des pr. OVG. vom 10. April 1915 zu § 15 Abs. 3 WehrbeitrG. (Amtl. Mitt. 1915 S. 168) könnte dafür sprechen, das nichtabgerundete Vermögen hiefür maßgeben zu lassen. Auch die Ausführungen des Reichsschatzamts in Amtl. Mitt. 1917 S. 69ff., die für die Freigrenzen des BesStG. und des KriegsStG. von 1916 das abgerundete Vermögen als maßgebend erklären, würden nicht hiegegen sprechen, da sie insoweit ausdrücklich die Besitz- und die Kriegssteuer als Vermögenszuwachssteuern in Gegensatz zum Wehrbeitrag als einer Abgabe vom Vermögen stellen und die bayerische Vermögensteuer hier jedenfalls dem Wehrbeitrag in ihrem Wesen näher steht als den beiden Vermögenszuwachssteuern. Der gleiche Zweifel wäre bei dem Tarif des Abs. III möglich. Da jedoch die VV. in Anlage 7 den dem Steuerpflichtigen günstigeren Standpunkt einnehmen, auch bezüglich Abs. II und III das abgerundete Vermögen zugrunde zu legen, so besteht für den Steuerpflichtigen natürlich kein Anlaß, einen anderen Standpunkt zu vertreten. Steuerpflichtig ist also nur ein Vermögen von mindestens 21000 Mk.

3. Für die Freigrenze von (abgerundet) 20000 Mk. ist das in Bayern steuerbare Gesamtvermögen maßgebend. Es ist daher unerheblich, wieviel das Gesamtvermögen des Steuerpflichtigen überhaupt beträgt (§ 9 Abs. I der VV.). Die Nichtberücksichtigung des in Bayern nicht steuerbaren Vermögens nimmt der Freigrenze in vielen Fällen jede Berechtigung als „Existenzminimum".

Bei Ehegatten, deren Vermögen zusammenzurechnen ist (vgl. Art. 4), erfolgt die Abrundung erst am zusammengerechneten Vermögen und beurteilt sich auch die Steuerfreiheit nach der Höhe der zusammengerechneten Vermögen (§ 9 Abs. II der VV.).

Das Überschreiten der Freigrenze nach oben oder unten während der drei Vermögensteuerjahre bedingt nur dann einen Steuerzugang oder Steuerabgang bzw. eine Steueränderung, wenn damit der Eintritt oder das Erlöschen der subjektiven Einkommensteuerpflicht verbunden ist (Art. 5 Abs. III) oder eine der nach Art. 5 Abs. I Ziff. 1, 2 zu berücksichtigenden Änderungen des Vermögensstandes vorliegt (vgl. § 29 Abs. III, § 37 Abs. III der VV.). § 9 Abs. III der VV.

4. Aus Abs. III ergibt sich folgender

Vermögensteuertarif.

Vermögen		Steuer
unabgerundet	abgerundet	
0 ℳ bis mit 19 999,99 ℳ	—	—,— ℳ
von 20 000 ℳ „ „ 20 999,99 ℳ	20 000 ℳ	—,— ℳ
„ 21 000 ℳ „ „ 21 999,99 ℳ	21 000 ℳ	2,10 ℳ
„ 22 000 ℳ „ „ 22 999,99 ℳ	22 000 ℳ	2,20 ℳ
„ 23 000 ℳ „ „ 23 999,99 ℳ	23 000 ℳ	2,30 ℳ
„ 24 000 ℳ „ „ 24 999,99 ℳ	24 000 ℳ	2,40 ℳ
„ 25 000 ℳ „ „ 25 999,99 ℳ	25 000 ℳ	2,50 ℳ
„ 26 000 ℳ „ „ 26 999,99 ℳ	26 000 ℳ	5,20 ℳ
„ 27 000 ℳ „ „ 27 999,99 ℳ	27 000 ℳ	5,40 ℳ
„ 28 000 ℳ „ „ 28 999,99 ℳ	28 000 ℳ	5,60 ℳ
„ 29 000 ℳ „ „ 29 999,99 ℳ	29 000 ℳ	5,80 ℳ
„ 30 000 ℳ „ „ 30 999,99 ℳ	30 000 ℳ	6,— ℳ
„ 31 000 ℳ „ „ 31 999,99 ℳ	31 000 ℳ	9,30 ℳ
„ 32 000 ℳ „ „ 32 999,99 ℳ	32 000 ℳ	9,60 ℳ
„ 33 000 ℳ „ „ 33 999,99 ℳ	33 000 ℳ	9,90 ℳ
„ 34 000 ℳ „ „ 34 999,99 ℳ	34 000 ℳ	10,20 ℳ
„ 35 000 ℳ „ „ 35 999,99 ℳ	35 000 ℳ	10,50 ℳ
„ 36 000 ℳ „ „ 36 999,99 ℳ	36 000 ℳ	14,40 ℳ
„ 37 000 ℳ „ „ 37 999,99 ℳ	37 000 ℳ	14,80 ℳ
„ 38 000 ℳ „ „ 38 999,99 ℳ	38 000 ℳ	15,20 ℳ
„ 39 000 ℳ „ „ 39 999,99 ℳ	39 000 ℳ	15,60 ℳ
„ 40 000 ℳ „ „ 40 999,99 ℳ	40 000 ℳ	16,— ℳ
„ 41 000 ℳ „ „ 41 999,99 ℳ	41 000 ℳ	20,50 ℳ
„ 42 000 ℳ „ „ 42 999,99 ℳ	42 000 ℳ	21,— ℳ
„ 43 000 ℳ „ „ 43 999,99 ℳ	43 000 ℳ	21,50 ℳ
„ 44 000 ℳ „ „ 44 999,99 ℳ	44 000 ℳ	22,— ℳ
„ 45 000 ℳ „ „ 45 999,99 ℳ	45 000 ℳ	22,50 ℳ
„ 46 000 ℳ „ „ 46 999,99 ℳ	46 000 ℳ	27,60 ℳ
„ 47 000 ℳ „ „ 47 999,99 ℳ	47 000 ℳ	28,20 ℳ
„ 48 000 ℳ „ „ 48 999,99 ℳ	48 000 ℳ	28,80 ℳ
„ 49 000 ℳ „ „ 49 999,99 ℳ	49 000 ℳ	29,40 ℳ
„ 50 000 ℳ „ „ 50 999,99 ℳ	50 000 ℳ	30,— ℳ
„ 51 000 ℳ „ „ 51 999,99 ℳ	51 000 ℳ	35,70 ℳ
„ 52 000 ℳ „ „ 52 999,99 ℳ	52 000 ℳ	36,40 ℳ

Vermögen			Steuer
unabgerundet		abgerundet	
„ 53 000 ℳ „	„ 53 999,99 ℳ	53 000 ℳ	37,10 ℳ
„ 54 000 ℳ „	„ 54 999,99 ℳ	54 000 ℳ	37,80 ℳ
„ 55 000 ℳ „	„ 55 999,99 ℳ	55 000 ℳ	38,50 ℳ
„ 56 000 ℳ „	„ 56 999,99 ℳ	56 000 ℳ	44,80 ℳ
„ 57 000 ℳ „	„ 57 999,99 ℳ	57 000 ℳ	45,60 ℳ
„ 58 000 ℳ „	„ 58 999,99 ℳ	58 000 ℳ	46,40 ℳ
„ 59 000 ℳ „	„ 59 999,99 ℳ	59 000 ℳ	47,20 ℳ
„ 60 000 ℳ „	„ 60 999,99 ℳ	60 000 ℳ	48,— ℳ
„ 61 000 ℳ „	„ 61 999,99 ℳ	61 000 ℳ	54,90 ℳ
„ 62 000 ℳ „	„ 62 999,99 ℳ	62 000 ℳ	55,80 ℳ
„ 63 000 ℳ „	„ 63 999,99 ℳ	63 000 ℳ	56,70 ℳ
„ 64 000 ℳ „	„ 64 999 99 ℳ	64 000 ℳ	57,60 ℳ
„ 65 000 ℳ „	„ 65 999,99 ℳ	65 000 ℳ	58,50 ℳ
„ 66 000 ℳ „	„ 66 999,99 ℳ	66 000 ℳ	66,— ℳ
„ 67 000 ℳ „	„ 67 999,99 ℳ	67 000 ℳ	67,— ℳ

und so fort.

Art. 8.

Staatssteuerzuschläge, Kirchensteuern und Umlagen sind aus der Vermögensteuer nicht zu entrichten.

1. Im Regierungsentwurf hatte Art. 8 folgenden Wortlaut:

> Die Vermögensteuer beträgt für jedes Vermögensteuerjahr eins vom Tausend des festgestellten auf 1000 Mk. nach unten abgerundeten steuerbaren Vermögens.
>
> Kirchensteuern und Umlagen sind aus der Vermögensteuer nicht zu entrichten.

Der obige Abs. I ist nunmehr Abs. I des Art. 7 geworden. Abs. II wurde von der Staatsregierung folgendermaßen begründet (Denkschrift S. 44):

„Auch für die Vermögensteuer soll Art. 3 Abs. I, II des Einführungsgesetzes gelten, wonach durch das jeweilige Finanzgesetz festgesetzt werden wird, ob die Vermögensteuer für die Finanzperiode im Normalbetrag oder mit welchem Hundertsatze des Normalbetrags sie zu erheben ist und wonach der Hundertsatz für alle Steuergattungen gleichmäßig festzusetzen ist

Dagegen soll die Vermögensteuer weder zur Kirchensteuer noch auch zu irgendeiner Gattung von Umlagen herangezogen werden, da sowohl der protestantischen Kirche als auch den umlagenberechtigten öffentlichen Verbänden (Kreis- und Distriktsgemeinden, politische Gemeinden, Ortsgemeinden, Kirchengemeinden) eine Besteuerung des Vermögens bereits in Form der Ertragsteuern eingeräumt ist, die, soweit die politischen Gemeinden in Frage kommen, infolge der Bestimmungen des Art 25 des Umlagengesetzes sogar weiter geht als das staatliche Besteuerungsrecht Auch andere Verbände (Handelskammern, Handwerkskammern und die verschiedenen Gremien) sollen keine Zuschläge auf die Vermögensteuer legen dürfen"

Die Mehrheit der Abgeordnetenkammer erachtete es wohl mit Recht als eine Inkonsequenz, die Vermögensteuer zwar für staatliche, nicht aber für die übrigen Zuschläge für geeignet zu erklären, und fügte deshalb auch das Verbot einer Erhebung der finanzgesetzlichen Staatssteuerzuschläge (des Art 3 Abs I des Einführungsgesetzes) zur Vermögensteuer hinzu Im Ausschuß der Reichsratskammer wurde der Antrag des Berichterstatters, den Regierungsentwurf wiederherzustellen, mit 6 zu 6 Stimmen abgelehnt. Es wurde geltend gemacht, man solle bei einer so ganz neuen Steuer doch nicht gleich die eventuellen Mißstände, die darin sich vorfinden könnten, dadurch potenzieren, daß man auch noch Steuerzuschläge ins Auge fasse. Auch das Plenum der Reichsratskammer stimmte dieser Abänderung des Regierungsentwurfes zu.

Die Vermögensteuer hat durch dieses Verbot der Erhebung jeglicher Zuschläge unter den direkten Steuern in Bayern eine Ausnahmestellung erhalten Gesetzestechnisch wäre der richtige Platz für diese Bestimmung nicht das Vermögensteuergesetz, sondern das Einführungsgesetz, das Kirchensteuergesetz und das Umlagengesetz gewesen, weil sie eine Einschränkung der in diesen Gesetzen enthaltenen allgemeinen Vorschrift über die Zuschlagserhebung zu den bayerischen direkten Staatssteuern enthält. Vgl. übrigens auch oben Bem. 3 zu Art. 1 S. 9.

2. Außer den finanzgesetzlichen Staatssteuerzuschlägen kommt noch eine zweite Art von Staatssteuerzuschlägen zur Vermögensteuer in Betracht, nämlich die wie in Art. 31 des Einkommensteuergesetzes so in dem hier maßgebenden § 54 Abs. 2 BesStG. angeordneten Strafzuschläge wegen nicht rechtzeitiger Abgabe der Steuererklärung. Die Gesetzgebungsverhandlungen lassen unzweideutig erkennen, daß sich Art. 8 auf diese Zuschläge nicht beziehen will. Die Strafzuschläge wegen verspäteter Erklärungsabgabe dürfen also auch zur Vermögensteuer erhoben werden (§ 44 Abs. I der VV.). — Da die Besitzsteuererklärung nach Art. 9 Abs. I als Vermögensteuererklärung gilt, kommt der Strafzuschlag zur Vermögensteuer übrigens nicht nur bei verspäteter Abgabe einer besonderen Vermögensteuererklärung nach Art. 9 Abs. I Satz 2, sondern in den übrigen Fällen auch bei verspäteter Abgabe der Besitzsteuererklärung in Betracht. Eine Subsidiarität gegenüber dem BesStG. (wie nach Art. 10 Abs. VII, vgl. Bem. 17 zu Art. 10) kommt hiebei nicht in Frage. Es kann also aus Anlaß der Verspätung der Besitzsteuererklärung gegebenenfalls sowohl zur Besitzsteuer wie zur Vermögensteuer der Strafzuschlag erhoben werden.

Die Strafzuschläge werden während der drei Vermögensteuerjahre neben der veranlagten Steuer erhoben (vgl. hiezu § 20 Abs. II der VV).

Gegen die Festsetzung des Zuschlags ist Einspruch zur Regierung, Kammer der Finanzen, zulässig. Diese entscheidet endgültig. Der Einspruch hat keine aufschiebende Wirkung (§ 20 Abs. I Satz 2 der VV., Art. 31 Abs. IV EinkStG.).

Art. 9.

I Die Besitzsteuererklärung gilt als Vermögensteuererklärung. In den Fällen des Art. 3 Abs. II ist jedoch der Steuerpflichtige oder sein gesetzlicher Vertreter auf Aufforderung der Steuerbehörde zur Abgabe einer besonderen Vermögensteuererklärung verpflichtet.

II Über die Veranlagung zur Vermögensteuer wird ein Vermögensteuerbescheid erteilt.

III Im übrigen finden auf die Erklärungspflicht, die Veranlagung, das Verfahren einschließlich des Rechtsmittelverfahrens und die Kostenpflicht die in Bayern für die Besitzsteuer maßgebenden gesetzlichen Vorschriften entsprechende Anwendung.

IV Die Einlegung der Rechtsmittel gegen die Besitzsteuerveranlagung erstreckt sich unbeschadet einer gegenteiligen Erklärung des Steuerpflichtigen auch auf die Vermögensteuerveranlagung.

1. Amtliche Begründung (Denkschrift S. 123): Während für die Regel die Besitzsteuererklärung auch den Zwecken der Vermögensteuerveranlagung dient, muß dem Rentamte für die Fälle, in denen eine besondere Vermögensfeststellung erforderlich ist (vgl. Art. 3 Abs. II), die Befugnis zur Einforderung einer besonderen Vermögensteuererklärung eingeräumt werden.

Ein für die drei dem Veranlagungszeitpunkte folgenden Vermögensteuerjahre geltender Steuerbescheid soll über jede Veranlagung, nicht etwa nur in den Fällen des Art. 3 Abs. II erteilt werden. Im zweiten und dritten Vermögensteuerjahr wird der Betrag der zu zahlenden Vermögensteuer zweckmäßig in die dem Steuerpflichtigen nach Art. 48 Abs. III des Einkommensteuergesetzes zuzustellende Mitteilung über seine sonstige Steuerschuldigkeit aufzunehmen sein.

Abs. III sieht im übrigen zur Geschäftsvereinfachung für die Erklärungspflicht, die Veranlagung, das Verfahren einschließlich des Rechtsmittelverfahrens und die Kostenpflicht den engsten Anschluß an die in Bayern für die Besitzsteuer maßgebenden Vorschriften vor. Auf Grund dieser Bestimmung gelten also die Strafbestimmungen der §§ 54 Abs. 1, 56 Abs. 2, 58 Abs. 4 und 62 Abs. 4 des Besitzsteuergesetzes (vgl. Art. 12 Abs. I).

Der Entwurf gelangte unverändert zur Annahme.

Abs. I.

2. In dem Normalfall des Art. 3 Abs. I VStG., daß der Vermögensteuerveranlagung einfach das zur Besitzsteuer festgestellte Vermögen (Bem. 3 zu Art. 3) zugrunde gelegt werden kann, bedarf es einer besonderen Vermögensteuererklärung nicht (§ 19 Abs. II der VV.); die Besitzsteuererklärung soll darum insoweit als Vermögensteuererklärung gelten. Wo es jedoch einer besonderen Vermögensfeststellung (Art. 3 Abs. II) bedarf, genügt entweder die vorliegende Besitzsteuererklärung nicht oder es liegt (so bei den Zugangsfällen, vgl. Zimmermann, BesStG., Bem. 7 zu § 22) eine Besitzsteuererklärung überhaupt nicht vor. Für diese Fälle gewährt Art. 9 Abs. I Satz 2 den Steuerbehörden ausdrücklich das Recht, von dem Steuerpflichtigen oder seinem gesetzlichen Vertreter die Abgabe einer besonderen Vermögensteuererklärung zu verlangen. Die Vermögensteuererklärungen müssen unter Benützung des Musters der Anlage 6 zu den VV. (siehe Anhang) abgegeben werden. Die Vordrucke sind den Pflichtigen gegen Zustellungsnachweis vom Rentamt zu übersenden. Die Frist zur Abgabe der Vermögensteuererklärung ist auf mindestens 2 Wochen festzusetzen (§ 19 Abs. II, § 31 Abs. II, § 38 der VV.). Vgl. im übrigen unten Bem. 6 ff.

Abs. II.

3. Über die Bescheiderteilung bestimmt § 27 Abs. IV bis VII der VV. folgendes:

„IV Über jede ordentliche Veranlagung zur Vermögensteuer und zwar sowohl in den Fällen des

Art. 3 Abs. I wie in den Fällen des Art. 3 Abs. II Ziff. 1 und 2 — bei der erstmaligen Vermögensteuerveranlagung in allen Fällen — ist dem Steuerpflichtigen ein Bescheid nach dem Muster der Anlage 8 zu erteilen.

V Der Bescheid hat eine Belehrung über das zulässige Rechtsmittel der Berufung, über die vom Zustellungstag an laufende Ausschlußfrist von einem Monate sowie darüber zu enthalten, daß die Berufung innerhalb dieser Ausschlußfrist schriftlich oder zu Protokoll beim Rentamt oder bei der Gemeindebehörde einzulegen ist und daß in der Berufung die Gründe anzugeben sind, aus denen der Bescheid angefochten wird.

VI Außerdem sind in den Bescheiden die Punkte in Kürze zu bezeichnen, in denen bei der Feststellung des steuerbaren Vermögens von einer vorliegenden Vermögensteuererklärung abgewichen worden ist.

VII Die Steuerbescheide sind kosten- und gebührenfrei (Art. 9 Abs. III des Gesetzes, § 85 BesStG. und § 79 der BesStAusfBest.). Besteht Anlaß zur Auferlegung von Kosten des Ermittelungsverfahrens, so ist nach § 23 zu verfahren."

Aber nicht nur über die ordentlichen Veranlagungen sind solche Vermögensteuerbescheide vom Rentamte zu erteilen. Dasselbe ist vielmehr der Fall bei den Zugangsveranlagungen (§ 36 Abs. III der VV.), ferner bei der infolge Überganges von der unbeschränkten zur beschränkten VStPflicht erforderlich werdenden Neuveranlagung (§ 40 Ziff. 1 der VV.), weiter bei den im Laufe einer Veranlagungsperiode erfolgenden Berichtigungen oder Änderungen der Veranlagung nach oben (§ 34 Abs. II der VV. — Die Berichtigungen im Vermögensteuerrechtsmittelverfahren sind hier ausgenommen, weil hier ein Bescheid von der Rechtsmittelinstanz erteilt wird) und bei den entsprechenden Berichtigungen oder Änderungen nach unten (§ 38 der VV.), endlich bei Veranlagungsberichtigungen nach Art. 6 (§ 42 Abs. II der VV.).

Ablehnende Bescheide des Rentamts (Abweisung des Antrages auf Abminderung oder Abschreibung der Steuer nach Art. 5 [§§ 38 bis 40, 43 Abs. II der VV.] und des Antrages auf Berichtigung der Veranlagung nach Art. 6 [§ 42 Abs. II der VV.]) werden hinsichtlich der Rechtsmittelbelehrung und Zustellung zweckmäßig wie die Vermögensteuerbescheide behandelt werden (vgl. § 43 Abs. II der VV., Art. 70 Abs. II EinkStG.). Die Vorschrift des § 66 Abs. 3 BesStG., wonach bei fehlender oder unrichtiger Rechtsmittelbelehrung die Rechtsmittelfrist nicht in Lauf gesetzt wird, dürfte aber für sie keine Geltung haben. Bei einer weiteren Art von ablehnenden rentamtlichen Bescheiden scheidet mangels einer Rechtsmittelfrist die letztere Frage völlig aus, nämlich bei den rentamtlichen Ablehnungen von Veranlagungsberichtigungen nach § 38 Abs. 3 Satz 1, § 43 Abs. 2, § 44 Abs. 2, § 46 BesStG., weil hiegegen nur die unbefristete Verwaltungsbeschwerde gegeben ist (§ 43 Abs. V der VV.).

4. Die Urschriften der Steuerbescheide sind nach § 28 Abs. I der VV. zu den rentamtlichen Akten zu nehmen, während nach Abs. II daselbst den Beteiligten Abschriften unter Beobachtung der Vorschriften des § 68 BesStG. und des § 57 der AusfBest. hiezu in einem verschlossenen Umschlage durch die Post oder wenn tunlich zur Kostensparung auf andere geeignete, dem § 57 Abs. 2 der BesStAusfBest. entsprechende Weise unter Erholung eines Zustellungsnachweises zustellen zu lassen sind. Der Eingang der zu den rentamtlichen Vermögensteuerakten (§ 28 Abs. III der VV.) zu nehmenden Zustellungsnachweise ist sorgfältig zu überwachen.

Abs. III.

5. Im übrigen, d. h. abgesehen von den Vorschriften in Abs. I und II, sollen nach Abs. III auf die Erklärungspflicht, die Veranlagung, das Verfahren einschließlich des Rechtsmittelverfahrens und die Kostenpflicht die in Bayern für die Besitzsteuer maßgebenden gesetzlichen Vorschriften entsprechende Anwendung finden.

6. Erklärungspflicht. Es kommen in Betracht die §§ 52 bis 54 und 59 BesStG. (siehe Anhang). Hiezu sind ergangen die §§ 12 bis 19 der AusfBest. zum BesStG. (siehe Anhang) und die §§ 5 bis 11 der bayer. VV. zum BesStG. (siehe Anhang). Die Allgemeinheit der Erklärungspflicht (§ 52 Abs. 1 BesStG.) ist für das Gebiet des VStG. wesentlich eingeschränkt durch Art. 9 Abs. I VStG. (vgl. oben Bem. 2). Dagegen gilt die in § 52 Abs. 2 BesStG. der Steuerbehörde erteilte Ermächtigung, unbeschadet der allgemeinen Regel von jedem Steuerpflichtigen (Art. 2 VStG.) die Abgabe einer Steuererklärung zu verlangen, wohl auch für das Gebiet des VStG. Hieraus wird auch die Zulässigkeit des in § 13 der VV. gestellten Verlangens einer allgemeinen Vermögensteuererklärungsabgabe für die erstmalige Vermögensteuerveranlagung, das in Art. 9 Abs. I keine Stütze hätte, zu bejahen sein.

Auch die Vermögensteuererklärungen sind (§ 52 Abs. 3 BesStG.) unter der Versicherung zu erstatten, daß die Angaben nach bestem Wissen und Gewissen gemacht sind. Diese Versicherung ist ein wesentlicher Bestandteil der Steuererklärung (vgl. Bem. 5 zu Art. 10, § 16 der VV.).

Der für die Darlegung der Vermögensverhältnisse in der Steuererklärung maßgebende Zeitpunkt (§ 53 Abs. 1 BesStG.) ergibt sich für die VSt. aus Art. 3 Abs. III VStG. (vgl. Bem. 14, 15 zu Art. 3). Vgl. auch § 18 Abs. III der VV.

Bei Nichterfüllung der Erklärungspflicht kann der Steuerpflichtige oder sein gesetzlicher Vertreter (§ 59 BesStG.) durch Zwangsstrafen je bis zu 500 Mk. zur Abgabe einer ordnungsgemäßen Erklärung angehalten werden (§ 54 Abs. 1 BesStG.) und kann ferner dem Steuerpflichtigen (nicht auch seinem gesetzlichen Vertreter, vgl. Köppe S. 180) ein Strafzuschlag von 5 bis 10% der rechtskräftig festgestellten Vermögensteuer auferlegt werden (vgl. besonders Bem. 2 zu Art. 8 und Bem. 19 zu Art. 10). §§ 17 und 20 der VV.

Die in §§ 52 bis 54 BesStG. dem Steuerpflichtigen auferlegten Pflichten treffen nach § 59 BesStG. im Falle einer gesetzlichen Vertretung des Steuerpflichtigen (§§ 1626 ff., 1684 ff., 1773 ff., 1896 ff., 1909 ff. BGB.)

den gesetzlichen Vertreter, aber nur im Rahmen seiner sachlichen Zuständigkeit.

Die Vermögensteuererklärung des Ehemannes hat das Vermögen der Ehefrau mitzuumfassen, soferne die Ehegatten nicht dauernd von einander getrennt leben (§ 18 Abs. I der VV.).

7. Für die erstmalige Vermögensteuerveranlagung haben alle am 1. Januar 1919 subjektiv allgemein und beschränkt einkommensteuerpflichtigen natürlichen Personen mit einem in Bayern steuerbaren Vermögen von (abgerundet!) mehr als 20000 Mk. oder ihre gesetzlichen Vertreter eine Vermögensteuererklärung abzugeben (§ 13 der VV.). Der in den VV. vorgesehene Termin für die Erklärungsabgabe (2. bis 31. Januar 1919) mußte infolge des verspäteten Erscheinens der die VV. enthaltenden Nr. 89 des GVBl. 1918 rentamtsweise verlegt werden. Vorschriften über die erste allgemeine Vermögensteuererklärung enthalten die §§ 13 bis 15 ,18 Abs. II, III der VV.

Liegt eine verwendbare Besitzsteuervermögensfeststellung für den 31. Dezember 1916 (Bem. 3 zu Art. 3) vor, so kann der Steuerpflichtige sich darauf beschränken, auf S. 1 der Steuererklärung den Betrag des damals festgestellten Vermögens, das Datum des Besitzsteuerbescheides, das einschlägige Rentamt und die aus dem Besitzsteuerbescheid ersichtliche Nummer der Besitzsteuerliste anzugeben. Er hat jedoch, falls zwischen dem 31. Dezember 1916 und der Erklärungsabgabe Änderungen, die unter Art. 5 Abs. I, II fallen, eingetreten sind, oder falls in jenem Vermögen außerbayerisches Grund- oder Betriebsvermögen enthalten ist, jene Veränderungen bzw. jene auszuscheidenden Vermögensteile gesondert anzugeben. Sind diese Angaben nicht sehr einfacher Natur, so wird es sich empfehlen, in der nachstehend geschilderten Art zu verfahren.

Fehlt eine verwendbare Besitzsteuervermögensfeststellung, so müßte eigentlich korrekterweise (vgl. § 7 Abs. II der VV.) der Vermögenstand vom 31. Dezember 1916 in der Steuererklärung angegeben und müßten dann alle unter Art. 5 Abs. I, II fallenden Änderungen, die zwischen jenem Stichtag und der Erklärungsabgabe eingetreten sind, gesondert vermerkt werden. Da dieses Verfahren praktisch erhebliche Schwierigkeiten machen würde, ist in § 3 Abs. II der VV. aus Gründen der Geschäftsvereinfachung der umgekehrte Weg zugelassen worden, der in der Hauptsache doch zum richtigen Ergebnis führt. Es ist nämlich in der ersten allgemeinen Steuererklärung der Vermögenstand vom 1. Januar 1919 (bzw. vom Stichtag der letzten Bilanz, vgl. Bem. 16 b zu Art. 3) anzugeben und am Ende des Erklärungsformulars die Frage zu beantworten, ob seit dem 1. Januar 1917 wesentliche Änderungen im Stande des Wertes des Vermögens eingetreten sind. Bejahendenfalls wird der Steuerpflichtige zum Rentamt zur Aufklärung des Sachverhaltes vorgeladen. — Die denkbarst unklar gehaltenen „Erläuterungen zum Steuererklärungsvordruck" (siehe Anhang) werden kaum dazu beitragen können, dem Publikum die erwünschte Klarheit auch nur einigermaßen zu verschaffen.

8. Für die künftigen ordentlichen Veranlagungen zur VSt. erfolgt keine allgemeine Abgabe von Vermögensteuererklärungen, vielmehr verlangt das Rentamt nur in den Fällen des Art. 3 Abs. II Ziff. 1 und 2 Vermögensteuererklärungen (vgl. Anlage 3 und 6 zu den VV.), wenn die vorliegenden Behelfe für die VStVeranlagung nicht ausreichen. Die Vordrucke sind den Pflichtigen gegen Zustellungsnachweis zu übersenden. Die Frist zur Erklärungsabgabe ist auf mindestens 2 Wochen festzusetzen. Die Vermögensteuererklärung ist nach dem Muster der Anlage 3 zu den VV. und nach Maßgabe der Anweisung in § 18 der VV. abzugeben.

Außerdem kommt die Abgabe einer Vermögensteuererklärung noch in Betracht in den Fällen der Zugangsveranlagung (§ 31 Abs. II der VV.) und der Änderung der VStVeranlagung im Laufe der drei Vermögensteuerjahre (§§ 31 Abs. II, 38 der VV.).

9. Veranlagung und Verfahren.

a) Zuständigkeit. Die Behandlung der VSt. ist im allgemeinen den Rentämtern übertragen (§ 49

BesStG., § 10 Abs. I der VV. zum VStG.). Die Feststellung der Grundlagen für die Berechnung der VSt. erfolgt jedoch in allen den Fällen, in denen eine besondere Vermögensfeststellung im Neuanlageverfahren stattzufinden hat (vgl. Art. 3 Abs. II Ziff. 1 und 2 und bei der erstmaligen Veranlagung für 1919 auch in den Fällen des Art. 3 Abs. II Ziff. 3) durch die nach Maßgabe der Art. 37 bis 41, 88 EinkStG. und der §§ 53 bis 56 der VV. hiezu gebildeten Steuerausschüsse (vgl. § 7 Ziff. 1 der Bek. zum Vollzuge des Ges. zur Abänderung des EinkStG., GVBl. 1918 S. 685). — Wegen der in München und Nürnberg für die Schätzung nach § 35 BesStG., § 49 Abs. I der AusfBest. hiezu zuständigen Rentämter vgl. § 10 Abs. II der VV.

Die örtliche Zuständigkeit richtet sich wie beim BesStG. (dort natürlich vorbehaltlich § 48 BesStG.!), so auch hier nach Art. 22 EinkStG. und § 42 der VV. hierzu (§ 11 Abs. I der VV.). — Wegen der Überweisung im Falle eines Wohnsitzwechsels des Steuerpflichtigen trifft § 11 Abs. II und III der VV. Bestimmung.

b) Veranlagungsverfahren (§§ 55 bis 59, 61 bis 64 BesStG.). Das Rentamt hat nach § 55 BesStG. (Art. 9 Abs. III VStG.) die Angaben in den Vermögensteuererklärungen, soweit solche vorliegen, auf ihre Richtigkeit und Vollständigkeit und unter Benützung aller ihm zu Gebote stehenden amtlichen Behelfe, der Wehrbeitrags- und Besitzsteuerakten, der Steuererklärungen für die Veranlagung der Einkommen-, Gewerbe- und Kapitalrentensteuer, endlich der Überweisungen und Mitteilungen anderer Rentämter und Besitzsteuerämter (vgl. auch § 43 Abs. I der VV. zum EinkStG.) zu prüfen. Veranlaßtenfalls ist nach Maßgabe der Anweisung in § 12 Abs. II der bayr. VV. zum BesStG. zu verfahren. § 22 Abs. I der VV.

Die Gemeindebehörden haben in dem Umfange bei der Vermögensermittlung mitzuwirken, wie dies ihnen im § 63 BesStG. und im Art. 35 Abs. I EinkStG. (Art. 9 Abs. III VStG.) zur Pflicht gemacht ist.

Die Notare sind verpflichtet, Aufschlüsse zu erteilen und Einsicht der ihnen zur Verfügung stehenden amtlichen Behelfe zu gestatten im gleichen Umfange wie nach Art. 35 Abs. II EinkStG. Das gleiche gilt für die sämtlichen öffentlichen Behörden, soweit nicht der Vorbehalt im § 63 Abs. 3 BesStG. und im Art. 35 Abs. III EinkStG. platzzugreifen hat. § 51 der VB. zum EinkStG. findet entsprechende Anwendung. § 22 Abs. II der VB.

Weitere Einzelheiten bezüglich des Veranlagungsverfahrens enthalten die §§ 24 bis 28 der VB.

Die Verhandlungen über die Veranlagung der Vermögensteuer und über die hiebei zur Erörterung gelangenden Verhältnisse des Steuerpflichtigen sind streng vertraulicher Natur (Art. 9 Abs. III, 10 Abs. V VStG., §§ 64, 82 BesStG.). Die Mitglieder der Steuerausschüsse, der Berufungskommissionen und der Oberberufungskommission sind hierüber zu belehren. § 26 der VB.

10. Rechtsmittelverfahren (§§ 66 ff. BesStG.). Hiezu bestimmt § 43 der VB. folgendes:

„I Gegen den zur ordentlichen Veranlagung (§ 27 Abs. IV) ergehenden Vermögensteuerbescheid ist die Berufung an die Berufungskommission, gegen den Bescheid der Berufungskommission ist die Beschwerde an die Oberberufungskommission zulässig.

II Gegen die in den Fällen der §§ 32 Abs. V, 34 Abs. II, 36 Abs. III, 38, 41 Abs. II, 42 Abs. II ergehenden Vermögensteuerbescheide sowie gegen die Abweisung des Antrags auf Abminderung oder Abschreibung der Steuer (§§ 38 bis 40, Art. 70 Abs. II EinkStG.) ist der Einspruch nach Art. 70 Abs. III bis V EinkStG. zulässig.

III In den Fällen der Abs. I und II ist die Anfechtung insoweit ausgeschlossen, als das zur Besitzsteuer rechtskräftig festgestellte Vermögen der Vermögensteuerveranlagung unverändert zugrunde zu legen ist.

IV Die Rechtsmittel werden nach den Art. 49 bis 64, 85 bis 87, 91, 92 EinkStG. in der Fassung vom

17. August 1918 und den §§ 64 Abs. V, 65 Abs. IV, VII, 67, 68, 71 Abs. I, III bis V, 72 der VV. hierzu mit dem Abmaße weiterbehandelt, daß zufolge der Sondervorschrift im § 66 Abs. 3 BesStG. die Rechtsmittelfrist nicht in Lauf gesetzt wird, wenn keine oder eine falsche Rechtsmittelbelehrung erteilt ist.

V Gegen den Bescheid des Rentamts, durch den die Veranlagung zugunsten des Steuerpflichtigen auf Grund des § 38 Abs. 3 Satz 1, § 43 Abs. 2, § 44 Abs. 2, § 46 BesStG. berichtigt oder die auf Grund dieser Vorschriften beantragte Berichtigung der Veranlagung abgelehnt wird, steht dem Steuerpflichtigen die Beschwerde an die Regierungsfinanzkammer und an das Staatsministerium der Finanzen offen.

VI Zu beachten ist, daß keine allgemeine Berufungsfrist eröffnet wird, sondern daß für jeden Steuerpflichtigen der Lauf der Berufungsfrist gesondert mit dem Tage der Zustellung des Vermögensteuerbescheids beginnt.

VII Die eingelegten Berufungen sind in das nach § 64 Abs. V der VV. zum EinkStG. zu führende Berufungsverzeichnis aufzunehmen. Für die Berufungen sind eigene Akten nach Maßgabe der Anweisung im § 69 dieser Vorschriften anzulegen.

VIII Die Berufungsfälle sind nach den einzelnen Vermögensgattungen tunlichst jenen Berufungskommissionen zuzuweisen, die sich nach § 70 Abs. IV der VV. zum EinkStG. vorwiegend mit der Besteuerung der Einkünfte und Erträge aus der betreffenden Vermögensgattung zu befassen haben.

IX Durch die Einlegung eines Rechtsmittels wird die Einhebung der veranlagten Vermögensteuer nicht aufgehalten (Art. 49 Abs. III, 59 Abs. III, 70 Abs. IV EinkStG.). Die Befugnis der Finanzverwaltungsbehörden veranlaßtenfalls Stundung zu gewähren, wird hiedurch nicht berührt."

11. Die unterschiedliche Zulassung des Rechtsmittels der Berufung (§ 43 Abs. I VV.) und des Einspruchs (§ 43 Abs. II VV.) entspricht in der Hauptsache der Regelung der Zuständigkeit zur Feststellung der Veranlagungsgrundlagen: sind die Grundlagen vom Steuerausschuß festgestellt (§ 24 Abs. II VV.), so ist das zunächst vom Steuerausschuß zu behandelnde (Art. 53 EinkStG.) Rechtsmittel der Berufung gegeben; ist dagegen die Feststellung allein durch das Rentamt erfolgt, so ist das Rechtsmittel des Einspruchs gegeben, der zunächst der Würdigung des Rentamts (Art. 70 Abs. V EinkStG.) unterliegt. Nur eine Ausnahme von diesem Grundsatze ist gemacht; bei einem großen Teile der ordentlichen Veranlagungen konnte auf eine Feststellung der Veranlagungsgrundlagen durch den Steuerausschuß deshalb verzichtet werden, weil die vorliegende verwendbare Besitzsteuervermögensfeststellung jede derartige Feststellung entbehrlich macht, vielmehr einfach eine Übertragung der abgerundeten Reinvermögensziffer aus der Spalte 8 b der Besitzsteuerliste in die Spalte 19 erforderlich ist (§ 24 Abs. I VV.). Trotzdem diese Übertragung ohne Mitwirkung des Steuerausschusses erfolgt, mußte der Einheitlichkeit halber auch hier das in den übrigen Fällen der ordentlichen Veranlagung zulässige Rechtsmittel der Berufung gegeben werden.

Sonach findet gegen alle ordentlichen Veranlagungen die Berufung statt. Daß Art. 9 Abs. III für das Rechtsmittelverfahren die in Bayern für die Besitzsteuer maßgebenden gesetzlichen Vorschriften für anwendbar erklärt, hat nicht die Folge, daß nunmehr auch in Vermögensteuersachen gegen den Bescheid der Berufungskommission die Rechtsbeschwerde an den Reichsfinanzhof ginge. Diese Regelung ist in Bayern für die Besitzsteuer erst durch die Verordnung vom 30. September 1918 (GVBl. S. 793) eingeführt worden. Art. 9 Abs. III wollte aber natürlich nur den zur Zeit der Erlassung des VStG. geltenden Rechtszustand übernehmen. In Vermögensteuersachen geht also gegen den Bescheid der Berufungskommission die Beschwerde nach dem EinkStG. an die Oberberufungskommission.

Der Einspruch findet statt

a) gegen die im Laufe einer Veranlagungsperiode seitens des Rentamtes erfolgenden Veranlagungsänderungen oder -berichtigungen nach oben (§§ 32, 34 VV.),

b) gegen die Zugangsveranlagungen (§ 36 VV.),

c) gegen die im Laufe einer Veranlagungsperiode seitens des Rentamtes erfolgenden Veranlagungsänderungen nach unten sowie die Abweisung der Anträge auf Abminderung oder Abschreibung der Steuer durch das Rentamt (§§ 38 bis 40 VV.),

d) gegen die Neuveranlagung bei Übergang von der unbeschränkten zur beschränkten Vermögensteuerpflicht (§§ 40 Ziff. 1, 41 Abs. II VV.),

e) gegen die Veranlagungsberichtigung nach Art. 6 sowie die Abweisung des Antrags auf eine solche Berichtigung seitens des Rentamts (§ 42 VV.).

Nicht der ordentliche Rechtsmittelweg, sondern nur die (unbefristete) einfache Verwaltungsbeschwerde ist (wie in § 35 Abs. IV der VV. zum BesStG.) gegeben gegen den Bescheid des Rentamts, durch den die Veranlagung zugunsten des Steuerpflichtigen (auf dessen Antrag) zufolge gewisser Bewertungsregeln des BesStG. (§ 38 Abs. 3 Satz 1, § 43 Abs. 2, § 44 Abs. 2, § 46) rückwirkend berichtigt oder diese Berichtigung abgelehnt wird. Bei einer rückwirkenden Veranlagungsberichtigung nach oben, also zuungunsten des Steuerpflichtigen, ist dagegen der Einspruch zulässig (oben a).

12. Soweit an sich der ordentliche Rechtsmittelweg zulässig ist (§ 43 Abs. I, II VV.), sind die ergangenen Vermögensteuerbescheide doch in gewisser Hinsicht unanfechtbar, insoweit nämlich das zur Besitzsteuer rechtskräftig festgestellte Vermögen der Vermögensteuerveranlagung unverändert zugrunde zu legen (und natürlich auch zugrunde gelegt) ist. Der Steuerpflichtige kann also im Vermögensteuerrechtsmittelverfahren nicht jene für die Veranlagung zugrunde gelegte Vermögensfeststellung anfechten, die er im Besitzsteuerverfahren unangefochten rechtskräftig werden ließ oder bezüglich deren seine Angriffe schon im Besitzsteuerrechtsmittelverfahren endgültig erfolglos geblieben sind. Ist die rechtskräftige Besitzsteuervermögensfeststellung nur zum Teil der Vermögensteuerveranlagung zugrunde zu legen (z. B. § 42 Abs. II VV.), so besteht die Unanfechtbarkeit nur in diesem Umfange. Die Unanfechtbarkeit erstreckt sich nicht nur auf die ursprüngliche, sondern auch auf die später etwa berichtigte Besitzsteuervermögensfeststellung, sofern sie rechtskräftig geworden ist.

Die Frage nach der Rechtsgültigkeit dieser Vorschrift (§ 43 Abs. III VV.) wird deshalb zu bejahen sein, weil in ihr nur ausgedrückt ist, was das in Art. 3 konstruierte System des Zusammenhanges zwischen Besitz- und Vermögensteuer auch ohne ausdrückliche Aufnahme ins Gesetz vorschreibt, daß nämlich — vorbehaltlich der besonders aufgeführten Ausnahmen — der Vermögensteuer unterliegt: das in Bayern zur Reichsbesitzsteuer festgestellte Vermögen.

13. Kostenpflicht (§§ 60, 85 BesStG.). Hiezu bestimmt § 23 der VV.:

I Die Kosten der Ermittelungen hat in den Fällen des § 60 BesStG. (Art. 9 Abs. III VStG.) der Steuerpflichtige zu tragen. In allen übrigen Fällen sind — vorbehaltlich der Bestimmungen über die Kostentragung im Rechtsmittel- und Strafverfahren — die Kosten des Verfahrens in Vermögensteuerangelegenheiten von der Staatskasse zu tragen (§ 85 BesStG., § 79 der BesStAusfBest.).

II Die Beschlußfassung über die Kostentragung nach § 60 BesStG. obliegt den Rentämtern. Gegen den Beschluß ist Beschwerde an die Regierung, Kammer der Finanzen, zulässig.

Für die Pflicht zur Kostentragung im Rechtsmittelverfahren treffen die durch § 43 Abs. IV der VV. (vgl. vorige Bem.) für anwendbar erklärten Art. 86 und 87 EinkStG. Bestimmung.

Abs. IV.

14. Diese Vorschrift soll nach der Erklärung des Finanzministers von Breunig bei den Gesetzesberatungen im Ausschuß der K. d. Abg. (Beilage 2401 S. 269) wegen des Zusammenhanges der beiden Steuergattungen bewirken, daß die Berufung gegen die Besitzsteuerveranlagung auf die Vermögensteuerveranlagung wirkt, wenn der Steuerpflichtige selbst nicht etwas anderes bestimmt. Es sei damit etwas Ähnliches bestimmt, wie es im Verhältnisse der Ertragsteuern, so der Gewerbesteuer und der Kapitalrentensteuer, zur Einkommensteuer geschehen sei (Art. 22 GewStG., Art. 18 KapRentStG.). Die bei der EinkSt. eingelegten Rechtsmittel gälten auch bei den Ertragsteuern für eingelegt, wenn nicht etwas anderes bestimmt sei.

Die Parallele ist m. E. deshalb verfehlt, weil das Verhältnis der Ertragsteuern zur EinkSt. ein ganz anderes ist als jenes der VSt. zur BesSt. Nach Art. 3 Abs. I VStG. unterliegt der Besteuerung in den drei zusammenhängenden Vermögensteuerjahren das in Bayern zur BesSt. festgestellte Vermögen. Wird also die grundlegende Besitzsteuerveranlagung mit ihrer Vermögensfeststellung im Rechtsmittelverfahren rechtskräftig (nach oben oder unten) geändert, so muß notwendig im Sinne des Art. 3 VStG. eine Berichtigung der VStVeranlagung mit Rückwirkung eintreten, weil eben nunmehr ein anderes Vermögen als vorher zur BesStG. festgestellt ist. Hienach erscheint hier die primäre Bestimmung des Abs. IV (Wirkung des gegen die Besitzsteuerveranlagung eingelegten Rechtsmittels auch auf die Vermögensteuerveranlagung) ganz überflüssig; in Art. 22 GewStG. und Art. 18 KapRentStG. dagegen ist sie angebracht, weil ja diese beiden Gesetze nicht etwa die zur EinkSt. festgestellten Gewerbe- oder Kapitalerträge als Maßstab und Gegenstand der Besteuerung erklären, also eine Änderung der Veranlagung nach dem EinkStG. an sich ohne jeden Einfluß auf die Veranlagung nach den beiden anderen Gesetzen wäre. Die §§ 34, 39, 41 der VV. lassen denn auch von Amts wegen eine rückwirkende Abänderung der Vermögensteuerveranlagung eintreten, wenn die ihr zugrunde liegende Besitzsteuerveranlagung im Rechtsmittelwege berichtigt wird.

Abs. IV drückt nun aber das nach Art. 3 Abs. I ohnehin selbstverständliche Prinzip des notwendigen Zusammenhanges zwischen beiden Veranlagungen höchst ungeschickt aus, indem er nicht von der im Rechtsmittelweg erfolgten Korrektur der Besitzsteuervermögensfeststellung, sondern von der Einlegung der Rechtsmittel gegen die Besitzsteuerveranlagung spricht und diese sich auch auf die VStVeranlagung erstrecken lassen will. Darnach würde die Berufung gegen eine Besitzsteuerveranlagung auch eine Berufung gegen die auf jener aufgebaute Vermögensteuerveranlagung (nur im Regelfalle des Art. 3 Abs. I kann die Vorschrift des Art. 9 Abs. IV überhaupt Sinn haben) sein. Sollen hier nun zwei getrennte Rechtsmittelverfahren nebeneinander laufen, so daß in beiden die Berufungskommission zu entscheiden hat? Und soll die Rechtsbeschwerde an den Reichsfinanzhof im Besitzsteuerverfahren gleichzeitig als Beschwerde an die Oberberufungskommission im Vermögensteuerverfahren gelten? Unmöglich. Abs. IV kann m. E. primär nur ausdrücken, daß auch eine (auf einer Besitzsteuervermögensfeststellung ganz oder teilweise aufgebaute) selbst mit Berufung nicht angefochtene Vermögensteuerveranlagung nur mit dem Vorbehalte rechtskräftig wird, daß eine etwaige rechtskräftige Berichtigung der zugrunde gelegten Besitzsteuervermögensfeststellung auch eine entsprechende Berichtigung der Vermögensteuerveranlagung nach sich zieht.

Die eingeschobenen Worte „unbeschadet einer gegenteiligen Erklärung des Steuerpflichtigen“ wollen dem Steuerpflichtigen in unangebrachter Analogie zu Art. 22 GewStG., Art. 18 KapRentStG. das Recht geben, seine Vermögensteuerveranlagung unabhängig von dem Ausgange des Besitzsteuerrechtsmittelverfahrens zu machen. Abgesehen davon, daß es nicht ersichtlich ist, welches Interesse ein Steuerpflichtiger, dem die Besitzsteuer zu hoch ist, daran haben sollte, auch im Falle des Obsiegens im Besitzsteuerverfahren doch die Vermögensteuer aus dem ursprünglich angenommenen höheren Vermögen zu entrichten, paßt diese Loslösung der Vermögensteuerveranlagung von der Besitzsteuervermögensfeststellung durchaus nicht in den Rahmen des Art. 3 Abs. I, für dessen Bereich allein aber sie doch geschaffen sein kann. Und wie steht es bei ärarialischen Rechtsmitteln? Soll hier auch der Steuerpflichtige entscheiden, ob sie sich auch auf die Vermögensteuerveranlagung erstrecken oder nicht? M. E. ist diese Vorschrift falsch, unmöglich und undurchführbar. Die VV. übergehen denn auch den Abs. IV mit Stillschweigen, obwohl gerade er einer regierungsseitigen Deutung besonders bedürftig gewesen wäre.

Die Rechtslage ist also folgende: Beruht eine Vermögensteuerveranlagung nicht auf einer besonderen Vermögensfeststellung nach Art. 3 Abs. II, III VStG., sondern auf einer Besitzsteuerveranlagung, so hat die im Rechtsmittelweg erfolgte rechtskräftige Berichtigung dieser Besitzsteuerveranlagung auch für die Vermögensteuerveranlagung die notwendige Folge einer rückwirkenden Veranlagungsberichtigung. Das auch dann, wenn der Steuerpflichtige erklärt hat, er wolle mit dem Rechtsmittel nur die Besitzsteuerveranlagung anfechten. Hat er erklärt, mit dem gegen die Besitzsteuerveranlagung eingelegten Rechtsmittel auch die Vermögensteuerveranlagung anfechten zu wollen oder hat er gesondert auch gegen die Vermögensteuerveranlagung Berufung eingelegt, so wird es sich keinesfalls empfehlen, neben dem Besitzsteuerrechtsmittelverfahren gleichzeitig auch ein getrenntes Vermögensteuerrechtsmittelverfahren durchzuführen, da ja endgültig für die Vermögensteuerveranlagung doch die schließliche rechtskräftige Besitzsteuer-Vermögensfeststellung maßgebend bleibt. — Läßt der Steuerpflichtige die Besitzsteuerveranlagung unangefochten rechtskräftig werden, so ist eine Anfechtung der hierauf beruhenden Vermögensteuerveranlagung insoweit ausgeschlossen, als das zur Besitzsteuer rechtskräftig festgestellte Vermögen der Vermögensteuerveranlagung unverändert zugrunde gelegt wurde und nach dem Gesetz werden mußte (vgl. § 43 Abs. III der VV.).

Art. 10.

I Wer in einer besonderen Vermögensteuererklärung oder in einer Besitzsteuererklärung oder im Veranlagungsverfahren wissentlich unrichtige oder unvollständige Angaben macht, die geeignet sind, zur Verkürzung der Vermögensteuer zu führen, wird mit einer Geldstrafe bis zum zehnfachen Betrage der gefährdeten Steuer bestraft. Neben der Geldstrafe kann auf Gefängnis bis zu sechs Monaten erkannt werden, wenn die unrichtigen oder unvollständigen Angaben in der Absicht, die Vermögensteuer zu hinterziehen, gemacht worden sind und wenn der Steuerbetrag, der durch die unrichtigen oder unvollständigen Angaben gefährdet worden ist, nicht weniger als zehn vom Hundert der geschuldeten Steuer, mindestens aber dreihundert Mark ausmacht, oder wenn der Steuerpflichtige wegen Vermögen- oder Besitzsteuerhinterziehung vorbestraft ist. Bei einer Steuergefährdung der vorbezeichneten Art kann im Urteil angeordnet werden, daß die Bestrafung auf Kosten der Verurteilten öffentlich bekanntzumachen ist.

II Ist in den Fällen des Abs. I die unrichtige oder unvollständige Angabe zwar wissentlich, aber nicht in der Absicht der Steuerverkürzung gemacht, so tritt an Stelle der in Abs. I vorgesehenen Strafe eine Geldstrafe bis zu fünfhundert Mark.

III Besteht nach der von der Steuerbehörde geführten Untersuchung der Verdacht, daß eine Steuergefährdung der im Abs. I Satz 2 bezeichneten Art vorliegt, so ist die Sache an die zuständige Staatsanwaltschaft abzugeben. Findet diese, daß dieser Verdacht nicht hinreichend begründet ist, so kann sie die Sache zur weiteren Erledigung im Verwaltungsstrafverfahren an die Verwaltungsbehörde abgeben.

IV Eine Geldstrafe bis zu einhundertfünfzig Mark tritt ein, soweit nicht ein genügender Entschuldigungsgrund vorgebracht werden kann, bei Zuwiderhandlungen gegen die Vorschriften dieses Gesetzes oder die zu seiner Ausführung erlassenen Bestimmungen, die im Gesetze mit keiner besonderen Strafe bedroht sind.

V Die §§ 79, 81, 82 und 84 des Besitzsteuergesetzes finden entsprechende Anwendung.

VI Die Einziehung der Vermögensteuer erfolgt unabhängig von der Bestrafung.

VII Die Bestrafung nach den vorstehenden Vorschriften tritt nur ein, wenn eine Bestrafung nach dem Besitzsteuergesetze nicht eintritt.

1. Amtliche Begründung (Denkschrift S. 123):

„Die Strafbestimmungen in den Abs. I bis III und V schließen sich hinsichtlich des Höchstsatzes der Geldstrafe an das Einkommensteuergesetz, im übrigen aber an das Besitzsteuergesetz an mit der Maßgabe, daß die Bestrafung nach dem Vermögensteuergesetze nur eintritt, wenn eine Bestrafung nach dem Besitzsteuergesetze nicht eintritt. Als gefährdet gilt auch der jeweilige finanzgesetzliche Zuschlag zur Vermögensteuer.

Abs. IV soll den gleichen Zweck erfüllen wie die Vorschrift des § 83 des Besitzsteuergesetzes."

Der Entwurf erfuhr nur in Abs. II eine Änderung, insoferne als dort der Höchstbetrag der Geldstrafe von dreihundert auf fünfhundert Mark erhöht wurde. Im übrigen wurde der Entwurf unverändert angenommen.

Abs. I[1]) und II.

2. Abs. I und II behandeln drei Arten der Vermögensteuergefährdung.

Gemeinsam hinsichtlich des objektiven Tatbestandes ist diesen drei Vergehen (vgl. unten Bem. 10), daß

a) unrichtige oder unvollständige Angaben,

b) in einer besonderen Vermögensteuererklärung oder in einer Besitzsteuererklärung oder im Veranlagungsverfahren gemacht wurden, und

---

[1]) § 44 Abs. II der VB. macht für die Beurteilung der Strafvorschrift im Art. 10 Abs. I auf die im § 86 Abs. III der VB. zum EinkStG hervorgehobenen Gesichtspunkte aufmerksam. Der nachstehend wiedergegebene § 86 Abs. III ist jedoch insoferne nur mit Vorsicht verwendbar, als er nur Art. 74 Abs. I und II EinkStG. erläutert und es sich dort nur um den Fall der nachgewiesenen Hinterziehungsabsicht handelt, während Art. 10 Abs. I sowohl den Fall der nachgewiesenen, als auch der nichtnachgewiesenen Hinterziehungsabsicht umfaßt (vgl. Bem. 8 und 9).

§ 86 Abs. III der VB. zum EinkStG.

Die Bestrafung nach Art. 74 Abs. I, II setzt voraus, daß unrichtige oder unvollständige tatsächliche Angaben wissentlich und mit der Absicht der Hinterziehung gemacht worden sind. Wissentlich unrichtig oder unvollständig ist eine Angabe nur, wenn der Angebende weiß, daß seine Angabe unrichtig oder unvollständig ist. Damit, daß die Bestrafung nach Art. 74 Abs. I, II von den beiden Voraussetzungen der Wissentlichkeit und der Hinterziehungsabsicht abhängig gemacht ist, sind unzutreffende Angaben, die ohne Verschulden, versehentlich, in entschuldbarer Unkenntnis der gesetzlichen Vorschriften, im Rechtsirrtum oder wirklich nach bestem Wissen und Gewissen gemacht worden sind, ebenso wie irrige Angaben zufolge mangelhafter Fragestellung dem Bereiche dieser Strafvorschrift entzogen. Die Strafbarkeit von Übersehen in bezug auf bloße Formvorschriften oder in bezug auf unzutreffende Angaben, die ohne wesentlichen Belang für die Steuerveranlagung sind, scheidet von selbst aus. Der Umstand, daß gegen die gesetzlichen Vorschriften gefehlt worden ist, oder der Umstand, daß die Einkünfte von den Veranlagungsorganen höher geschätzt werden als der Steuerpflichtige angegeben hat, sind für sich allein ebensowenig ein Grund zur Strafeinschreitung wie eine unzutreffende Angabe, die in erkennbarer Weise nur eine Schätzung, nur ein subjektives Urteil enthält und sich nicht auf Tatsachen bezieht. Eine unzutreffende Angabe über die Schätzung des Geldwerts des Eigenverbrauchs, der Wohnung im eigenen Hause u. dgl. fällt daher nicht unter Art. 74 Abs. I, II.

Auch die Beschränkung auf rein tatsächliche Angaben fehlt im Gegensatz zu Art. 74 Abs. I, II EinkStG. im Art. 10 Abs. I VStG. (vgl. Bem. 3).

c) diese Angaben geeignet sind, zur Verkürzung der Vermögensteuer zu führen.

Gemeinsam hinsichtlich des subjektiven Tatbestandes ist den drei Vergehen, daß die unrichtigen oder unvollständigen Angaben wissentlich gemacht worden sein müssen.

Dagegen unterscheiden sich die drei Vermögensteuergefährdungsarten hinsichtlich des übrigen subjektiven Tatbestandes, nämlich hinsichtlich der Hinterziehungsabsicht und ihres Nachweises. Hienach behandelt (vgl. Rheinstrom, BesStG., Bem. 1 zu § 78):

aa) Abs. I Satz 1 die VStGefährdung ohne nachgewiesene Hinterziehungsabsicht (vgl. § 56 WehrbeitrG., § 76 BesStG.),

bb) Abs. I Satz 2 und 3 die VStGefährdung mit nachgewiesener Hinterziehungsabsicht (vgl. § 57 WehrbeitrG., § 77 BesStG.), wobei aber die verschärfte Strafdrohung des Abs. I Satz 2 u. 3 auch bei nachgewiesener Hinterziehungsabsicht nur dann an die Stelle der Strafdrohung des Abs. I Satz 1 tritt, wenn eines von den zwei besonders genannten weiteren Tatbestandsmerkmalen (der gefährdete Steuerbetrag muß eine gewisse Höhe erreichen oder der Täter rückfällig sein) gegeben ist,

cc) Abs. II die VStGefährdung mit nachgewiesenermaßen fehlender Hinterziehungsabsicht (vgl. § 58 WehrbeitrG., § 78 BesStG.), für welch letztere Abs. II den Ausdruck „Absicht der Steuerverkürzung" gebraucht.

3. Unrichtige oder unvollständige Angaben. Im Gegensatze zu Art. 74 EinkStG. heißt es hier nicht „tatsächliche" Angaben; es fallen also auch Schätzungen und Wertangaben darunter. Auch Angaben rechtlicher Natur werden hieher gehören können, soferne sie sich nicht auf die rechtlichen Folgerungen aus richtig angegebenen Tatsachen oder Ereignissen beschränken, z. B. die unrichtige Behauptung des Steuerpflichtigen, seine Warenvorräte seien Eigentum einer dritten Person.

Strafbar im Sinn des Gesetzes können unrichtige Angaben nur sein, wenn sie sich den Anschein der Richtigkeit, und unvollständige Angaben nur, wenn sie sich den Anschein der Vollständigkeit geben. Darum hat, wer gar keine Angaben über sein Vermögen machte, nicht etwa „unvollständige" Angaben im Sinne dieser Bestimmung gemacht. Dabei ist aber zu beachten, daß, wer ein vorschriftsmäßig unterzeichnetes Steuererklärungsformular abgibt, darin aber sämtliche auf das steuerbare Vermögen bezüglichen Rubriken unausgefüllt gelassen hat, dadurch nicht etwa gar keine Angabe gemacht, sondern vielmehr üblicherweise erklärt hat, daß er keinerlei steuerbares Vermögen besitzt. Ist das unwahr, so hat er also eine unrichtige Angabe im Sinn dieser Gesetzesbestimmung gemacht. Das gleiche gilt, wenn die zur Aufnahme der Zahlen bestimmten Felder nur Querstriche enthalten oder, was zuweilen geschieht, auch die Fragen selbst mit durchstrichen sind.

4. Besondere Vermögensteuererklärung. Vgl. hiezu Art. 9 Abs. I Satz 2 und Bem. 2, 6 zu Art. 9.

5. Besitzsteuererklärung. Da im Regelfalle eine besondere Vermögensteuererklärung nicht abzugeben ist, gilt nach Art. 9 Abs. I Satz 1 regelmäßig die Besitzsteuererklärung als Vermögensteuererklärung. Die unrichtigen oder unvollständigen Angaben in der Besitzsteuererklärung führen durchaus nicht stets zugleich zu einer Besitzsteuergefährdung, so daß nach Abs. VII nur eine Bestrafung nach dem BesStG. in Frage käme. Z. B. das Vermögen hat sich gegenüber dem maßgebenden Anfangsvermögenstand vermindert, so daß eine Besitzsteuer und damit eine Besitzsteuergefährdung nicht in Betracht kommen kann, der Steuerpflichtige gibt aber das Vermögen unrichtigerweise noch niedriger an, so daß allein die VSt. gefährdet wird. — Eine ohne die Versicherung des § 52 Abs. 3 BesStG. (vgl. Bem. 6 zu

Art. 9) abgegebene Besitzsteuererklärung ermangelt eines wesentlichen Bestandteiles und ist deshalb keine Besitzsteuererklärung im Sinne des § 52 BesStG., also auch keine solche im Sinne der vorliegenden Bestimmung, weil das VStG. natürlich keine andere Begriffsnormierung hiefür geben will, als das BesStG. Soweit wegen dieses Mangels die in einer solchen Besitzsteuererklärung gemachten unrichtigen oder unvollständigen Angaben nicht zu einer Bestrafung nach dem BesStG. oder VStG. führen können, wird wohl § 263 StGB. Platz greifen. — Da nach Art. 9 Abs. III VStG. die Vorschriften des BesStG. über die Erklärungspflicht auch für das Gebiet des VStG. gelten, bildet die Versicherung nach § 52 Abs. 3 BesStG. auch für die besondere Vermögensteuererklärung des Art. 9 Abs. I Satz 2 VStG. einen notwendigen Bestandteil, weshalb die vorstehenden Ausführungen auch für diese Geltung haben.

6. Veranlagungsverfahren. Das Veranlagungsverfahren im engeren Sinne, das „eigentliche" Veranlagungsverfahren (die Veranlagung) endigt regelmäßig mit der Zustellung des Bescheides erster Instanz (Hoffmann, WehrbeitrG. Bem. 4 d zu § 56; Strutz, KriegsStG. 1916 Bem. II A. 4, S. 439). Es kann ausnahmweise ohne eine solche endigen, wenn es z. B. wegen zu geringen Vermögens weder zu einem Steuer-, noch zu einem Feststellungsbescheid (vgl. Entsch. des pr. OVG. vom 22. Juni 1918, DJZ. 1918 S. 711) kommt. Das Veranlagungsverfahren im weiteren Sinne umfaßt außer diesem „eigentlichen" auch noch das Rechtsmittelverfahren. Man wird den Ausdruck Veranlagungsverfahren hier in diesem weiteren Sinne zu verstehen haben; anderenfalls würde insoweit beim VStG. ein sowohl von dem des bayerischen Einkommen-, Gewerbe- und Kapitalrentensteuergesetzes, als auch von jenem des BesStG. abweichender Rechtszustand bestehen, was der Gesetzgeber des VStG. keinesfalls (vgl. die in Bem. 1 oben wiedergegebene amtliche Begründung) beabsichtigt hat. Es fallen also wie bei den genannten bayerischen Steuergesetzen und beim BesStG. (Höni-

ger-Erk, S. 30 Bem. 5; Strutz, KriegsStG. 1916 Bem. II A. 4, S. 439; Glaser, KriegsabgabeG. 1918, S. 138) so auch im Gebiete des VStG., wenn auch hier aus anderen Auslegungsgründen als dort, die im Rechtsmittelverfahren gemachten Angaben unter diese Strafbestimmung.

Eine Vermögensteuergefährdung kann nicht nur im Vermögensteuerveranlagungsverfahren, sondern auch im Besitzsteuerveranlagungsverfahren begangen werden. Denn in allen Fällen, in denen die Besitzsteuererklärung auch als Vermögensteuererklärung gilt (Art. 9 Abs. I Satz 1) und der zur Besitzsteuer festgestellte Vermögenstand auch für die Vermögensteuerveranlagung maßgebend ist (Art. 3 Abs. I), spielt sich der erste (auf die Abgabe der Steuererklärung folgende) Teil des Veranlagungsverfahrens, die ganze Vermögensfeststellung, überhaupt nur im Besitzsteuerveranlagungsverfahren ab; das hievon getrennte Vermögensteuerveranlagungsverfahren beginnt in diesen Fällen erst nach der im Besitzsteuerveranlagungsverfahren erfolgten Feststellung des Vermögenstandes für den letzten Veranlagungszeitpunkt, indem die maßgebenden Zahlen aus der Besitzsteuerliste in die besondere Vermögensteuerliste oder die nur den Zwecken der Vermögensteuer dienenden Spalte 19 bis 21 der Besitzsteuerliste übertragen werden (§§ 19 Abs. I, 24 Abs. I der VV.).

7. Geeignet, zur Verkürzung der Vermögensteuer zu führen, sind alle unrichtigen oder unvollständigen Angaben, die den Reinwert des steuerbaren und steuerpflichtigen Vermögens zu nieder darstellen, sei es daß Vermögensstücke oder -teile verschwiegen, zu nieder bewertet oder als nicht steuerpflichtig behandelt werden, daß Schulden oder Lasten fälscherweise als bestehend bezeichnet, bestehende zu hoch angegeben oder nicht abzugsfähige abgezogen oder endlich daß Tatsachen behauptet werden, aus denen die Veranlagungsbehörde auf einen geringeren als den tatsächlichen Reinwert des steuerbaren Vermögens schließen muß. Auch die Behauptung von Eheleuten, sie seien nicht verheiratet, kann wegen der Zusammenrechnung

des Vermögens von Ehegatten und der Degression des Steuersatzes (Art. 7 Abs. I und III) zu einer Verkürzung der Vermögensteuer zu führen geeignet sein.

Die Angaben müssen nicht tatsächlich zu einer Verkürzung der VSt. geführt haben, sondern nur geeignet sein, zu einer Verkürzung der VSt. zu führen. Diese Eignung fehlt, wenn die durch Verschweigung oder zu niedrigen Ansatz einzelner Vermögenstücke verursachte Verkleinerung des steuerbaren Vermögens durch zu hohen Ansatz an anderer Stelle wieder ausgeglichen ist; denn die Steuer wird nach dem Reinwert des steuerbaren Gesamtvermögens, nicht nach dem der einzelnen Vermögenstücke berechnet (so auch das RG. in RGSt. Bd. 46 S. 237ff. und Mrozek, Bes.-StG., Bem. 7 zu § 76, Rheinstrom, BesStG., Bem. 3c zu § 76; anderer Ansicht Höniger-Erk, Bem. 7 zu § 76 BesStG. und die dort Zitierten). Die Eignung fehlt aber nicht schon deshalb, weil die Verkleinerung des steuerbaren Vermögens infolge der Abrundungsvorschrift (Art. 7 Abs. I VStG.) tatsächlich im konkreten Falle nicht zu einer Verkürzung der Steuer geführt hat (unrichtig Glaser, Bem. 2c zu §§ 76—78).

Nicht notwendig muß es sich um eine Verkürzung der eigenen (d. h. von der die Angaben machenden Person selbst geschuldeten) VSt. handeln; als Objekt der Verkürzung kommt vielmehr stets die Vermögensteuer in Betracht, die nach dem Gesetz jene Person schuldet, um deren Vermögen und deren Veranlagung es sich in der betreffenden Steuererklärung oder in dem betreffenden Veranlagungsverfahren handelt (vgl. auch unten Bem. 11). — Gibt jemand in seiner eigenen Besitz- oder Vermögensteuererklärung eine eigene Schuld oder Last wahrheitswidrig gar nicht oder zu niedrig an, um im Einverständnis mit dem entsprechend fatierenden Gläubiger dessen steuerbares Vermögen niedriger erscheinen zu lassen, so kann bei dem Schuldner nur Beihilfe (§§ 49, 44 StGB.) oder Begünstigung (§ 257 StGB.) zu einem von dem Gläubiger begangenen Vergehen der Steuergefährdung vorliegen (so auch Höniger-Erk S. 3f.). Handelte dagegen der

Schuldner hiebei ohne Einverständnis mit dem Gläubiger, so kann lediglich eine Übertretung nach Art. 10 Abs. IV in Betracht kommen.

Auch falsche Angaben über zweifelsfrei nicht steuerpflichtiges Vermögen können geeignet sein, zu einer Verkürzung der VSt. zu führen. Z. B. eine in Bayern beschränkt vermögensteuerpflichtige Person, auf deren Vermögen eine einheitlich zu dem steuerpflichtigen wie dem nichtsteuerpflichtigen Teil in wirtschaftlicher Beziehung stehende Schuld lastet, gibt ihr nichtsteuerpflichtiges Vermögen zu niedrig an, so daß der von dem richtig angegebenen steuerpflichtigen Vermögen abziehbare Teil der Schuld zu groß, also das steuerbare Reinvermögen und damit die VSt. verkürzt wird.

8. Wissentlich. Der Täter muß sich nicht nur der Unrichtigkeit oder Unvollständigkeit seiner Angaben, sondern auch ihrer Eignung, zu einer Verkürzung der VSt. zu führen, bewußt gewesen sein (vgl. Höniger-Erk, Bem. 4 zu § 76 BesStG. und die dort zitierte Literatur). Das RG. vertritt allerdings in der bei Warneyer Bd. 11 S. 50 mitgeteilten, zu § 56 WehrbeitrG. ergangenen Entscheidung einen strengeren Standpunkt: „Das Bewußtsein, daß die unvollkommene Angabe eine Verkürzung des Wehrbeitrages herbeizuführen geeignet sei, gehört nicht zum Tatbestande des § 56. Es genügt, daß die wissentlich unrichtige oder unvollständige Angabe — rein äußerlich genommen — zur Herbeiführung einer Verkürzung des Wehrbeitrages geeignet war (RG. JW. S. 1130)." Aus der Voranstellung des Wortes „wissentlich" dürfte aber mit Strutz (KriegsStG. 1916 Bem. C zu § 33, S. 440) zu folgern sein, daß sich das Merkmal der Wissentlichkeit auf den gesamten Tatbestand der Vermögensteuergefährdung zu erstrecken hat.

Unwissentliche Unrichtigkeit oder Unvollständigkeit der Angaben, auch wenn durch Fahrlässigkeit bedingt, genügt nicht (vgl. RGSt. Bd. 46 S. 251: „Für das Merkmal der Wissentlichkeit genügt es, daß dem Steuerpflichtigen die einschlagenden tatsächlichen Verhältnisse bekannt sind. Nach dieser Richtung kommt es auf einen Irrtum des Steuerpflichtigen über den Umfang der Steuerpflicht und ähnliches nicht an. Das Gesetz geht dabei von einer dem Steuerpflichtigen obliegenden Pflicht der Erkundigung und der Einholung von Belehrung aus (vgl. RGSt. 30, 14 ....)."

Beruht die Unrichtigkeit auf einem Irrtum tatsächlicher Art, so fehlt es, gleichviel ob Fahrlässigkeit Anlaß zu dem Irrtum gab oder nicht, stets an dem Merkmale der Wissentlichkeit. (Vgl. hiezu die bei Strutz, KriegsStG. 1916, Bem. C 2 a zu § 33 wiedergegebenen Ausführungen des RG.) Bei Irrtümern rechtlicher Art ist zwischen dem Irrtum im Strafrecht und jenem im Zivilrecht zu unterscheiden. Im letzteren Falle fehlt es an der Wissentlichkeit (z. B. der Steuerpflichtige gibt Vermögensstücke nicht an, weil er irrigerweise glaubt, ein anderer sei ihr Eigentümer, oder er bringt Schulden ohne Kenntnis von ihrer Verjährung zum Abzug), so daß Straffreiheit eintritt. Dagegen macht Irrtum im Strafrecht nicht straffrei; zu den strafrechtlichen Irrtümern gehört auch der Irrtum über die Steuerpflicht. Vgl. Höniger-Erk S. 7f.

„Das Merkmal der Wissentlichkeit ist rein subjektiv und deshalb ein Gegenstand der tatsächlichen Beurteilung nach der Lage des einzelnen Falles und nach der Persönlichkeit des Pflichtigen. Die Entscheidung wird in zahlreichen Fällen davon abhängen, ob dem Pflichtigen eine ausreichende Rechtsbelehrung zuteil geworden und ob eine Frage richtig, klar und deutlich gestellt worden ist. Daß die richtige Beantwortung einer unrichtigen, auf einem Irrtume der Steuerbehörde beruhenden Frage, welche objektiv unrichtige und eine Steuerverkürzung ermöglichende Angaben zur Folge gehabt hat, niemals, und selbst dann nicht strafbar sein kann, wenn der Pflichtige das anzuwendende Recht besser gekannt hat, darf wohl als selbstverständlich bezeichnet werden. Die bloße Behauptung des Pflichtigen über die Entstehung einer Unrichtigkeit aus tatsächlichem oder rechtlichem Irrtum ist aber keineswegs stets für die Verneinung der Wissentlichkeit ausreichend. Ob dem Pflichtigen Glauben zu schenken ist oder nicht, hat der Richter nach dem Vorbringen des Pflichtigen und nach seiner Persönlichkeit sowie nach der Lage des Einzelfalles zu beurteilen und festzustellen." (Fuisting-Strutz, 8. Aufl., Bem. 5d zu § 72 pr. EinkStG., S. 1088.)

9. Hinterziehungsabsicht. Hinterziehung ist Vorenthaltung der geschuldeten Abgabe (Rheinstrom, BesStG. S. 248). Absicht ist der auf Erfolg gerichtete Wille (Strutz, KriegsStG. 1916, S. 443). Es genügt nicht Bewußtsein der Steuergefährdung, vielmehr muß die Vorstellung, daß eine Hinterziehung der Steuer der Erfolg der wahrheitswidrigen Angaben sein werde, den Täter gerade zur Begehung der Tat bestimmt haben (Glaser S. 182). Hinterziehungsabsicht ist ausgeschlossen, wenn der Steuerpflichtige sich über die Steuerpflichtigkeit, gleichviel aus welcher Ursache, irrte (RGSt. 45, 105). Anders wie bei dem Merkmale der Wissentlichkeit ist für die Frage der Hinterziehungsabsicht jeder Irrtum des Steuerpflichtigen beachtlich, sei er ein tatsächlicher, sei er ein Rechtsirrtum. Soweit ein solcher Irrtum vorhanden ist, kann daher von einer Absicht der Steuerhinterziehung nicht die Rede sein (RGSt. 22, 429/430; 46, 251).

A. Bei nachgewiesener Hinterziehungsabsicht (Abs. I Satz 2 u. 3) kann, wenn

a) entweder der gefährdete Steuerbetrag nicht weniger als 10% der geschuldeten Steuer, mindestens aber 300 Mk. ausmacht, oder

b) der Täter wegen Vermögen- oder Besitzsteuerhinterziehung vorbestraft ist,

auf Geldstrafe bis zum zehnfachen Betrage der gefährdeten Steuer und daneben fakultativ auf Gefängisstrafe bis zu sechs Monaten erkannt werden. Die Umwandlung einer nicht beizutreibenden Geldstrafe in eine Freiheitsstrafe findet nicht statt (§ 84 BesStG., Art. 10 Abs. V BStG.). Weiter kann in einem solchen Falle auch im Urteile angeordnet werden, daß die Bestrafung auf Kosten des Verurteilten öffentlich bekannt zu machen ist. Da eine Verurteilung nach Abs. I Satz 2 nur durch die Gerichte, nie durch die Steuerbehörden erfolgen darf (vgl. Abs. III), kann auch die Veröffentlichungsanordnung nie von den Steuerbehörden im Verwaltungsstrafverfahren ausgesprochen werden (Höniger-Erk, Bem. 7 zu § 78, S. 35). — Wo die Strafe nach dem Mehrfachen der gefährdeten Steuer bemessen ist, wird es unter Umständen zweckmäßig sein, das Strafverfahren bis zur rechtskräftigen Erledigung des Veranlagungsverfahrens auszusetzen, zumal wenn es sich dort um die Entscheidung schwieriger steuerrechtlicher Fragen von grundsätzlicher Bedeutung handelt. Gezwungen ist der Strafrichter aber aus diesem Grunde niemals zur Aussetzung; nach der zu §§ 72, 76 preuß. EinkStG. ergangenen Entscheidung des RG. (RGSt. 52, 51) steht es lediglich im Ermessen des Gerichts, ob aus Zweckmäßigkeitsgründen das Strafverfahren bis zur endgültigen Erledigung des Steuerveranlagungsverfahrens auszusetzen sei.

Gefährdet ist der Steuerbetrag einschließlich des finanzgesetzlichen Zuschlages, vgl. Bem. 1 oben, der gesetzgemäß geschuldet wird, bei Berechnung der Steuer nach dem zu gering angegebenen Vermögen aber unerhoben bliebe. Hat der Steuerpflichtige neben den mit Hinterziehungsabsicht gemachten falschen Angaben auch versehentlich unrichtige Angaben gemacht, die zu einer Verkürzung der VSt. zu führen geeignet sind, so gehört die versehentlich gefährdete Steuer nicht zu dem „gefährdeten Steuerbetrag" dieser Bestimmung, auf den sich ja die bei einem Versehen ausgeschlossene Hinterziehungsabsicht erstrecken muß (Höniger-Erk, Bem. 4 zu § 77 BesStG., S. 33).

Ist der Täter (das Gesetz sagt ungenau nur „der Steuerpflichtige, vgl. Höniger-Erk, S. 34 oben, Glaser, Bem. 5a zu §§ 76 bis 78, S. 182) im Falle der nachgewiesenen Hinterziehungsabsicht wegen Vermögen- oder Besitzsteuerhinterziehung bereits vorbestraft, so kommt es zur Anwendung der verschärften Strafdrohung des Abs. I Satz 2 und 3 nicht mehr auf die Höhe des gefährdeten Steuerbetrages an. Der Ausdruck „Besitzsteuerhinterziehung" ist, wie Zimmermann (Bem. 7 zu § 77 BesStG.) mit Recht bemerkt, nicht ganz klar, weil das Gesetz selbst die einzelnen Delikte in §§ 76 bis 78 nicht benennt, eine Hinterziehung eigentlich aber nur im Falle des § 77 vorliegt, da nur hier die Hinterziehungsabsicht erwiesen ist. Höniger-Erk gebrauchen für alle Fälle der §§ 76 bis 78 BesStG. die Ausdrücke „Hinterziehungsdelikt", „Hinterziehungsstrafe"; Mrozek will nur die Fälle der §§ 76 und 77 als Besitzsteuerhinterziehung im Sinne dieser Bestimmung erachten (Mrozek, Bem. 8 zu § 77, S. 240). Dieser Ansicht wird beizupflichten sein. Eine Vorstrafe nach § 78 BesStG. wäre also unschädlich. Demnach wird auch eine Vorstrafe wegen Vermögensteuerhinterziehung nur dann vorliegen, wenn der Täter bereits aus Art. 10 Abs. I (entweder Satz 1 oder Satz 2 u. 3) bestraft ist; eine Vorbestrafung nach Art. 10 Abs. II ist unschädlich. Da es auf die Bestrafung, nicht nur auf die Verurteilung ankommt, muß die frühere Strafe ganz oder teilweise vollstreckt sein (RSSt. 6, 527). — Zu beachten ist, daß bei einer Vermögensteuerhinterziehung (Art. 10 Abs. I Satz 2, 3 VStG.) das Vorbestraftsein sowohl wegen Vermögensteuer- wie wegen Besitzsteuerhinterziehung ein erschwerendes Moment bildet, bei der Besitzsteuerhinterziehung dagegen (§ 77 Abs. I BesStG.) nur das Vorbestraftsein wegen Besitzsteuerhinterziehung.

Wegen der Zuständigkeit zur Aburteilung vgl. Abs. III (unten Bem. 13).

B. Bei nicht nachgewiesener Hinterziehungsabsicht (Abs. I Satz 1), ferner trotz nachgewiesener Hinterziehungsabsicht dann, wenn der Täter nicht entsprechend (oben A) vorbestraft ist und der gefährdete Steuerbetrag einschließlich des finanzgesetzlichen Zuschlags weniger als 300 Mk. oder zwar 300 Mk. oder mehr, jedoch weniger als 10% der geschuldeten Steuer beträgt, kann nur auf Geldstrafe bis zum zehnfachen Betrage der gefährdeten Steuer erkannt werden.

C. Bei nachgewiesenem Fehlen einer Hinterziehungsabsicht (Abs. II) tritt nur Geldstrafe bis zu 500 Mk. ein. Diese Geldstrafe ist eine Kriminalstrafe wie die in Abs. I angedrohten Strafen. Damit weicht das VStG. von dem Vorbild des WehrbeitragsG. und des BesStG. ab, die in den dem Abs. II entsprechenden § 58 bzw. § 78 nur eine Ordnungsstrafe androhen. [Der Unterschied der Ordnungs- von der Kriminalstrafe kommt einmal darin zum Ausdruck, daß die Ordnungsstrafe nur von der Steuerbehörde verhängt werden kann, der Strafrichter mit ihr nur befaßt wird, wenn der mit ihr Belegte gemäß § 460 StPO. auf gerichtliche Entscheidung anträgt (Strutz, KriegsStG. 1916, Bem. II A zu § 35, S. 446). Weiter darin, daß für die Ordnungsstrafe das Legalitätsprinzip nicht gilt, ein Zwang zur Verhängung der Ordnungsstrafe also nicht besteht; die Steuerbehörde kann von der Verhängung einer Ordnungsstrafe trotz des erfüllten Tatbestandes Abstand nehmen, wenn ihr ein hinreichender Anlaß dazu gegeben erscheint (Cuno, ZuwStG. Vorbemerkung zu § 51, S. 410)].

Wenn der Steuerpflichtige auch natürlich selbst das größte Interesse daran hat, das Fehlen einer Hinterziehungsabsicht nachzuweisen, so wird man ihn doch nicht als beweispflichtig für den Mangel der Hinterziehungsabsicht erachten dürfen; das Gericht hat von Amts wegen die Wahrheit zu erforschen und die erforderlichen Beweise — auch zugunsten des Beschuldigten — zu erheben, soweit die ihm bekannt gewordenen Tatsachen dazu Anlaß bieten (Cuno, ZuwStG. S. 411 oben).

10. Bei den drei Delikten der Vermögensteuergefährdung (Art. 10 Abs. I Satz 1, Art. 10 Abs. I Satz 2 und 3, Art. 10 Abs. II) handelt es sich um Vergehen. Das ist für die Fälle des Abs. I Satz 2 u. 3 und des Abs. II nicht zweifelhaft, weil im ersteren Falle eine Gefängnisstrafe, im letzteren Falle eine Geldstrafe bis zu 500 Mk. angedroht ist. Für den (dem Art. 10 Abs. I Satz 1 entsprechenden) Fall des § 76 BesStG. und ähnliche nur nach dem jeweils gefährdeten Steuerbetrag bemessene Geldstrafdrohungen (z. B. § 33 KriegsStG. 1916, § 50 ZuwStG.) wird meist die Ansicht vertreten, daß es im Einzelfalle für Beantwortung der Frage, ob Vergehen oder Übertretung, darauf ankomme, wie hoch der gefährdete Steuerbetrag sei. So soll im Falle des § 76 BesStG. eine Übertretung vorliegen, wenn der gefährdete Steuerbetrag 7,50 Mk. oder weniger ausmache (weil 20 × 7,50 = 150 Mk., vgl. § 1 Abs. 3 StGB.), dagegen ein Vergehen, wenn der gefährdete Steuerbetrag 7,50 Mk. übersteige (so Zimmermann, Bem. 17 zu § 76, Rheinstrom, Bem. 6 zu § 76; vgl. auch Cuno, ZuwStG., Bem. B 4 zu § 50). Diese Ansicht würde im Gebiete des VStG. zu ganz unmöglichen Ergebnissen führen. Denn da die Steuergefährdung mit nachgewiesenermaßen fehlender Hinterziehungsabsicht hier nach Art. 10 Abs. II (im Gegensatz zu § 78 BesStG.) nicht eine Ordnungswidrigkeit, sondern ein Vergehen darstellt, gleichviel wie hoch sich der gefährdete Steuerbetrag beläuft, so läge bei einer Gefährdung von z. B. 10,20 Mk. Vermögensteuer bei nicht nachgewiesener Hinterziehungsabsicht eine Übertretung, in dem milderen Falle des nachgewiesenen Fehlens der Hinterziehungsabsicht aber ein Vergehen vor! Wenn also dieser Steuerpflichtige bei nichtnachgewiesener Hinterziehungsabsicht wegen Verjährung der Übertretung freigesprochen werden müßte und er würde nun noch den Nachweis des Fehlens jeglicher Hinterziehungsabsicht erbringen, so wäre er u. U., statt von der Übertretung freigesprochen zu werden, nun wegen eines Vergehens zu verurteilen! Ich stimme darum der Gegenmeinung zu (Höniger-Erk, S. 14f. und die dort Zitierten), daß auch die Strafdrohung „bis zum zehnfachen Betrage der gefährdeten Steuer" in Abs. I Satz 1 in ihrem Maximum 150 Mk. übersteigt und deshalb nach § 1 Abs. 2 StGB. hier stets ein Vergehen gegeben ist.

Der Versuch zu den drei verschiedenen Vergehen ist mangels ausdrücklicher Strafbestimmung straflos (§ 43 Abs. 2 StGB.).

Die Verjährung der Strafverfolgung dauert bei dem Vergehen nach Abs. I Satz 2 u. 3 fünf Jahre, bei jenen nach Abs. I Satz 1 und Abs. II drei Jahre (§ 67 Abs. 2 StGB.). Sie beginnt mit dem Tage, an welchem die Handlung begangen ist, ohne Rücksicht auf den Zeitpunkt des eingetretenen Erfolges (§ 67 Abs. 4 StGB.). Da die strafbare Handlung hier darin besteht, daß unrichtige oder unvollständige Angaben gemacht werden, so ist sie vollendet, also begangen erst, wenn die Steuererklärung der Steuerbehörde (auch einer unzuständigen) zugegangen ist oder die sonst im Veranlagungsverfahren gemachten Angaben zur Kenntnis der Steuerbehörde gelangt sind.

11. Täter. Im Gegensatz zu §§ 76 bis 78 BesStG., die ausdrücklich den Steuerpflichtigen oder dessen Vertreter als mögliche Täter bezeichnen („Wer als Steuerpflichtiger oder als Vertreter eines Steuerpflichtigen ..."), sagt Art. 10 Abs. I Satz 1 nur: „Wer in einer besonderen Vermögensteuererklärung oder in einer Besitzsteuererklärung oder im Veranlagungsverfahren ...". Die für diese Abänderung maßgebenden Intentionen des Gesetzgebers lassen sich weder aus der insoweit äußerst dürftigen Gesetzesbegründung, noch den eben solchen Gesetzesberatungen erkennen. Keinesfalls wird die Wortfassung des VStG. den Personenkreis der möglichen Täter enger umgrenzen als jene des BesStG. Es kommen also auch für die Vergehen nach Art. 10 Abs. I, II VStG. als Täter mindestens der Steuerpflichtige und der (gesetzliche oder bevollmächtigte) Vertreter des Steuerpflichtigen in Betracht. Soweit es sich um Angaben in der Steuererklärung handelt, kann ein weiterer Personenkreis ohnedies nicht in Frage kommen, weil die Steuererklärung eben nur vom Steuerpflichtigen oder von dessen Vertreter für ihn abgegeben werden kann. [Es ist allerdings auch folgender Fall denkbar: Der Steuerpflichtige A beauftragt den B, die ihm (A) obliegende Steuererklärung mit falschen Angaben und mit der von B gefertigten Unterschrift des A versehen beim Rentamt einzureichen, weil er (A) glaubt, so zwar zu niedrig veranlagt zu werden, selbst sich aber gegen das Gesetz nicht vergangen zu haben. Damit aber, daß A den B zur Unterzeichnung der Erklärung mit seinem (des A) Namen beauftragt, wird die Erklärung zu einer eigenen Erklärung des A, dieser also Täter (bei Gutgläubigkeit des B mittelbarer Täter), B im Falle seiner Schlechtgläubigkeit Gehilfe, im Falle seiner Gutgläubigkeit dagegen straflos].

Im übrigen Veranlagungsverfahren kann es hingegen sehr wohl vorkommen, daß abgesehen von dem Steuerpflichtigen und dessen Vertreter auch dritte Personen Angaben zu machen haben, die im Falle der Unrichtigkeit oder Unvollständigkeit zu einer Verkürzung der VSt. des zu veranlagenden Steuerpflichtigen zu führen geeignet sind. Der auch für das Gebiet des VStG. entsprechend anwendbare § 81 BesStG. (vgl. unten Bem. 15 a und c) enthält eine Strafdrohung, die zum Teil auch solche Fälle trifft. Im übrigen aber können im Bereiche des BesStG. diese dritten Personen sich nur der Beihilfe oder Begünstigung zu den Delikten der Besitzsteuergefährdung schuldig machen. Der unbestimmte Wortlaut des Art. 10 Abs. I würde nun an sich erlauben, auch jene dritten Personen als mögliche Täter der Vergehen der Vermögensteuergefährdung nach Art. 10 Abs. I, II zu erachten. Aber hiegegen spricht einerseits die Gesetzesbegründung (oben Bem. 1), die erkennen läßt, daß der Gesetzgeber Abweichendes vom BesStG. offenbar nicht bestimmen wollte. Andererseits spricht dagegen auch die Anwendbarerklärung (in Abs. V) des § 79 BesStG. Dieser § 79 bestimmt für die Besitzsteuergefährdung nach §§ 76 bis 78 die Straffreiheit des reuigen Täters, der rechtzeitig a) seine Angaben berichtigt oder ergänzt und b) die gefährdete Steuer nachbezahlt hat. Diese zweite Voraussetzung paßt natürlich nur für den Steuerpflichtigen oder dessen Vertreter, nicht aber für dritte Personen, denen die Entrichtung der gefährdeten Steuer nie oblag. Man wird also auch für das Gebiet des VStG. anzunehmen haben, daß nur der Steuerpflichtige und dessen Vertreter Täter der Vergehen nach Art. 10 Abs. I und II sein können.

12. Beihilfe (§ 49 StGB.) und Begünstigung (§ 257 StGB.) ist in allen Fällen der drei Vermögensteuergefährdungsarten möglich und strafbar, weil die Haupttat hier stets ein Vergehen ist (vgl. oben Bem. 10), selbstverständlich auch Anstiftung (§ 48 StGB.).

Vgl. auch oben Bem. 7 Abs. III, ferner unten Bem. 15 b a. E.

Abs. III.

13. Während Art. 10 im übrigen lediglich materiellrechtliche Strafbestimmungen enthält, betrifft Abs. III das im übrigen durch Art. 12 geregelte Verfahren. Regelmäßig wird die Untersuchung wegen VStGefährdung zunächst von der Steuerbehörde geführt (vgl. das Urteil des RG. unten in Bem. 15 b aa); besteht nun nach dem pflichtgemäßen Ermessen dieser Steuerbehörde der Verdacht, daß die betreffenden Angaben in Hinterziehungsabsicht gemacht wurden, dann muß der Fall unter allen Umständen an die zuständige Staatsanwaltschaft abgegeben werden und es darf vorerst keine Strafe im Verwaltungsstrafverfahren verhängt werden. Gibt die Staatsanwaltschaft die Sache wieder zurück, weil sie den Verdacht eines Vergehens nach Abs. I Satz 2 nicht für hinreichend begründet hält, dann darf die Steuerbehörde im Verwaltungsstrafverfahren erkennen. Ergeben sich dann in diesem Verfahren neuerliche vorher nicht zutage getretene Verdachtsgründe für ein Vergehen nach Abs. I Satz 2, so wird die Steuerbehörde, die ja im Verwaltungsstrafverfahren auf keine Freiheitsstrafe erkennen kann (§ 459 StPO.), die Sache neuerdings wieder an die Staatsanwaltschaft abgeben müssen. — Die Staatsanwaltschaft ist nicht gezwungen, die Sache an die Steuerbehörde zur weiteren Erledigung im Verwaltungsstrafverfahren abzugeben, wenn sie den von der Steuerbehörde gehegten Verdacht für nicht hinreichend begründet erachtet; sie kann vielmehr solchenfalls auch Anklage wegen eines Vergehens nach Abs. I Satz 1 oder nach Abs. II erheben. Ebenso ist die Steuerbehörde, wenn die Staatsanwaltschaft die Erhebung der

Anklage wegen eines Vergehens nach Abs. I Satz 2 ablehnt und die Sache wieder an sie zur weiteren Erledigung im Verwaltungsstrafverfahren zurückgibt, nicht gezwungen, die Sache nun auch im Verwaltungsstrafverfahren zu erledigen, sondern sie kann entweder im Beschwerdewege eine Anklageerhebung durch die Staatsanwaltschaft herbeizuführen suchen oder selbst nach § 464 StPO. Anklage erheben (so auch Höniger-Erk, S. 18f.).

Abs. III entspricht dem § 77 Abs. III BesStG. Zwischen die beiden Sätze ist im BesStG. durch § 43 KriegsStG. 1916 noch folgender Satz eingefügt worden: „Ist der Steuerpflichtige abwesend (§ 318 StPO.), so kann gegen ihn nach Maßgabe der §§ 320 bis 326 StPO. verhandelt werden." Durch diese Einfügung wollte erreicht werden, daß auch im Falle des § 77 BesStG. gegen den abwesenden Angeklagten verhandelt werden kann. Art. 10 Abs. III hat diese Einfügung nicht mit übernommen. Im Falle des Abs. I Satz 2, 3 kann also gegen den abwesenden Angeklagten nicht verhandelt werden.

Abs. IV.

14. Abs. IV bedroht mit einer Geldstrafe bis zu 150 Mk. (also Übertretung!) beim Mangel eines genügenden Entschuldigungsgrundes alle Zuwiderhandlungen gegen Vorschriften des VStG. oder der hiezu erlassenen Ausführungsbestimmungen, soweit nicht schon eine besondere Strafdrohung Platz greift. Die Bestimmung entspricht dem § 83 BesStG., der jedoch nur eine Ordnungsstrafe (vgl. oben Bem. 9 C) bis zu 150 Mk. androht und die hier aufgenommene Einschränkung „soweit nicht ein genügender Entschuldigungsgrund vorgebracht werden kann" nicht enthält. Mindestbetrag der Strafe ist 1 Mk. (§ 27 StGB.). Die Strafverfolgung verjährt in drei Monaten (§ 67 Abs. 3 StGB.).

Unter die Strafvorschrift des Abs. IV fallen Verfehlungen und Zuwiderhandlungen mit Bezug auf die Vorschriften im Art. 2 Abs. II VStG. mit Art. 2 Abs. III EinkStG. (vgl. Bem. 15 zu Art. 2 S. 35f. und § 1 Abs. II der VB.), ferner Verfehlungen und Zuwiderhandlungen mit Bezug auf die Vorschriften im Art. 5 Abs. III VStG.

mit Art. 69 Abs. I und IV EinkStG (vgl. Bem 18 zu Art. 5 S. 117 f.) und im Art. 9 Abs. III VStG. mit Art. 46 Abs. III und 56 Abs. V EinkStG. Zeugen und Sachverständige, die der ihnen nach Art. 9 Abs. III VStG. mit Art. 47 EinkStG. obliegenden Verpflichtung nicht nachkommen, können nach Maßgabe des § 56 Abs. 2 BesStG. bestraft werden (§ 44 Abs III der VB.)

Abs. V.

15. a) Die nach Abs. V entsprechend anwendbaren Paragraphen des BesStG. lauten:

§ 79 BesStG

Straffrei bleibt, wer seine unrichtigen oder unvollständigen Angaben, bevor eine Anzeige erstattet oder eine Untersuchung gegen ihn eingeleitet ist, bei der Steuerbehörde berichtigt oder ergänzt und die gefährdete Steuer, soweit sie bereits fällig gewesen ist, entrichtet.

§ 81 BesStG

Wer in der nach § 58 Abs. II einzureichenden Nachweisung oder in dem nach § 62 einzureichenden Verzeichnis wissentlich unrichtige oder unvollständige Angaben macht, die geeignet sind, das Steueraufkommen zu gefährden, wird mit Geldstrafe bis zu dreitausend Mark bestraft.

Straffrei bleibt, wer seine unrichtigen oder unvollständigen Angaben, bevor eine Anzeige erstattet oder eine Untersuchung gegen ihn eingeleitet ist, bei der Steuerbehörde berichtigt oder ergänzt.

§ 82 BesStG.

Beamte, Angestellte und ehrenamtliche Mitglieder von Behörden sowie Sachverständige werden, wenn sie die zu ihrer dienstlichen oder amtlichen Kenntnis gelangten Vermögens-, Erwerbs- oder Einkommensverhältnisse eines Steuerpflichtigen, insbesondere auch den Inhalt einer Besitzsteuererklärung oder der über sie gepflogenen Verhandlungen unbefugt offenbaren, mit Geldstrafe bis zu fünfzehnhundert Mark oder mit Gefängnis bis zu drei Monaten bestraft.

Die Strafverfolgung tritt nur ein auf Antrag der obersten Landesfinanzbehörde oder des Steuerpflichtigen, dessen Interesse an der Geheimhaltung verletzt ist.

§ 84 BesStG.

Die Umwandlung einer nicht beizutreibenden Geldstrafe in eine Freiheitsstrafe findet nicht statt.

b) Der § 79 BesStG. betrifft den Fall der „tätigen Reue" nach vollendeter Besitzsteuergefährdung (§§ 76 bis 78 BesStG.). § 46 StGB. regelt allgemein die strafbefreiende Wirkung des Rücktrittes vom nichtbeendigten und vom beendigten Versuch, während die Anwendung des § 79 BesStG. stets die Vollendung des Deliktes (vgl. oben Bem. 10 Abs. III) zur Voraussetzung hat. Die strafbefreiende oder strafmildernde Wirkung der „tätigen Reue" kann, da für das vollendete Delikt eine dem § 46 StGB. entsprechende generelle Bestimmung nicht existiert, bei vollendetem Delikt nur kraft ausdrücklicher spezieller Bestimmung (§§ 158, 163 Abs. 2, 310 StGB.) eintreten. Es bedurfte also hier zur Erreichung des angestrebten Zweckes notwendig der ausdrücklichen Bestimmung des § 79; die Ansicht von Höniger-Erk (S. 13), daß ohne § 79 eine Heranziehung des § 46 Ziff. 2 StGB. geboten und möglich wäre, ist unrichtig, da es einen strafbaren Versuch in diesem Bereiche gar nicht gibt, § 46 Ziff. 2 aber nur für den Versuch, wenn auch den beendigten gilt.

Die Straffreiheit infolge tätiger Reue hat zwei notwendige Voraussetzungen:

aa) Der Täter muß seine unrichtigen oder unvollständigen Angaben (vgl. oben Bem. 3) bei der Steuerbehörde berichtigt oder ergänzt haben, bevor eine Anzeige erstattet oder eine Untersuchung gegen ihn eingeleitet ist. Nur eine volle, nicht auch eine teilweise Berichtigung oder Ergänzung der Angaben genügt; bleibt noch versehentlich eine dem Täter unbewußte Unrichtigkeit oder Unvollständigkeit der Angaben bestehen, so hindert das die strafbefreiende Wirkung jedoch nicht. Daß die — auch im Rechtsmittelverfahren noch mögliche — Berichtigung oder Ergänzung in Kenntnis einer drohenden Anzeige oder Untersuchung geschah, ändert gleichfalls nichts an dieser Wirkung (Rheinstrom, Bem. 2 zu § 79, S. 253). — Anzeige ist eine Mitteilung an die Steuer- oder Strafbehörde mit dem erkennbaren Ziel, die Einleitung eines Strafverfahrens herbeizuführen (Höniger-Erk, S. 37). — Eine Untersuchung ist als eingeleitet zu erachten, sobald die zuständige Behörde zum Zwecke der Strafverfolgung amtlich eingeschritten ist, gleichviel ob und wann dem beteiligten Steuerpflichtigen hiervon Kenntnis gegeben wird. Ein derartiges amtliches Einschreiten kann aber nicht schon darin gefunden werden, daß die betreffende Behörde aktenkundig macht, sie hege den Verdacht, daß eine strafbare Handlung vorliege, und werde deswegen einschreiten. Erforderlich ist vielmehr weiter, daß sie ihre Entschließung durch irgendeine in die äußere Erscheinung tretende Maßnahme betätigt, die auf die Feststellung der vermuteten strafbaren Handlung abzielt (RGSt. 21, 9; 32, 362; 46, 249). — Das in DJZ. 1918 S. 771 mitgeteilte Urteil des RG. vom 18. Oktober 1918 führt aus: „Zwar ist nach § 34 Abs. 3 KriegsStG. (der insoweit ganz dem Art. 10 Abs. III VStG. entspricht, d. Verf.) die Steuerbehörde verpflichtet, dann, wenn der Verdacht einer Hinterziehung der hier in Frage stehenden Art vorliegt, die Sache an die Staatsanwaltschaft abzugeben. Dadurch wird aber den vorausgehenden Erhebungen und Verfolgungsmaßnahmen der Steuerbehörde die Bedeutung einer Untersuchung nicht genommen. Aus § 34 Abs. 3 ergibt sich gerade, daß regelmäßig die Hinterziehungen im „Verwaltungsstrafverfahren" verfolgt werden sollen und nur in dem dort angeführten besonderen Falle die Einleitung des ordentlichen Strafverfahrens der Staatsanwaltschaft ermöglicht werden muß. Maßnahmen der Steuerbehörde, die vor ihrer Entschließung über die Abgabe der Sache liegen, und ihrem ausgesprochenen oder erkennbaren Zwecke nach der Aufklärung des vermuteten strafbaren Tatbestandes gedient haben, sind im Verwaltungsstrafverfahren erfolgt und stellen eine Untersuchung dar, gleichviel, ob diese demnächst zur Fortsetzung des Verwaltungsstrafverfahrens oder zur Abgabe der Sache an die Staatsanwaltschaft führt."

bb) Die gefährdete Steuer muß, soweit sie bereits fällig gewesen ist, entrichtet sein. Höniger-Erk (S. 37) nehmen mit Glaser (Bem. 1 zu § 79) ohne Begründung an, daß auch die Zahlung schon vor der Erstattung der Anzeige oder der Einleitung der Untersuchung erfolgt sein müsse. Wollte der Gesetzgeber das zum Ausdruck bringen, dann hätte er den Satz „bevor eine Anzeige erstattet oder eine Untersuchung gegen ihn eingeleitet ist" nicht hinter dem Worte „Angaben", sondern hinter dem Worte „wer" einfügen müssen. Die Zahlung muß also nur vor Erlaß des Strafbescheides im Verwaltungsverfahren oder des erstinstanziellen Urteils im gerichtlichen Verfahren (nicht, wie Zimmermann, Bem. 6 zu § 79 annimmt, vor Abschluß der „Strafuntersuchung") erfolgt sein.

Die Bestimmung des § 43 Satz 2 des Kriegsabgabegesetzes 1918 („Als Entrichtung .... der gefährdeten Besitzsteuer (§ 79 des BesStG.) gilt auch die Entrichtung des gleich hohen oder höheren Betrags, der infolge der Zugrundelegung des niedrigeren Anfangsvermögens bei der späteren Besitz- oder Kriegssteuerveranlagung zu zahlen ist.") hat natürlich trotz der entsprechenden Anwendbarkeit des § 79 BesStG. für das Gebiet des VStG. keine unmittelbare Bedeutung. Wegen einer gewissen mittelbaren Bedeutung vgl. unten Bem. 17.

Die Fälligkeit der Steuer ist hier im Sinne von Vollfälligkeit zu verstehen (vgl. Bem. 2 zu Art. 13) und nicht mit der in Art. 13 Abs. I geregelten einfachen Fälligkeit zu verwechseln. Wegen des Zeitpunktes des Eintrittes der Vollfälligkeit vgl. Bem. 9 zu Art. 13.

Die in einem etwa stattgehabten Verfahren entstandenen Kosten können dem nach § 79 Straffreien nicht auferlegt werden (Strutz, Bem. II B 3 zu § 35 KriegsStG. 1916, S. 447).

Ist der Täter nach § 79 BesStG. straffrei, so bleibt dies Moment ohne Einfluß auf eine etwaige Bestrafung Dritter wegen Anstiftung, Beihilfe oder Begünstigung (analog § 310 StGB.) (A. A. hinsichtlich der Anstiftung Höniger-Erk, S. 3).

c) Der § 81 Abs. 1 BesStG. bedroht mit Strafe die Vorstände und Geschäftsführer der im § 35 BesStG. bezeichneten Gesellschaften (Aktiengesellschaften, deren Aktien an einer deutschen Börse nicht notiert werden, Berggewerkschaften, Bergwerksgesellschaften und Gesellschaften mit beschränkter Haftung), die ihren Sitz im Inland haben oder Vermögen im Inland besitzen, wenn sie in der (der Steuerbehörde zum Zwecke der Ermittelung des Wertes der Aktien, Kuxe oder Gesellschaftsanteile auf Verlangen einzureichenden, vgl. § 58 Abs. 2 und 3 BesStG.) Nachweisung über die finanziellen Verhältnisse der Gesellschaft wissentlich unrichtige oder unvollständige Angaben machen, die geeignet sind, das Steueraufkommen zu gefährden. Welche Absicht die Person mit ihren Angaben verfolgte, ist hier gleichgültig. Auf die Bem. 3, 7, 8 oben wird Bezug genommen. Ist die Nachweisung ohne die Versicherung des § 58 Abs. 3 abgegeben, so kann § 81 nicht zur Anwendung kommen.

Weiter bedroht der § 81 Abs. 1 mit Strafe die Erben, Testamentsvollstrecker, Nachlaßpfleger (und Nachlaßverwalter, vgl. Amtl. Mitt. 1915 S. 263), wenn sie in dem auf Aufforderung der Steuerbehörde einzureichenden Verzeichnis über das von dem Verstorbenen hinterlassene Kapital- und Betriebsvermögen (vgl. § 62 BesStG.) wissentlich unrichtige oder unvollständige Angaben machen, die geeignet sind, das Steueraufkommen zu gefährden. Ist das Verzeichnis nicht mit der Versicherung nach § 62 Abs. 2 versehen, so ist eine Bestrafung nach § 81 ausgeschlossen.

Die Strafdrohung lautet auf „Geldstrafe bis zu dreitausend Mark". Es handelt sich also um ein Vergehen (§ 1 Abs. 2 StGB.), dessen Verfolgung in drei Jahren verjährt (§ 67 Abs. 2 StGB.) und dessen Versuch nach § 43 Abs. 2 StGB. straflos ist. Die Strafe ist eine Kriminalstrafe (Mindestbetrag 3 Mk.) und kann sowohl von der Steuerbehörde im Verwaltungsstrafverfahren als auch von den Gerichten im gerichtlichen Verfahren verhängt werden. Anstiftung (§ 48 StGB.), Beihilfe (§ 49 StGB.) und Begünstigung (§ 257 StGB.) sind strafbar.

Abs. II bestimmt in Analogie zu § 79 BesStG. die Straffreiheit des Täters bei „tätiger Reue" nach vollendetem Vergehen. Die Voraussetzung der Zahlung der gefährdeten Steuer ist hier, wo es sich nicht um den Steuerzahlungspflichtigen handelt, natürlich weggelassen. Im übrigen vgl. oben b.

d) Der § 82 BesStG. (vgl. hiezu § 26 der VB. bedroht mit Strafe die Verletzung des Steuergeheimnisses durch Beamte, Angestellte und ehrenamtliche Mitglieder von Behörden sowie Sachverständige, gleichviel ob sie im Veranlagungs-, Rechtsmittel-, Erhebungs- oder Strafverfahren oder sonstwie von den betreffenden Verhältnissen Kenntnis erlangt haben, soferne nur diese Kenntnis dienstlich oder amtlich erlangt ist. „Die Vermögens-, Erwerbs- oder Einkommensverhältnisse" eines Steuerpflichtigen sind nicht erst dann offenbart, wenn sie vollständig, sondern schon wenn sie teilweise dritten Personen mitgeteilt werden (Höniger-Erk, Bem. 1 zu § 82, S. 40). Strafbar ist nur die unbefugte Offenbarung. Unbefugt ist keinesfalls die Mitteilung an den Steuerpflichtigen selbst oder eine mit seiner Einwilligung gemachte Mitteilung (Höniger-Erk, S. 40). Befugt sind auch die anderen Behörden zum Zwecke der Veranlagung und Erhebung von öffentlichen Abgaben gemachten Mitteilungen (§ 64 Satz 3 BesStG.).

Nicht nur die vorsätzliche, sondern auch die fahrlässige unbefugte Offenbarung ist nach § 82 strafbar (so auch Zimmermann, Bem. 2 zu § 82, S. 185; Rheinstrom, Bem. 2 zu § 82, S. 256; Breunig, Bem. 2 zu Art. 79 EinkStG.; anderer Ansicht sind Höniger-Erk, Bem. 2 zu § 82 und die dort Zitierten).

Antragsberechtigt ist neben dem Finanzministerium nicht nur der Steuerpflichtige, dessen Verhältnisse offenbart wurden, sondern jeder Steuerpflichtige, der ein

Interesse an der Geheimhaltung der unbefugt offenbarten Verhältnisse hatte. Der Antrag muß binnen drei Monaten von dem Tage ab, seit welchem der Antragsberechtigte von der Handlung und von der Person des Täters Kenntnis gehabt hat, gestellt werden. Für einen minderjährigen Steuerpflichtigen ist dessen gesetzlicher Vertreter (falls der Minderjährige mindestens 18 Jahre alt ist, neben diesem) antragsberechtigt (§§ 61, 65 StGB.). Zurücknahme des Antrags ist nicht zulässig (§ 64 StGB.). „Steuerpflichtiger" im Sinne des § 82 ist nicht nur, wer tatsächlich Steuer zu zahlen hat, sondern jede Person, die im Bereiche des BesStG. unter § 11 BesStG., im Bereiche des VStG. aber unter Art. 2 VStG. fällt (Höniger-Erk, Bem. 3 zu § 82, S. 41, ferner S. 11).

Die Strafdrohung lautet auf Geldstrafe bis zu fünfzehnhundert Mark oder Gefängnis bis zu drei Monaten. Da es sich sonach um ein Vergehen handelt, ist mangels besonderer Bestimmung der Versuch nicht strafbar (§ 43 Abs. 2 StGB.), wohl dagegen Anstiftung (§ 48 StGB.), Beihilfe (§ 49 StGB.) und Begünstigung (§ 257 StGB.). Die Aburteilung kann nicht im Verwaltungsstrafverfahren erfolgen (§ 74 Abs. 2 der AusfBest. des Bundesrats zum BesStG.). Die Strafverfolgung verjährt in drei Jahren (§ 67 Abs. 2 StGB.). — Bei Idealkonkurrenz mit Art. 79 EinkStG. kommt wegen seiner schwereren Strafdrohung nur § 82 zur Anwendung. — Die Umwandlung einer nicht beizutreibenden Geldstrafe in eine Freiheitsstrafe findet nicht statt (§ 84 BesStG.).

e) Die Umwandlung von Geld- in Freiheitsstrafen regelt generell § 28 StGB. Während Art. 80 EinkStG. die Umwandlung uneinbringlicher Geldstrafen wenigstens in Haft gestattet, verbietet § 84 BesStG. und damit auch das VStG. jede Umwandlung in eine Freiheitsstrafe, was somit auch für die Fälle gilt, in denen wahlweise Gefängnis- neben oder an Stelle von Geldstrafe angedroht ist (Art. 10 Abs. I Satz 2 VStG., Art. 10 Abs. V VStG. mit § 82 BesStG.).

Abs. VI.

16. Der Grundsatz, daß die Einziehung der Steuer unabhängig von der Bestrafung erfolgt, findet sich allenthalben im Steuerrecht (vgl. § 80 BesStG., Art. 74 Abs. V EinkStG.). Damit wird einmal ausgedrückt, daß die geschuldete Steuer (im einfachen Betrage) neben einer etwa verhängten Geldstrafe gesondert zu bezahlen ist, also auch dann nicht etwa schon in der Geldstrafe enthalten ist, wenn diese ein Vielfaches der gefährdeten Steuer darstellt (vgl. die Strafdrohung in Art. 10 Abs. I VStG.). Weiter bestimmt diese Vorschrift aber auch die gänzliche Unabhängigkeit der Steuerbehörde bei Nachholung und Festsetzung der Steuer von der Strafverfolgung und der hiebei ergehenden Entscheidung. So kann wegen Todes des Täters oder wegen Verjährung der Strafverfolgung eine Bestrafung unterbleiben müssen, während eine Steuernachholung infolge der anderen Verjährungsvorschriften für den Steueranspruch (vgl. Bem. 5 zu Art. 13) und der Haftung auch des Nachlasses für Steuernachzahlungsverpflichtungen (Art. 11 VStG., Art. 72 Abs. II EinkStG. im Gegensatz zu § 30 StGB., § 497 Abs. 2 StPO.) nicht gehindert und veranlaßt ist. Oder es kann eine Bestrafung erfolgen müssen, ohne daß eine Steuernachholung veranlaßt oder möglich wäre, weil der Erfolg der Steuerverkürzung gar nicht eingetreten ist.

Abs. VII.

17. Nach Abs. VII darf eine Bestrafung nach den Vorschriften des VStG. (Art. 10 Abs. I mit VI) nur erfolgen, wenn eine Bestrafung nach dem BesStG. nicht eintritt. Verletzt also eine Handlung sowohl die Vorschriften des BesStG. wie auch jene des VStG., so liegt nicht der Fall der Idealkonkurrenz vor, so daß nach § 73 StGB. zu prüfen wäre, welches Gesetz die Verfehlung mit der schwereren Strafe bedroht, und dann die Bestrafung nach diesem strengeren von beiden Gesetzen zu erfolgen hätte. Hier ist vielmehr der Fall der Subsidiarität gegeben, wornach immer in erster Linie die Bestrafung wegen der Verletzung der Vorschriften des BesStG. zu erfolgen hat; hat die so bestrafte Handlung außerdem auch die Vorschriften des VStG. verletzt, so kann hiewegen keine weitere Bestrafung eintreten. Verletzt aber eine Handlung zwar die Vorschriften des VStG., nicht aber auch jene des BesStG., oder verstößt sie zwar auch gegen die Vorschriften des BesStG., bleibt jedoch hiewegen ohne Strafe (vgl. hiewegen das folgende), dann erst darf eine Bestrafung nach den Bestimmungen des VStG., wozu auch die entsprechend anwendbar erklärten Vorschriften des BesStG. zählen, eintreten. Der Ausdruck „Bestrafung nach dem BesStG." umfaßt in seiner Allgemeinheit die Verhängung von Kriminal- wie auch von Ordnungsstrafen. Hiebei ist es von Bedeutung, daß ein Zwang zur Verhängung von Ordnungsstrafen auch bei erfülltem Tatbestande (anders als bei den Kriminalstrafen) nicht besteht (vgl. Bem. 9 S. 166). Verletzt also eine Handlung sowohl das BesStG., als auch das VStG. und ist die Verletzung des BesStG. mit einer Ordnungsstrafe bedroht (§§ 78, 83 BesStG.), jene des VStG. aber, das Ordnungsstrafen überhaupt nicht kennt, mit einer Kriminalstrafe, so muß, wenn die Verhängung der Ordnungsstrafe des BesStG. nach dem Ermessen der Steuerbehörde unterbleibt, doch die Verletzung des VStG. mit Kriminalstrafe geahndet werden. Gibt also z. B. ein Steuerpflichtiger, dessen steuerbares Vermögen gegenüber dem letzten Stichtage tatsächlich um 100 000 Mk. gesunken ist, dieses in der gemeinsamen Besitz- und Vermögensteuererklärung um 300 000 Mark niedriger an, so könnte er nach dem BesStG. nur aus § 83 mit einer Ordnungsstrafe belegt werden, weil mangels eines Vermögens zuwachses faktisch eine Besitzsteuerzahlungspflicht hier nicht gegeben ist, also eine falsche Angabe auch nicht zu einer Verkürzung der BesSt. zu führen geeignet sein kann. Ist nun diese falsche Angabe in der Absicht der Vermögensteuerhinterziehung gemacht, so wird das Rentamt natürlich die Verhängung der Ordnungsstrafe nach § 83 BesStG. unterlassen, um nicht eine Bestrafung nach Art. 10 Abs. I Satz 2, 3 VStG. unmöglich zu machen.

Für die praktische Anwendung des in Abs. VII niedergelegten Grundsatzes wird auch § 43 Satz 2 des Kriegsabgabegesetzes 1918 von Bedeutung werden. Nach dieser Bestimmung soll nämlich als Entrichtung der gefährdeten Besitzsteuer im Sinne des § 79 BesStG. (vgl. oben Bem. 15 b) auch die Entrichtung des gleich hohen oder höheren Betrags gelten, der infolge der Zugrundelegung des niedrigeren Anfangsvermögens bei der späteren Besitz- oder Kriegssteuerveranlagung zu zahlen ist. (Wie Rheinstrom in Bem. 7 zu § 43, S. 143 seiner Ausgabe des Kriegsabgabegesetzes 1918 richtig bemerkt, wäre mit der Entrichtung der gefährdeten Besitzsteuer nur eine von den beiden in § 79 BesStG. geforderten Voraussetzungen für die strafbefreiende Wirkung der tätigen Reue gegeben. Es muß aber angenommen werden, daß nur eine ungenaue Ausdrucksweise des Gesetzgebers vorliegt und dieser durch die Entrichtung der bezeichneten Steuern allein schon den Vorteil der Straffreiheit erreichen lassen wollte. Die Ergänzung der seinerzeitigen unrichtigen Angaben wird für die Besitzsteuer ja voll ersetzt durch die neuerlich richtige Angabe des nicht verminderten Vermögens.) Diese Straffreiheit nach dem BesStG. wird eine Bestrafung nach dem VStG. gegebenenfalls gestatten und erfordern, wenn die seinerzeitigen unrichtigen oder unvollständigen Angaben auch die Vorschriften des VStG. verletzten. Will der Steuerpflichtige auch Straffreiheit nach dem VStG. erlangen, dann muß er insoweit die Voraussetzungen des Art. 10 Abs. V VStG., § 79 BesStG. noch gesondert erfüllen. Denn weder wird dem bayerischen Staat durch die Kriegs- oder Besitzsteuerzahlung der Betrag der entgangenen VSt. ersetzt, noch wird durch die spätere Einbekennung des richtigen Vermögens zur Kriegs- oder Besitzsteuer für die Vermögensteuer die erforderliche Klärung für die rückliegende Zeit gebracht.

18. Eine Eintragung der Verurteilungen wegen Zuwiderhandlungen gegen Vorschriften über Erhebung öffentlicher Gefälle und Abgaben in die Strafregister findet nicht statt (vgl. Bek. des Justizministeriums vom 23. Juli 1918, die Strafregister betreffend, JustMinBl. 1918 S. 131 ff.).

19. Nicht zu den Straffällen des Art. 10 gehören jene Fälle, in denen nach Art. 9 Abs. III mit § 54 Abs. 2 BesStG. wegen unterbliebener oder nicht rechtzeitiger Abgabe der geforderten Steuererklärung Zuschläge auferlegt werden (§ 44 Abs. I der VV.). Vgl. hiezu Bem. 2 zu Art. 8 S. 136.

Art. 11.

Art. 72, 90 und 92 des Einkommensteuergesetzes und Art. 2 des Einführungsgesetzes zu den Gesetzen über die direkten Steuern vom 14. August 1910 finden für die Vermögensteuer sinngemäß Anwendung.

1. Die amtliche Begründung (Denkschrift S. 123) enthält nichts von Bedeutung. Der Entwurf gelangte unverändert zur Annahme.

2. Art. 72 EinkStG. lautet:

„I Ein Steuerpflichtiger, der entgegen den Vorschriften des Gesetzes bei der Veranlagung übergangen oder infolge tatsächlichen Irrtums zu niedrig veranlagt ist oder bezüglich dessen nachträglich neue Tatsachen oder Beweise ermittelt sind, die eine höhere Veranlagung begründen, ist zur Nachzahlung des der Staatskasse entgangenen Steuerbetrags verpflichtet.

II Ist der Steuerpflichtige gestorben, so trifft die Verpflichtung zur Nachzahlung die Erben nach den wegen der Haftung für Nachlaßverbindlichkeiten geltenden Vorschriften.

III Der Anspruch auf Nachzahlung ist nicht weiter zurück zu verfolgen als auf zwanzig Jahre, wenn aber nicht die Absicht der Steuerhinterziehung erwiesen ist, nicht weiter zurück als auf zehn Jahre, vom Beginne des Jahres zurückgerechnet, in dem der Steuerentgang dem Rentamte bekannt geworden ist.

IV Der Berechnung der Steuer über die letzten drei Steuerjahre zurück ist im Zweifel die höchste Jahressteuer zugrunde zu legen, die in einem der drei letzten Jahre entgangen ist.

V Die Nachveranlagung hat das Rentamt unter Festsetzung der Steuer durchzuführen.

VI Auf solche Steuernachholungen sind mit Unrecht erhobene direkte Steuern auf Verlangen des Steuerpflichtigen anzurechnen, auch wenn der Anspruch auf Rückerstattung durch Zeitablauf erloschen ist.

VII Im übrigen findet Art. 70 Abs. II bis VI entsprechende Anwendung."

Die im vorstehenden Abs. VII entsprechend anwendbar erklärten Absätze II bis VI des Art. 70 des EinkStG. lauten:

„II Das Ergebnis der Festsetzung oder die Abweisung des Antrags auf Abminderung oder Abschreibung der Steuer ist dem Pflichtigen zu Protokoll zu eröffnen oder schriftlich mitzuteilen.

III Gegen die Festsetzung oder Abweisung hat der Pflichtige das Rechtsmittel des Einspruchs an den Steuerausschuß.

IV Der Einspruch ist innerhalb einer Ausschlußfrist von zwei Wochen nach der Eröffnung schriftlich oder mündlich beim Rentamt anzubringen; er hat keine aufschiebende Wirkung.

V Wenn das Rentamt den Einspruch für begründet erachtet, so hat es die Veranlagung hiernach abzuabzuändern; andernfalls ist der Einspruch als Berufung zu behandeln und dem Pflichtigen aufzugeben, binnen einer Ausschlußfrist von einem Monat seine Berufung nach Maßgabe des Art. 50 Abs. II bis V zu begründen.

VI Die Durchführung der Steueränderungen sowie der Steuerzugänge und Steuerabgänge kann, soweit keine Steuerverlustgefahr besteht, nach näherer Bestimmung der Staatsregierung mit der nächstfolgenden allgemeinen Veranlagung unter entsprechender Nachholung oder Rückvergütung verbunden werden."

Die im vorstehenden Abs. V angezogenen Absätze II bis V des Art. 50 EinkStG. lauten:

„II Die Berufung ist binnen einer Ausschlußfrist von einem Monate schriftlich oder zu Protokoll beim Rentamt oder bei der Gemeindebehörde einzulegen. Die Frist zur Einlegung der Berufung beginnt an dem in der öffentlichen Bekanntmachung bestimmten Tage und, wenn eine Steuerveranlagung erst nach diesem Tage erfolgt ist, am Tage der Eröffnung.[1])

III In der Berufung sind die Gründe anzugeben, aus denen der Beschluß des Steuerausschusses angefochten wird. Berufungen ohne Bezeichnung von Gründen sind formell unzulässig.

IV Hält der Berufungsführer eine Beweisaufnahme für notwendig, so hat er die Beweismittel anzugeben.

V Dem Berufungsführer steht frei, der Berufung zur Begründung seines Vorbringens Schriftstücke beizufügen."

3. Mit Art. 72 EinkStG. sind also die Vorschriften des EinkStG. über die Steuernachholungen auch für das Gebiet des VStG. übernommen.

§ 45 der VB. zum EinkStG. bestimmt hiezu folgendes:

„I Für die Steuernachholungen (Art. 11 des Gesetzes, Art. 72 EinkStG.) sind die im § 84 Abs. III der VollzVorschr. z. EinkStG. hervorgehobenen Gesichtspunkte zu beachten. Abs. IV, VIII und XI des § 84 a. a. O. findet entsprechende Anwendung.

II Das Ergebnis der Nachholung ist in der Zugangsliste (§ 31 Abs. II) durchzuführen, die zugleich als Nachholungsregister dient. Hierbei ist aber zu beachten, daß in Spalte 10 der Zugang an Jahressteuer für das laufende Vermögensteuerjahr, in Spalte 12 aber der wirklich geschuldete Betrag an Steuer einzustellen ist. Handelt es sich nur um Nachholungen für frühere Steuerjahre, so bleibt die Spalte 10 unausgefüllt. Der Betrag der früheren Jahressteuern ist in der Bemerkungsspalte anzugeben.

III Das Erlöschen eines Anspruchs durch Zeitablauf (Verjährung) bemißt sich für die Vermögensteuer nach

[1]) Im Bereiche des VStG. gibt es keine allgemeine Berufungsfrist, vgl. Bem. 10 zu Art. 9.

Art. 124, 125 des bayerischen Ausführungsgesetzes zum Bürgerlichen Gesetzbuch vom 9. Juni 1899."

Der zu Art. 72 EinkStG. ergangene § 84 der Vollzugs-Vorschriften lautet, soweit er für das Gebiet der VSt. Geltung hat, folgendermaßen:

„III Nach Art. 72 Abs. I ist z. B. Nachveranlagung durchzuführen, wenn dem Steuerausschuß oder dem Rentamte die Voraussetzungen für die subjektive Steuerpflicht einer Person, wie etwa die Wohnsitz- und Staatsangehörigkeitsverhältnisse einer Person, nicht bekannt waren oder die Veranlagung einer Person übersehen wurde oder die Veranlagung infolge eines Rechenfehlers bei der Feststellung der Veranlagungsgrundlagen zu niedrig erfolgte oder dem Rentamte nachträglich neue Einkommensquellen oder andere wesentliche tatsächliche Umstände bekannt werden oder wenn sich nachträglich zeigt, daß irrige oder absichtlich unrichtige Angaben über die Höhe des Einkommens vom Steuerpflichtigen gemacht worden sind. Ein Verschulden des Steuerpflichtigen wird in der Regel Grund zur Nachveranlagung sein, die Zulässigkeit der Nachveranlagung ist aber von einem Verschulden des Steuerpflichtigen nicht abhängig. Unzulässig ist eine Nachveranlagung lediglich als Folge einer Änderung in der Rechtsanschauung der Veranlagungsorgane und Rechtsmittelinstanzen oder als Folge des Auftauchens einer bloßen Vermutung oder — vorausgesetzt, daß keine neuen wesentlichen Tatsachen bekannt geworden sind, — einer Meinungsänderung hinsichtlich der Höhe einer Schätzung.

IV Bei Anwendung des Art. 72 ist von Verfolgung kleinlicher Differenzen und unnötigen Belästigungen der Steuerpflichtigen abzusehen. Die Rentämter werden ermächtigt, beim Mangel einer Hinterziehungsabsicht des Steuerpflichtigen von der Nachveranlagung Umgang zu nehmen, wenn die zur Nachholung geeigneten Staatssteuern . . . den Jahresbetrag von 3 Mk. nicht übersteigen.

VIII Neben der Nachveranlagung ist veranlaßtenfalls das Strafverfahren nach . . . . durchzuführen.

„[XI] Zuständig zur Durchführung der Nachveranlagung ist das Rentamt, bei dem der Steuerpflichtige im Zeitpunkte der Entdeckung des Steuerentganges veranlagt ist oder zu veranlagen gewesen wäre. Wenn der Steuerpflichtige gestorben ist, hat das Rentamt die Nachveranlagung vorzunehmen, das zur Veranlagung zuletzt zuständig war oder zuständig gewesen wäre."

4. Wegen des in Art. 72 Abs. 6 EinkStG. erwähnten Erlöschens eines Steuerrückerstattungsanspruches des Steuerpflichtigen durch Zeitablauf ist auf Art. 125 des bayr. Ausführungsgesetzes zum BGB. zu verweisen. (Vgl. Bem. 8 zu Art. 13). Zuschläge wegen unterbliebener Steuererklärung sind veranlaßtenfalls auch bei der Nachveranlagung zulässig (Breunig I S. 314).

Selbstverständlich kann eine Nachholung der Vermögensteuer niemals weiter zurück als bis zum 1. Januar 1919 erfolgen, weil eine Vermögensteuer in Bayern nach Art. 1 VStG. erst von diesem Zeitpunkte ab erhoben wird.

Über die Bedeutung der Vorschrift des Art. 72 Abs. VI EinkStG. hat die bayr. Oberberufungskommission in der in OBKMitt. Bd. 15 S. 101 abgedruckten Entscheidung folgendes ausgeführt: „Die Ausführungen der Berufungskommission, daß die Bestimmung in Art. 72 Abs. VI EinkStG. nicht jene Mehrzahlungen im Auge habe, die sich infolge einer rechtskräftig gewordenen, in Wirklichkeit aber zu hohen Steueranlage ergeben haben, sind angesichts der Fassung dieser Gesetzesvorschrift — Anrechnung zu Unrecht erhobener Steuern, auch wenn der Anspruch auf Rückerstattung verjährt ist, — und im Hinblick auf die Erklärungen des Regierungskommissärs bei der Beratung des Gesetzentwurfs (vgl. Verh. d. K. d. RR. 1909/10, Beil. Bd. IV S. 227, 450 ff.), nicht zu beanstanden. Es ist der Berufungskommission weiter darin beizupflichten, daß die nachträgliche Richtigstellung einer solchen unrichtigen rechtskräftigen Steueranlage und die Anrechnung der hiernach allenfalls zuviel bezahlten Steuern auf eine Steuernachforderung lediglich infoweit erfolgen könne, als die unrichtige Steueranlage noch in jenen Zeitraum fällt, auf den sich die Steuernachholung erstreckt." So auch Breunig I S. 320, Bem. 13.

5. Art. 90 EinkStG. lautet:

„Veranlagte Steuerbeträge können in einzelnen Fällen niedergeschlagen werden, wenn ihre zwangsweise Beitreibung die Steuerpflichtigen in ihrem wirtschaftlichen Fortkommen gefährden, ferner wenn das Beitreibungsverfahren voraussichtlich ohne Erfolg sein würde oder wenn die Kosten der Beitreibung außer Verhältnis zu dem beizutreibenden Steuerbetrage stehen würden."

Hiezu ist nachfolgender § 97 der Vollzugs-Vorschriften zum EinkStG. ergangen:

„I Zuständig zur Niederschlagung sind die Rentämter, soweit die niederzuschlagenden Einkommen-, Gewerbe- und Kapitalrentensteuern samt den treffenden Kreisumlagen (vgl. Art. 29 d. GewStG., Art. 22 d. KapStG., Art. 43 Abs. III d. UmlG.) eines Pflichtigen zusammen nicht mehr als 10 Mk. betragen, im übrigen sind die Regierungsfinanzkammern zuständig.

II Die niederzuschlagenden Beträge sind in den Hebegrundlagen mit roter Tinte und dem Beisatze „Nd" (vgl. § 77 Abs. III d) vorzumerken.

III Zur Belegung der Niederschlagung genügt es für die Regel, wenn auf den im § 77 Abs. III d bezeichneten Einzelverhältnissen durch den Perzipienten und die beteiligten Amtsdiener bestätigt wird, daß bezüglich sämtlicher niedergeschlagener Beträge die Voraussetzungen des Art. 90 vorliegen."

Die Niederschlagung ist nicht gleichbedeutend mit dem Erlaß oder Nachlaß einer Steuer, sondern nur ein Umgangnehmen von der Einhebung des geschuldeten Steuerbetrages. Der Steuerpflichtige hat niemals einen Anspruch auf Niederschlagung seiner geschuldeten Steuer. Die Niederschlagung bringt den Anspruch des Staates auf die Steuer nicht zum Erlöschen; sie ist deshalb auch gegebenenfalls widerruflich, soweit nicht Verjährung des staatlichen Steueranspruches eingetreten ist.

6. Art. 92 EinkStG. lautet:

„I Die Wiedereinsetzung in den vorigen Stand im Berufungs-, Beschwerde- oder Einspruchsverfahren kann beantragen, wer durch Naturereignisse oder andere unabwendbare Zufälle verhindert worden ist, Ausschlußfristen einzuhalten. Einem unabwendbaren Zufall ist es gleichzuachten, wenn der vom Ausschlusse betroffene Steuerpflichtige von einer Ausschlußfrist ohne sein Verschulden keine Kenntnis erhalten hat.

II Die Wiedereinsetzung ist unter Anführung der sie begründenden Tatsachen und der Beweismittel hierfür sowie unter Nachholung des ausgeschlossenen Rechtsmittels innerhalb zwei Wochen nach Beseitigung des Hindernisses bei der für die Einlegung des nachgeholten Rechtsmittels zuständigen Behörde zu beantragen.

III Nach Ablauf von sechs Monaten, von dem Ende der versäumten Frist an gerechnet, ist ein Antrag auf Wiedereinsetzung nicht mehr zulässig.

IV Über den Antrag entscheidet die Kommission oder Behörde, der die Entscheidung über das versäumte Rechtsmittel zusteht.

V Die Staatsregierung ist ermächtigt, einem Steuerpflichtigen, der das Recht des Einspruchs, der Berufung, der Beschwerde oder des Antrags auf Abminderung der Steuer (Art. 49 bis 51, 59, 60, 69, 70, 72 des EinkStG., Art. 22, 26, 27 des GewStG., Art. 18, 19, 20 des KapRentStG., Art. 22, 23, 27, 37 des UmlG.) verloren hat, innerhalb der auf die Steuerfestsetzung folgenden drei Jahre eine neue Rechtsmittelfrist oder Antragsfrist zu eröffnen, wenn der Verlust durch eine entschuldbare Handlung oder Unterlassung des Steuerpflichtigen verursacht worden ist oder wenn nur auf diese Weise eine durch offenbar unrichtige amtliche Sachbehandlung verursachte erhebliche Schädigung des Steuerpflichtigen abgewendet werden kann. Diese Ermächtigung erstreckt sich auch auf die einer Gemeinde wegen Steuerausscheidung oder zur Begründung der Umlagenpflicht vormerkungsweise erfolgter Veranlagung zustehenden Rechtsmittel."

Der hiezu ergangene § 99 der Vollzugs-Vorschriften zum EinkStG. führt in seinem Abs. I folgendes aus:

„I Unabwendbare Zufälle im Sinne des Art. 92 Abs. I sind außer den besonders genannten Naturereignissen, z. B. Verkehrshindernisse allgemeiner Art, auftragswidriges Verhalten eines Vertreters u. dgl."

Zu dem durch die Reform vom 17. August 1918 neu angefügten Abs. V des Art. 92 EinkStG. ist unterm 3. September 1918 folgende Vollzugsvorschrift ergangen, die sich als § 10 in der VollzBek. zum Gesetz zur Abänderung des EinkStG. vom 3. September 1918 Nr. 27222 (GVBl. S. 692) findet:

„I Der neue Absatz bezweckt, eine Abhilfe gegen Härten zu ermöglichen, die sich als Folge der Rechtskraft offenbar unrichtiger Entscheidungen der Veranlagungsorgane oder der Berufungskommissionen ergeben können. Für die Anwendbarkeit der Bestimmung soll es keinen Unterschied bilden, ob das Rechtsmittel durch Fristversäumnis oder durch irrtümliche Verzichtserklärungen oder ähnliche Umstände verloren gegangen ist. Der Begriff Rechtsmittel ist hier im weiteren Sinne zu fassen, so daß darunter nicht bloß der Einspruch, die Berufung und die Beschwerde, sondern auch der Antrag auf Abminderung der Steuer (Art. 67 des EinkStG.) zu verstehen ist. Die Bestimmung gilt auch für die Veranlagung der Gewerbesteuer und der Kapitalrentensteuer.

II Die Eröffnung neuer Fristen ist an die Voraussetzung geknüpft, daß das Rechtsmittel durch eine entschuldbare Handlung oder Unterlassung der rechtzeitigen Einlegung des Rechtsmittels oder durch eine irrtümliche Unterwerfungserklärung usw. verloren gegangen ist. Aber auch wenn die Handlungsweise des Steuerpflichtigen nicht entschuldbar ist, können neue Fristen in jenen Fällen eröffnet werden, in denen durch unrichtige

Sachbehandlung der Veranlagungsorgane oder der Rechtsmittelinstanzen dem Steuerpflichtigen ein erheblicher Schaden zugefügt wurde, dessen Beseitigung auf anderem Wege nicht möglich ist.

III . . . . . (hier ohne Bedeutung).

IV Die Ermächtigung zur Eröffnung neuer Rechtsmittel- oder Antragsfristen auf Grund des Art. 92 Abs. V wird den Regierungsfinanzkammern übertragen. Gegen die Entscheidung der Regierungsfinanzkammer steht dem Steuerpflichtigen die Beschwerde an das Staatsministerium der Finanzen offen."

Für die Frist des Art. 6 VStG. ist Art. 92 Abs. V EinkStG. nicht anwendbar (vgl. Bem. 5 Abs. II zu Art. 6 S. 123).

7. Zugunsten der Teilnehmer an dem Kriege 1914/1919 hat das bayr. Finanzgesetz vom 15. Juli 1916 (GVBl. S. 128) in § 9 Abs. I bestimmt: „Die Staatsregierung wird ermächtigt, zugunsten von Kriegsteilnehmern die in den Steuergesetzen vom 14. August 1910 gesetzten Fristen angemessen zu verlängern." Daraufhin wurde durch VollzBek. hiezu vom 21. Juli 1916 (GVBl. S. 229) folgendes bestimmt:

1. Zugunsten von Kriegsteilnehmern wird die Frist des Art. 92 Abs. II des EinkStG. auf sechs Monate seit Beendigung der Kriegsteilnahme verlängert.
2. Für Kriegsteilnehmer ist die Frist des Art. 92 Abs. III des EinkStG. bis zum Ablaufe eines Zeitraumes von sechs Monaten seit Beendigung der Kriegsteilnahme gehemmt.

Für das Gebiet des VStG., für das diese Bestimmungen infolge der Anwendbarkeit des Art. 92 EinkStG. theoretisch gleichfalls Geltung haben, werden sie nach Lage der Dinge kaum praktisch in Betracht kommen. Wegen Hemmung eines Fristenlaufes vgl. § 205 BGB.

8. Aus der hier interessierenden neueren Spruchpraxis der bayr. Oberberufungskommission sei besonders die in OBKMitt. Bd. 15 S. 144 abgedruckte Entscheidung erwähnt. Sie führt aus, daß eine verspätete Berufung nicht ohne weiteres auch als Antrag auf Wiedereinsetzung in den vorigen Stand angesehen werden kann. Der Antrag auf Wiedereinsetzung muß vielmehr als solcher deutlich erkennbar sein und den Erfordernissen des Art. 92 Abs. II EinkStG. entsprechen. — Die Entscheidung in OVK. Mitt. Bd. 14 S. 162 erklärt, daß das Obwalten eines Mißverständnisses des Steuerpflichtigen (unter den dort gegebenen Verhältnissen) als ein unabwendbarer Zufall im Sinne des Art. 92 EinkStG. nicht erachtet werden kann.

Ferner sind nach einem Urteile des bayr. VGH. vom 1. Mai 1918 (JW. 47. Jahrgang S. 701, Deutsches Steuerblatt 1. Jahrgang S. 173) unter „anderen unabwendbaren Zufällen" im Sinne des § 233 ZPO. (und damit auch des Art. 92 EinkStG.) nur solche Zufälle zu verstehen, die selbst bei der äußersten, nach Lage der Sache vernünftigerweise zu erwartenden Vorsicht weder ganz verhindert, noch unschädlich gemacht werden könnten. Solange der Partei selbst ein Verschulden zur Last fällt, ist von vornherein der ursächliche Zusammenhang zwischen der Verhinderung, die Frist einzuhalten, und dem Zufalle nicht mehr gegeben.

9. Art. 2 des Einführungsgesetzes zu den Gesetzen über die direkten Steuern in der Fassung vom 17. August 1918 lautet:

> „I Die Staatsregierung kann in bezug auf Steuerpflichtige und Steuerquellen, die der Steuerhoheit mehrerer Staaten unterliegen oder den Gegenstand von Verträgen über Beseitigung von Doppelbesteuerungen bilden, Vereinbarungen und Verfügungen über eine von den gesetzlichen Vorschriften abweichende Veranlagung treffen.
>
> II Die Staatsregierung kann ferner gegen Ausländer nach dem Grundsatze der Gegenseitigkeit verfahren."

Die Worte „oder den Gegenstand von Verträgen über Beseitigung von Doppelbesteuerungen bilden" wurden eingefügt durch die Reform vom 17. August 1918. Der Abs. I hatte in seinem früheren Wortlaut lediglich die Bestimmung, Härten der Doppelbesteuerung zu vermeiden, oder zu beseitigen in den Fällen, wo Steuerpflichtige oder Steuerquellen in mehreren Staaten zu direkten Steuern herangezogen werden. Die neuerliche Einschaltung hat die Staatsregierung weiter in die Lage versetzt, abweichend von den Vorschriften der Steuergesetze solche Einkünfte steuerlich zu erfassen, die im Gegensatz hiezu infolge eines Doppelsteuervertrags sonst sowohl in Bayern wie in dem anderen Vertragsstaate unbesteuert bleiben müßten.

Art. 12.

I Die Zuständigkeit und das Verfahren bei strafbaren Handlungen (Art. 9 und 10 mit § 54 Abs. 1, § 56 Abs. 2, § 58 Abs. 4 und § 62 Abs. 4 des Besitzsteuergesetzes) richten sich nach den Vorschriften des Reichs-Gerichtsverfassungsgesetzes und der Reichs-Strafprozeßordnung.

II Die Rentämter sind berechtigt, Strafbescheide im Verwaltungswege zu erlassen; auf das Verfahren hierbei finden die Vorschriften der Art. 86, 87 Abs. I, 88 Abs. I, 89 Abs. I bis III, V, 90, 91, 92 Abs. II des Gesetzes vom 18. August 1879 zur Ausführung der Reichs-Strafprozeßordnung entsprechende Anwendung.

1. Die amtliche Begründung (Denkschrift S. 123) enthält nichts von Bedeutung. Der Entwurf gelangte unverändert zur Annahme.

2. Die in Abs. I genannten strafbaren Handlungen zerfallen in zwei Gruppen:

a) die mit Zwangsstrafen bedrohten Unterlassungen (Art. 9 Abs. III VStG., §§ 54 Abs. 1, 56 Abs. 2, 58 Abs. 4, 62 Abs. 4 BesStG.) und zwar

aa) § 54 Abs. 1 (und § 59) BesStG. Hienach kann der Steuerpflichtige bzw. sein gesetzlicher Vertreter zur Abgabe der Besitzsteuer- (hier Vermögensteuer-)erklärung mit Geldstrafen bis zu 500 Mk. angehalten werden (vgl. hiezu § 19 der AusfBest. des Bundesrats zum BesStG. und § 10 der bayr. VV. zum BesStG.).

bb) § 56 Abs. 2 BesStG. Hienach können Zeugen und Sachverständige zur Abgabe des Zeugnisses oder Gutachtens (§ 56 Abs. 1 BesStG.) mit Geldstrafen bis zu 150 Mk. angehalten werden (vgl. § 11 der bayr. VV. zum BesStG.).

cc) § 58 Abs. 4 BesStG. Hienach können die Vorstände oder Geschäftsführer der in § 35 BesStG. bezeichneten Gesellschaften, die ihren Sitz im Inland haben oder Vermögen im Inland besitzen, zur Abgabe der von der Steuerbehörde geforderten Nachweisung (§ 58 Abs. 2 BesStG.) mit Geldstrafen bis zu 500 Mk angehalten werden (vgl. § 11 der bayr. VV. zum BesStG.).

dd) § 62 Abs. 4 BesStG. Hienach können Erben, Testamentsvollstrecker und Nachlaßpfleger zur Vorlage eines Nachlaßverzeichnisses mit Geldstrafen bis zu 150 Mk. angehalten werden (vgl. § 11 der bayr. VV. zum BesStG.).

b) Die mit Kriminalstrafen bedrohten Handlungen (Art. 10 VStG.).

Abs. I stellt klar, daß Zuständigkeit und Verfahren sich nicht nur bezüglich der Verhängung von Kriminalstrafen, sondern (wie in Bayern auch schon bei der Besitzsteuer, vgl. § 11 der VV. zum BesStG.) auch bezüglich der Zwangsstrafen nach dem GVG. und der StPO. richten. Die in Abs. II bestimmte Befugnis der Rentämter zur Erlassung von Strafbescheiden im Verwaltungswege besteht also nicht nur bei Verhängung der Kriminal-, sondern auch der Zwangsstrafen. Und gegen die Verhängung einer solchen Zwangsstrafe ist also hier nicht wie in Preußen die Verwaltungsbeschwerde (Höniger-Erk S. 20 und 24), sondern nur der Antrag auf gerichtliche Entscheidung gegeben (Art. 89 Abs. V, 90 Abs. I AG. BGB., § 459 ff. StPO.).

3. Die in Abs. II angeführten Vorschriften aus dem bayr. AG. StPO. sind unten im Anhange abgedruckt.

Art. 13.

I Die Vermögensteuer wird mit Beginn des Vermögensteuerjahres, in den Fällen des Art. 5 Abs. I Ziff. 1 und Abs. III mit dem Beginne des auf die Änderung oder den Zugang folgenden Monats fällig.

II Den Zeitpunkt der Entrichtung bestimmt die Staatsregierung.

1. Die amtliche Begründung enthält nichts, was für das Verständnis der Bestimmung von Bedeutung wäre. Der Regierungsentwurf gelangte unverändert zur Annahme.

2. Art. 13 regelt die Frage der **Fälligkeit** der Vermögensteuer. Über die Bedeutung des Begriffes „Fälligkeit" herrscht auf dem Gebiete des Steuerwesens und der Steuerliteratur auffallend wenig Klarheit.

Man muß analog dem bürgerlichen Rechte vor allem zwei Arten der Fälligkeit unterscheiden:

a) die einfache (oder unvollkommene) Fälligkeit, die gleichbedeutend ist lediglich mit dem Forderndürfen des Gläubigers (§ 271 BGB.),

b) die Vollfälligkeit, die gleichbedeutend ist mit dem Zahlenmüssen des Schuldners und die bei Nichterfüllung durch den Schuldner ohne weiteres zum Schuldnerverzug führt (§ 284 BGB.).

Die Fälligkeit des Art. 13 Abs. I VStG. ist nun nur eine unvollkommene Fälligkeit, die nichts weiter bedeutet, als daß von ihrem Eintritt an der Staat zur Einforderung der Steuer berechtigt ist. Daß sie nicht mit Vollfälligkeit (vgl. Oertmann, Recht der Schuldverhältnisse, 3. Aufl., Bem. 3c zu § 271 S. 89 f.) gleichbedeutend sein kann, ergibt sich neben anderen Erwägungen schon daraus, daß in Abs. II die Frage des „Zeitpunktes der Entrichtung“ einer gesonderten Regelung überwiesen ist. Der „Zeitpunkt der Entrichtung“ einer Steuer aber ist nichts anderes als der Zeitpunkt des Eintrittes ihrer Vollfälligkeit. Wird als Zeitpunkt der Entrichtung (aus praktischen Erwägungen) eine mehrtägige Frist bestimmt, so tritt die Vollfälligkeit mit Beginn dieser Frist ein, Verzug liegt aber erst bei Nichtzahlung bis zum Ende der Frist von diesem Endzeitpunkte ab vor.

Das Wort „Fälligkeit“ wird nun von den Steuergesetzgebern bald in dem einen, bald in dem anderen Sinne gebraucht, was zu Unklarheiten führen muß, zumal ja das gleiche Wort auch in anderen mit den Steuergesetzen in Berührung stehenden Gesetzen gebraucht wird (z. B. in der Konkursordnung, vgl. unten Bem. 6). Die bayerischen Steuergesetze verstehen, wenn sie die Steuer im ganzen zu Beginn des Steuerjahres (Art. 89 EinkStG., Art. 13 Abs. I VStG.) oder in Vierteljahresraten je am 1. Januar, 1. April, 1. Juli, 1. Oktober (§ 118 GrundStG., § 36 HausStG.) fällig werden lassen, unter Fälligkeit stets nur die einfache oder unvollkommene Fälligkeit. Dagegen trifft z. B. § 70 Bes.StG. unter der Überschrift „Fälligkeit der Steuer“ nur Bestimmungen über die Ratenzahlungstermine für die Besitzsteuer, die jeweils die Termine des Eintrittes der Vollfälligkeit darstellen und die deshalb auch nach § 75 BesStG. für die Verjährung maßgebend sind.

Infolge der Verwechslung der beiden Fälligkeitsbegriffe ist der Artikel bei der Gesetzesberatung auch einigem Mißtrauen begegnet. Abg. Held führte aus (Beilage 2401 S. 270): „Ich nehme an, daß die Fälligkeit der Steuer erst eintritt, wenn die Steuerveranlagung durchgeführt und den Steuerpflichtigen der Steuerbescheid zugegangen ist, nicht daß es geht wie beim Kriegssteuergesetze, daß man zu Verzugszinsen herangezogen wird. Ich will ausdrücklich bemerken, daß die Fälligkeit erst eintreten kann, wenn der Steuerpflichtige den Steuerbescheid in der Hand hat.“ Der Abgeordnete hat das Wort Fälligkeit in dem Sinne von Vollfälligkeit gebraucht — im Gegensatze zu der von ihm hiebei behandelten Gesetzesstelle. Daß der Zeitpunkt der Vollfälligkeit nicht eintreten kann, bevor der Steuerpflichtige seinen Steuerbescheid erhalten hat, ist ohne weiteres klar. Die angedeutete Befürchtung einer Verzugszinsenforderung von dem durch Abs. I bestimmten Fälligkeitstermine ab ist einerseits deshalb unbegründet, weil ein Verzug ja erst vom Eintritte der Vollfälligkeit ab möglich ist, übrigens auch Verzugszinsen im Verhältnis zwischen Steuerschuldner und Steuergläubiger in Bayern allgemein nicht zu zahlen sind (Breunig I S. 267). Der Vergleich mit § 31 des Kriegssteuergesetzes von 1916 ging völlig fehl; denn die hienach ab 1. Juli 1917 zu zahlenden Zinsen waren keine Verzugszinsen, sie mußten auch aus erst nach diesem Termin fällig gewordenen Steuerbeträgen gezahlt werden, in welchen Fällen also ein Verzug des Steuerpflichtigen ab 1. Juli 1917 unmöglich war. Es handelte sich dort um rein gesetzliche Zinsen, die mit Fälligkeit der Steuer oder Verzug des Steuerpflichtigen gar nichts zu tun hatten und deren Auferlegung durch das Kriegssteuergesetz einfach einen besonderen Teil der steuerlichen Belastung bildete, durch die die allgemeine Belastung tunlichst vereinheitlicht und das Reich für die Zulassung der Zahlung in Teilbeträgen entschädigt werden sollte (Amtl. Mitteilungen 1917 S. 152). — Der Vergleich mit § 31 des Kriegssteuergesetzes von 1916 rechtfertigt also keinerlei Befürchtungen der bezeichneten Art wegen der in Art. 13 Abs. I getroffenen Regelung der Fälligkeitsfrage.

Die unterschiedliche Bedeutung des Begriffes der Fälligkeit wird von Breunig I S. 343 ff. in seinen Bemerkungen zu Art. 89 EinkStG. völlig verkannt.

Abs. I.

3. Die unvollkommene Fälligkeit im Sinne des Art. 13 Abs. I tritt ein

a) im Normalfall (d. h. in allen Fällen, wo die subjektive Steuerpflicht schon bei Beginn des Steuerjahrs besteht) mit dem Beginne des Vermögensteuerjahrs,

b) in den Fällen

aa) des Art. 5 Abs. I Ziff. 1 (d. h. in jenen Fällen, wo infolge der bestimmten aufgeführten Vermögensvermehrungen ausnahmsweise eine An-

derung der Veranlagung nach oben im Laufe der drei Vermögensteuerjahre stattfindet),

bb) des Art. 5 Abs. III (d. h. in jenen Fällen, wo infolge des Neueintrittes der subjektiven Vermögensteuerpflicht oder des Überganges von der beschränkten zur allgemeinen Vermögensteuerpflicht im Laufe der zusammenhängenden drei Vermögensteuerjahre eine Zugangsveranlagung zur VSt. stattfindet)

mit dem Beginn des auf die Änderung oder den Zugang folgenden Monats.

Das gilt mangels einer anderweitigen Regelung auch für Steuernachholungsfälle.

Diese Bestimmung des Fälligkeitszeitpunktes nach Art. 13 Abs. I entspricht völlig der Regelung in Art. 89 Satz 1 EinkStG. (vgl. hierüber unten Bem. 4). Die letztere ist nach der Gesetzesbegründung und nach Breunig Bd. I S. 345 im Gesetze hauptsächlich deshalb getroffen worden, „um eine Grundlage für das Vollstreckungsverfahren zu schaffen". Und Breunig läßt diese Fälligkeit des Art. 89 Satz 1 EinkStG. (= Art. 13 Abs. I VStG.) demzufolge auch maßgebend sein für die Verjährung der Steuerforderung des Staates und für ihr Konkursvorrecht nach § 61 Ziff. 2 KO. Dem muß im folgenden nachdrücklichst entgegengetreten werden.

4. Zunächst ist darzulegen, daß Art. 89 EinkStG. die Fälligkeitsfrage genau ebenso wie Art. 13 regelt, und zwar nicht nur — wo dies nach dem unzweideutigen Wortlaute der Gesetze ohnedies nicht zweifelhaft sein kann — in dem Normalfall, daß die Steuerpflicht schon bei Beginn des Steuerjahrs besteht, sondern auch in den Fällen der Steuerzugänge und Veranlagungserhöhungen im Laufe eines Steuerjahrs.

Art. 89 EinkStG. lautet: „Die Einkommensteuer wird mit Beginn des Steuerjahrs, bei späterer Entstehung des Schuldverhältnisses am Tage der Entstehung fällig. Den Zeitpunkt der Entrichtung bestimmt die Staatsregierung." Die „spätere Entstehung des Schuldverhältnisses" ist m. E. aus Art. 70 EinkStG. zu erklären und zwar dahin, daß, nachdem das Rentamt die Steueränderungen,

Steuerzugänge und Steuerabgänge „mit Wirkung für den Beginn des auf den Eintritt ihrer Voraussetzung folgenden Monats unter Festsetzung der Steuer durchzuführen" hat, auch bei Steuerzugängen und erhöhenden Steueränderungen die „Entstehung des Schuldverhältnisses" im Sinne des Art. 89 EinkStG. in diesem Zeitpunkte eintritt, ganz entsprechend dem Art. 13 VStG. Breunig scheint anderer Ansicht zu sein. In Bd. I S. 343 Bem. 2 sagt er nichts über die Bedeutung des Begriffes „Entstehung des Schuldverhältnisses", erklärt dagegen eine „Steuerschuldigkeit" für entstanden, „sobald sie festgesetzt ist und zwar für die Zeit, für welche sie festgesetzt ist". Weiter erklärt er dort: „Wenn die Steuerschuld erst nach Beginn des Steuerjahrs entstanden ist, ist sie am Tage der Festsetzung fällig." Für die Entstehung des Schuldverhältnisses im Sinne des Art. 89 Satz 1 EinkStG. ist die Festsetzung der Steuer keine notwendige Voraussetzung. Das Schuldverhältnis entsteht — ohne Rücksicht darauf, wie lange sich aus technischen oder sonstigen Gründen die Durchführung der Zugangsveranlagung oder der Steueränderung hinauszieht — mit dem dem Eintritte der Voraussetzung folgenden Monatsersten; darin besteht doch eben die in Art. 70 Abs. I geforderte „Wirkung" von dem dem Eintritte der Voraussetzung folgenden Monatsbeginn an. Breunig hat also wohl unrichtigerweise die Entstehung des Schuldverhältnisses mit der Entstehung der — einen (nicht den einzigen!) Ausfluß dieses Schuldverhältnisses bildenden — Steuerschuldigkeit in ihrer zahlenmäßigen Bestimmtheit verwechselt. Die Begründung des EinkStG. enthält — wie gewöhnlich bei diesen juristisch mangelhaft durchgearbeiteten Gesetzen — nichts darüber, was sich der Gesetzgeber etwa unter dem „Tage der Entstehung des Schuldverhältnisses" vorgestellt hat. Der Umstand, daß nach der hier vertretenen Ansicht die Fälligkeit der Steuer oft längst vor ihrer ziffernmäßigen Feststellung eintreten wird, hat durchaus nichts außergewöhnliches an sich; das gleiche ist ja wohl stets auch in dem Normalfall gegeben, wo die EinkSt. usw. mit Beginn des Steuerjahrs fällig, ihre zahlenmäßige Höhe aber erst nach Monaten bei der Veranlagung festgestellt wird. — Die hier vertretene Ansicht dürfte also zumal im Hinblick auf die entsprechende Regelung im BStG. vor der Breunigs den Vorzug verdienen.

Nachdem wir so gesehen haben, daß die Bestimmung der beiden Gesetze über den Eintritt der (unvollkommenen) Fälligkeit sich vollkommen decken, muß also, was Breunig zu Art. 89 EinkStG. bezüglich der Bedeutung der (unvollkommenen) Fälligkeit ausführt, auch hier zu Art. 13 BStG. widerlegt werden.

5. Für die Verjährung der Steuerforderung des Staates gilt in Bayern Art. 124 des bayr. AG. BGB., welcher lautet:

> Die aus Rechtsverhältnissen des öffentlichen Rechtes entstandenen Ansprüche des Staates, einer Gemeinde oder eines anderen Kommunalverbandes auf eine Geldzahlung erlöschen, soweit nicht ein Anderes vorgeschrieben ist, mit dem Ablaufe von drei Jahren, wenn die Tatsachen festgestellt sind, auf welchen der Anspruch beruht. Die Frist beginnt mit dem Schlusse des Kalenderjahres, in welchem der Zeitpunkt eintritt, von dem an die Leistung auf Grund der festgestellten Tatsachen gefordert werden kann. Die Vorschriften über die Hemmung und die Unterbrechung der Verjährung finden entsprechende Anwendung.
>
> Der Lauf der Frist wird auch durch die im Beitreibungsverfahren an den Pflichtigen gerichtete Aufforderung zur Zahlung unterbrochen.
>
> Besteht für den Anspruch ein Pfandrecht oder eine Hypothek, so wird durch das Erlöschen des Anspruchs die Geltendmachung des Rechtes, Befriedigung aus dem verhafteten Gegenstand zu suchen, nicht gehindert.

Darnach ist für den Beginn der Erlöschensfrist niemals maßgebend der Schluß des Fälligkeitsjahres (im Sinne der bayr. Steuergesetze), sondern stets der Schluß des „Kalenderjahres, in welchem der Zeitpunkt eintritt, von dem an die Leistung auf Grund der festgestellten Tatsachen gefordert werden kann". Also nicht der Schluß des Jahres in dem der Zeitpunkt eintritt, von dem an die Steuer vom Staat an sich gefordert werden kann (unvollkommene Fälligkeit, Art. 13 Abs. I BStG.) oder von dem an die Steuer auf Grund der festgestellten Tatsachen vom Staat gefordert wird (Vollfälligkeit, Art. 13 Abs. II VStG.), sondern der Schluß des Jahres ist maßgebend, in dem der Zeitpunkt eintritt, von dem an die Steuer auf Grund der festgestellten Tatsachen gefordert werden kann. Darnach ist also Voraussetzung 1. daß der Staat die Leistung fordern darf (= unvollkommene Fälligkeit) und 2. daß die anspruchsbegründenden Tatsachen festgestellt sind. Die Tatsachen, auf welchen der staatliche Steueranspruch beruht, sind Staatsangehörigkeit, Wohnsitz, dienstlicher Wohnsitz, Aufenthalt, Einkommen, Vermögen usw. Nach der Entsch. des bayr. VGH. in Bd. 29 S. 134 beginnt die kurze Verjährung des Art. 124 erst, wenn der Anspruch des Berechtigten für ihn liquid, die Grundlagen des Anspruchs für ihn soweit außer Frage gestellt sind, daß er in der Lage ist, den Anspruch ziffernmäßig zu berechnen; dies setzt natürlich voraus, daß die den Anspruch begründenden Tatsachen zur Kenntnis der Organe des Forderungsberechtigten gekommen sind. Daß die ziffernmäßige Höhe des Anspruchs rechnerisch festgestellt wurde, ist dagegen nicht erforderlich (vgl. Henle-Schneider S. 208). Daß das Kalenderjahr, in dem die (unvollkommene) „Fälligkeit" nach den bayer. Steuergesetzen eintritt, in aller Regel auch das Jahr sein wird, in dem die den Anspruch begründenden Tatsachen festgestellt werden, ändert natürlich nichts an der grundsätzlichen Tatsache, daß eben nicht der Schluß des Fälligkeitsjahres als solchen für maßgebend erklärt ist. Die Ansicht Breunigs (Bd. I S. 343), daß für den Beginn der Verjährungsfrist des Art. 124 AG. BGB. der Ablauf des Kalenderjahrs maßgebend sei, in dem der Zeitpunkt der Fälligkeit eingetreten ist, ist also unrichtig. Tritt die Feststellung der anspruchsbegründenden Tatsachen erst in einem späteren Jahre als die einfache Fälligkeit ein, wird die Schuld aber überhaupt nicht vollfällig, weil versehentlich eine Bescheidszustellung unterbleibt, so zeigt sich am besten, daß nicht der Schluß des Fälligkeitsjahres für den Beginn der Erlöschensfrist maßgebend ist. Denn hier beginnt die Frist mit dem Schluß des Jahres, in dem die zweite von den beiden notwendigen Voraussetzungen, nämlich die Feststellung der anspruchsbegründenden Tatsachen erfolgt.

Die Verjährung des Art. 124 AG. BGB. unterscheidet sich von der Verjährung des BGB. dadurch, daß sie den

Anspruch schlechthin zum Erlöschen bringt, während die Verjährung des BGB. (§ 222) nur eine Einrede, ein Leistungsverweigerungsrecht schafft.

Neben der kurzen Verjährungsfrist des Art. 124 AG. BGB. läuft auch für den Steueranspruch des Staates noch die allgemeine 30jährige Verjährungsfrist (§ 195 BGB.) von der Entstehung des Anspruchs ab. Da nach dem auch für das VStG. anwendbaren Art. 72 Abs. III EinkStG. Steuernachholungen nur bis 10 bzw. 20 Jahre zurück durchgeführt werden sollen, wird die 30jährige Verjährungsfrist aber hier praktisch ohne Bedeutung bleiben.

Die anders gearteten Vorschriften des BesStG. (§ 76) über die Verjährung des staatlichen Steueranspruchs sind für das Gebiet des VStG. nicht anwendbar erklärt worden, weil naturgemäß in dieser Hinsicht eine Rechtsgleichheit für sämtliche Landessteuergesetze wünschenswert erscheinen mußte.

6. Nach § 61 Ziff. 2 KO. sind im Konkurse des Steuerschuldners bevorrechtigt die im letzten Jahre vor der Eröffnung des Verfahrens fällig gewordenen Steuern. Breunig (Bd. I S. 344) läßt nun für die Frage, ob ein Steuerbetrag unter dieses Vorrecht fällt, die Fälligkeitszeitpunkte des Art. 89 Satz 1 EinkStG. entscheiden. Das ist unrichtig und zeigt besonders gut, wie gefährlich der unbedenkliche Gebrauch des verschiedener Deutungen fähigen Wortes Fälligkeit in den Steuergesetzen ist. Aus dem Zusammenhalt des § 65 und des § 61 KO., sowie aus der grundlegenden Entscheidung des RG. in Bd. 22 S. 139 ergibt sich nämlich zweifelsfrei, daß die in § 61 Ziff. 2 KO. verlangte Fälligkeit mit Vollfälligkeit gleichbedeutend ist (vgl. auch Jaeger, KO., 5. Auflage, Anm. 19 zu § 61). Das gleiche ergibt sich aus den Untersuchungen von Bonschott in der Leipziger Zeitschrift 1911 S. 666 ff., wenngleich weder Jaeger noch Bonschott ausdrücklich der beiden Steuerfälligkeitsarten Erwähnung tun.

Für das Konkursvorrecht sind allein die Vollfälligkeitstermine, d. h. die Steuereinhebungstermine bzw. die in besonderen Fällen hievon abweichenden besonderen Zeitpunkte (vgl. unten Bem. 9) maßgebend, die unvollkommene Fälligkeit des Art. 89 Satz 1 EinkStG. und des Art. 13 Abs. I VStG. ist hierfür ohne jede Bedeutung.

7. Das reichlich negative Ergebnis der vorstehenden Untersuchung über die Bedeutung der in Art. 89 Satz 1 EinkStG., Art. 13 Abs. I VStG. getroffenen Fälligkeitsregelung legt die Frage nahe, welches darnach überhaupt die rechtliche Bedeutung dieser Bestimmung sei. Diese Bedeutung ist zwiefacher Art:

a) Die Staatsregierung ist dadurch bei der ihr durch Art. 89 Satz 2 EinkStG., Art. 13 Abs. II VStG. übertragenen Bestimmung der Vollfälligkeitszeitpunkte beschränkt, d. h. sie kann die Bezahlung keinesfalls vor den in Art. 89 Satz 1 EinkStG., Art. 13 Abs. I VStG. bezeichneten Terminen verlangen. Diese Beschränkung ergäbe sich allerdings wohl ohnedies schon aus dem Umstande, daß vor jenen Zeitpunkten überhaupt ein Anspruch des Staates auf Steuer für den noch gar nicht begonnenen Zeitraum nicht zur Entstehung gelangt.

b) Es wird durch jene Bestimmung aber vor allem festgestellt, daß der Staat die Steuer pränumerando, also im vorhinein verlangen darf. Daß er von der Ermächtigung, die ganze Jahressteuer im voraus zu verlangen, nur beschränkten Gebrauch macht, ergeben die unten (Bem. 9) folgenden Ausführungen zu Art. 13 Abs. II.

8. Bei dieser Gelegenheit sei auch der Rückerstattungsanspruch des Steuerpflichtigen gegen den Staat wegen zu Unrecht bezahlter Steuer besprochen.

a) Die umstrittene Frage, ob es sich hiebei um einen zivilrechtlichen, also dem Spruch der bürgerlichen Gerichte unterliegenden Anspruch oder um einen solchen öffentlichrechtlicher Natur handelt, der allein der Zuständigkeit der Steuerinstanzen und Finanzverwaltungsbehörden unterliegt, dürfte für Bayern wohl in letzterem Sinne zu beantworten sein (so auch Henle-Schneider, Bem. 3 zu Art. 125 S. 210 und Entsch. des bayr. VGH. Bd. 31 S. 8).

b) Für die Verjährung des Anspruchs gilt Art. 125 AG. BGB., welcher folgendermaßen lautet:

Die aus Rechtsverhältnissen des öffentlichen Rechtes entstandenen Ansprüche gegen den Staat, eine Gemeinde oder einen anderen Kommunalverband auf eine Geldzahlung erlöschen, soweit nicht ein Anderes vorgeschrieben ist, mit dem Ablaufe von drei Jahren. Die Frist beginnt mit dem Schlusse des Kalenderjahres, in welchem der Zeitpunkt eintritt, von dem an die Leistung gefordert werden kann. Die Vorschriften über die Hemmung und die Unterbrechung der Verjährung finden entsprechende Anwendung.

Das Erlöschen ist ausgeschlossen, wenn der Empfangsberechtigte sich vor dem Ablaufe der Frist bei der Kasse, welche die Zahlung zu leisten hat, zum Empfange meldet.

Diese Vorschriften gelten insbesondere auch für die Ansprüche auf Rückerstattung mit Unrecht erhobener Abgaben oder Kosten eines Verfahrens.

Als Zeitpunkt, von dem an die Leistung gefordert werden kann, hat bei der Rückforderung von mit Unrecht erhobenen Steuern usw. stets der Zeitpunkt der Zahlung zu gelten (Entsch. des bayr. VGH. Bd. 30 S. 5). — Wegen der Verwertung auch eines verjährten Steuerrückforderungsanspruches anläßlich einer Steuernachholung sei auf Art. 72 Abs. VI EinkStG. und Bem. 4 zu Art. 11 verwiesen.

c) Es bleibt schließlich noch die Frage zu erörtern, ob der Satz 2 des § 69 BesStG., der den Fiskus zu einer vierprozentigen Verzinsung der auf Grund rechtskräftiger Entscheidung zu erstattenden Steuerbeträge verpflichtet, auch für das Gebiet des VStG. Anwendung findet. Räumlich befindet sich die Vorschrift unter jenen über die Rechtsmittel. Art. 9 Abs. III VStG. erklärt für entsprechend anwendbar die für „das Verfahren einschließlich des Rechtsmittelverfahrens in Bayern für die Besitzsteuer maßgebenden gesetzlichen Vorschriften". Bei der Vorschrift über die Verzinsungspflicht des Staates handelt es sich aber nicht um eine Verfahrensvorschrift, sondern um eine materiellrechtliche Vorschrift, die nur des inneren Zusammenhanges wegen an jener Stelle des BesStG. ihren Platz gefunden hat. So wünschenswert ich eine Verzinsungspflicht des Staates für auf Grund rechtskräftiger Entscheidung zu erstattende Steuerbeträge erachte, so glaube ich doch, daß eine entsprechende Anwendung des § 69 Satz 2 BesStG. für das VStG. nicht zulässig wäre. — Wenn allerdings die bayerische Finanzverwaltung sich den vom Finanzminister von Breunig im Ausschuß der Abgeordnetenkammer ausgesprochenen Grundsatz von der „uneingeschränkten Anwendbarkeit der Bestimmungen des Besitzsteuergesetzes auf unser Vermögensteuergesetz" (vgl. Bem. 4c zu Art. 4 S. 94) zu eigen macht, wird sie hier auch die Vorschrift des § 69 Satz 2 BesStG. gegen sich gelten lassen müssen.

Abs. II.

9. Bezüglich des Eintrittes der Vollfälligkeit der VSt. (= Zeitpunkt der Entrichtung) bestimmt § 48 Abs. 1 VV. folgendes: „Die Vermögensteuer wird in jedem Steuerjahre tunlichst gemeinsam mit den Einkommensteuern usw. nach Maßgabe der Anweisung in §§ 96, 97 der VV. zum EinkStG. erhoben."

Die zitierten Paragraphen lauten:

§ 96 VV. zum EinkStG.

I Die Einkommensteuern sowie die nach Art. 29 GewStG., Art. 22 KapStG. gleichzeitig verfallenden Gewerb- und Kapitalrentensteuern und Kreisumlagen hieraus (Art. 48 UmlG.) werden gemeinsam erhoben.

II Die Schuldigkeiten an solchen Steuern samt den treffenden Kreisumlagen sind — auch wenn der Schuldner eine öffentliche Kasse ist — Bringschulden und daher an die Rentamtskasse zu zahlen.

III Die im allgemeinen Veranlagungsverfahren festgestellten Schuldigkeiten an Einkommen-, Gewerb- und Kapitalrentensteuern samt Kreisumlagen sind an den Einhebungsterminen zu entrichten und werden in der Regel — mit Ausnahme der am ersten Einhebungstermin im vollen Betrag einzuhebenden Beträge von 3 Mk. Jahresschuldigkeit und weniger — in zwei gleichen Hälften eingehoben. Der Einhebung hat eine allgemeine, nötigenfalls eine gesonderte rentamtliche Aufforderung zur Entrichtung der Schuldigkeit vorauszugehen. Der Einhebungstermin für die erste Hälfte der Schuldigkeit soll spätestens zwischen dem 1. April und 1. Mai, der Einhebungstermin für die zweite Hälfte der Schuldigkeit bis auf weiteres zwischen 1. Juli und 1. September jeden Steuerjahrs anberaumt werden. Innerhalb dieses Rahmens sind die Einhebungstermine von den Rentämtern in tunlichster Anpassung an das Herkommen und die örtlichen und wirtschaftlichen besonderen Verhältnisse jeder Gemeinde sowie unter geeigneter Rücksichtnahme auf etwaige Wünsche der Steuerpflichtigen und die Geschäftsverhältnisse der Rentämter festzusetzen. Die Regierungsfinanzkammern sind bis auf weiteres ermächtigt, eine vorübergehende Hinausschiebung der Einhebungstermine über den vorbezeichneten Zeitpunkt hinaus oder eine anderweitige Sachregelung zu genehmigen.

IV Bei späterer Entstehung des Schuldverhältnisses (im Falle von Steueränderungen, Steuerzugängen, Nachveranlagungen) ist die Schuldigkeit am zweiten Einhebungstermin und, wenn das Schuldverhältnis erst nach diesem Zeitpunkt entsteht, alsbald nach Verständigung des Pflichtigen von der Höhe seiner Schuldigkeit zu entrichten.

V Vorausbezahlungen bereits berechneter Schuldigkeiten sind von den Rentämtern und den mit der Einhebung der Steuern und Kreisumlagen betrauten pfälzischen Einnehmereien jederzeit anzunehmen. Ebenso haben die Rentämter nachträgliche Zahlungen an bereits abgeschriebenen oder niedergeschlagenen Steuern und Kreisumlagen jederzeit anzunehmen. Die Verrechnung solcher nachträglichen Zahlungen erfolgt im Nachholungsregister.

VI Wegen der Beitreibung der Steuern und Kreisumlagen wird auf die Bekanntmachung vom 27. Dezember 1889, die Vorschriften über die Beitreibung der Staatsgefälle betr. (FinMBl. S. 355), verwiesen. In Ergänzung dieser Bekanntmachung wird angeordnet, daß auf den in Händen der fruchtlos Gemahnten verbleibenden Mahnzetteln und veranlaßtenfalls auch bei fruchtloser mündlicher Mahnung kurz darauf hingewiesen wird, daß die Nichtentrichtung der Steuern unter Umständen staatsrechtliche Nachteile (z. B. den Verlust des Landtagswahlrechts, den Verlust des Anspruchs auf Verleihung des Heimatrechts und des Bürgerrechts) nach sich ziehen kann.

VII Die Rentämter sind befugt, zahlungswilligen Pflichtigen, die zur rechtzeitigen Entrichtung der Steuern und Kreisumlagen nicht imstande sind, Stundung zu gewähren. Stundungen über den Schluß des Rechnungsjahrs hinaus bedürfen der Genehmigung der Regierungsfinanzkammer.

§ 97 VV. zum EinkStG.

Zuständig zur Niederschlagung sind die Rentämter, soweit die niederzuschlagenden Einkommen-, Gewerb- und Kapitalrentensteuern samt den treffenden Kreisumlagen (vgl. Art. 29 GewStG, Art. 22 KapStG., Art. 43 Abs. III UmlG.) eines Pflichtigen zusammen nicht mehr als 10 Mk. betragen, im übrigen sind die Regierungsfinanzkammern zuständig.

II Die niedergeschlagenen Beträge sind in den Hebegrundlagen mit roter Tinte und dem Beisatze „Nd" (vgl. § 77 Abs. III, d) vorzumerken.

III Zur Belegung der Niederschlagung genügt es für die Regel, wenn auf den im § 77 Abs. III, d bezeichneten Einzelverzeichnissen durch den Perzipienten und die beteiligten Amtsdiener bestätigt wird, daß bezüglich sämtlicher niedergeschlagener Beträge die Voraussetzungen des Art. 90 vorliegen.

Die Vollfälligkeit tritt also mit dem rentamtlich durch öffentliche Bekanntmachung jeweils kalendermäßig festgesetzten Einhebungstermine ein. Erfolgt innerhalb des Einhebungstermins die Zahlung nicht, so tritt damit Verzug ein, ohne daß die übliche Mahnung rechtlich noch erforderlich wäre; denn durch den kalendermäßig bestimmten Leistungszeitpunkt (§ 284 Abs. 2 BGB.) wird die sonst zur Herbeiführung des Verzuges erforderliche Mahnung des Schuldners entbehrlich.

Für die Fälle der „späteren Entstehung des Schuldverhältnisses (vgl. oben Bem. 4) bestimmt der oben wiedergegebene § 96 Abs. IV VV. z. EinkStG., daß die Vollfälligkeit insoweit am zweiten Einhebungstermin, wenn jedoch das Schuldverhältnis erst nach diesem Zeitpunkt entsteht, alsbald nach Verständigung des Pflichtigen von der Höhe der Schuldigkeit eintritt. Die „Entstehung des Schuldverhältnisses" ist hier offenbar im Sinne der nach Breunig I S. 343 mit der Festsetzung der Steuer eintretenden „Entstehung der Steuerschuldigkeit" gemeint. Dem Sinne des von Art. 89 Satz 1 EinkStG. gebrauchten Ausdruckes „spätere Entstehung des Schuldverhältnisses" entspricht das nicht, wie oben in Bem. 4 dargelegt. Denn der zitierte § 96 Abs. IV betrifft ja die Vollfälligkeit, Art. 89 Satz 1 aber lediglich die einfache Fälligkeit. Richtig müßte sich § 96 Abs. IV dahin ausdrücken, daß bei späterer Entstehung des Schuldverhältnisses (also Eintritt der einfachen Fälligkeit nach Beginn des Steuerjahrs) die Steuer dann, wenn die Festsetzung der Steuer und Mitteilung der Steuerschuldigkeit noch vor dem ersten Einhebungstermin erfolgt, die Zahlung normalerweise an beiden Einhebungsterminen zu erfolgen hat; wenn dagegen die Festsetzung der Steuer und Mitteilung der Steuerschuldigkeit nach dem ersten, aber vor dem zweiten Einhebungstermin erfolgt, dann ist die Zahlung am zweiten Einhebungstermin zu leisten. Erfolgt endlich die Festsetzung und Mitteilung erst nach dem zweiten Einhebungstermin, so ist die Zahlung alsbald nach Empfang der Mitteilung, die hier als Zahlungsaufforderung (Mahnung) zu gelten hat, zu leisten.

Art. 14.

Die zum Vollzuge dieses Gesetzes erforderlichen Vorschriften werden von der Staatsregierung erlassen.

Die Vollzugsvorschriften sind mit Bekanntmachung des Staatsministeriums der Finanzen vom 28. November 1918 ergangen und in Nr. 89 des bayr. GVBl., S. 1289 ff. vom 31. Dezember 1918 enthalten. Da die betr. Nummer erst Ende Januar 1919 herauskam, mußte die durch §§ 13 VV. auf 2. mit 31. Januar 1919 festgesetzte Frist für die allgemeine erste Erklärungsabgabe rentamtsweise auf später verlegt werden.

Die VV., welche auf einen bei den Gesetzesberatungen geäußerten Wunsch hin auch sämtliche vom VStG. angeführten Gesetzesstellen im Wortlaut wiedergibt, sind im Anfang abgedruckt.

Anhang.

Bekanntmachung zum Vollzuge des Vermögensteuergesetzes.

(GVBl. 1918 S. 1289).

Vom 28. November 1918.

Staatsministerium der Finanzen.

Zum Vollzuge des Vermögensteuergesetzes vom 17. August 1918 (GVBl. S. 409) werden nachstehende Vorschriften erlassen:

I. Steuerpflicht.

§ 1. (Art. 2) [1] Vermögensteuerpflichtig sind die nach dem Einkommensteuergesetze subjektiv unbeschränkt steuerpflichtigen natürlichen Personen (Art. 1 EinkStGes., § 1 VollzVorschr. hierzu) mit ihrem gesamten Vermögen mit Ausnahme des außerbayerischen Grund- und Betriebsvermögens und von den nach dem EinkStGes. subjektiv beschränkt steuerpflichtigen natürlichen Personen (Art. 2 EinkStGes., § 3 VollzVorschr. hierzu)

1. jene, die in Bayern gelegenes Grundvermögen besitzen, mit diesem Grundvermögen,
2. jene, die ein stehendes Gewerbe betreiben, zu dessen Ausübung in Bayern eine Betriebsstätte unterhalten wird, mit dem diesem Gewerbebetriebe dienenden Vermögen,
3. vorbehaltlich des Reichsdoppelsteuergesetzes vom 22. März 1909 (RGBl. S. 332) jene, die in Bayern

dinglich versichertes Kapitalvermögen besitzen und Abwesende mit Kapitalvermögen, für die von einem bayerischen Gericht eine Pflegschaft nach § 1911 BGB. angeordnet ist, mit diesem Kapitalvermögen.

II Die unter Ziff. 1 bis 3 bezeichneten Steuerpflichtigen sind verbunden, auf Verlangen des Rentamts für die Erfüllung aller durch das Vermögensteuergesetz und dessen Vollzugsvorschriften auferlegten Verpflichtungen einen Bevollmächtigten zu bestellen. Der Bevollmächtigte muß in Bayern seinen Sitz haben und ist für die Erfüllung dieser Verpflichtungen neben dem Steuerpflichtigen haftbar (Art. 2 Abs. II des Gesetzes, Art. 2 Abs. III EinkStGes.). Wer dem Verlangen nach Aufstellung eines Bevollmächtigten nicht rechtzeitig genügt, kann nach Art. 10 Abs. IV des Gesetzes bestraft werden.

III Unter „außerbayerischem" Grund- und Betriebsvermögen im Sinne des Art. 2 Abs. I Ziff. 1 des Gesetzes ist jenes Grund- und Betriebsvermögen zu verstehen, das sich außerhalb Bayerns befindet, bzw. einem außerhalb Bayerns befindlichen Betriebe der Land- oder Forstwirtschaft, des Bergbaues oder eines Gewerbes dient.

IV Nicht vermögensteuerpflichtig sind die im Art. 1 Abs. I Ziff. 4 und im Art. 2 EinkStGes. aufgeführten juristischen Personen und nicht rechtsfähigen Vereine, ferner die im Art. 3 Abs. I Ziff. 3 EinkStGes. bezeichneten natürlichen Personen mit den in letzterer Bestimmung enthaltenen Beschränkungen.

V Das Vermögen einer offenen Handelsgesellschaft (§§ 105ff. HGB.), einer einfachen Kommanditgesellschaft (§§ 161ff. a. a. O.), einer stillen Gesellschaft (§§ 335ff. a. a. O.) und einer Gesellschaft des bürgerlichen Rechtes (§§ 705ff. BGB.) unterliegt nur in der Hand des einzelnen Gesellschafters nach dem Verhältnis seines Anteils an dem Gesellschaftsvermögen der Vermögensteuer. Auch andere Gemeinschaften zur gesamten Hand wie die Gütergemeinschaft, die Erbengemeinschaft sind nicht selbständig vermögensteuerpflichtig, ebenso auch nicht Konkurs- und Nachlaßmassen (vergl. auch Art. 5 Abs. II des Gesetzes).

VI Im übrigen finden die §§ 1 und 3 der Vollz.-Vorschr. zum EinkStG. für den Vollzug des Art. 2 des Gesetzes sinngemäße Anwendung.

§ 2. (Art. 2.) Voraussetzung für die erstmalige Vermögensteuerveranlagung (für das Vermögensteuerjahr 1919) ist das Bestehen der subjektiven Einkommensteuerpflicht am 1. Januar 1919, für die künftigen ordentlichen Veranlagungen (Art. 3 Abs. I und Abs. II Ziff. 1 und 2 des Gesetzes) das Bestehen der subjektiven Einkommensteuerpflicht im Veranlagungszeitpunkt, d. i. an dem den drei Vermögensteuerjahren letztvorangegangenen Ende eines Besitzsteuerveranlagungszeitraums, für die Zugangsveranlagungen nach Art. 5 Abs. III des Gesetzes (Art. 68 Abs. I, II EinkStGes.) das Bestehen der subjektiven Einkommensteuerpflicht zu Beginn des dem Eintritt der Steuerpflicht folgenden Monats. Das Gleiche gilt, wenn durch eine nach Art. 5 Abs. I Ziff. 1 des Gesetzes zu berücksichtigende Vermögensvermehrung bei schon bestandener subjektiver Einkommensteuerpflicht die Vermögensteuerfreigrenze von 20000 ℳ überschritten wird und damit objektive Steuerpflicht eintritt.

II. Steuerbares Vermögen.

§ 3. (Art. 3.) I Steuerbares Vermögen ist grundsätzlich das zur Besitzsteuer (Reichsgesetz vom 3. Juli 1913, RGBl. S. 524, vgl. Anlage 11 Ziff. I) festgestellte Vermögen, wie es sich aus den Steuer- und Feststellungsbescheiden (§ 65 Abs. 1 BesitzStGes.) und aus Spalte 8b der Besitzsteuerliste ergibt. Im Gegensatze zur Besitzsteuer ergreift die Vermögensteuer nicht den innerhalb des Besitzsteuerveranlagungszeitraums eingetretenen Vermögenszuwachs, sondern den Bestand des Vermögens selbst, wie er am Ende eines solchen Zeitraums — dem Veranlagungszeitpunkte für die Vermögensteuer — für die Besitzsteuerveranlagung festgestellt ist. Dieser Vermögensstand bildet jeweils vorbehaltlich der nach Art. 5 und 6 des Gesetzes zu berücksichtigenden Änderungen für die dem Veranlagungszeitpunkte folgenden drei Vermögensteuerjahre die Grundlage der Besteuerung. Die erstmalige Vermögensteuerveranlagung erfolgt nur für das Vermögensteuerjahr 1919. Für diese Veranlagung ist steuerbares Vermögen grundsätzlich das anläßlich der erstmaligen Besitzsteuerveranlagung für 31. Dezember 1916, also das auf den 2 Jahre zurückliegenden Stichtag festgestellte Vermögen.

II Aus Gründen der Geschäftsvereinfachung besteht jedoch keine Erinnerung dagegen, wenn bei dieser erstmaligen Veranlagung das Vermögen nach dem Stande vom 1. Januar 1919 berechnet wird. Jedenfalls soll der Schwierigkeit, der bei der erstmaligen Veranlagung die Feststellung des Standes und Wertes nach einem 2 Jahre zurückliegenden Zeitpunkte begegnen kann, durch eine Sachbehandlung Rechnung getragen werden, die sich von kleinlichen Beanstandungen frei hält und einen gewissen Spielraum gestattet, solange nicht die Absicht einer Verkürzung des Staatsärars anzunehmen ist. Der Vermögensstand vom 1. Januar 1919 kann umso unbedenklicher als Grundlage für die Steuererklärung und -Festsetzung zugelassen werden, als nach dem Gesetz ohnehin eine Mehrzahl von Änderungen, die sich in den letzten 2 Jahren ergeben haben, berücksichtigt werden müßten. Nach Art. 5 Abs. II des Gesetzes werden nämlich schon Verminderungen, die ein Sechstel des am 1. Januar 1917 vorhanden gewesenen Vermögens überschreiten, und jedwede Minderung berücksichtigt, zufolge deren ein anderer das weggefallene Vermögen zu versteuern hat, sodaß insbesondere also bei Schenkungen, Anwesensübergaben usw., — einen Wert von mehr als 5000 ℳ vorausgesetzt — (Art. 5 Abs. I Ziff. 1), die nach dem Vermögensstande vom 31. Dezember 1916 festgestellte[1]) Vermögen ohnehin im Änderungsverfahren alsbald wieder abgemindert werden müßte[2]) Art. 5 Abs. III des Gesetzes im Zusammenhalte mit Art. 70 Abs. I EinkStGes.).

III Für eine Reihe von Fällen, in denen eine Vermögensfeststellung nach dem Besitzsteuergesetz im Veranlagungszeitpunkte nicht vorliegt, oder sich die vorliegende

[1]) Druckfehler, richtig: festgestellten.
[2]) Druckfehler, richtig: müßten.

Feststellung nicht als Grundlage der Vermögensteuerveranlagung eignet, sieht das Gesetz im Art. 3 Abs. II eine besondere Feststellung des steuerbaren Vermögens vor. Diese Feststellung erfolgt nach den Vorschriften des Besitzsteuergesetzes. Der bayerischen Vermögensbesteuerung liegt sonach in allen Fällen das in den §§ 2 bis 10 BesitzStGes. im Zusammenhalte mit Art. 2 des Gesetzes bezeichnete Vermögen zu Grunde. Hiernach gehört das außerbayerische Grund- und Betriebsvermögen nicht zum steuerbaren Vermögen im Sinne des Vermögensteuergesetzes (vergl. § 1 Abs. III). Für die Ermittlung der Vermögenswerte bei besonderer Vermögensfeststellung sind die Bestimmungen in den §§ 28 Abs. 2, 29 mit 47 BesitzStG., in den §§ 27 mit 45, 47 mit 51 der Besitzsteuer-AusfBest. des Bundesrats (GVBl. 1916 S. 509ff.) und in den §§ 13 mit 17 der VollzBek. zum Besitzsteuergesetze vom 16. Dezember 1916 (GVBl. S. 638) sinngemäß anzuwenden (Art. 9 Abs. III des Gesetzes).

§ 4. (Art. 3 Abs. II Ziff. 1.) Nach Art. 3 Abs. II Ziff. 1 des Gesetzes findet eine besondere Vermögensfeststellung statt, wenn der Steuerpflichtige vor Ablauf der Berufungsfrist (Art. 9 Abs. III des Gesetzes) beantragt, daß *nur* für die Besitzsteuerveranlagung oder *nur* für die Vermögensteuerveranlagung nach Maßgabe der §§ 30 bis 33 BesitzStGes. verfahren wird. Bei der Feststellung des Vermögens für die Besitzsteuerveranlagung ist grundsätzlich der gemeine Wert (Verkaufswert) zu Grunde zu legen (§ 29 BesitzStGes.). Der Steuerpflichtige kann aber bei *Grundstücken* auch beantragen, daß an Stelle des gemeinen Wertes der Betrag der nachgewiesenen oder glaubhaft gemachten Gestehungskosten berücksichtigt wird. Wird ein solcher Antrag gestellt, so kommen die Vorschriften der §§ 30 Abs. 2 mit 33 BesitzStGes. zur Anwendung. Da grundsätzlich das zur Reichsbesitzsteuer festgestellte Vermögen auch der Vermögensbesteuerung in Bayern unterliegt, so würde an sich das Verhalten des Steuerpflichtigen hinsichtlich der Grundstücksbewertung bei der Besitzsteuerveranlagung auch für die Vermögensteuerveranlagung [3])

[3]) Druckfehler, richtig: Vermögensteuerveranlagung.

maßgebend sein. Die Bestimmung im Art. 3 Abs. II Ziff. 1 gestattet aber dem Steuerpflichtigen für die Vermögensteuerveranlagung eine andere Art der Bewertung seiner Grundstücke zu wählen als für die Besitzsteuerveranlagung. Der Steuerpflichtige kann hiernach den bei der Besitzsteuerveranlagung unterlassenen Antrag auf Zugrundelegung der Gestehungskosten für die Vermögensteuerveranlagung bis zum Ablaufe der Frist für die Berufung gegen diese Veranlagung nachholen oder bis zum gleichen Zeitpunkt erklären, daß ein für die Besitzsteuerveranlagung gestellter Antrag dieser Art nicht auch für die Vermögensteuerveranlagung gelten soll. Macht der Steuerpflichtige von dieser Befugnis Gebrauch, so erfolgt lediglich eine besondere Feststellung des Wertes der von dem Antrage betroffenen Grundstücke; im übrigen verbleibt es bei der für die Besitzsteuerveranlagung erfolgten Vermögensfeststellung. Die Bestimmung wird namentlich bei der erstmaligen Vermögensteuerveranlagung für das Steuerjahr 1919 von Bedeutung sein. Die Rentämter haben den Steuerpflichtigen in Zweifelsfällen durch Belehrung an die Hand zu gehen und — in den Landgemeinden zweckmäßig durch Vermittlung der Gemeindebehörden — entsprechende Antragstellung anheimzugeben, wenn nach Lage der Verhältnisse anzunehmen ist, daß ein Steuerpflichtiger an der Bewertung eines Grundstücks bei der Besitzsteuerveranlagung für die Vermögensteuerveranlagung nicht festhalten will. Zu beachten ist, daß das im Art. 3 Abs. II Ziff. 1 des Gesetzes eingeräumte Wahlrecht auch für den städtischen Hausbesitz besteht.

§ 5. (Art. 3 Abs. II Ziff. 2, Art. 6.) [1] Eine besondere Feststellung des Vermögens erfolgt ferner nach Art. 3 Abs. II Ziff. 2 des Gesetzes, wenn das steuerbare Vermögen eines Steuerpflichtigen auf den maßgebenden Veranlagungszeitpunkt in Bayern nicht zur Besitzsteuer festgestellt ist. Diese Bestimmung kommt zur Anwendung, wenn eine nach dem bayerischen Einkommensteuergesetz einkommensteuerpflichtige und damit auch vermögensteuerpflichtige Person in Bayern zum maßgebenden Veranlagungszeitpunkt überhaupt nicht zur Besitzsteuer veranlagt ist, ferner, wenn eine nach dem Besitzsteuergesetz in Bayern nur beschränkt steuerpflichtige Person nach dem Einkommensteuergesetz in Bayern unbeschränkt steuerpflichtig ist (z. B. ein Ausländer, der in Bayern ein Gewerbe betreibt, sich aber in Bayern nicht dauernd, sondern nur des Erwerbes wegen vorübergehend aufhält) und umgekehrt. Die Bestimmung hat aber hauptsächlich Platz zu greifen in den zahlreichen Fällen, in denen bei der jeweiligen Vermögensteuerveranlagung ein Besitzsteuer- oder Feststellungsbescheid für den maßgebenden Stichtag nicht vorliegt, weil sich für die Besitzsteuer kein Vermögenszuwachs oder nur ein steuerfreier ergeben hat und der für eine künftige Besitzsteuerveranlagung maßgebende Vermögenstand bereits seit der Wehrbeitrags- oder — und das kommt erstmals für die Vermögensteuerveranlagung für 1920 in Betracht — seit einer früheren Besitzsteuerveranlagung rechtskräftig feststeht, also veraltet ist, (vgl. § 47 Abs. 1 WehrbeitragsGes., § 65 Abs. 1 BesitzStGes.). Hat bei der erstmaligen Veranlagung für das Vermögensteuerjahr 1919 die besondere Feststellung nach dem Stande vom 31. Dezbr. 1916 zu erfolgen, so sind die Weisungen im § 3 Abs. II oben zu beachten.

II Eine besondere Vermögensfeststellung ist auch in den Fällen des Art. 2 Abs. I Ziff. 1, 2 des Gesetzes erforderlich, so wenn außerbayerisches Grund- oder Betriebsvermögen aus dem zur Besitzsteuer in Bayern festgestellten Vermögen auszuscheiden ist, ferner wenn in Bayern befindliches Grund- oder Betriebsvermögen nicht in Bayern zur Besitzsteuer festgestellt ist, weil der Steuerpflichtige wegen der Wohnsitz- und Aufenthaltsverhältnisse in einem anderen Bundesstaate zur Besitzsteuer veranlagt war. Zu dem in Bayern befindlichen Grund- und Betriebsvermögen gehört außer dem in Bayern gelegenen Grund- und Gebäudebesitz alles Vermögen, daß dem Betriebe der Land- oder Forstwirtschaft auf in Bayern gelegenen Grundstücken dient, oder der Ausübung eines stehenden Gewerbes in einer innerhalb Bayerns befindlichen Betriebsstätte gewidmet ist. Liegt ein einheitlicher über bayerisches und außerbayerisches

Gebiet sich erstreckender Betrieb vor, so sind bei der Besteuerung in Bayern die Vorschriften im § 3 des Reichsdoppelsteuergesetzes vom 22. März 1909 zu beachten. Für den Abzug von Schulden und Lasten bei anteiliger Besteuerung ist § 10 Abs. 3 BesitzStGes. mit § 51 der BesitzsteuerAusfBest. des Bundesrats maßgebend.

III Ein weiterer Fall, in dem eine — allerdings ebenfalls nur auf das Grundvermögen beschränkte — besondere Feststellung des Vermögens geboten ist, ergibt sich aus Art. 6 des Gesetzes, wenn im Laufe der ersten 9 Viertel der 3 Vermögensteuerjahre der Antrag gestellt wird, statt des gemeinen Wertes die Gestehungskosten zu Grunde zu legen oder das gegenteilige Verfahren einzuhalten.

§ 6. (Art. 3 Abs. II Ziff. 3.) Eine besondere Feststellung des steuerbaren Vermögens hat auch stattzufinden, wenn innerhalb der drei Vermögensteuerjahre eine nach Art. 5 Abs. I des Gesetzes zu berücksichtigende Änderung des Vermögensstandes eintritt und wenn innerhalb dieses Zeitraums der Zu- und Abgang von Steuerpflichtigen erfolgt (Art. 5 Abs. III des Gesetzes, Art. 68 Abs. I, II EinkStGes.). Für diese Fälle ist der Stichtag nicht der letztvorangegangene Veranlagungszeitpunkt, sondern der Beginn des der Änderung folgenden Monats.

§ 7. (Art. 3.) I Art. 3 Abs. III des Gesetzes bestimmt, welcher Stand der Verhältnisse in den einzelnen Fällen der besonderen Vermögensfeststellung für die Veranlagung maßgebend ist.

II Die Vorschriften des Art. 3 des Gesetzes kommen auch bei der erstmaligen Vermögensteuerveranlagung für das Steuerjahr 1919 zur Anwendung. Für die Vermögensteuerpflicht ist hier das Bestehen der subjektiven Einkommensteuerpflicht am 1. Januar 1919 Voraussetzung, für die Feststellung der Höhe des steuerbaren Vermögens aber ist grundsätzlich der auf den 31. Dezember 1916 als Stichtag treffende Stand des Vermögens — vorbehaltlich der nach dem Gesetze hieran vorzunehmenden Änderungen — maßgebend, es ist also an sich zu verfahren, wie wenn die Vermögensteuerveranlagung schon im Jahre 1917 auf Grund der Besitzsteuerveranlagung für den 31. Dezember 1916 als Stichtag stattgefunden hätte. Steuerbares Vermögen ist sonach grundsätzlich das zur Besitzsteuer für den 31. Dezember 1916 festgestellte Vermögen. Die erforderlichen besonderen Feststellungen vollziehen sich nach Maßgabe des Art. 3 Abs. II Ziff. 1 bis 3 und Abs. III des Gesetzes. In den Fällen des Art. 3 Abs. II Ziff. 3, d. i. bei den nach Art. 5 Abs. I zu berücksichtigenden Änderungen des Vermögenstandes, sowie beim Eintritt der allgemeinen oder beschränkten subjektiven Einkommensteuerpflicht in der Zeit zwischen dem 31. Dezember 1916 und dem 1. Januar 1919 — ist der Stand der Verhältnisse zu Beginn des der Änderung bezw. dem Eintritt der Steuerpflicht folgenden Monats (also nicht etwa der Stand am 1. Januar 1919), in den übrigen Fällen, also insbesondere bei Änderung in der Bewertung des Grundvermögens nach Art. 3 Abs. II Ziff. 1 des Gesetzes, bei Ausscheidung außerbayerischen Grund- und Betriebsvermögens aus der Besitzsteuerveranlagung für 31. Dezember 1916 und bei Feststellung bayerischen Grund- und Betriebsvermögens, das in einem anderen Bundesstaate zur Besitzsteuer auf den 31. Dezember 1916 veranlagt war, ist der Stand am 31. Dezember 1916 maßgebend. Wenn hienach auch bei der ersten Veranlagung grundsätzlich die besonderen Vermögensfeststellungen — abgesehen von jenen nach Art. 3 Abs. II Ziff. 3 — nach dem 2 Jahre zurückliegenden Stichtag erfolgen sollen, so soll doch aus Gründen der Geschäftsvereinfachung in der im § 3 Abs. II oben bezeichneten Weise verfahren und so den Pflichtigen bei Bedarf im Rahmen des Zulässigen die Abgabe der Steuererklärungen erleichtert werden.

§ 8. (Art. 3, 4.) Im Hinblick auf § 14 BesitzStGes. (Art. 3 Abs. III Satz 2 des Gesetzes) ist das Vermögen der Ehegatten für die Veranlagung der Vermögensteuer zusammenzurechnen, soferne sie nicht dauernd voneinander getrennt leben (vgl. § 13 Abs. II der VollzVorschr. z. EinkStGes.). Die Haftung für die Steuer bemißt sich nach Art. 9 Abs. II EinkStGes. (Art. 4 des Gesetzes). Die

Veranlagung der minderjährigen im Haushalte der Eltern lebenden Kinder erfolgt wie bei der Besitzsteuer selbständig und zwar auch dann, wenn die Kinder mit einem Elternteil in Güter- oder Erbengemeinschaft leben und ohne Rücksicht darauf, ob es sich um freies Vermögen der Kinder (§§ 1650, 1651 BGB.) oder um Vermögen handelt, das der Nutznießung des Vaters unterliegt. Das Nutznießungsrecht des Vaters am Kindesvermögen ist für die Vermögensteuerveranlagung als selbständiges Recht im Sinne des § 6 Ziff. 1 BesitzStGes. nicht zu erachten. Dagegen ist der Nießbrauch als selbständiges Recht im Sinne dieser Bestimmung zu behandeln und sonach der Nießbraucher aus dem Werte des Nießbrauchrechts zur Vermögensteuer zu veranlagen. Für den Eigentümer des belasteten Gegenstandes oder Vermögens bedeutet der Nießbrauch eine abzugsfähige Last. Das Nutznießungsrecht des Pfründeinhabers am Pfründevermögen kommt für die Vermögensteuerveranlagung, weil es kein selbständiges verkehrsfähiges Recht darstellt, nicht in Betracht. Dagegen unterliegt das etwa im Eigentume des Pfründeinhabers befindliche Betriebsvermögen in dessen Hand der Vermögensteuer und zwar nach dem gemeinen Werte, wobei zu beachten ist, daß der gemeine Wert den Verkaufswert darstellt und bei der Bemessung eines Verkaufswerts die Umstände, unter denen im Einzelfalle verkauft werden kann, mit in Berücksichtigung gezogen werden müssen.

III. Befreiung von der Vermögensteuer.

§ 9. (Art. 7.) I Für die Freigrenze von 20000 ℳ ist das in Bayern steuerbare Gesamtvermögen maßgebend. Bei einem beschränkt Steuerpflichtigen ist es daher unerheblich, wieviel sein Gesamtvermögen überhaupt beträgt.

II Bei Ehegatten, deren Vermögen zusammenzurechnen ist, beurteilt sich die Steuerfreiheit nach der Höhe der zusammengerechneten Vermögen.

III Das Überschreiten der Freigrenze nach oben oder unten während der drei Vermögensteuerjahre bedingt nur dann einen Steuerzugang oder Steuerabgang bzw. eine

Steueränderung, wenn damit der Eintritt oder das Erlöschen der subjektiven Einkommensteuerpflicht verbunden ist (Art. 5 Abs. III des Gesetzes) oder eine der nach Art. 5 Abs. I Ziff. 1, 2 des Gesetzes zu berücksichtigenden Änderungen des Vermögensstandes vorliegt (vgl. § 29 Abs. III, § 37 Abs. III).

IV. Veranlagung.

1. Zuständigkeit.

§ 10. (Art. 9.) I Die Behandlung der Vermögensteuer obliegt vorbehaltlich der Bestimmungen im § 24 Abs. II den Rentämtern.

II In München sind die Stadtrentämter München II und München III, in Nürnberg die Rentämter Nürnberg II und Nürnberg III, für die behördliche Schätzung nach § 35 BesitzStGes. § 49,[4]) Abs. I der Besitzsteuer-Ausf.-Best. des Bundesrats (Art. 9 Abs. III des Gesetzes) ist in München das Stadtrentamt München III, in Nürnberg das Rentamt Nürnberg III zuständig.

§ 11. (Art. 9.) I Zuständig ist das Rentamt, in dessen Bezirke der Steuerpflichtige nach den Vorschriften des Art. 22 EinkStGes. und im § 42 der VollzVorschr. zum EinkStGes. zu veranlagen ist oder zu veranlagen wäre.

II Verzieht ein Steuerpflichtiger im Laufe des Steuerjahrs aus einem Rentamtsbezirk in einen anderen Rentamtsbezirk, ohne daß hiermit ein Erlöschen der subjektiven Steuerpflicht am bisherigen Wohn- oder Aufenthaltsorte (Steuerabgang) und ein Neueintritt in die subjektive Steuerpflicht (Steuerzugang) verbunden ist, so bleibt der Veranlagungsort für das laufende Steuerjahr noch maßgebend, der Steuerpflichtige ist jedoch dem anderen Rentamte für das nächste Steuerjahr zur Steuereinhebung oder — im 3. Vermögensteuerjahre — zur Veranlagung rechtzeitig nach Maßgabe des § 42 Abs. III der VollzVorschr. zum EinkStGes. und der entsprechend zu gestaltenden Anlage 3 hierzu unter Übersendung der Vermögen- und Besitzsteuerakten zu über-

[4]) Druckfehler. Das Komma gehört vor „§ 49".

weisen. Ist mit dem Wegzuge gleichzeitig ein Steuerzugang und Steuerabgang verbunden (vgl. §§ 29, 35, 40), so hat die Überweisung schon für das laufende Steuerjahr mit Wirkung vom Beginne des auf den Eintritt ihrer Voraussetzung folgenden Monats ab zu erfolgen.

III Hat ein Steuerpflichtiger, dessen Vermögen zur Besitzsteuer festgestellt ist, vor dem 1. Januar 1919 seinen Wohnsitz innerhalb Bayerns verlegt, so sind die Wehrbeitrags- und Besitzsteuerakten dem nach Abs. I zuständigen Rentamte zu übersenden.

2. Verfahren.

§ 12. (Art. 9.)[5]) Die für die erstmalige Vermögensteuerveranlagung in Frage kommenden Personen sind auf Grund der Besitzsteuerlisten, der nach § 7 der Besitzsteuer-AusfBest. des Bundesrats seinerzeit gemachten Feststellungen, der Einkommensteuerveranlagung für das Steuerjahr 1918 und der Vorarbeiten für die Einkommensteuerveranlagung für das Steuerjahr 1919 zu ermitteln und in die Vermögensteuerliste einzutragen.

II Die Vermögensteuerliste ist nach dem Muster der Anlage 1 einzurichten. Es wird den Rentämtern gestattet, bei geeigneten Verhältnissen die Steuerliste unter entsprechender Ausgestaltung als Hebegrundlage zu benützen. Auch andere Ergänzungen, die sich nach Lage der örtlichen Verhältnisse als zweckmäßig erweisen, sind zulässig. Anlage 1.

III In die Vermögensteuerliste sind aufzunehmen:

1. die in der Besitzsteuerliste des Rentamts enthaltenen Besitzsteuerpflichtigen, denen ein Steuerbescheid über ein Vermögen von mehr als 20000 ℳ oder ein Feststellungsbescheid erteilt worden ist, sowie die von anderen Rentämtern überwiesenen Steuerpflichtigen mit dem zur Besitzsteuer festgestellten Vermögen (§ 11 Abs. III),

2. die in Bayern nicht zur Besitzsteuer veranlagten, nach dem Stande vom 31. Dezember 1916 aber mit einem

---

[5]) Druckfehler. Es fehlt die Absatznummer „I".

Vermögen von mehr als 20000 ℳ vermögensteuerpflichtigen Personen (Art. 3 Abs. II Ziff. 2 des Gesetzes). Als solche kommen namentlich in Betracht die in einem anderen Bundesstaate veranlagten, in Bayern nach Art. 2 Abs. I Ziff. 2 des Gesetzes beschränkt vermögensteuerpflichtigen Inländer und die bei mehrfachem Wohnsitze gemäß § 2 Abs. 1 der Besitzsteuer-AusfBest. des Bundesrats nicht in Bayern, sondern in dem Bundesstaate des vorwiegenden Aufenthalts zur Besitzsteuer veranlagten, in Bayern jedoch unbeschränkt vermögensteuerpflichtigen Personen,

3. alle nicht unter Ziff. 1 und 2 aufgeführten Personen mit einem Vermögen von mehr als 20000 ℳ, die am 1. Januar 1919 subjektiv einkommensteuerpflichtig und damit vermögensteuerpflichtig sind, insbesondere die Zugänge von unbeschränkt und beschränkt vermögensteuerpflichtigen Personen in der Zeit vom 31. Dezember 1916 bis zur Vermögensteuerveranlagung (Art. 5 Abs. III des Gesetzes).

IV Ausgenommen von der Eintragung in die Vermögensteuerliste sind von den aufgeführten Personen

a) jene, deren Vermögensteuerpflicht in Bayern vor dem 1. Januar 1919 auf andere Weise als durch den Tod erloschen ist (vgl. Abs. V),

b) jene, die an ein anderes Rentamt zu überweisen waren,

c) jene, die in Bayern zur Besitzsteuer veranlagt, aber nicht einkommensteuerpflichtig sind.

V Die Vermögensteuerliste ist an der Hand der Einkommensteuerlisten nachzuprüfen, ob die Einträge vollständig und zu Recht erfolgt sind. Personen, die überhaupt nicht vermögensteuerpflichtig oder bei einem anderen Amte zu veranlagen sind (§ 11), sind unter kurzer Begründung zu streichen. Soweit es sich hierbei um die in der Vermögensteuerliste enthaltenen vor dem 1. Januar 1909[6]) verstorbenen Personen (Abs. III, IV) handelt, ist über den Vermögenszuwachs bei den Erben usw. (§§ 29, 33), Kontrolle zu üben und hierüber in der

[6]) Druckfehler, richtig: 1919.

Bemerkungsspalte der Steuerliste kurzer Vermerk zu machen.

§ 13. (Art. 9.) I Für die erstmalige Vermögensteuerveranlagung haben alle am 1. Januar 1919 subjektiv allgemein und beschränkt einkommensteuerpflichtigen natürlichen Personen mit einem in Bayern steuerbaren Vermögen von mehr als 20000 ℳ oder ihre gesetzlichen Vertreter eine Vermögensteuererklärung abzugeben. Als Frist für die Abgabe dieser Erklärung wird die Zeit vom 2. bis 31. Januar 1919 bestimmt. Im Bedarfsfalle darf die Frist auf einen etwas späteren gleich langen Zeitraum verlegt werden.

II Die Frist zur Abgabe der Vermögensteuererklärung kann vom Rentamt auf Ansuchen angemessen verlängert werden, wenn glaubhaft dargetan wird, daß die Vermögensteuererklärung während der in Abs. I bestimmten Frist nicht möglich ist.

§ 14. (Art. 9.) Bis 1. Januar 1919 haben die Rentämter eine öffentliche Aufforderung zur Abgabe der Vermögensteuererklärungen zu erlassen. Hierbei ist das als Anlage 2 beigegebene Muster zu verwenden. Im übrigen gelten für die Art der Bekanntmachung die Vorschriften im § 6 der Bek. zum Vollz. des Besitzsteuergesetzes vom 16. Dezember 1916 (GVBl. S. 638). Anlage 2.

§ 15. (Art. 9.) I Die Vermögensteuererklärung für die erstmalige Vermögensteuerveranlagung ist nach dem Muster der Anlage 3 und der diesem Muster beizugebenden Erläuterung — Anlage 4 — zu gestalten. Anlage 3. Anlage 4. Vordrucke der Steuererklärung und der Erläuterung sind in der erforderlichen Anzahl bei den Rentämtern bereit zu halten und den Gemeindebehörden zur Abgabe an die Erklärungspflichtigen zu übersenden. Die Verabfolgung an die Erklärungspflichtigen hat kostenlos zu erfolgen.

II Für die erstmalige Steuererklärung ist der Vermögensstand vom 1. Januar 1919 angeben zu lassen (vgl. § 3 Abs. II). Besteht nach der Beantwortung der nur für die erstmalige Veranlagung am Schlusse des Vordrucks vorgesehenen Fragen Veranlassung zu besonderen Feststellungen über die Höhe des am 1. Januar 1917 vorhanden gewesenen Vermögens, so sind diese Feststellungen im mündlichen Benehmen mit dem Steuerpflichtigen zu pflegen.

§ 16. (Art. 9.) I Die Vermögensteuererklärung ist auf dem vorgeschriebenen Vordrucke bei dem Rentamt oder bei der Gemeindebehörde schriftlich oder zu Protokoll unter der Versicherung abzugeben, daß die Angaben nach bestem Wissen und Gewissen gemacht sind. Bei der Abgabe der Vermögensteuererklärung zu Protokoll ist der ausgefüllte Vordruck vom Steuerpflichtigen und von dem Beamten, der die Erklärung entgegengenommen hat, zu unterzeichnen. Die bei der Gemeindebehörde eingelangenden oder zu Protokoll gegebenen Vermögensteuererklärungen sind unverzüglich an das Rentamt einzusenden.

II Die schriftliche Vermögensteuererklärung darf auch verschlossen bei der Gemeindebehörde abgegeben werden. Die Gemeindebehörde hat eine verschlossen abgegebene Vermögensteuererklärung uneröffnet dem Rentamte vorzulegen, wenn der Name des Erklärenden auf dem Umschlag ersichtlich gemacht ist.

III Wenn es die Personalverhältnisse eines Rentamts gestatten, darf auf Wunsch einer Gemeindebehörde durch den Rentamtsvorstand rentamtliches Personal zur Unterstützung der Gemeindebehörde bei Entgegennahme der protokollarischen Vermögensteuererklärungen abgeordnet werden. Die von der Gemeindeverwaltung zu leistende Vergütung wird vom Staatsministerium der Finanzen festgesetzt.

§ 17. (Art. 9.) I Jene vermögensteuerpflichtigen Personen, die in der Vermögensteuerliste aufgeführt sind und nicht von selbst schon eine Vermögensteuererklärung abgegeben oder um Fristverlängerung nachgesucht haben, sind unter Bezugnahme auf Art. 9 Abs. III des Gesetzes mit § 52 Abs. 2 BesitzStGes. und unter Androhung einer Geldstrafe im Versäumnisfalle (§ 54 Abs. 1 BesitzStGes.) aufzufordern, binnen 2 Wochen eine Vermögensteuererklärung abzugeben. Dabei ist in den geeigneten Fällen auf § 19 Abs. 3 der BesitzsteuerAusfBest. des Bundesrats und § 54 Abs. 2 BesitzStGes. aufmerksam zu machen (vgl. § 19 Abs. 5 der BesitzsteuerAusfBest.). Auf § 15 Abs. 2 der BesitzsteuerAusfBest. ist hinzuweisen.

II Diese Aufforderung, die der Anlage 2 entsprechend nachzubilden ist, hat gegen Zustellungsnachweis zu erfolgen.

III Die im § 54 Abs. 1, 2 BesitzStGes. vorgesehenen Zwangsmittel (Geldstrafen und prozentuale Zuschläge) können nebeneinander zur Anwendung gebracht werden.

§ 18. (Art. 9.) I Die Vermögensteuererklärung des Ehemanns hat das Vermögen der Ehefrau mitzuumfassen, soferne die Ehegatten nicht dauernd von einander getrennt leben.

II Für einen nach dem maßgebenden Veranlagungszeitpunkte — bei der erstmaligen Veranlagung nach dem 1. Januar 1919 — aber vor Abgabe der Vermögensteuererklärung verstorbenen Steuerpflichtigen ist die Vermögensteuererklärung, wenn ein ohne Beschränkung der Verwaltungsbefugnis auf einzelne Gegenstände bestellter Testamentsvollstrecker oder ein Nachlaßpfleger die Verwaltung des Nachlasses übernommen hat, von diesen Personen, andernfalls von den Erben abzugeben. Sind mehrere Verpflichtete vorhanden und gibt ein Verpflichteter die Vermögensteuererklärung ab, so werden die anderen dadurch von der Verpflichtung befreit.

III In der Vermögensteuererklärung hat der Steuerpflichtige seine Vermögensverhältnisse nach dem Stande an den in §§ 7, 15 Abs. II bezeichneten Zeitpunkten klarzulegen und zu diesem Zwecke das gesamte in Bayern steuerbare Vermögen nach Anleitung des Vordrucks, getrennt nach seinen einzelnen Bestandteilen unter Angabe ihres Wertes aufzuführen. In den Fällen des Art. 3 Abs. II Ziff. 1 des Gesetzes kann sich die Erklärung auf das von dem Wechsel in der Bewertung betroffene Grundvermögen beschränken.

§ 19. (Art. 9.) I Künftig dient für die ordentliche Veranlagung zur Vermögensteuer die durch Zufügung der Spalten 19 bis 21 ergänzte Besitzsteuerliste zugleich als Vermögensteuerliste (s. Anlage 5). Es ist Anlage 5.

den Rentämtern auch gestattet, eine besondere Vermögensteuerliste nach dem Muster der Anlage 1 zu führen.

II Eine allgemeine Abgabe von Vermögensteuererklärungen erfolgt nicht, vielmehr hat das Rentamt nur in den Fällen des Art. 3 Abs. II Ziff. 1 und 2 des Gesetzes Vermögensteuererklärungen unter Benützung des
Anlage 6. Musters der Anlage 6 von den einzelnen Pflichtigen einzuverlangen, wenn die vorliegenden Behelfe für die Vermögensteuerveranlagung nicht ausreichen. Die Vordrucke sind den Pflichtigen gegen Zustellungsnachweis zu übersenden. Die Frist zur Abgabe der Vermögensteuererklärung ist auf mindestens 2 Wochen festzusetzen. Zur freiwilligen Abgabe einer Vermögensteuererklärung ist jeder Steuerpflichtige berechtigt, solange seine Veranlagung zur Vermögensteuer nicht abgeschlossen ist.

III Die Vermögensteuererklärung ist nach dem Muster der Anlage 3 unter Weglassung der nur für die erste Veranlagung zutreffenden Schlußfrage und nach Maßgabe der Anweisung im § 18 abzugeben. Im übrigen gelten für künftige Veranlagungen bezüglich des Inhalts der Vermögensteuererklärung und der Zwangsmittel für ihre rechtzeitige Abgabe sinngemäß die Bestimmungen des Besitzsteuergesetzes, insbesondere § 52 Abs. 3, § 53 Abs. 2, § 54 (Art. 9 Abs. III des Gesetzes, vgl. § 17).

§ 20. (Art. 9.) I Die nach Art. 9 Abs. III des Gesetzes mit § 54 Abs. 2 BesitzStGes. (§ 19 Abs. 5 der Besitzsteuer-AusfBest. des Bundesrats) zulässigen Zuschläge von 5 bis 10 vom Hundert der rechtskräftig festgesetzten Vermögensteuer werden durch das Rentamt im Vermögensteuerbescheide festgesetzt. Art. 31 Abs. IV EinkStGes. findet entsprechende Anwendung.

II Die Zuschläge werden während der drei Vermögensteuerjahre neben der veranlagten Steuer erhoben. Hierauf ist in den der ersten Veranlagung folgenden Aufforderungen zur Abgabe einer Vermögenserklärung besonders hinzuweisen, die Zuschläge sind unausgeschieden in gleicher Weise zu verrechnen wie die Vermögensteuer. In den Steuer-, Zugangs- und Abgangslisten (§§ 19 Abs. I, 31 Abs. II, 38) sind die Zuschläge in den hierfür vorgesehenen Spalten vorzutragen.

§ 21. (Art. 9.) I Die Personen, deren in anderen Bundesstaaten befindliches Grund- oder Betriebsvermögen nicht in Bayern zur Besitzsteuer festgestellt ist, sind bei künftigen Veranlagungen auf Grund der Feststellungen, die gemäß § 7 BesitzsteuerAusfBest. des Bundesrats anläßlich der letzten Besitzsteuerveranlagung gemacht worden sind, sowie auf Grund der Einkommensteuerakten zu ermitteln.

II Die Veranlagung erfolgt in den ersteren Fällen auf Grund der letzten Besitzsteuererklärung und, wenn die Angaben in dieser eine besondere Bewertung des auszuscheidenden Grund- oder Betriebsvermögens sowie die Feststellung der nicht abzugsfähigen Schulden und Lasten nicht zuverlässig ermöglichen, auf Grund der alsdann einzuverlangenden Vermögensteuererklärung (§ 19 Abs. II, III).

III Personen, deren in Bayern befindliches Grund- oder Betriebsvermögen nicht in Bayern zur Besitzsteuer festgestellt ist, und die übrigen Personen, deren Vermögen besonders festzustellen ist, sind in einen besonderen Anhang zur Besitzsteuerliste aufzunehmen. Die Aufnahme hat zu unterbleiben, wenn nach den Feststellungen anläßlich der letztmaligen Besitzsteuerveranlagung kein in Bayern steuerbares Vermögen von mehr als 20000 ℳ vorhanden war und seither keine Änderung im Besitzstand oder seiner Bewertung eingetreten ist. Die Feststellung des Vermögens erfolgt auf Grund der einzuverlangenden Vermögensteuererklärungen (§ 19 Abs. II, III).

§ 22. (Art. 9.) I Das Rentamt hat nach § 55 BesitzStGes. (Art. 9 Abs. III des Gesetzes) die Angaben in den Vermögensteuererklärungen, soweit solche vorliegen, auf ihre Richtigkeit und Vollständigkeit und unter Benützung aller ihm zu Gebote stehenden amtlichen Behelfe, der Wehrbeitrags- und Besitzsteuerakten, der Steuererklärungen für die Veranlagung der Einkommen-, Gewerb- und Kapitalrentensteuer, endlich der Überweisungen und Mitteilungen anderer Rentämter und Besitzsteuerämter (vgl. auch § 43 Abs. I der VollzVorschr. zum EinkStGes.) zu prüfen. Veranlaßtenfalls ist nach Maßgabe der Anweisung in § 12 Abs. II der Bek. zum Vollz. des Besitzsteuergesetzes (GVBl. 1916, S. 638) zu verfahren.

III [7]) Die Gemeindebehörden haben in dem Umfange bei der Vermögensermittlung mitzuwirken, wie dies ihnen im § 63 BesitzStGes. und im Art. 35 Abs. I EinkStGes. (Art. 9 Abs. III des Gesetzes) zur Pflicht gemacht ist. Die Notare sind verpflichtet, Aufschlüsse zu erteilen und Einsicht der ihnen zur Verfügung stehenden amtlichen Behelfe zu gestatten im gleichen Umfange wie nach Art. 35 Abs. II EinkStGes. Das gleiche gilt für die sämtlichen öffentlichen Behörden, soweit nicht der Vorbehalt im § 63 Abs. 3 BesitzStGes. und im Art. 35 Abs. III EinkStGes. platzzugreifen hat. § 51 der VollzVorschr. zum EinkStGes. findet entsprechende Anwendung.

§ 23. (Art. 9.) I Die Kosten der Ermittlungen hat in den Fällen des § 60 BesitzStGes. (Art. 9 Abs. III des Gesetzes) der Steuerpflichtige zu tragen. In allen übrigen Fällen sind — vorbehaltlich der Bestimmungen über die Kostentragung im Rechtsmittel- und Strafverfahren — die Kosten des Verfahrens in Vermögensteuerangelegenheiten von der Staatskasse zu tragen (§ 85 BesitzStGes., § 79 der Besitzsteuer-AusfBest.).

II Die Beschlußfassung über die Kostentragung nach § 60 BesitzStGes. obliegt den Rentämtern. Gegen den Beschluß ist Beschwerde an die Regierung, Kammer der Finanzen, zulässig.

§ 24. (Art. 9.) I Ist das Vermögen eines Besitzsteuerpflichtigen auf den dem ersten Vermögensteuerjahre letztvorangegangenen Veranlagungszeitpunkt — für die erstmalige Vermögensteuerveranlagung auf den 31. Dezember 1916 — durch Steuer- oder Feststellungsbescheid zur Besitzsteuer ermittelt und unverändert der Vermögensteuer zugrundezulegen (Art. 3 Abs. I des Gesetzes), so

[7]) Druckfehler, richtig: II.

erfolgt die Veranlagung zur Vermögensteuer durch die Übertragung des abgerundeten Betrags des festgestellten Vermögens aus Spalte 8 b der Besitzsteuerliste in die Spalte 19 dieser Liste. Eine Mitwirkung des Steuerausschusses findet in diesen Fällen nicht statt. Ist die Steuerpflicht nur nach dem Besitzsteuergesetze, nicht auch nach dem Einkommensteuergesetze gegeben, wie dies z. B. bei Ausländern zutreffen kann, so ist die Nichtausfüllung der Spalte 19 kurz zu begründen.

II In allen Fällen, in denen eine besondere Feststellung des Vermögens im Neuanlageverfahren stattzufinden hat (vgl. Art. 3 Abs. II Ziff. 1 und 2 des Gesetzes und bei der erstmaligen Vermögensteuerveranlagung für das Vermögensteuerjahr 1919 auch in den Fällen des Art. 3 Abs. II Ziff. 3 des Gesetzes) erfolgt die Feststellung der Grundlagen für die Berechnung der Vermögensteuer durch die nach Maßgabe der Art. 37 bis 41, 88 EinkStGes. und der §§ 53 bis 56 der VollzVorschr. hierzu gebildeten Steuerausschüsse (vgl. § 7 Ziff. 1 der Bekanntmachung zum Vollzuge des Gesetzes zur Abänderung des EinkStGes., GVBl. 1918 S. 685). In den Fällen, in denen Vermögen im Besitzsteuerveranlagungsverfahren behufs Prüfung der Frage, ob ein steuerpflichtiger Vermögenszuwachs vorliegt, bereits ermittelt und in der Besitzsteuerliste eingetragen, aber nicht durch einen Steuer- oder Feststellungsbescheid festgesetzt worden ist (§ 65 Abs. 1 BesitzStGes.) hat der Steuerausschuß das Vermögen zur Vermögensteuerveranlagung förmlich festzusetzen.

§ 25. (Art. 9.) I Im Verfahren der Steuerausschüsse haben die Vorschriften der Art. 42, 44 bis 47 EinkStGes. sowie die Bestimmungen der §§ 57 bis 62 der Vollzugsvorschriften hierzu entsprechende Anwendung zu finden.

II Die Steuerausschüsse sind zur Veranlagung der Vermögensteuer alsbald nach Fertigstellung der vorbereitenden Arbeiten einzuberufen. Wenn es die Verhältnisse des Rentamts gestatten und keine erhebliche Verzögerung der Veranlagung zu den staatlichen Personalsteuern zu befürchten ist, sind die Rentämter ermächtigt, die Veranlagung zu diesen Steuern und die Veranlagung zur Vermögensteuer ganz oder wenigstens teilweise zu verbinden.

III Die weiteren Ausschußmitglieder nach Art. 41 EinkStGes. sind in allen Fällen beizuziehen.

IV Die Steuerausschüsse sind auf die Möglichkeit der Beiziehung von Sachverständigen nach Art. 47 Abs. I EinkStGes. aufmerksam zu machen.

§ 26. (Art. 9.) I Die Verhandlungen über die Veranlagung der Besitzsteuer[8]) und über die hierbei zur Erörterung gelangenden Verhältnisse des Besitzsteuerpflichtigen[9]) sind streng vertraulicher Natur (Art. 9 Abs. III, 10 Abs. V des Gesetzes, §§ 64, 82 BesitzStGes.).

II Die Mitglieder der Steuerausschüsse, der Berufungskommissionen und der Oberberufungskommission sind hierüber zu belehren.

§ 27. (Art. 9.) I Das Ergebnis der Veranlagung ist in die Besitzsteuerliste und den Anhang hierzu, gegebenenfalls — so durchweg bei der erstmaligen Vermögensteuerveranlagung — in die Vermögensteuerliste einzutragen. War in anderen Bundesstaaten befindliches Grund- oder Betriebsvermögen aus dem in Bayern festgestellten Vermögen auszuscheiden, so ist das in Bayern steuerpflichtige Vermögen bei den künftigen Veranlagungen nach seinen einzelnen Bestandteilen mit andersfarbiger Tinte in den entsprechenden Spalten der Besitzsteuerliste unter dem zur Besitzsteuer festgestellten Vermögen vorzutragen.

II Auf Grund dieses Eintrags wird die Vermögensteuer vom Rentamte berechnet. Beim Vorliegen eines Rechnungsfehlers kann die Berechnung — vorbehaltlich etwaiger Berichtigung der Festsetzung des Steuersolls, nötigenfalls unter Benützung der Zugangs- und Abgangslisten (§§ 31 Abs. II, 38) — jederzeit vom Rentamt, allenfalls auf Veranlassung der Aufsichtsbeamten berichtigt werden.

III Ein die Steuer in ihren ermäßigten Sätzen aus-
Anl. 7. weisender Tarif ist in Anlage 7 beigegeben.

---

[8]) Druckfehler, richtig: Vermögensteuer.

[9]) Druckfehler, richtig: Vermögensteuerpflichtigen.

IV Über jede ordentliche Veranlagung zur Vermögensteuer und zwar sowohl in den Fällen des Art. 3 Abs. I wie in den Fällen des Art. 3 Abs. II Ziff. 1 und 2 — bei der erstmaligen Vermögensteuerveranlagung in allen Fällen — ist dem Steuerpflichtigen ein Bescheid nach dem Muster der Anlage 8 zu erteilen. Anlage 8.

V Der Bescheid hat eine Belehrung über das zulässige Rechtsmittel der Berufung, über die vom Zustellungstag an laufende Ausschlußfrist von einem Monate sowie darüber zu enthalten, daß die Berufung innerhalb dieser Ausschlußfrist schriftlich oder zu Protokoll beim Rentamt oder bei der Gemeindebehörde einzulegen ist und daß in der Berufung die Gründe anzugeben sind, aus denen der Bescheid angefochten wird.

VI Außerdem sind in den Bescheiden die Punkte in Kürze zu bezeichnen, in denen bei der Feststellung des steuerbaren Vermögens von einer vorliegenden Vermögensteuererklärung abgewichen worden ist.

VII Die Steuerbescheide sind kosten- und gebührenfrei (Art. 9 Abs. III des Gesetzes, § 85 BesitzStGes. und § 79 der Besitzsteuer-AusfBest.). Besteht Anlaß zur Auferlegung von Kosten des Ermittlungsverfahrens, so ist nach § 23 zu verfahren.

§ 28. (Art. 9.) I Die Urschriften der Steuerbescheide sind zu den rentamtlichen Akten zu nehmen.

II Den Beteiligten sind Abschriften der Bescheide unter Beobachtung der Vorschriften des § 68 des Besitzsteuergesetzes und des § 57 der Besitzsteuer-Ausführungsbestimmungen in einem verschlossenen Umschlage durch die Post oder wenn tunlich zur Kostensparung auf andere geeignete, dem § 57 Abs. 2 dieser Ausführungsbestimmungen entsprechende Weise unter Erholung eines Zustellungsnachweises zustellen zu lassen. Der Eingang der Zustellungsnachweise ist sorgfältig zu überwachen; sie sind zu den rentamtlichen Vermögensteuerakten zu nehmen.

III Über jeden Vermögensteuerpflichtigen ist ein Personalakt anzulegen, in dem alle auf die Veranlagung zur Vermögensteuer bezüglichen Mitteilungen, Vermögensteuererklärungen, Anträge und sonstigen Schriftstücke nach der Zeitfolge geordnet aufzunehmen sind. Die Akten sind derart zu führen, daß eine Nachprüfung des Inhalts möglich ist. Es ist gestattet, die Vermögensteuerakten mit den Besitzsteuerakten zu vereinigen.

V. Aenderung der Steuerveranlagung während der drei Vermögensteuerjahre.

1. Allgemeines.

§ 29. (Art. 5.) I Innerhalb der drei Vermögensteuerjahre eintretende Vermehrungen oder Verminderungen des Vermögens in seinem Bestand oder Wert begründen nur in den in Art. 5 Abs. I Ziff. 1 und 2 des Gesetzes ausdrücklich bezeichneten Fällen und unter den dort bestimmten Voraussetzungen eine Änderung in der Steueranlage, einen Steuerzugang oder einen Steuerabgang. Die aus anderem Anlaß innerhalb der drei Vermögensteuerjahre eintretenden Vermehrungen oder die die Voraussetzungen des Art. 5 Abs. I Ziff. 2 nicht erfüllenden Vermögensverminderungen sowie sonstige Änderungen des Vermögenstandes (z. B. infolge von Verheiratung oder infolge Wegfalls der Voraussetzungen für die Zusammenrechnung des Vermögens von Ehegatten) sind ohne Einfluß auf die Veranlagung.

II Diese Grundsätze sind auch bei der erstmaligen Vermögensteuerveranlagung für das Steuerjahr 1919 hinsichtlich der in der Zeit zwischen dem 31. Dezember 1916 und dem 1. Januar 1919 eingetretenen Änderungen des Vermögensstandes der am 31. Dezember 1916 bereits subjektiv Steuerpflichtigen sowie der innerhalb des bezeichneten Zeitraums subjektiv steuerpflichtig gewordenen Personen anzuwenden.

III Für die erstmalige wie für künftige Veranlagungen ist zu beachten, daß auch jene unter Art. 5 Abs. I Ziff. 1 des Gesetzes fallenden Änderungen in Betracht kommen, die an einem bei Eintritt der subjektiven Steuerpflicht nicht mehr als 20000 ℳ betragenden Vermögen erfolgt sind. Das Überschreiten der für die Vermögensteuerpflicht maßgebenden Vermögensgrenze von 20000 ℳ nach oben während der drei Vermögensteuerjahre hat in diesen Fällen — und zwar nur in diesen Fällen — bei einer subjektiv einkommensteuerpflichtigen Person die Vermögensteuerpflicht zur Folge. Es besteht sonach Steuerpflicht für das Vermögensteuerjahr 1919, wenn sich das steuerbare Vermögen in der Zeit zwischen dem 31. Dezember 1916 und dem 1. Januar 1919 durch eine nach Art. 5 Abs. I Ziff. 1 zu berücksichtigende Vermehrung auf mehr als 20000 ℳ erhöht hat. Dagegen begründet der in der Zeit zwischen dem 31. Dezember 1916 und dem 1. Januar 1919 erfolgte nicht unter Art. 5 Abs. I Ziff. 1 fallende Vermögenserwerb einer am 31. Dezember 1916 subjektiv einkommensteuerpflichtigen oder in der Zeit bis zum 1. Januar 1919 subjektiv einkommensteuerpflichtig gewordenen Person keinesfalls eine Vermögensteuerpflicht für das Jahr 1919, auch wenn durch die Vermehrung eine Erhöhung des Vermögens auf mehr als 20000 ℳ eingetreten ist.

IV Sonach sind die in der Zeit vom 31. Dezember 1916 bis 1. Januar 1919 infolge des Krieges eingetretenen Wertsteigerungen aller Art ohne Einfluß auf die erstmalige Vermögensteuerveranlagung, soweit nicht ein späterer Stand der Verhältnisse als der vom 31. Dezember 1916 für die Vermögensfeststellung maßgebend ist (§ 7). Die in der Zeit vom 31. Dezember 1916 bis 1. Januar 1919 erfolgte Verheiratung wird für die erstmalige Vermögensteuerveranlagung von Ehegatten nicht berücksichtigt, sie sind also getrennt zu veranlagen. Eine Ausstattung kann jedoch unter Umständen als Vermögensübergabe nach Art. 5 Abs. I Ziff. 1 des Gesetzes dem Ehemanne zuzurechnen sein.

2. Steuermehrungen und Steuerzugänge.

§ 30. (Art. 5 Abs. I Ziff. 1.) I Als eine nach Art. 5 Abs. I Ziff. 1 des Gesetzes zu behandelnde Vermögensvermehrung kann auch der Eintritt eines Abkömmlings in eine fortgesetzte Gütergemeinschaft (§§ 1483, 1490 BGB.) und die Anwachsung des Anteils eines durch den Tod oder durch Verzicht wegfallenden Abkömmlings an die übrigen anteilsberechtigten Abkömmlinge (§§ 1490, 1491 BGB.) in Betracht kommen.

II Zu den Vermögensübergaben im Sinne des Art. 5 Abs. I Ziff. 1 des Gesetzes gehören auch die Gutsübergaben von Eltern an Kinder, die eine tatsächliche Vermehrung des steuerbaren Vermögens der Kinder um mehr als 5000 ℳ auf mehr als 20 000 ℳ zur Folge haben. Eine solche Vermögensvermehrung bei den Kindern tritt ein, wenn ihnen ein Teil des Übergangspreises[10]) als Ausstattung oder in Anrechnung auf ihren künftigen Erbteil zugewendet wird oder wenn der wirkliche Wert des übergebenen Anwesens den Wert der für die Übergabe vereinbarten Gegenleistung erheblich übersteigt.

III Maßgebend für den Zeitpunkt der Vermögensvermehrung im Sinne des Art. 5 Abs. I Ziff. 1 des Gesetzes ist nicht der Zeitpunkt der tatsächlichen Inbesitznahme des Vermögens, sondern der Rechtserwerb (Anfall).

§ 31. (Art. 5 Abs. I Ziff. 1.) I Wer im Laufe der drei Vermögensteuerjahre eine nach Art. 5 Abs. I Ziff. 1 des Gesetzes die Steueränderung oder den Steuerzugang bedingende Mehrung des Vermögens erlangt hat, hat hierüber beim Rentamt oder bei der Gemeindebehörde Anzeige zu erstatten. Die Gemeindebehörde hat die Anzeigen allmonatlich dem Rentamte zu übersenden. Art. 5 Abs. III des Gesetzes, Art. 69 Abs. I EinkStGes.).

II Das Rentamt hat die neu zu veranlagenden Personen in die nach dem Muster der Anlage 9 je für 1 Steuerjahr zu führende Zugangsliste aufzunehmen und sie, falls das zugewachsene Vermögen nicht anderweit einwandfrei festgestellt ist, unter Zusendung eines Vordrucks zur Abgabe einer Vermögensteuererklärung (§ 19 Abs. II) aufzufordern. Diese Erklärung hat jedenfalls den genauen Zeitpunkt der Vermögensvermehrung und das zugewachsene Vermögen nach dem Stande zu Beginn des der Veränderung folgenden Monats zu enthalten. Ist das bisherige Vermögen der neu zu veranlagenden Personen weder reichsrechtlich noch landesrecht-

Anlage 9.

[10]) Druckfehler, richtig: Übergabspreises.

lich festgestellt, so haben die Steuerpflichtigen außerdem noch das bisherige Vermögen nach dem Stande am letztvergangenen Veranlagungszeitpunkt anzugeben.

§ 32. (Art. 5 Abs. I Ziff. 1.) I Bei Vermögensvermehrungen nach Art. 5 Abs. I Ziff. 1 des Gesetzes hat eine vollständige Neuveranlagung nur in den Fällen zu erfolgen, in denen das Vermögen eines Steuerpflichtigen bisher nicht festgestellt war. In allen übrigen Fällen ist nur das zugewachsene Vermögen festzustellen und dem bisher festgestellten hinzuzurechnen. Dem Pflichtigen bleibt jedoch unbenommen, nachzuweisen, daß die Mehrung durch Vermögenseinbußen ganz oder teilweise ausgeglichen worden ist. Nachgewiesene Minderungen sollen entsprechend berücksichtigt werden. Die Feststellungen erfolgen durch das Rentamt ohne Mitwirkung des Steuerausschusses (Art. 5 Abs. III des Gesetzes, Art. 70 Abs. I EinkStGes.).

II Die Vermögensvermehrung ist nach dem Betrage zu berechnen, um den der Erwerber durch den Vermögensanfall tatsächlich bereichert worden ist. Beim Erwerbe von Todes wegen ist also insbesondere die Erbschaftssteuer abzuziehen. Die Zugangsveranlagung ist auch dann begründet, wenn der bisherige Eigentümer des Vermögens oder Inhaber des Fideikommisses in Bayern nicht vermögensteuerpflichtig war vgl. § 29 Abs. III).

III Beträgt das neu festgestellte Vermögen einschließlich des Vermögenszuwachses durch Erbfall, Schenkung, Lotteriegewinn oder Vermögensübergabe nicht mehr als 20000 ℳ, so ist eine Vermögensteuer nicht geschuldet. Dies ist in der Zugangsliste entsprechend zu vermerken. Wird aber ein Vermögen von mehr als 20000 ℳ festgestellt, so ist die Steuer aus dem gesamten festgestellten Vermögen, nicht etwa nur aus dem zugewachsenen Vermögen anzusetzen.

IV Die Steuermehrungen sind mit Wirkung für den Beginn des auf den Eintritt ihrer Voraussetzungen folgenden Monats in der Zugangsliste durchzuführen.

V Über die neue Veranlagung zur Vermögensteuer ist dem Steuerpflichtigen ein Bescheid nach dem Muster der Anlage 8 zu erteilen.

§ 33. (Art. 5 Abs. I Ziff. 1.) I Erhält das Rentamt von dem Tode eines Vermögensteuerpflichtigen Kenntnis, so hat es an der Hand der Eintragung in der Totenliste, der etwa weiter dazu angestellten Erhebungen und der dem Amte zugegangenen Verfügungen von Todes wegen usw. zu prüfen, ob bei den Erben usw. eine Vermögensvermehrung um mehr als 5000 ℳ vorliegt. Diese Prüfung hat auch zu erfolgen, wenn einer der beiden Ehegatten, deren Vermögen zusammenzurechnen war, gestorben ist.

II Liegt eine Vermögensvermehrung um mehr als 5000 ℳ nicht vor, so ist in der Abgangsliste (§ 38) entsprechender Vermerk zu machen. Veranlaßtenfalls ist dem Rentamt, das den Erben usw. zur Vermögensteuer zu veranlagen hat, von dem Vermögensanfalle Kenntnis zu geben. Das hat auch dann zu geschehen, wenn der Vermögenserwerb weniger als 5000 ℳ, aber mehr als 1000 ℳ beträgt. Das für die Zugangsveranlagung zuständige Rentamt hat die neu zu veranlagenden Personen auf Grund dieser Mitteilung und der nach § 31 Abs. I zu erstattenden Anzeigen in die Zugangsliste aufzunehmen und sie unter Übersendung eines Vordrucks zur Abgabe einer Vermögensteuererklärung aufzufordern (§ 19 Abs. II). Die einkommenden Vermögensteuererklärungen sind an der Hand der für die Erbschaftssteuererhebung gepflogenen Feststellungen nachzuprüfen.

III Von der Zugangführung für das laufende Vermögensteuerjahr ist Umgang zu nehmen, wenn es sich um eine Vermehrung des steuerbaren Vermögens infolge Erwerbs von Todes wegen oder infolge eines durch den Tod veranlaßten Lehens- oder Fideikommißanfalls handelt und für das zugegangene Vermögen in Bayern die Vermögensteuer für das laufende Vermögensteuerjahr anderweitig fortentrichtet wird. (Art. 66 Abs. II EinkStGes.). Es besteht auch keine Erinnerung dagegen, daß die Zugangführung wie bei der Einkommensteuer über das laufende Steuerjahr hinaus bis zur Auseinandersetzung des Nachlasses unterbleibt (vgl. § 78 Abs. VII VollzVorschr. zum EinkStGes.).

§ 34. (Art. 5.) I Außer in den Fällen der nach Art. 5 Abs. I Ziff. 1 des Gesetzes zu berücksichtigenden Vermehrungen des steuerbaren Vermögens können sich im Laufe der drei Vermögensteuerjahre noch folgende Steuermehrungen ergeben:

1. durch Berichtigung der Besitzsteuerveranlagung im Rechtsmittel-, Neu- oder Nachveranlagungsverfahren gemäß § 38 Abs. 3 Satz 2, § 45 Satz 2, § 46, § 66 Abs. 1 und § 73 Satz 2 BesitzStGes.,
2. durch Berichtigung der Vermögensteuerveranlagung im Rechtsmittel- und Nachholungsverfahren auf Grund der Art. 9 Abs. III, 10 Abs. VI, 11 des Gesetzes, Art. 72 EinkStGes.

II Die Behandlung dieser Mehrungen erfolgt von Amts wegen in der Zugangsliste (§ 31 Abs. II). Abgesehen von den Fällen der Berichtigung der Veranlagung im Rechtsmittelverfahren ist dem Steuerpflichtigen vom Rentamt über die neue Veranlagung ein Bescheid zu erteilen.

§ 35. (Art. 5 Abs. III.) Abgesehen von den Fällen, die sich durch eine nach Art. 5 Abs. I Ziff. 1 des Gesetzes zu berücksichtigende Vermehrung des steuerbaren Vermögens über die Freigrenze während der drei Vermögensteuerjahre (§§ 28, 32 Abs. II) ergeben, können Steuerzugänge eintreten:

1. bei Begründung der Vermögensteuerpflicht
   a) durch Zuzug aus anderen Bundesstaaten oder aus dem Ausland, oder
   b) aus anderen Gründen (z. B. Erwerb der bayerischen Staatsangehörigkeit durch eine bisher wegen der Bestimmungen des Reichsdoppelsteuergesetzes trotz des Wohnsitzes in Bayern hier nicht steuerpflichtigen Person, Ablauf des Jahres des Aufenthalts bei Ausländern, Wegfall der subjektiven Steuerbefreiungsgründe nach Art. 3 EinkStGes., Eintritt der beschränkten Steuerpflicht durch Erwerb von Grundbesitz in Bayern usw., Übergang von der beschränkten zur allgemeinen Steuerpflicht (Art. 5 Abs. III des Gesetzes, Art. 68 Abs. II EinkStG.),

2. durch Nachveranlagung zur Besitzsteuer gemäß § 73 Satz I BesitzStGes.,
3. durch Nachveranlagung zur Vermögensteuer gemäß Art. 10 Abs. VI und 11 des Gesetzes mit Art. 72 EinkStGes.

§ 36. (Art. 5 Abs. III.) I Wer im Laufe des Steuerjahrs steuerpflichtig geworden ist, hat hierüber beim Rentamt oder bei der Gemeindebehörde Anzeige zu erstatten. Die Gemeindebehörde hat die Anzeigen allmonatlich dem Rentamte zu übersenden (Art. 5 Abs. III des Gesetzes, Art. 69 Abs. I EinkStGes.).

II Sofort nach Eingang der Anzeigen über Mehrungen und Steuerzugänge (vgl. § 81 Abs. IV der Vollz-Vorschr. zum EinkStGes.) oder sobald das Rentamt von Steuerzugängen sonst Kenntnis bekommt, hat es, soweit veranlaßt, eine Aufforderung zur Abgabe einer besonderen Vermögensteuererklärung zu erlassen (§ 19 Abs. II).

III Für die Veranlagung bei Steuerzugängen gelten die allgemeinen Veranlagungsvorschriften, jedoch mit dem Abmaße, daß die Grundlagen für die Berechnung der Vermögensteuer nicht durch den Steuerausschuß, sondern durch das Rentamt festgesetzt werden. Die Veranlagung hat zu erfolgen, sobald die Veranlagungsgrundlagen beigeschafft sind. Über die Veranlagung ist ein Bescheid nach dem Muster der Anlage 8 zu erteilen. (Art. 5 Abs. III des Gesetzes, Art. 70 Abs. I EinkStGes.).

IV Die Steuerzugänge sind mit Wirkung für den Beginn des auf den Eintritt ihrer Voraussetzungen folgenden Monats in der Zugangsliste (§ 31 Abs. II) durchzuführen. Bei der Ausfüllung der Zugangsliste ist zu beachten, daß die Spalte 10 der Sollaufstellung für das folgende (2. bezw. 3. Vermögenssteuerjahr) dient, während die Abschlußziffer der Spalte 12 einen Bestandteil des Solls des laufenden Steuerjahrs bildet. In ersterer Spalte ist daher die Jahressteuer nebst Zuschlag anzuweisen, in die letztere Spalte aber der für das laufende Steuerjahr wirklich geschuldete Betrag einzustellen.

V Aus einem anderen Rentamtsbezirk ohne Änderung der subjektiven Steuerpflicht zuziehende Pflichtige sind vom Rentamte des neuen Wohnsitzes oder Aufenthaltsorts mit Wirkung vom Beginne des auf den Zuzug folgenden Steuerjahrs auf Grund der Überweisung des bisher zuständigen Rentamts (vgl. § 11 Abs. II) in die Zugangsliste aufzunehmen.

VI Die in § 81 Abs. I der VollzVorschr. zum EinkStG. vorgeschriebene Kontrolle des Vollzugs des Art. 69 EinkStGes., sowie die im Abs. IV a. a. O. angeordneten gemeindlichen Anzeigen haben sich auch auf die Vermögensteuer zu erstrecken.

3. Steuerminderungen und Steuerabgänge.

§ 37. (Art. 5 Abs. I Ziff. 2.) I Die Abminderung der Steuer nach Art. 5 Abs. I Ziff. 2 des Gesetzes erfolgt nur auf Antrag, der Steuerpflichtige hat die Vermögensverminderung nachzuweisen. Eine Frist für den Antrag besteht nicht (Art. 69 Abs. II EinkStGes. kommt nicht zur Anwendung). Voraussetzung für die Abminderung ist lediglich, daß sich das gesamte in Bayern steuerbare Vermögen des Steuerpflichtigen um mehr als den sechsten Teil vermindert hat. Diese Minderung kann eingetreten sein:

1. bei unverändertem Bestande des Vermögens durch bloße Minderung des Wertes der einzelnen Vermögensteile (Sinken des gemeinen Wertes von Grundstücken, des Kurswerts von Wertpapieren usw.),
2. ausschließlich durch Veränderungen im Bestande des Vermögens durch Ausscheiden eines Vermögensteils ohne gleichwertigen Ersatz,
3. durch das Zusammentreffen beider Vorgänge.

Zur Feststellung, ob eine Verminderung des Gesamtwerts des steuerbaren Vermögens um mehr als den sechsten Teil eingetreten ist, ist der Wert des gesamten steuerbaren Vermögens nach dem Stande zu Beginn des der Wertminderung folgenden Monats vollständig neu zu ermitteln. Unter dem gesamten steuerbaren Vermögen im Sinne dieser Bestimmung sind auch innerhalb der drei Vermögensteuerjahre eingetretene Vermögensvermehrungen (wie Wertsteigerungen, Ersparnisse, Spekulationsgewinne usw.) zu verstehen, die nicht unter Art. 5 Abs. I Ziff. 1 des Gesetzes fallen und daher keine Steueränderung zur Folge gehabt haben.

II Die Feststellung der Wertminderung hat nach den gleichen Veranlagungsgrundsätzen zu erfolgen, nach denen die abzumindernde Besitzsteuer- oder Vermögensteuerveranlagung vorgenommen worden war. Der Steuerpflichtige darf nicht etwa durch einen beliebigen Wechsel in der Bewertung des Grundvermögens (vgl. Art. 3 Abs. II Ziff. 1 des Gesetzes), d. i. durch Übergang von der Wertsberechnung nach den Gestehungskosten bezw. dem Ertragswerte zur Wertsermittlung nach dem gemeinen Werte und umgekehrt, eine solche Wertminderung herbeiführen. Die Berichtigung der Steuerveranlagung nach Art. 6 des Gesetzes ist hiervon wohl zu unterscheiden. Bei letzterer ist stets der Stand der Verhältnisse im Veranlagungszeitpunkt bezw. bei späterer Begründung der Steuerpflicht der Stand der Verhältnisse zu Beginn des auf die Begründung folgenden Monats ausschlaggebend. Der Antrag auf besondere Vermögensfeststellung nach Art. 3 Abs. I[11]) Ziff. 1 des Gesetzes aber, die auch zu einer Minderung des steuerbaren Vermögens führen kann, ist nur bis zum Ablaufe der Berufungsfrist gegen die Vermögensteuerveranlagung zulässig.

III Sinkt der Wert des gesamten in Bayern steuerbaren Vermögens (Abs. I letzter Satz) durch die Vermögensverminderung auf oder unter die Freigrenze von 20000 ℳ (Art. 7 Abs. II des Gesetzes), so tritt Steuerfreiheit ein.

IV Die Abminderung kann auch beantragt werden, wenn die Vermögensverminderung weniger als den sechsten Teil des gesamten steuerbaren Vermögens betragen hat, aber ein Vermögensteil weggefallen ist, der bei einer anderen Person zur Vermögensteuer herangezogen wird. Unter Vermögensteil ist jedes trennbare Stück einer Bewertungseinheit im Sinne des § 27 Abs. 3 der Besitzsteuer-AusfBest. des Bundesrats zu verstehen. Voraussetzung für diese Abminderung ist der Nachweis,

---

[11]) Druckfehler, richtig: Abs. II.

daß der weggefallene Vermögensteil bei einer anderen Person nach Maßgabe des Art. 5 Abs. I Ziff. 1 oder Abs. III des Gesetzes zur Vermögensteuer herangezogen wird.

§ 38. (Art. 5 Abs. I Ziff. 2.) Die Anträge auf Abminderung der Steuer nach Art. 5 Abs. I Ziff. 2 des Gesetzes sind bei dem für die Erhebung der Jahressteuer zuständigen Rentamt (vgl. § 11) anzubringen. Das Rentamt kann nach seinem Ermessen den Steuerpflichtigen zur Abgabe einer Vermögensteuererklärung (§ 19 Abs. II) auffordern. Ist der Abminderungsanspruch begründet, so wird die Steuer vom Beginne des auf den Eintritt der Vermögensverminderung folgenden Monats ab auf den dem verminderten Vermögen entsprechenden Steuerbetrag herabgesetzt, oder wenn kein steuerbares Vermögen von mehr als 20000 ℳ verblieben ist, für den Rest der Vermögensteuerjahre abgeschrieben. Im ersteren Falle erteilt das Rentamt dem Steuerpflichtigen über die geänderte Veranlagung einen Steuerbescheid nach Maßgabe des Musters der Anlage 8. Die bei der Anwendung des Art. 5 Abs. I Ziff. 2 des Gesetzes sich ergebenden Steuerabminderungen und Steuerabgänge sind in der nach dem Muster der Anlage 10 zu gestalten- Anl. 10
den Abgangsliste durchzuführen. Bei der Ausfüllung der Abgangsliste ist zu beachten, daß die Spalte 5 der Sollaufstellung für das folgende (2. bezw. 3.) Vermögensteuerjahr dient, während die Abschlußziffer der Spalte 7 einen Bestandteil des Solls des laufenden Steuerjahrs bildet. In ersterer Spalte ist daher die abgehende J a h r e s steuer nebst Zuschlag auszuweisen, in der letzteren Spalte aber der für das laufende Steuerjahr w i r k l i c h a b g e h e n d e B e t r a g einzustellen.

§ 39. (Art. 5.) Außer den im § 37 bezeichneten Fällen können Steuerabminderungen eintreten:

1. durch Berichtigung der Steuerveranlagung zu Gunsten des Steuerpflichtigen auf Grund von § 38 Abs. 3 Satz 1, § 43 Abs. 2, § 44 Abs. 2, § 46, § 66 Abs. 1 BesitzStGes.,

2. infolge anderweiter Berechnung des zur Besitzsteuer festgestellten Vermögens gemäß § 69 Abs. 3 der Besitzsteuer-AusfBest. des Bundesrats,
3. durch Berichtigung der Vermögensteuerveranlagung im Rechtsmittelverfahren auf Grund von Art. 9 Abs. III und 11 des Gesetzes mit Art. 92 EinkStGes.

§ 40. (Art. 5 Abs. III.) Abgesehen von dem Falle, daß durch eine Vermögensverminderung im Laufe der drei Vermögensteuerjahre das steuerbare Vermögen auf 20000 ℳ oder weniger sinkt, können sich Steuerabgänge ergeben:

1. durch Übergang von der allgemeinen zur beschränkten Steuerpflicht (Art. 9 Abs. III des Gesetzes, Art. 68 Abs. II EinkStGes.),
2. durch den Wegzug eines Steuerpflichtigen aus Bayern bei gleichzeitigem Erlöschen der Steuerpflicht in Bayern,
3. bei Verlust der bayerischen Staatsangehörigkeit,
4. durch den Tod eines Steuerpflichtigen.

   Im Falle des Todes eines von zwei Ehegatten, die zusammen veranlagt sind, bleibt die Steuerveranlagung unverändert, wenn nicht die Voraussetzungen des Art. 5 Abs. I Ziff. 2 des Gesetzes vorliegen und entsprechender Abminderungsantrag gestellt wird.
5. Durch Eintritt der subjektiven Steuerbefreiungsgründe nach Art. 3 EinkStGes.,
6. durch Aufhebung von Veranlagungen, die gegen das Reichsdoppelsteuergesetz oder gegen einen Staatsvertrag zur Beseitigung von Doppelbesteuerungen verstoßen,
7. durch Wegfall der beschränkten Steuerpflicht.

§ 41. (Art. 5 Abs. III.) [1] In den Fällen der §§ 39, 40 hat das Rentamt die Steuerminderungen und Steuerabgänge von Amts wegen auf Grund der gemeindlichen Anzeigen (§ 81 Abs. IV der VollzVorschr. zum EinkStGes.), der Anzeigen nach Art. 69 Abs. II EinkStGes., der eingelangenden Totenlisten usw. mit Wirkung für den Beginn des auf den Eintritt ihrer Voraussetzungen folgenden Monats in der Abgangsliste (§ 38) durchzuführen.

II Im Falle des § 40 Ziff. 1 ist dem Steuerpflichtigen über die neue Veranlagung ein Vermögensteuerbescheid nach dem Muster der Anlage 8 zu erteilen.

III Das im § 82 Abs. VI der VollzVorschr. zum EinkStGes. vorgesehene Verfahren ist hinsichtlich der Vermögensteuer nicht anwendbar.

VI. Berichtigung der Steuerveranlagung.

§ 42. (Art. 6.) I Die Berichtigung der Steuerveranlagung nach Maßgabe des Art. 6 des Gesetzes können alle Steuerpflichtigen beantragen, für deren Veranlagung die §§ 30 bis 33 BesitzStGes. in Betracht kommen, auch jene, die bereits von der Befugnis des Art. 3 Abs. II Ziff. 1 des Gesetzes Gebrauch gemacht haben. Es können sonach Steuerpflichtige, deren Grundstücke bei der Vermögensfeststellung nach dem gemeinen Werte angeschlagen worden sind, verlangen, daß die Grundstückswerte nach den Gestehungskosten berechnet werden, und umgekehrt. Voraussetzung für die Berichtigung ist der vom Steuerpflichtigen zu führende Nachweis, daß das gesamte in Bayern steuerbare Vermögen infolge dieser anderen Bewertung des Grundvermögens bei der seinerzeitigen Veranlagung um ein Zehntel niedriger festzustellen gewesen wäre. Die Berichtigung hat also nach dem für die vorausgegangene allgemeine oder Zugangs-Veranlagung maßgebenden Stande aller Verhältnisse, nicht etwa nach dem Stande zur Zeit der Berichtigung zu erfolgen.

II Der Berichtigungsantrag ist ohne Rücksicht auf die Rechtskraft der Veranlagung jederzeit bis zum Ablaufe des ersten Viertels des dritten Vermögensteuerjahrs zulässig. Der Antrag ist beim Rentamt anzubringen. Die Berichtigung erfolgt, soweit veranlaßt nach Einforderung einer Vermögensteuererklärung (§ 19 Abs. II) durch das Rentamt. Sie beschränkt sich auf das von der Änderung der Bewertung betroffene Grundvermögen. Über die berichtigte Veranlagung ist dem Steuerpflichtigen ein Vermögensteuerbescheid nach dem Muster der Anlage 8 zu erteilen. Gegen den neuen Vermögensteuerbescheid oder die Abweisung des Antrags steht dem Pflichtigen das Rechtsmittel des Einspruchs zu (Art. 70 Abs. III ff. EinkStGes.). Die Berichtigungen sind mit Wirkung vom letztvorangegangenen Veranlagungszeitpunkte bzw. bei späterer Begründung der Steuerpflicht vom Zeitpunkte des Steuerzuganges in der Abgangsliste (§ 38) durchzuführen.

VII. Rechtsmittel.

§ 43. (Art. 9 Abs. III.) I Gegen den zur ordentlichen Veranlagung (§ 27 Abs. IV) ergehenden Vermögensteuerbescheid ist die Berufung an die Berufungskommission, gegen den Bescheid der Berufungskommission ist die Beschwerde an die Oberberufungskommission zulässig.

II Gegen die in den Fällen der §§ 32 Abs. V, 34 Abs. II, 36 Abs. III, 38, 41 Abs. II, 42 Abs. II ergehenden Vermögensteuerbescheide sowie gegen die Abweisung des Antrags auf Abminderung oder Abschreibung der Steuer (§§ 38 bis 40, Art. 70 Abs. II EinkStGes.) ist der Einspruch nach Art. 70 Abs. III bis V EinkStGes. zulässig.

III In den Fällen der Abs. I und II ist die Anfechtung insoweit ausgeschlossen, als das zur Besitzsteuer rechtskräftig festgestellte Vermögen der Vermögensteuerveranlagung unverändert zu Grunde zu legen ist.

IV Die Rechtsmittel werden nach den Art. 49 bis 64, 85 bis 87, 91, 92 EinkStGes. in der Fassung vom 17. August 1918 und den §§ 64 Abs. V, 65 Abs. IV, VII, 67, 68, 71 Abs. I, III—V, 72 der VollzVorschr. hierzu mit dem Abmaße weiterbehandelt, daß zufolge der Sondervorschrift im § 66 Abs. 3 BesitzStGes. die Rechtsmittelfrist nicht in Lauf gesetzt wird, wenn keine oder eine falsche Rechtsmittelbelehrung erteilt ist.

V Gegen den Bescheid des Rentamts, durch den die Veranlagung zu Gunsten des Steuerpflichtigen auf Grund des § 38 Abs. 3 Satz 1, § 43 Abs. 2, § 44 Abs. 2, § 46 BesitzStGes. berichtigt oder die auf Grund dieser Vorschriften beantragte Berichtigung der Veranlagung abgelehnt wird, steht dem Steuerpflichtigen die Beschwerde an die Regierungsfinanzkammer und an das Staatsministerium der Finanzen offen.

VI Zu beachten ist, daß keine allgemeine Berufungsfrist eröffnet wird, sondern das[12]) für jeden Steuerpflichtigen der Lauf der Berufungsfrist gesondert mit dem Tage der Zustellung des Vermögensteuerbescheids beginnt.

VII Die eingelegten Berufungen sind in das nach § 64 Abs. V der VollzVorschr. z. EinkStGes. zu führende Berufungsverzeichnis aufzunehmen. Für die Berufungen sind eigene Akten nach Maßgabe der Anweisung im § 69 dieser Vorschriften anzulegen.

VIII Die Berufungsfälle sind nach den einzelnen Vermögensgattungen tunlichst jenen Berufungskommissionen zuzuweisen, die sich nach § 70 Abs. IV der VollzVorschr. z. EinkStGes. vorwiegend mit der Besteuerung der Einkünfte und Erträge aus der betreffenden Vermögensgattung zu befassen haben.

IX Durch die Einlegung eines Rechtsmittels wird die Einhebung der veranlagten Vermögensteuer nicht aufgehalten (Art. 49 Abs. III, 59 Abs. III, 70 Abs. IV EinkStGes.). Die Befugnis der Finanzverwaltungsbehörden veranlaßtenfalls Stundung zu gewähren, wird hierdurch nicht berührt.

VIII. Strafbestimmungen.

§ 44. (Art. 10.) I Nicht zu den Straffällen gehören jene Fälle, in denen nach Art. 9 Abs. III des Gesetzes mit § 54 Abs. 2 BesitzStGes. wegen unterbliebener oder nicht rechtzeitiger Abgabe der geforderten Steuererklärung Zuschläge auferlegt werden.

II Für die Beurteilung der Strafvorschrift im Art. 10 Abs. I des Gesetzes wird auf die im § 86 Abs. III der VollzVorschr. z. EinkStGes. hervorgehobenen Gesichtspunkte aufmerksam gemacht.

III Verfehlungen und Zuwiderhandlungen mit Bezug auf die Vorschriften im Art. 2 Abs. II des Gesetzes mit Art. 2 Abs. III EinkStGes. fallen unter die Strafvorschrift des Art. 10 Abs. IV des Gesetzes. Nach der gleichen Vorschrift sind zu bestrafen Verfehlungen und Zuwiderhandlungen mit Bezug auf die Vorschriften im

[12]) Druckfehler, richtig: daß.

Art. 5 Abs. III des Gesetzes mit Art. 69 Abs. I und IV EinkStGes. und im Art. 9 Abs. III des Gesetzes mit Art. 46 Abs. III und Art. 56 Abs. V EinkStGes. Zeugen und Sachverständige, die der ihnen nach Art. 9 Abs. III des Gesetzes mit Art. 47 EinkStGes. obliegenden Verpflichtung nicht nachkommen, können nach Maßgabe des § 56 Abs. 2 BesitzStGes. bestraft werden.

IX. Steuernachholungen.

§ 45. (Art. 11.) I Für die Steuernachholungen (Art. 11 des Gesetzes, Art. 72 EinkStGes.) sind die im § 84 Abs. III der VollzVorschr. z. EinkStGes. hervorgehobenen Gesichtspunkte zu beachten. Abs. IV, VIII und XI des § 84 a. a. O. findet entsprechende Anwendung.

II Das Ergebnis der Nachholung ist in der Zugangsliste (§ 31 Abs. II) durchzuführen, die zugleich als Nachholungsregister dient. Hierbei ist aber zu beachten, daß in Spalte 10 der Zugang an Jahressteuer für das laufende Vermögensteuerjahr, in Spalte 12 aber der wirklich geschuldete Betrag an Steuer einzustellen ist. Handelt es sich nur um Nachholungen für frühere Steuerjahre, so bleibt die Spalte 10 unausgefüllt. Der Betrag der früheren Jahressteuern ist in der Bemerkungsspalte anzugeben.

III Das Erlöschen eines Anspruchs durch Zeitablauf (Verjährung) bemißt sich für die Vermögensteuer nach Art. 124, 125 des bayerischen Ausführungsgesetzes zum Bürgerlichen Gesetzbuche vom 9. Juni 1899.

X. Verrechnung.

§ 46. I Die rechnerische Behandlung der Vermögensteuer hat sich nach Maßgabe der Anweisungen im § 77 Abs. III der VollzVorschr. z. EinkStGes. zu gestalten. Hierbei ist jedoch zu beachten, daß das im § 82 Abs. IV dieser VollzVorschr. vorgesehene Verfahren für die Vermögensteuer nicht angewendet werden kann (§ 41 Abs. III). Das Verrechnungssoll an Vermögensteuer setzt sich für das erste Vermögensteuerjahr zusammen aus dem Ergebnisse der in den Steuerlisten ausgewiesenen Veranlagung im ersten Vermögensteuerjahre zuzüglich der

Steuerzugänge und Mehrungen sowie der Nachholungen, die sämtlich in Spalte 12 der Zugangslisten (Nachholungsregister) auszuweisen sind (§§ 31 Abs. II, 32 Abs. IV, 34 Abs. II, 36 Abs. IV, 45 Abs. II), dagegen abzüglich der Steuerabgänge und Steuerabminderungen, sowie der Rückvergütungen, die sämtlich in Spalte 7 der Abgangslisten (Rückvergütungsregister) auszuweisen sind (§§ 38, 41 Abs. I, 42 Abs. II). Allenfalls kommen auch noch die nach Abschluß der Veranlagung vorgenommenen Berechnungsberichtigungen nach § 27 Abs. II in Betracht. In gleicher Weise ist das Verrechnungssoll für das 2. und 3. Vermögensteuerjahr aufzustellen, am Schlusse der Steuerlisten ist jedoch für diese Sollaufstellungen die Abschlußziffer der Spalte 10 der Zugangsliste des unmittelbar vorausgegangenen (1. bezw. 2.) Vermögensteuerjahrs in Zugang und die Abschlußziffer der Spalte 7 der Abgangsliste des unmittelbar vorausgegangenen (1. bezw. 2.) Vermögensteuerjahrs in Abgang zu bringen (vgl. § 36 Abs. IV, 38).

II Die Abschlußziffern der Spalte 10 der Zugangsliste und der Spalte 5 der Abgangsliste für das 1. bezw. 2. Vermögensteuerjahr sind in die gleichen Spalten der Zu- bezw. Abgangslisten für das folgende 2. bezw. 3. Vermögensteuerjahr überzutragen.

XI. Prüfung.

§ 47. Für die Prüfung der Veranlagungsarbeiten ist die Anweisung in § 63 Abs. III und IV der VollzVorschr. z. EinkStGes. maßgebend. Die Prüfung hat sich auch auf die Zu- und Abgangslisten zu erstrecken.

XII. Steuererhebung.

§ 48. I Die Vermögensteuer wird in jedem Steuerjahre tunlichst gemeinsam mit den Einkommensteuern usw. nach Maßgabe der Anweisung in §§ 96, 97 der VollzVorschr. z. EinkStGes. erhoben.

II Die Jahressteuer, die im 2. und 3. Vermögensteuerjahr zu entrichten ist, — wenn es zweckmäßiger erscheint, auch jene für das 1. Vermögensteuerjahr, — soll dem Steuerpflichtigen in der nach Maßgabe des

Art. 48 Abs. III EinkStGes. mit § 63 Abs. VII bis IX der VollzVorschr. hierzu ergehenden Mitteilung bekannt gegeben werden. Enthält die Mitteilung auch eine Belehrung über das Rechtsmittel, so ist durch eine entsprechende Wortfassung dafür zu sorgen, daß nicht die Meinung entsteht, als ob auch die bereits rechtskräftig feststehende Vermögensteuer noch angefochten werden könnte.

III Zu beachten ist, daß die Vermögensteuer eine Jahressteuer ist, die für drei Jahre veranlagt, aber in jedem Jahre neu geschuldet wird, während die Besitzsteuer eine Steuer darstellt, die für einen dreijährigen Zeitraum geschuldet, aber in Teilbeträgen erhoben wird.

XIII. Kosten des Verfahrens.

§ 49. I Das Verfahren in Vermögensteuerangelegenheiten ist, soweit nicht die §§ 60, 85 BesitzStGes. ein anderes bestimmen, kosten-, gebühren- und stempelfrei (§ 79 der Besitzsteuer-AusfBest.). Insbesondere ist das Rechtsmittelverfahren bis zum Abschlusse des Nachprüfungsverfahrens (Art. 53 des EinkStGes., § 68 der VollzVorschr. hierzu) und das Beschwerdeverfahren nach § 43 Abs. V dieser Vorschriften — also das Verfahren gemäß § 38 Abs. 3 Satz 1, § 43 Abs. 2, § 44 Abs. 2, § 46 BesitzStGes. — mit der aus § 60 des Gesetzes sich ergebenden Einschränkung kosten-, gebühren- und stempelfrei.

II Die Kosten in Vermögensteuersachen sind nach Maßgabe des Art. 85 EinkStGes. und § 92 der VollzVorschr. hiezu zu behandeln und zu verrechnen.

München, den 28. November 1918.

J. A.

v. Merkel.

Rentamt ....

Anlage 1.
(Zu § 12 Abs. II.)

Vermögensteuerliste

für das

Steuerjahr 1919.

Laufende Nummer	Nummer der Besitzsteuerliste	Name, Vorname, Stand und Wohnort (auch Wohnung) des Steuerpflichtigen	Rohvermögen			Gesamtrohvermögen (Sp. 4 + 5 + 6)	Abziehbare Schulden	Steuerbares Vermögen	Jahressteuer		Zuschläge gemäß § 54 Abs. 2 BesitzStG.		Bemerkungen
			Grundvermögen	Betriebsvermögen	Kapitalvermögen								
			ℳ	ℳ	ℳ	ℳ	ℳ	ℳ	ℳ	₰	ℳ	₰	
1	2	3	4	5	6	7	8	9	10		11		12

Anlage 2.

(Zu § 14.)

Öffentliche Aufforderung.

Die Veranlagung zur Vermögensteuer nach dem Gesetze vom 17. August 1918 für das Steuerjahr 1919.

I. Zur Abgabe einer Vermögensteuererklärung sind alle natürlichen Personen mit einem in Bayern steuerbarem Gesamtvermögen von mehr als zwanzigtausend Mark verpflichtet, wenn sie am 1. Januar 1919 einkommensteuerpflichtig sind. Die Vermögensteuererklärungspflicht trifft veranlaßtenfalls den Vertreter des Steuerpflichtigen. Die Vermögensteuererklärung ist unter der Versicherung abzugeben, daß die Angaben nach bestem Wissen und Gewissen gemacht sind.

II. Der Erklärungspflicht wird genügt durch Ausfüllung eines Vermögensteuererklärungsvordrucks und Einsendung der Vermögensteuererklärung an das Rentamt oder an die Gemeindebehörde oder dadurch, daß die Vermögensteuererklärung zu Protokoll des Rentamts oder der Gemeindebehörde abgegeben wird.

Vordrucke für die Vermögensteuererklärung nebst Erläuterung stehen bei den Rentämtern und bei den Gemeindebehörden unentgeltlich zur Verfügung.

III. Der Vermögensteuererklärungspflicht muß bis zum 31. Januar 1919 einschließlich genügt sein.

Der Steuerpflichtige kann zur Abgabe einer Vermögensteuererklärung mit Geldstrafen bis zu 500 Mk. angehalten werden.

Steuerpflichtigen, die der Vermögensteuererklärungspflicht nicht rechtzeitig genügt haben, kann ein Zuschlag von 5 bis 10 vom Hundert der rechtskräftig festgestellten Vermögensteuer auferlegt werden, es sei denn, daß Umstände dargetan werden, welche die Versäumnis entschuldbar machen.

Strafbestimmungen.

Wer in einer besonderen Vermögensteuererklärung oder im Veranlagungsverfahren wissentlich unrichtige oder unvollständige Angaben macht, die geeignet sind, zur Verkürzung der Vermögensteuer zu führen, wird mit einer Geldstrafe **bis zum zehnfachen Betrage** der gefährdeten Steuer bestraft. Neben der Geldstrafe kann auf **Gefängnis bis zu 6 Monaten** erkannt werden, wenn die unrichtigen oder unvollständigen Angaben in der Absicht, die Vermögensteuer zu hinterziehen, gemacht worden sind, und wenn der Steuerbetrag, der durch die unrichtigen oder unvollständigen Angaben gefährdet worden ist, nicht weniger als 10 vom Hundert der geschuldeten Steuer, mindestens aber 300 Mk. ausmacht, oder wenn der Steuerpflichtige wegen Vermögen- oder Besitzsteuerhinterziehung vorbestraft ist. Bei einer Steuergefährdung dieser Art kann im Urteil angeordnet werden, daß die Bestrafung auf Kosten des Verurteilten öffentlich bekannt zu machen ist.

.........................., den .... 191......

Rentamt.

Rentamt ....

Besitzsteuerliste Nr. ....

Vermögensteuerliste Nr. ....

Zugangsliste Nr. ....

Abgangsliste Nr. ....

Anlage 3.

(Zu § 15.)

Vermögensteuererklärung*)

für die Veranlagung

d .... (Name und Stand)

in .... (Wohnort) .... Straße/Platz Nr. ....

---

*) I. Ich und meine Ehefrau ....

*) Der von mir — uns — vertretene ....

....

besaß ...... am .... an in Bayern steuerbarem Vermögen**)

> †) Soweit sich die Vermögenswerte nicht aus dem Nenn- oder Kurswert oder dem Betrage der geleisteten Zahlungen ergeben, kann der Steuerpflichtige sich in der Steuererklärung auf die tatsächlichen Mitteilungen beschränken, die er behufs Schätzung des Wertes beizubringen vermag.

1. Grundvermögen:

A. Grundstücke (Gebäude und Liegenschaften), ausgenommen Grundstücke, die dem Betriebe des Bergbaues oder eines Gewerbes — unter 2 B — gewidmet sind. Bei land- oder forstwirtschaftlichen oder Gärtnerei-Grundstücken sind die Betriebsmittel (lebendes und totes Inventar) im Werte mitzuberücksichtigen.

[Seite 1]

Zu 1. Nur in Bayern gelegene Grundstücke (einschließlich der Berechtigungen 1 B) kommen in Betracht.

Hypotheken und Grundschulden sind nicht hier, sondern unter II in Abzug zu bringen.

Bezeichnung des Besitzes	Gemeinde	Vermögenswert †) (siehe nebenstehende Bemerkung) Mark
....	....	....
....	....	....
....	....	....
....	....	....
....	....	....
....	....	....
....	....	....
	Seite . . .	....

Wird beantragt, daß bei den vorstehend unter 1 A oder umstehend unter 2 B aufgeführten Grundstücken anstatt des gemeinen Wertes (Verkaufswerts) die Gestehungskosten zu Grunde gelegt werden? — Ja oder Nein ....

Zu den Gestehungskosten sind der Gesamtwert der Gegenleistungen beim Erwerb (Erwerbspreis), die sonstigen Anschaffungskosten einschließlich der öffentlichen Abgaben und etwaiger Vermittlungsgebühren, alle auf das Grundstück gemachten besonderen Aufwendungen während der Besitzzeit, soweit sie nicht zu den laufenden

[Seite 1].

Wirtschaftsausgaben gehören, zu rechnen. Von den Gestehungskosten abzuziehen sind die durch Verschlechterung entstandenen Wertminderungen (§ 30 Abs. 2 Satz 2 des Besitzsteuergesetzes).

a) Für Grundstücke, die vor dem 1. Januar 1914 erworben sind, gilt der bei der Veranlagung des Wehrbeitrags festgestellte Wert als Betrag der bis dahin entstandenen Gestehungskosten, so daß diesem nur die seit dem 1. Januar 1914 gemachten besonderen Aufwendungen hinzuzurechnen und von ihm die seit dem 1. Januar 1914 durch Verschlechterung etwa entstandenen Wertminderungen abzuziehen sind.

b) Für Grundstücke, die nach dem 31. Dezember 1913 von Todes wegen im Sinne der §§ 1 bis 4 des Erbschaftssteuergesetzes, im Wege der Erbteilung, von Eltern, Großeltern oder entfernteren Voreltern sowie auf Grund einer ohne entsprechende Gegenleistung erfolgten Zuwendung unter Lebenden erworben sind, gilt, soweit die Grundstücke dauernd land- oder forstwirtschaftlichen oder gärtnerischen Zwecken oder soweit bebaute Grundstücke Wohn- oder gewerblichen Zwecken zu dienen bestimmt sind und ihre Bebauung und Benutzung der ortsüblichen Bebauung und Benutzung entspricht, der Ertragswert, sonst der gemeine Wert zur Zeit des Erwerbes als Gestehungskosten beim Erwerbe, so daß diesem Betrage die seit dem Erwerbe gemachten Aufwendungen hinzuzurechnen und von ihm die seit dem Erwerbe durch Verschlechterung etwa entstandenen Wertminderungen abzuziehen sind. An die Stelle des Ertragswerts tritt auf Antrag der gemeine Wert zur Zeit des Erwerbes.

---

*) Das nicht Zutreffende ist zu durchstreichen.

**) Maßgebend für die Steuerpflicht und die Ermittlung des Vermögenswerts ist der Zeitpunkt, für den die Steuererklärung abgegeben wird. Für Betriebe, bei denen regelmäßige jährliche Abschlüsse stattfinden, kann der Vermögensfeststellung der Vermögensstand am Schlusse des letzten Wirtschafts- oder Rechnungsjahrs zu Grunde gelegt werden. Macht der Steuerpflichtige von dieser Möglichkeit Gebrauch, so hat er der Steuererklärung den Abschluß für das letzte Wirtschafts- oder Rechnungsjahr beizufügen.

	Vermögenswert (siehe die Randbemerkung † auf Seite 1) Mark
Übertrag	
B. Berechtigungen, für welche die sich auf Grundstücke beziehenden Vorschriften des bürgerlichen Rechtes gelten, z. B. Erbbaurecht, Erbpachtrecht, Bergwerkseigentum, soweit nicht in 2B enthalten:	
....	
....	
2. Betriebsvermögen (soweit nicht schon unter 1 enthalten):	
A. Betriebskapital, das dem Betriebe der Land- oder Forstwirtschaft oder der Gärtnerei auf fremden Grundstücken gewidmet ist:	

Bezeichnung der Pachtung	Gemeinde	Größe der Pachtung	Vermögenswert Mark
a)	....	....	
b)	....	....	
c)	....	....	
d)	....	....	

Zu 2A und B. Zum steuerbaren Vermögen gehören nicht Betriebsmittel, die dem Betriebe der Land- oder Forstwirtschaft oder der Gärtnerei oder des Bergbaues auf ausländischen Grundstücken oder dem Betrieb eines stehenden Gewerbes außerhalb Bayerns gewidmet sind.

[Seite 2].

Zu 2B. Hier ist auch der Anteil zu berücksichtigen, der dem Steuerpflichtigen als Teilhaber einer offenen Handelsgesellschaft oder einer Kommanditgesellschaft an deren Betriebsvermögen zusteht.

B. Vermögen, das dem Betriebe des Bergbaues oder eines Gewerbes gewidmet ist, einschließlich der dem Betriebe dienenden eigenen Gebäude, Grundstücke oder Berechtigungen:

Bezeichnung des Betriebs	Firma	Betriebsstätten	Geschäftsanteil des Steuerpflichtigen
a)	....	....	....
b)	....	....	....
c)	....	....	....
d)	....	....	....
e)	....	....	....

3. **Kapitalvermögen** (gesamtes sonstiges Vermögen außer den unter III aufzuführenden Renten und anderen wiederkehrenden Nutzungen und Leistungen), nämlich:

	Mark
a) Selbständige Rechte und Gerechtigkeiten, soweit sie nicht unter 1 B fallen oder als Zubehör eines Grundstücks oder Betriebskapitals unter 1 A, 2 schon berücksichtigt sind, z. B. Verlags- oder Patentrechte	....
Seite	....

[Seite 3].

Zu 3. Ob ein Kapital in ausländischen oder inländischen Werten angelegt ist, macht keinen Unterschied; auch Aktien einer ausländischen Aktiengesellschaft gehören zum steuerbaren Vermögen. Ebenso ist es belanglos, ob das Kapitalvermögen selbst sich im Inland oder im Auslande befindet.

Wertpapiere, die in Deutschland einen Börsenkurs haben, sind mit ihrem Kurswert, Forderungen, die in das Schuldbuch einer öffentlichen Körperschaft eingetragen sind, mit dem Kurswert der entsprechenden Schuldverschreibungen der öffentlichen Körperschaft, Aktien ohne Börsenkurs, Kuxe, Anteile an einer Bergwerksgesellschaft oder Anteile einer Gesellschaft mit beschränkter Haftung mit ihrem Verkaufswert, andere Kapitalforderungen mit ihrem Nennwert anzusetzen, sofern nicht besondere Umstände die Veranschlagung nach einem

	Mark	Vermögenswert (siehe die Randbemerkung † auf Seite 1) Mark
Übertrag . . .		
b) Kapitalforderungen aus Anleihen oder Schuldverschreibungen deutscher oder nichtdeutscher Staaten, Gemeinden, anderer öffentlicher Verbände, Eisenbahn- und Industrieobligationen, Pfandbriefe, Hypotheken, Grundschuldforderungen, sonstige Kapitalforderungen jeder Art, insbesondere Forderungen aus Schuldverschreibungen, Wechseln, Darlehen, Kautionen, Hinterlegungsgelder, Einlagen bei Sparkassen und Banken, Abrechnungs- und Kontokurrentguthaben, ausgenommen Bank- und sonstige Guthaben, die zur Bestreitung der laufenden Ausgaben für drei Monate dienen		
c) Aktien oder Anteilscheine, Kuxe, Geschäftsguthaben bei Genossenschaften, Geschäftsanteile und andere Gesellschaftseinlagen		
d) Bares Geld, Banknoten und Kassenscheine (ausgenommen die aus den laufenden Jahreseinkünften vorhandenen Bestände, soweit sie zur Bestreitung der laufenden Ausgaben für drei Monate dienen), Gold und Silber in Barren		

[Seite 3].

vom Nennwert abweichenden höheren oder geringeren Werte begründen.

Will der Steuerpflichtige von dem Werte seiner mit Dividendenschein gehandelten Wertpapiere einen Gewinnbetrag in Abzug bringen (§ 34 Abs. 2 des Besitzsteuergesetzes), so hat er die Wertpapiere, für welche der Abzug begehrt wird, nach Stückzahl oder Nennbetrag und Gattung besonders zu bezeichnen.

e) Noch nicht fällige Ansprüche aus Lebens-, Kapital- oder Rentenversicherungen, zu berechnen mit $^2/_3$ der Summe der bisher gezahlten Prämien oder Kapitalbeiträge oder mit dem Rückkaufswerte . . . .

Zusammen a—e . . . .

Zusammen I . . . .

II. **Hiervon sind abzuziehen** die Kapitalschulden,*) soweit sie nicht oben schon berücksichtigt sind.

Name des Gläubigers	Wohnort des Gläubigers	Betrag Mark
a)	....	....
b)	....	....
c)	....	....
d)	....	....
e)	....	....

Zusammen . . . .

Verbleibt (ohne III) ein Reinvermögen von . . . .

Zu II. Nicht abzugsfähig sind Schulden, die zur Bestreitung der laufenden Haushaltungskosten eingegangen sind (Haushaltungsschulden) sowie Schulden und Lasten, welche in wirtschaftlicher Beziehung zu Vermögensteilen stehen, die in Bayern nicht steuerbar sind.

*) Personen, die nur mit dem in Bayern befindlichen Grund- und Betriebsvermögen steuerpflichtig sind, dürfen nur solche Schulden und Lasten unter II abziehen, die in einer wirtschaftlichen Beziehung zu diesen Vermögensteilen stehen (§ 10 Abs. 3 des Besitzsteuergesetzes).

[Seite 4].

III. An Renten und anderen wiederkehrenden Nutzungen und Leistungen habe ich für mich und meine Ehefrau — hat d...... von mir — uns — vertretene Steuerpflichtige —

	zu beziehen:	zu entrichten (zu tragen):
Gegenstand und Rechtsgrund des Anspruchs oder der Verpflichtung:		
Geldwert der einjährigen Hebung oder Leistung (Last):	..... Mark	..... Mark
Name und Wohnort des Verpflichteten:		
Name und Wohnort des Berechtigten:		
Tag, Monat, Jahr, seit welchem der Anspruch oder die Last besteht:		
Zeitpunkt oder Ereignis, mit dessen Eintritt der Anspruch oder die Last wegfällt:		
Falls die Dauer des Anspruchs oder der Last vom Leben einer Person oder mehrerer Personen abhängt, Angabe des Namens, der Wohnung sowie Tag, Monat und Jahr der Geburt dieser Person:		

Zu III. Genaue Auskunft über die nebenbezeichneten Punkte ist erforderlich, damit die Steuerpflicht oder Abzugsfähigkeit der Bezüge oder Lasten beurteilt und ihr Kapitalwert vorschriftsmäßig berechnet werden kann.

Ansprüche auf Gehalt, Besoldung, Remuneration u. dgl., die dem Steuerpflichtigen als Entgelt für seine Arbeitstätigkeit zustehen, gehören in keinem Falle hierher. Wegen der Abzugsfähigkeit der unter III fallenden Lasten vgl. die Bemerkung zu II.

[Seite 4].

Frage für die erstmalige Veranlagung für das Steuerjahr 1919:

Sind seit 1. Januar 1917 wesentliche Änderungen in dem Stande des Wertes Ihres Vermögens eingetreten?

Ja oder Nein?

(Die Frage wird gestellt, weil der Pflichtige verlangen kann, daß der Stand vom 31. Dezember 1916 zu Grunde gelegt wird, dem jedoch Erbanfälle, Schenkungen, Lotteriegewinne und Vermögensübergaben im Werte von über 5000 Mk., nicht aber Ersparnisse oder Kurs- und sonstige Wertssteigerungen zuzurechnen wären. Der Stand vom 31. Dezember 1916 wäre auch maßgebend, wenn das Vermögen am 31. Dezember 1916 nur um $^{1}/_{5}$ höher war als jetzt. Im Falle der Beantwortung der Frage mit Ja wird sich das Rentamt noch mündlich mit Ihnen ins Benehmen setzen.)

Ich versichere hiermit, daß die vorstehenden Angaben nach bestem Wissen und Gewissen gemacht sind.

.................................., den ......ten .... 19 .....

....

Unterschrift

Steuererklärungen ohne Unterschrift gelten als nicht abgegeben.

Bemerkungen.

Anlage 4.
(Zu § 15.)

Erläuterungen zum Steuererklärungsvordruck.

Zur erstmaligen Steuerveranlagung für das Steuerjahr 1919 haben alle am 1. Januar 1919 subjektiv allgemein oder beschränkt steuerpflichtigen natürlichen Personen mit einem in Bayern steuerbaren Gesamtvermögen von mehr als 20000 Mk. eine Vermögensteuererklärung nach Maßgabe der folgenden Anweisung abzugeben.

I. Jene Personen, deren Vermögen bereits bei der letzten Besitzsteuerveranlagung für den 31. Dezember 1916 durch einen Steuer- oder einen Feststellungsbescheid festgestellt worden ist, können sich darauf beschränken auf Seite 1 der Steuererklärung den Betrag des damals festgestellten Vermögens, das Datum des Steuer- oder Feststellungsbescheids, das einschlägige Besitzsteueramt (Rentamt) und die aus dem Steuer- oder Feststellungsbescheid ersichtliche Nummer der Besitzsteuerliste anzugeben, jedoch unter der Voraussetzung, daß nicht

1. in der Zeit zwischen dem 31. Dezember 1916 und dem 1. Januar 1919 eine Vermehrung des steuerbaren Vermögens um mehr als 5000 Mk. infolge eines Erwerbes von Todes wegen, einer Schenkung unter Lebenden (Reichserbschaftssteuergesetz vom 3. Juni 1906, §§ 1 bis 3, 4 Abs. 1 und § 55), eines Lotteriegewinns oder einer Vermögensübergabe (Anwesensübergabe usw.) eingetreten ist, oder

2. in der Zeit zwischen dem 31. Dezember 1916 und dem 1. Januar 1919 sich das gesamte in Bayern steuerbare Vermögen um mehr als den sechsten Teil vermindert hat oder

3. ein bei dem Steuerpflichtigen seit dem 31. Dezember 1916 weggefallener Vermögensteil anderweit zur Vermögensteuer herangezogen wird.

II. Befindet sich unter dem für den 31. Dezember 1916 durch Steuer- oder Feststellungsbescheid festgestellten Vermögen außerbayerisches Grund- oder Betriebsvermögen, das aus dem in Bayern steuerbaren Vermögen auszuscheiden ist, so ist der Wert dieser Vermögensteile dem Rentamte gesondert mitzuteilen oder aber die Steuererklärung vollständig auszufüllen.

III. Auch die Steuerpflichtigen, deren Vermögen für den 31. Dezember 1916 durch einen Steuer- oder einen Feststellungsbescheid festgestellt worden ist, können von der in Art. 3 Abs. II Ziff. 1 des Vermögensteuergesetzes eingeräumten Befugnis Gebrauch machen, d. h. wenn ihr Grundvermögen (Grund- und Hausbesitz) für die Besitzsteuer nach dem gemeinen Werte berechnet worden ist, können sie beantragen, daß die Ermittlung des Wertes des Grundvermögens für die Vermögensteuer nach den Gestehungskosten bzw. nach dem Ertragswert (§§ 30 bis 33 des Besitzsteuergesetzes) erfolgt. Derartige Anträge sind in der Steuererklärung durch Beantwortung der auf der 1. Seite der Steuererklärung gestellten Frage anzubringen. Der Steuerpflichtige kann übrigens auch verlangen, daß statt der Gestehungskosten der gemeine Wert zu Grunde gelegt wird.

Anlage 5.

(Zu § 19 Abs. I).

Vermögensteuer			
Steuerbares Vermögen	a) Jahressteuer b) Umschlag [13]) gemäß § 54 Abs. 2 des Besitzsteuergesetzes		Bemerkungen
M	M	₰	
19	20		21

[13]) Druckfehler, richtig: Zuschlag.

Anlage 6.

(Zu § 19 Abs. II.)

Aufforderung zur Abgabe einer Vermögensteuererklärung.

Unter Bezugnahme auf Art. 9 Abs. I, III des Vermögensteuergesetzes vom 17. August 1918 werden Sie hiermit aufgefordert, unter Benützung des beigegebenen Vordrucks innerhalb 2 Wochen Ihre Vermögensteuererklärung bei dem unterfertigten Rentamt einzureichen.

Mündliche Erklärungen werden vom Rentamt während der gewöhnlichen Geschäftsstunden zu Protokoll entgegengenommen.

Wer die ihm obliegende Vermögensteuererklärung nicht rechtzeitig abgibt, kann zur Abgabe mit Geldstrafen bis zu fünfhundert Mark angehalten werden. Die Geldstrafe kann solange wiederholt werden, bis der Steuerpflichtige seiner Verpflichtung zur Abgabe der Erklärung nachgekommen ist. Auch kann ihm ein Zuschlag von 5 bis 10 vom Hundert der rechtskräftig festgestellten Vermögensteuer auferlegt werden, der für jedes der die Veranlagung umfassenden Vermögensteuerjahre zu entrichten wäre. Für den Fall, daß Ihnen die Abgabe der Vermögensteuererklärung innerhalb der bezeichneten Frist nicht möglich sein sollte, wird Ihnen anheimgegeben, um Fristverlängerung nachzusuchen.

Unrichtige oder unvollständige Angaben in der Vermögensteuererklärung werden nach Art. 10 des Vermögensteuergesetzes mit Geldstrafen bis zum zehnfachen Betrage der gefährdeten Steuer und gegebenenfalls mit Gefängnisstrafen bis zu 6 Monaten bestraft.

.............................., den ....

Rentamt.

....

(Siegel.) (Unterschrift.)

Anlage 7.

(Zu § 27 Abs. III.)

Vermögen von abgerundet ℳ	Die Normalsteuer ermäßigt sich um	Die Steuer beträgt ℳ	₰	Vermögen von abgerundet ℳ	Die Normalsteuer ermäßigt sich um	Die Steuer beträgt ℳ	₰
21 000	9/10	2	10	46 000	4/10	27	60
22 000	„	2	20	47 000	„	28	20
23 000	„	2	30	48 000	„	28	80
24 000	„	2	40	49 000	„	29	40
25 000	„	2	50	50 000	„	30	—
26 000	8/10	5	20	51 000	3/10	35	70
27 000	„	5	40	52 000	„	36	40
28 000	„	5	60	53 000	„	37	10
29 000	„	5	80	54 000	„	37	80
30 000	„	6	—	55 000	„	38	50
31 000	7/10	9	30	56 000	2/10	44	80
32 000	„	9	60	57 000	„	45	60
33 000	„	9	90	58 000	„	46	40
34 000	„	10	20	59 000	„	47	20
35 000	„	10	50	60 000	„	48	—
36 000	6/10	14	40	61 000	1/10	54	90
37 000	„	14	80	62 000	„	55	80
38 000	„	15	20	63 000	„	56	70
39 000	„	15	60	64 000	„	57	60
40 000	„	16	—	65 000	„	58	50
41 000	5/10	20	50	66 000	—	66	—
42 000	„	21	—				
43 000	„	21	50				
44 000	„	22	—				
45 000	„	22	50				

usw. Die Steuer beträgt 1 vom Tausend des auf volle Tausend nach unten abgerundeten Vermögens.

Rentamt ....

Nr. .... der Besitzsteuerliste

Nr. .... der Vermögensteuerliste

Nr. .... der Zugangsliste für 19 .....

Nr. .... der Abgangsliste für 19 .....

Anlage 8.

(Zu § 27 Abs. IV.)

Vermögensteuerbescheid.

Auf Grund des Vermögensteuergesetzes vom 17. August 1918 sind Sie für die Zeit vom 1. Januar 19 .... bis 31. Dezember 19 .... mit einer Jahressteuer von

.... Mk.

veranlagt.

Dieser Betrag ist berechnet worden aus dem bei der Veranlagung zur Besitzsteuer festgestellten Vermögen — aus dem auf Grund von Art. 3 Abs. II des Vermögensteuergesetzes besonders festgestellten Vermögen — von

abgerundet .... Mk.

Wegen der verspäteten Abgabe der Vermögensteuererklärung ist gemäß Art. 9 Abs. III des Vermögensteuergesetzes mit § 54 Abs. 2 des Besitzsteuergesetzes gegen Sie ein Zuschlag von ..... vom Hundert festgesetzt worden,

Die Jahressteuer einschließlich des erwähnten Zuschlags ist in jedem der Steuerjahre 19 ....., 19 ..... und 19 .....*) nach Maßgabe der besonders ergehenden Zahlungsaufforderung zu entrichten.

Gegen diesen Bescheid ist die Berufung an die Berufungskommission — der Einspruch an den Steuerausschuß — binnen einer Ausschlußfrist von 1 Monat — 2 Wochen —, beginnend mit dem Tage der Zustellung dieses Bescheids zulässig. Die Berufung ist schriftlich oder zu Protokoll beim Rentamt oder bei der Gemeindebehörde — der Einspruch ist schriftlich oder mündlich beim Rentamt — anzubringen.*)

---

*) Nichtzutreffendes ist zu streichen.

In der Berufung sind die Gründe anzugeben, aus denen der Bescheid angefochten wird.

Die Einhebung der Vermögensteuer wird durch die Einlegung des Rechtsmittels nicht aufgehoben.

Die Feststellung des Vermögens weicht von den Angaben in der Vermögensteuererklärung ab.

....

(Unterschrift.

(Siegel.)

Rentamt ....

Anlage 9.
(Zu § 31 Abs. II.)

Vermögensteuer-Zugangsliste

zugleich Nachholungsregister

für das

Steuerjahr 19..............

Vorbemerkungen.

Die Abschlußziffer der Spalte 10 dient der Sollaufstellung für das folgende (2. bzw. 3.) Vermögensteuerjahr. Diese Spalte ist daher stets mit dem vollen Betrage der Jahressteuer und des Zuschlags auszufüllen. In der Spalte 12 ist der für das laufende Steuerjahr geschuldete Betrag einzustellen. Die Abschlußziffer der Spalte 12 ist dem Verrechnungssoll des laufenden Steuerjahrs zuzusetzen.

Die Abschlußziffer der Spalte 10 ist als Soll an Zugängen und Mehrungen in die gleiche Spalte der Zugangsliste für das folgende (2. bzw. 3.) Vermögensteuerjahr überzutragen.

Die Benützung anderer zweckentsprechender Vordrucke ist gestattet.

Laufende Nummer	Nummer der a) Besitzsteuer-, b) Zugangsliste	Name, Vorname, Stand und Wohnort (auch Wohnung) des Steuerpflichtigen	Zugang an						a) Jahressteuer, b) Zuschläge gemäß § 54 Abs. 2 des Besitzsteuergesetzes		Zeitraum, für den der Zugang — die Nachholung — berechnet wird	Betrag der für das laufende Jahr zugehenden oder nachzuholenden a) Steuer b) Zuschläge		Bemerkungen
			Rohvermögen			Gesamtrohvermögen (Spalte 4, 5 u. 6)	abziehbaren Schulden	steuerbarem Vermögen (abgerundet)						
			Grundvermögen	Betriebsvermögen	Kapitalvermögen									
			ℳ	ℳ	ℳ	ℳ	ℳ	ℳ	ℳ	₰		ℳ	₰	
1	2	3	4	5	6	7	8	9	10		11	12		13

Rentamt

Anlage 10.
(Zu § 38.)

Vermögensteuer-Abgangsliste

zugleich Rückvergütungsregister

für das

Steuerjahr 19

Vorbemerkungen.

Die Abschlußziffer der Spalte 5 dient der Sollaufstellung für das folgende 2. bzw. 3. Vermögensteuerjahr. Die Spalte 5 ist daher stets mit dem vollen Betrage der Jahressteuer und des Zuschlags auszufüllen. In der Spalte 7 ist der für das laufende Jahr nicht geschuldete Betrag einzustellen. Die Abschlußziffer der Spalte 7 wird am Verrechnungssoll des laufenden Steuerjahrs abgesetzt.

Die Abschlußziffer der Spalte 5 ist in die gleiche Spalte der Abgangsliste für das folgende (2. bzw. 3.) Vermögensteuerjahr überzutragen.

Die Benützung anderer zweckentsprechender Vordrucke ist gestattet.

Laufende Nummer	Nummer der a) Besitzsteuer-, b) Zugangsliste	Name, Vorname, Stand und Wohnort (auch Wohnung) des Steuerpflichtigen	Abgang an steuerbarem Vermögen	a) Jahressteuer b) Zuschläge gemäß § 54 Abs. 2 des Besitzsteuergesetzes		Zeitraum, für den der Abgang — die Rückvergütung — berechnet wird	Betrag der für das laufende Jahr abgehenden oder rückzuvergütenden a) Steuer b) Zuschläge		Bemerkungen
			ℳ	ℳ	₰		ℳ	₰	
1	2	3	4	5		6	7		8

Anlage 11.

Zusammenstellung der im Vermögensteuergesetz angeführten Bestimmungen.

I. Besitzsteuergesetz vom 3. Juli 1913.
(RGBl. S. 524.)

Steuerpflicht.

§ 1. Von dem Vermögenszuwachs wird für das Reich nach den Vorschriften dieses Gesetzes eine Abgabe (Besitzsteuer) erhoben.

§ 2. Als Vermögen im Sinne des § 1 gilt, soweit das Gesetz nichts anderes vorschreibt, das gesamte bewegliche und unbewegliche Vermögen nach Abzug der Schulden. Es umfaßt:

1. Grundstücke einschließlich des Zubehörs (Grundvermögen);
2. das dem Betriebe der Land- oder Forstwirtschaft, des Bergbaues oder eines Gewerbes dienende Vermögen (Betriebsvermögen);
3. das gesamte sonstige Vermögen, das nicht Grund- oder Betriebsvermögen ist (Kapitalvermögen).

§ 3. Den Grundstücken (§ 2 Nr. 1) stehen gleich Berechtigungen, für welche die sich auf Grundstücke beziehenden Vorschriften des bürgerlichen Rechtes gelten.

§ 4. Zum Betriebsvermögen (§ 2 Nr. 2) gehören alle dem Unternehmen gewidmeten Gegenstände.

Das Betriebsvermögen einer offenen Handelsgesellschaft oder einer anderen Erwerbsgesellschaft, bei welcher der Gesellschafter als Unternehmer (Mitunternehmer) des Betriebs anzusehen ist, wird den einzelnen Teilhabern nach dem Verhältnis ihres Anteils zugerechnet.

§ 5. Zum steuerbaren Vermögen gehört nicht das im Ausland befindliche Grund- und Betriebsvermögen.

§ 6. Als Kapitalvermögen (§ 2 Nr. 3) kommen insbesondere, soweit die einzelnen Vermögensgegenstände nicht unter § 2 Nr. 1, § 3 oder unter § 2 Nr. 2, § 4 fallen, in Betracht:

1. selbständige Rechte und Gerechtigkeiten;
2. verzinsliche und unverzinsliche Kapitalforderungen jeder Art;
3. Aktien oder Anteilscheine, Kuxe, Geschäftsguthaben bei Genossenschaften, Geschäftsanteile und andere Gesellschaftseinlagen;
4. bares Geld deutscher Währung, fremde Geldsorten, Banknoten und Kassenscheine, ausgenommen die aus den laufenden Jahreseinkünften vorhandenen Bestände, und Bank- oder sonstige Guthaben, soweit sie zur Bestreitung der laufenden Ausgaben für drei Monate dienen, sowie Gold- und Silber in Barren;
5. der Kapitalwert der Rechte auf Renten und andere wiederkehrende Nutzungen und Leistungen, welche dem Berechtigten auf seine Lebenszeit oder auf die Lebenszeit eines anderen, auf unbestimmte Zeit oder auf die Dauer von mindestens 10 Jahren entweder vertragsmäßig als Gegenleistung für die Hingabe von Vermögenswerten oder aus letztwilligen Verfügungen, Schenkungen oder Familienstiftungen oder vermöge hausgesetzlicher Bestimmungen zustehen;
6. noch nicht fällige Ansprüche aus Lebens- und Kapitalversicherungen oder Rentenversicherungen, aus denen der Berechtigte noch nicht in den Rentenbezug eingetreten ist.

§ 7. Die Vorschrift in § 6 Nr. 5 gilt nicht

a) für Ansprüche an Witwen-, Waisen- und Pensionskassen;
b) für Ansprüche aus einer Kranken- oder Unfallversicherung, aus der Reichsversicherung oder der gesetzlichen Versicherung der Angestellten;
c) für Renten und ähnliche Bezüge, die mit Rücksicht auf ein früheres Arbeits- oder Dienstverhältnis gewährt werden.

§ 8. Als steuerbares Vermögen gelten nicht Möbel, Hausrat und andere nicht unter § 6 fallende bewegliche körperliche Gegenstände, sofern sie nicht als Zubehör eines Grundstücks (§ 2 Nr. 1, § 3) oder als Bestandteil eines Betriebsvermögens (§ 2 Nr. 2, § 4) anzusehen sind.

§ 9. Das zu einem Lehen, Fideikommiß oder Stammgut gehörige Vermögen gilt als Vermögen des Inhabers.

§ 10. Von dem Vermögen sind abzuziehen die dinglichen und persönlichen Schulden des Steuerpflichtigen sowie der Wert der dem Steuerpflichtigen obliegenden oder auf einem Lehen, Fideikommiß oder Stammgut ruhenden Leistungen der im § 6 Nr. 5 bezeichneten Art.

Nicht abzugsfähig sind

a) Schulden, die zur Bestreitung der laufenden Haushaltungskosten eingegangen sind (Haushaltungsschulden);

b) Schulden und Lasten, welche in wirtschaftlicher Beziehung zu nicht steuerbaren Vermögensteilen stehen.

Beschränkt sich die Zuwachsbesteuerung auf das inländische Grund- und Betriebsvermögen (§ 11 Nr. II), so sind nur die in einer wirtschaftlichen Beziehung zu diesen Vermögensteilen stehenden Schulden und Lasten abzugsfähig.

§ 11. Steuerpflichtig sind

I. mit dem Zuwachs an dem gesamten steuerbaren Vermögen:

1. die Angehörigen des Deutschen Reichs, mit Ausnahme derer, die sich seit länger als zwei Jahren dauernd im Ausland aufhalten, ohne einen Wohnsitz in einem deutschen Bundesstaate zu haben. Die Ausnahme findet keine Anwendung auf Reichs- und Staatsbeamte, die im Ausland ihren dienstlichen Wohnsitz haben. Wahlkonsuln gelten nicht als Beamte im Sinne dieser Vorschrift;
2. Ausländer, wenn sie im Deutschen Reiche einen Wohnsitz oder in Ermangelung eines Wohnsitzes ihren dauernden Aufenthalt haben;

II. mit dem Zuwachs an dem inländischen Grund- und Betriebsvermögen:

alle natürlichen Personen ohne Rücksicht auf Staatsangehörigkeit, Wohnsitz oder Aufenthalt.

Der Reichskanzler kann zum Zwecke der Vermeidung einer Doppelbesteuerung oder der Anwendung eines Vergeltungsrechts gegenüber außerdeutschen Staaten mit Zustimmung des Bundesrats Anordnungen treffen, die von den Vorschriften in Nr. I und dem § 5 abweichen.

§ 12. Die Abgabe wird nicht erhoben von dem Zuwachs, der den Betrag von zehntausend Mark nicht übersteigt.

§ 13. Vermögen, die den Gesamtwert von zwanzigtausend Mark nicht übersteigen, unterliegen der Zuwachsbesteuerung nicht.

Bei Vermögen über zwanzigtausend Mark, aber nicht über dreißigtausend Mark Gesamtwert, unterliegt der nach § 12 steuerpflichtige Zuwachs nur insofern der Steuer, als durch ihn die steuerfreie Grenze (Abs. 1) überschritten wird.

§ 14. Für die Veranlagung der Besitzsteuer wird das Vermögen der Ehegatten zusammengerechnet, sofern sie nicht dauernd voneinander getrennt leben. Die Ehegatten sind, falls ihr Vermögen hiernach zusammenzurechnen ist, der Staatskasse als Gesamtschuldner der Steuer verpflichtet.

§ 15. Ist ein Ehegatte innerhalb des Veranlagungszeitraums (§§ 18 bis 22) gestorben, so ist der aus dem Erbfall herrührende Zuwachs des überlebenden Ehegatten insoweit steuerfrei, als das ererbte Vermögen in der Hand des anderen Eheteils oder gemäß § 14 nicht mehr der Zuwachsbesteuerung unterliegen würde.

§ 16. Von dem nach den Vorschriften dieses Gesetzes festgestellten Vermögenszuwachs ist abzuziehen der Betrag einer Kapitalabfindung, die als Entschädigung für den durch Körperverletzung herbeigeführten gänzlichen oder teilweisen Verlust der Erwerbsfähigkeit gezahlt worden oder zu zahlen ist.

§ 17. Steht das der Besteuerung unterliegende Vermögen in Nutznießung, so fällt, wenn nicht rechtsgeschäftlich etwas anderes bestimmt ist, die Besitzsteuer dem Eigentümer zur Last.

Feststellung des Vermögenszuwachses, Veranlagungs- und Erhebungszeitraum.

§ 18. Die Feststellung des Vermögenszuwachses erfolgt erstmals zum 1. April 1917 für den in der Zeit vom 1. Januar 1914 bis zum 31. Dezember 1916 entstandenen Zuwachs, späterhin in Zeitabständen von drei zu drei Jahren für den in den vorangegangenen drei Kalenderjahren entstandenen Zuwachs.

§ 19. Als Vermögenszuwachs gilt der Unterschied zwischen dem reinen Werte des steuerbaren Gesamtvermögens am Ende des jeweiligen Veranlagungszeitraums (§ 18) und dem reinen Werte des steuerbaren Gesamtvermögens am Anfang dieses Zeitraums, soweit in den §§ 21, 22 nichts anderes bestimmt ist.

Der Unterschied (Abs. 1) verringert sich um den Betrag, um den die Summe der abzugsfähigen Schulden und Lasten den Gesamtwert des Aktivvermögens des Steuerpflichtigen zu Beginn des maßgebenden Zeitraums überstiegen hat.

§ 20.*) Als Wert des steuerbaren Vermögens am 1. Januar 1914 gilt das nach dem Wehrbeitragsgesetze festgestellte Vermögen. Ist im Wege des aus Billigkeitsrücksichten gewährten gänzlichen oder teilweisen Erlasses des rechtskräftig veranlagten Wehrbeitrags das Vermögen anderweit ermittelt, so ist das anderweit ermittelte Vermögen maßgebend.

§ 21.*) War der Steuerpflichtige zu dieser Besitzsteuer veranlagt, so gilt in der Folgezeit als Vermögenszuwachs der Unterschied zwischen dem reinen Werte des steuerbaren Gesamtvermögens am Ende des jeweiligen neuen Veranlagungszeitraums und dem letzten Vermögensstande, der zu einer Steuererhebung geführt hat. § 20 Satz 2 gilt entsprechend.

Hat sich bei den früheren Veranlagungen kein steuerpflichtiger Vermögenszuwachs ergeben, so gilt als Vermögenszuwachs der Unterschied zwischen dem reinen Werte des steuerbaren Gesamtvermögens am Ende des jeweiligen neuen Veranlagungszeitraums und dem Vermögensstand an dem ersten für die Steuerpflicht in Betracht kommenden Zeitpunkt.

§ 22. Wird die persönliche Steuerpflicht (§ 11) erst innerhalb eines Veranlagungszeitraums (§ 18) begründet, so erfolgt die erste Feststellung des Vermögens für das zur Zeit des Eintritts der Steuerpflicht vorhandene steuerbare Vermögen des Steuerpflichtigen.

Die Vorschrift des Abs. 1 gilt im Falle der Erweiterung der Steuerpflicht entsprechend für das durch die erweiterte Steuerpflicht neu erfaßte Vermögen des Steuerpflichtigen.

*) Vgl. § 39 des Kriegssteuergesetzes vom 21. Juni 1916 (RGBl. S. 561).

§ 23. Ist die Steuerpflicht nur nach § 11 Nr. II begründet, so werden dem ersten maßgebenden Vermögensstand alle nachweislich aus dem der Besteuerung nicht unterworfenen Vermögen des Steuerpflichtigen gemachten, nicht zu den laufenden Wirtschaftsausgaben zählenden Anwendungen für steuerpflichtige Vermögensteile hinzugerechnet.

Die Anrechnung nach Abs. 1 erfolgt insoweit nicht, als den Aufwendungen ein Vermögen gegenübersteht, das im maßgebenden Zeitraum der Besteuerung entzogen worden ist

§ 24. Die Entrichtung der Besitzsteuer verteilt sich auf einen dem Veranlagungszeitraume (§ 18) folgenden, mit dem 1. April beginnenden dreijährigen Zeitraum (Erhebungszeitraum).

Steuersätze.

§ 25. Die Steuer beträgt für den ganzen Erhebungszeitraum (§ 24) bei einem steuerpflichtigen Vermögenszuwachse von

nicht mehr als 50000 Mark 0,75 vom Hundert des Zuwachses,
mehr als 50000 Mark bis zu 100000 Mark 0,90 vom Hundert des Zuwachses,
mehr als 100000 Mark bis zu 300000 Mark 1,05 vom Hundert des Zuwachses,
mehr als 300000 Mark bis zu 500000 Mark 1,20 vom Hundert des Zuwachses,
mehr als 500000 Mark bis zu 1000000 Mark 1,35 vom Hundert des Zuwachses,
mehr als 1000000 Mark 1,50 vom Hundert des Zuwachses.

Übersteigt der Gesamtwert des steuerbaren Vermögens eines Steuerpflichtigen den Betrag von

100000 Mark, so erhöht sich der Steuersatz um 0,1 vom Hundert des Zuwachses,
200000 Mark, so erhöht sich der Steuersatz um 0,2 vom Hundert des Zuwachses,
300000 Mark, so erhöht sich der Steuersatz um 0,3 vom Hundert des Zuwachses,
400000 Mark, so erhöht sich der Steuersatz um 0,4 vom Hundert des Zuwachses,

500 000 Mark, so erhöht sich der Steuersatz um 0,5 vom Hundert des Zuwachses,
750 000 Mark, so erhöht sich der Steuersatz um 0,6 vom Hundert des Zuwachses,
1 000 000 Mark, so erhöht sich der Steuersatz um 0,7 vom Hundert des Zuwachses,
2 000 000 Mark, so erhöht sich der Steuersatz um 0,8 vom Hundert des Zuwachses,
5 000 000 Mark, so erhöht sich der Steuersatz um 0,9 vom Hundert des Zuwachses,
10 000 000 Mark, so erhöht sich der Steuersatz um 1 vom Hundert des Zuwachses.

§ 26. Der Unterschied zwischen der Steuer, die zu zahlen wäre, wenn der Vermögenszuwachs nur die vorangehende, im § 25 Abs. 1 bezeichnete Wertgrenze erreicht hätte, und zwischen der Steuer, die nach dem gesetzlichen Satze berechnet ist, wird nur insoweit erhoben, als er aus der Hälfte des jene Wertgrenze übersteigenden Betrags des Zuwachses gedeckt werden kann.

§ 27. Gewährt der Steuerpflichtige, dessen Vermögen den Betrag von 100 000 Mark nicht übersteigt, Kindern auf Grund gesetzlicher Verpflichtung (§§ 1601 bis 1615 des Bürgerlichen Gesetzbuches) Unterhalt, so ermäßigt sich die Steuer für das dritte und jedes weitere minderjährige Kind um fünf vom Hundert ihres Betrages.

Fällt in den Veranlagungszeitraum der Erwerb einer Erbschaft, so ermäßigt sich, wenn der Erbe ein Abkömmling des Erblassers ist und zur Zeit des Erbfalls das 21. Lebensjahr noch nicht vollendet hat, und wenn das steuerbare Vermögen den Gesamtwert von fünfzigtausend Mark nicht übersteigt, die Abgabe um einen Betrag, der für jedes bis zur Vollendung des 21. Lebensjahres fehlende volle Jahr auf fünf vom Hundert der Abgabe berechnet wird. Die Gesamtermäßigung darf fünfzig vom Hundert der Abgabe nicht übersteigen.

Wertermittelung.

§ 28. Für die Steuerpflicht und die Ermittelung der Vermögenswerte ist maßgebend der Stand in den in §§ 18 bis 22 bezeichneten Zeitpunkten.

Für Betriebe, bei denen regelmäßige jährliche Abschlüsse stattfinden, kann der Vermögensfeststellung der Vermögensstand am Schlusse des letzten Wirtschafts- oder Rechnungsjahrs zugrunde gelegt werden.

Bei der Veranlagung der Besitzsteuer wird das Vermögen des Steuerpflichtigen auf volle Tausende nach unten abgerundet.

§ 29. Bei der Feststellung des Vermögens ist der gemeine Wert (Verkaufswert) seiner einzelnen Bestandteile zugrunde zu legen, sofern das Gesetz nichts anderes vorschreibt.

§ 30.*) Bei Grundstücken tritt auf Antrag des Steuerpflichtigen an die Stelle des gemeinen Wertes der Betrag der nachgewiesenen oder glaubhaft gemachten Gestehungskosten.

Zu den Gestehungskosten sind zu rechnen der Gesamtwert der Gegenleistungen beim Erwerb (Erwerbspreis), sonstige Anschaffungskosten sowie alle auf das Grundstück gemachten besonderen Aufwendungen während der Besitzzeit, soweit sie nicht zu den laufenden Wirtschaftsausgaben gehören und soweit die durch die Aufwendungen hergestellten Bauten und Verbesserungen noch vorhanden sind. Von den Gestehungskosten sind die durch Verschlechterung entstandenen Wertminderungen abzuziehen.

§ 31. Beim Erwerbe von Todes wegen im Sinne der §§ 1 bis 4 des Erbschaftssteuergesetzes, beim Erwerb im Wege der Erbteilung, beim Erwerbe von Eltern, Großeltern oder entfernteren Voreltern sowie beim Erwerb auf Grund einer ohne entsprechende Gegenleistung erfolgten Zuwendung unter Lebenden tritt an die Stelle des Erwerbspreises, soweit die Grundstücke dauernd land- oder forstwirtschaftlichen oder gärtnerischen Zwecken zu dienen bestimmt sind, oder soweit bebaute Grundstücke Wohnzwecken oder gewerblichen Zwecken zu dienen bestimmt sind und ihre Bebauung und Benutzung der ortsüblichen Bebauung und Benutzung entspricht, der Ertragswert, sonst der gemeine Wert zur Zeit des Erwerbes.

Als Ertragswert gilt bei land- oder forstwirtschaftlichen oder Gärtnereigrundstücken das Fünfundzwanzigfache des Reinertrags, den sie nach ihrer bisherigen wirtschaftlichen

---

*) Vgl. § 39 des Kriegssteuergesetzes vom 21. Juni 1916 (RGBl. S. 561).

Bestimmung bei ordnungsmäßiger Bewirtschaftung mit entlohnten fremden Arbeitskräften nachhaltig gewähren können.

Die der Land- und Forstwirtschaft oder der Gärtnerei dienenden Gebäude und Betriebsmittel werden nicht besonders veranlagt, sondern sind in der Veranlagung des Ertragswerts einbegriffen.

Bei bebauten Grundstücken, die Wohnzwecken oder gewerblichen Zwecken zu dienen bestimmt sind, gilt als Ertragswert das Fünfundzwanzigfache des Miet- oder Pachtertrags, der in den letzten drei Jahren im Durchschnitt erzielt worden ist oder im Falle der Vermietung oder Verpachtung hätte erzielt werden können, nach Abzug von einem Fünftel für Nebenleistungen und Instandhaltungskosten oder von dem als erforderlich nachgewiesenen höheren Betrag für Nebenleistungen und Instandhaltungskosten ohne Rücksicht darauf, ob die hierzu notwendigen Arbeiten von dem Steuerpflichtigen selbst oder durch entlohnte fremde Arbeitskräfte geleistet worden sind.

In allen Fällen kann der Steuerpflichtige verlangen, daß statt des Ertragswerts der gemeine Wert der Veranlagung zugrunde gelegt wird. Dieses Recht erlischt, wenn es nicht spätestens bis zum Ablauf der mit der Zustellung des Steuer- oder des Feststellungsbescheids eröffneten Rechtsmittelfrist geltend gemacht wird.

§ 32. Die Vorschrift des § 31 findet in anderen Erwerbsfällen entsprechende Anwendung, wenn der vereinbarte Preis um mehr als 10 vom Hundert hinter dem gemeinen Werte zur Zeit des Erwerbes und, sofern bei Grundstücken der Ertragswert zugrunde gelegt werden kann, zugleich auch hinter dem Ertragswert zur Zeit des Erwerbes zurückgeblieben ist.

§ 33. Hat der Erwerb vor dem 1. Januar 1914 stattgefunden, so gilt der bei der Veranlagung des Wehrbeitrags festgestellte Wert eines Grundstücks als Betrag der bis dahin entstandenen Gestehungskosten.

§ 34. Wertpapiere, die in Deutschland einen Börsenkurs haben, sind mit dem Kurswert, Forderungen, die in das Schuldbuch einer öffentlichen Körperschaft eingetragen sind, mit dem Kurswert der entsprechenden Schuldverschreibungen der öffentlichen Körperschaft anzusetzen.

Der Steuerpflichtige ist berechtigt, von dem Werte der mit Dividendenschein gehandelten Wertpapiere (§ 6) den Betrag in Abzug zu bringen, der für die seit Auszahlung des letzten Gewinns abgelaufene Zeit dem letztmalig verteilten Gewinn entspricht.

§ 35. Bei Aktien ohne Börsenkurs, bei Kuxen, Anteilen an einer Bergwerksgesellschaft oder bei Anteilen einer Gesellschaft mit beschränkter Haftung ist der Verkaufswert der Aktien, Kuxe oder Anteile anzusetzen. Sofern ein solcher nicht zu ermitteln ist, ist der Wert der Aktie, des Kuxes oder des Anteils unter Berücksichtigung des Gesamtvermögens der Gesellschaft oder Gewerkschaft und der in der Vergangenheit erzielten Gewinne nach freiem Ermessen zu schätzen. Hierbei bleiben diejenigen Beträge der Jahresgewinne unberücksichtigt, welche unter Zugrundelegung der ortsüblichen Preise als Entgelt für gelieferte Rohstoffe anzusehen sind. Im Streitfall soll die Steuerbehörde die Schätzung des Wertes durch Sachverständige anordnen, die von der zuständigen Handelsvertretung oder der des nächstbelegenen Bezirkes zu ernennen sind.

§ 36. Andere Kapitalforderungen und Schulden sind mit dem Nennwert anzusetzen, sofern nicht besondere Umstände die Veranschlagung nach einem vom Nennwert abweichenden höheren oder geringeren Werte begründen.

Noch nicht fällige Ansprüche aus Lebens-, Kapital- und Rentenversicherungen kommen mit zwei Dritteln der Summe der eingezahlten Prämien oder Kapitalbeiträge, falls aber der Betrag nachgewiesen wird, für welchen die Versicherungsanstalt die Police zurückkaufen würde, mit diesem Rückkaufswert in Anrechnung.

§ 37. Der Gesamtwert der auf bestimmte Zeit beschränkten Nutzungen oder Leistungen ist unter Abrechnung der Zwischenzinsen durch Zusammenzählung der einzelnen Jahreswerte zu berechnen. Der Gesamtwert darf den zum gesetzlichen Zinssatz kapitalisierten Jahreswert nicht übersteigen.

Immerwährende Nutzungen oder Leistungen sind mit dem Fünfundzwanzigfachen des einjährigen Betrags, Nutzungen oder Leistungen von unbestimmter Dauer vorbehaltlich der

Vorschriften der §§ 38, 39 mit dem Zwölfundeinhalbfachen des einjährigen Betrags zu veranschlagen.

§ 38. Der Wert von Renten oder anderen auf die Lebenszeit einer Person beschränkten Nutzungen und Leistungen bestimmt sich nach dem Lebensalter der Person, mit derem Tode das Recht erlischt.

Als Wert wird angenommen bei einem Alter

1.					bis zu	15	Jahren das	18fache,
2.	von	mehr	als	15	„ „	25	„ „	17 „
3.	„	„	„	25	„ „	35	„ „	16 „
4.	„	„	„	35	„ „	45	„ „	14 „
5.	„	„	„	45	„ „	55	„ „	12 „
6.	„	„	„	55	„ „	65	„ „	8½ „
7.	„	„	„	65	„ „	75	„ „	5 „
8.	„	„	„	75	„ „	80	„ „	3 „
9.	„	„	„	80				2 „

des Wertes der einjährigen Nutzung.

Hat jedoch eine nach Abs. 2 bewertete Nutzung oder Leistung im Falle der

Nr. 1	nicht	mehr	als	9	Jahre,
Nr 2, 3	„	„	„	8	„
Nr. 4	„	„	„	7	„
Nr. 5	„	„	„	6	„
Nr. 6	„	„	„	4	„
Nr. 7 bis 9	nicht	mehr	als	2	Jahre

bestanden, so ist auf Antrag eine Berichtigung der Veranlagung unter Zugrundelegung eines der wirklichen Dauer der Nutzung oder Leistung entsprechenden Kapitalwerts vorzunehmen und die zuviel gezahlte Steuer zu erstatten. In gleicher Weise hat eine Nachveranlagung stattzufinden, wenn die Nutzung oder Leistung den Wert eines Vermögensteils vermindert hat.

§ 39. Hängt die Dauer der Nutzung oder Leistung von der Lebenszeit mehrerer Personen ab, so ist maßgebend das Lebensalter der ältesten Person, wenn das Recht mit dem Tode der zuerst versterbenden Person erlischt, das Lebensalter der jüngsten Person, wenn das Recht mit dem Tode der letztversterbenden Person erlischt.

§ 40. Der einjährige Betrag der Nutzung einer Geldsumme ist zu vier vom Hundert anzunehmen, falls er nicht anderweit feststeht.

§ 41. Vom Kapitalwert unverzinslicher befristeter Forderungen und Schulden kommen für die Zeit bis zu ihrer Fälligkeit vier vom Hundert Jahreszinsen in Abzug.

§ 42. Vermögen, dessen Erwerb von dem Eintritt einer aufschiebenden Bedingung abhängt, bleibt bei der Feststellung unberücksichtigt.

§ 43. Vermögen, das unter einer auflösenden Bedingung erworben ist, wird unbeschadet der Vorschriften über die Berechnung des Kapitalwerts der Nutzungen von unbestimmter Dauer (§ 37 Abs. 2, §§ 38, 39) wie unbedingt erworbenes behandelt.

Tritt die Bedingung ein, so erfolgt auf Antrag eine Berichtigung der früheren Veranlagung entsprechend dem tatsächlichen Werte des Erwerbes.

§ 44. Hängen Lasten, die den Wert des Vermögens vermindern, von dem Eintritt einer aufschiebenden Bedingung ab, so werden sie nicht berücksichtigt.

Tritt die Bedingung ein, so ist auf Antrag die Veranlagung entsprechend zu berichtigen.

Den Lasten, die von einer aufschiebenden Bedingung abhängen, stehen zweifelhafte Lasten gleich.

§ 45. Lasten, deren Fortdauer von einer auflösenden Bedingung abhängt, werden wie unbedingte vom Vermögen abgezogen, soweit nicht deren Kapitalwert nach § 37 Abs. 2, §§ 38, 39 zu berechnen ist. § 38 Abs. 3 Satz 2 findet entsprechende Anwendung.

§ 46. Die Vorschriften der §§ 42 bis 45 gelten auch, wenn der Erwerb oder die Last von einem Ereignis abhängt, das nur hinsichtlich des Zeitpunkts seines Eintritts ungewiß ist.

§ 47. Unbeitreibliche Forderungen bleiben außer Ansatz.

Zuständigkeit für Veranlagung und Erhebung der Besitzsteuer.

§ 48. Für die Verwaltung der Besitzsteuer ist der Bundesstaat zuständig, in welchem der Steuerpflichtige zur Zeit der

Veranlagung seinen Wohnsitz oder in Ermangelung eines Wohnsitzes seinen gewöhnlichen Aufenthalt hat.

Bei mehrfachem Wohnsitz im Inland ist der dienstliche Wohnsitz vor einem andern Wohnsitz, der Wohnsitz in dem Heimatstaate vor dem Wohnsitz in einem anderen Bundesstaate und, wenn keiner dieser Fälle vorliegt, der Wohnsitz an dem Orte maßgebend, an welchem der Steuerpflichtige sich vorwiegend aufhält.

Steuerpflichtige, welche zur Zeit der Veranlagung im Inland weder einen Wohnsitz noch ihren gewöhnlichen Aufenthalt haben, sind in dem Bundesstaate zu veranlagen, in welchem sie ihren letzten inländischen Wohnsitz oder Aufenthalt gehabt haben.

Der Bundesrat kann weitere Bestimmungen über die Zuständigkeit der Bundesstaaten zur Verwaltung und Erhebung der Steuer erlassen. Er entscheidet auch auf Anrufen eines Bundesstaats, wenn zwischen mehreren Bundesstaaten Meinungsverschiedenheit über ihre Zuständigkeit herrscht.

§ 49. Die Landesregierung bestimmt die für die Verwaltung der Besitzsteuer zuständigen Behörden (Besitzsteuerämter). Sie bestimmt auch, ob und inwieweit zur Mitwirkung bei der Veranlagung und zur Erhebung der Besitzsteuer Gemeinden oder Gemeindeverbände heranzuziehen sind. Die Besitzsteuerämter unterstehen Oberbehörden und diese der obersten Landesfinanzbehörde.

§ 50. Die Reichsbevollmächtigten für Zölle und Steuern haben bei der Ausführung dieses Gesetzes die gleichen Befugnisse und Pflichten, die ihnen hinsichtlich der Zölle und Verbrauchssteuern beigelegt sind.

In den Staaten, in denen die Geschäfte der Oberbehörde für die Besitzsteuer anderen Behörden als den Zolldirektivbehörden übertragen sind, werden der Umfang und die Art der Tätigkeit der Reichsbevollmächtigten vom Reichskanzler im Einvernehmen mit den beteiligten Bundesregierungen geregelt.

Unter Zustimmung des Bundesrats kann der Reichskanzler die Wahrnehmung der Geschäfte der Reichsbevollmächtigten für die Besitzsteuer anderen Beamten übertragen.

Dem Reichstag ist alljährlich über die Tätigkeit der Reichsbevollmächtigten, soweit sie sich auf die Ausführung dieses Gesetzes bezieht, Bericht zu erstatten.

Personenstandsaufnahme.

§ 51. Jeder Besitzer eines bewohnten Grundstücks oder dessen Vertreter ist verpflichtet, der mit der Vorbereitung der Veranlagung betrauten Behörde auf deren Verlangen die sämtlichen Bewohner des Grundstücks mit Namen, Berufsstellung, Geburtsort und Geburtstag anzugeben. Die Haushaltungsvorstände haben den Hausbesitzern oder deren Vertretern die erforderliche Auskunft über die zu ihrem Hausstand gehörigen Personen einschließlich der Unter- und Schlafstellenmieter zu erteilen.

Besitzsteuererklärung.

§ 52. Zur Abgabe einer Besitzsteuererklärung sind alle Personen mit einem steuerbaren Vermögen von zwanzigtausend Mark und darüber verpflichtet, wenn sie früher weder zum Wehrbeitrage noch zur Besitzsteuer veranlagt worden sind, sowie alle Personen, deren Vermögen sich seit der Veranlagung zum Wehrbeitrag oder gegenüber dem für eine künftige Veranlagung zur Besitzsteuer als maßgebend festgestellten Vermögensstande (§ 65) um mehr als zehntausend Mark erhöht hat. Der Bundesrat bestimmt die Fristen zur Abgabe der Besitzsteuererklärung.

Die Steuerbehörde ist außerdem berechtigt, von jedem Steuerpflichtigen (§ 11) binnen einer von ihr festzusetzenden Frist, die mindestens zwei Wochen betragen muß, die Abgabe einer Besitzsteuererklärung zu verlangen.

Die Besitzsteuererklärung ist unter der Versicherung zu erstatten, daß die Angaben nach bestem Wissen und Gewissen gemacht sind.

§ 53. In der Besitzsteuererklärung hat der Steuerpflichtige seine Vermögensverhältnisse zu den in den §§ 18 bis 22 bezeichneten Zeitpunkten klarzulegen und zu diesem Zwecke nach näherer Bestimmung des Bundesrats das gesamte steuerbare Vermögen getrennt nach seinen einzelnen Bestandteilen unter Angabe ihres Wertes aufzuführen.

Soweit die Vermögenswerte sich nicht aus dem Nenn- oder Kurswert oder dem Betrage der geleisteten Zahlungen ergeben, kann der Steuerpflichtige sich in der Besitzsteuererklärung auf die tatsächlichen Mitteilungen beschränken, die er behufs Schätzung des Wertes beizubringen vermag.

§ 54. Der Steuerpflichtige kann zur Abgabe der Besitzsteuererklärung mit Geldstrafen bis zu 500 Mark angehalten werden.

Dem Steuerpflichtigen, der die ihm nach § 52 obliegende Besitzsteuererklärung nicht rechtzeitig abgibt, kann ein Zuschlag von 5 bis 10 vom Hundert der rechtskräftig festgestellten Besitzsteuer auferlegt werden.

§ 55. Die Veranlagungsbehörde prüft die Angaben in der Besitzsteuererklärung und stellt, gegebenenfalls nach Vornahme der erforderlichen Ermittelungen, die Höhe des steuerbaren Vermögens fest.

§ 56. Die Steuerbehörde kann Zeugen und Sachverständige uneidlich vernehmen. Das Zeugnis oder Gutachten darf nur unter den Voraussetzungen verweigert werden, welche nach den Vorschriften der Zivilprozeßordnung (§§ 383 bis 385, 407, 408) zur Ablehnung eines Zeugnisses oder Gutachtens berechtigen.

Zeugen und Sachverständige können zur Abgabe des Zeugnisses oder Gutachtens mit Geldstrafen bis zu einhundertfünfzig Mark angehalten werden.

§ 57. Der Steuerpflichtige hat auf Erfordern die Höhe seines Vermögens nachzuweisen. Er ist insbesondere verpflichtet, der Steuerbehörde Wirtschafts- oder Geschäftsbücher, Verträge, Schuldverschreibungen, Zinsquittungen, Abrechnungen von Banken oder ähnlichen Unternehmungen und andere Schriftstücke, welche für die Besitzsteuerveranlagung von Bedeutung sind, zur Einsicht und Prüfung vorzulegen.

Die Einsichtnahme und Prüfung der Bücher und Schriftstücke des Steuerpflichtigen soll tunlichst in dessen Wohnung oder Geschäftsräumen erfolgen.

§ 58. Die Vorstände oder Geschäftsführer der im § 35 bezeichneten Gesellschaften, die ihren Sitz im Inland haben oder Vermögen im Inland besitzen, haben dem Steuerpflichtigen die erforderlichen Mitteilungen über den Wert seiner Aktien oder Gesellschaftsanteile zu machen.

Sie sind außerdem verpflichtet, der Steuerbehörde auf Verlangen binnen einer Frist von vier Wochen eine Nachweisung einzureichen, welche enthält:

1. die Höhe des Grundkapitals oder der Stammeinlagen,
2. den Betrag der in den vorausgegangenen drei Jahren jährlich verteilten Gewinne,
3. die tatsächlichen Mitteilungen, die sie zur Schätzung des Wertes der Aktien, Anteile oder Kuxe beizubringen vermögen.

Die Nachweisung ist mit der Versicherung zu versehen, daß die Angaben nach bestem Wissen und Gewissen gemacht sind.

Die Verpflichteten können zur Abgabe der Nachweisung mit Geldstrafen bis zu fünfhundert Mark angehalten werden.

§ 59. Die Vorschriften der §§ 52 bis 54, 57 gelten auch für den gesetzlichen Vertreter des Steuerpflichtigen hinsichtlich des seiner Verwaltung unterliegenden Vermögens.

§ 60. Die Kosten der Ermittelungen fallen dem Steuerpflichtigen zur Last, wenn der endgültig festgestellte Vermögenswert den vom Steuerpflichtigen angegebenen Wert um mehr als ein Drittel übersteigt oder wenn sich seine Angaben in wesentlichen Punkten als unrichtig erweisen oder wenn er trotz ergangener Aufforderung keine oder nur ungenügende Angaben über seine Vermögensverhältnisse gemacht hat.

§ 61. Den Steuerbehörden haben die Standesämter von den eingetretenen Sterbefällen, die Gerichte von den ergangenen Todeserklärungen Mitteilung zu machen.

§ 62. Innerhalb sechs Monaten nach dem Tode eines Steuerpflichtigen kann die Steuerbehörde von den Erben oder, falls ein Testamentsvollstrecker oder ein Nachlaßpfleger bestellt ist, von diesen Personen unter Hinweis auf die Strafvorschrift des § 81 die Vorlage eines Verzeichnisses über das vom Verstorbenen hinterlassene Kapital- und Betriebsvermögen (§ 2 Nr. 2, 3) verlangen.

Das Verzeichnis ist binnen vier Wochen nach Zustellung der Aufforderung der Steuerbehörde einzureichen und mit der Versicherung zu versehen, daß die Angaben nach bestem Wissen und Gewissen gemacht sind.

Die Pflicht zur Einreichung eines Verzeichnisses besteht nicht, wenn auf Grund des Erbschaftssteuergesetzes vom 3. Juni 1906 eine den gesamten Nachlaß umfassende Erbschaftssteuererklärung zu erstatten ist.

Die im Abs. 1 genannten Personen können zur Erfüllung der ihnen hiernach obliegenden Verpflichtung mit Geldstrafen bis zu einhundertfünfzig Mark angehalten werden.

§ 63. Die Reichs-, Staats- und Gemeindebehörden sind verpflichtet, den Steuerbehörden auf Ersuchen aus Büchern, Akten, Urkunden usw. Auskunft über die Vermögensverhältnisse des Steuerpflichtigen zu erteilen oder ihnen Einsicht in solche, die Vermögensverhältnisse betreffenden Bücher, Akten, Urkunden usw. zu gestatten.

Den Notaren liegt diese Pflicht nur ob hinsichtlich der einen Nachlaß betreffenden Verhandlungen oder soweit sie durch sonstige Vorschriften begründet ist.

Eine Auskunftspflicht besteht nicht für die Postbehörden, für die Verwaltung der Schuldbücher öffentlicher Körperschaften sowie für die Verwaltung öffentlicher Sparkassen und anderer mit der Verwaltung und Verwahrung fremden Vermögens befaßter öffentlicher Anstalten.

§ 64. Beamte, Angestellte und ehrenamtliche Mitglieder von Behörden, welche im Verfahren zur Veranlagung der Besitzsteuer dienstlich Kenntnis von den Vermögens-, Erwerbs- oder Einkommensverhältnissen eines Steuerpflichtigen erhalten, sind zu ihrer Geheimhaltung verpflichtet. Die Besitzsteuererklärungen sind unter Verschluß aufzubewahren und dürfen ebenso wie die sonstigen Verhandlungen im Veranlagungsverfahren nur zur Kenntnis der durch Eid zu ihrer Geheimhaltung Verpflichteten gelangen. Sie dürfen anderen Behörden nur zum Zwecke der Veranlagung und Erhebung von öffentlichen Abgaben mitgeteilt werden. Bestehen für

Landessteuern gleiche oder ähnliche Vorschriften, so steht dies der Mitteilung von Veranlagungsmerkmalen an die Besitzsteuerämter nicht entgegen.

Besitzsteuer- und Feststellungsbescheid.

§ 65. Ergibt die Vergleichung der Vermögensfeststellungen einen steuerpflichtigen Vermögenszuwachs, so erteilt die Veranlagungsbehörde dem Steuerpflichtigen einen Bescheid über den Gesamtbetrag der zu zahlenden Steuer und über die für eine spätere Veranlagung maßgebende Vermögensfeststellung (Steuerbescheid); ergibt sich dagegen kein oder nur ein steuerfreier Vermögenszuwachs, so ist dem Steuerpflichtigen mit einem Vermögen von mehr als zwanzigtausend Mark ein Bescheid über den für eine künftige Veranlagung maßgebenden Vermögensstand zu erteilen, sofern dieser nicht bereits rechtskräftig feststeht (Feststellungsbescheid).

Der Steuer- und der Feststellungsbescheid enthält eine Belehrung über die gegen den Bescheid zulässigen Rechtsmittel, der Steuerbescheid enthält außerdem eine Anweisung zur Entrichtung der Steuer in den gesetzlichen Teilbeträgen zu den bestimmten Zahlungsfristen. Dem Steuerpflichtigen sind die Berechnungsgrundlagen der angeforderten Steuer mitzuteilen und die Punkte zu bezeichnen, in welchen von der Besitzsteuererklärung abgewichen worden ist.

Rechtsmittel.

§ 66. Die gegen den Steuer- und den Feststellungsbescheid zulässigen Rechtsmittel, die Rechtsmittelfristen und das Rechtsmittelverfahren werden durch die Landesgesetzgebung geregelt. Bis zum Inkrafttreten des Landesgesetzes sind nach näherer Bestimmung der Landesregierung gegen den Steuer- und den Feststellungsbescheid die Rechtsmittel zulässig, welche den Steuerpflichtigen nach Landesrecht gegen die Veranlagung zu einer direkten Staatssteuer zustehen.

Das Rechtsmittelverfahren (Abs. 1) muß derartig geordnet sein, daß der Steuerpflichtige nacheinander mindestens zwei Rechtsmittelinstanzen anrufen kann und daß ihm die Möglichkeit offensteht, entweder die endgültige Entscheidung eines obersten Verwaltungsgerichts oder einer einem obersten Verwaltungsgerichte gesetzlich gleichgeordneten Rechtsinstanz herbeizuführen oder die Klage im ordentlichen Rechtsweg zu erheben.

Wird keine oder eine falsche Rechtsmittelbelehrung erteilt, so wird die Rechtsmittelfrist nicht in Lauf gesetzt, doch ist ein von dem Steuerpflichtigen eingelegtes Rechtsmittel nicht aus diesem Grunde unzulässig.

§ 67. Erfolgt die Veranlagung zur Besitzsteuer durch eine kollegiale Behörde, so stehen die Rechtsmittel gegen den Steuerbescheid auch dem Vorsitzenden dieser Behörde zu.

§ 68. Wohnt weder der Steuerpflichtige noch ein Vertreter des Steuerpflichtigen im Inland, so ist der Steuerpflichtige gehalten, eine im Inland wohnende Person zum Empfange der für ihn bestimmten Schriftstücke in Besitzsteuerangelegenheiten zu bevollmächtigen. Ist die Benennung eines Zustellungsbevollmächtigten unterblieben, so gilt die Zustellung eines Schriftstücks mit der Aufgabe zur Post als bewirkt, selbst wenn die Sendung als unbestellbar zurückkommt.

Fälligkeit der Steuer.

§ 69. Durch die Einlegung eines Rechtsmittels wird die Erhebung der veranlagten Steuer zu den gesetzlichen Zahlungsfristen nicht aufgehalten. Die auf Grund rechtskräftiger Entscheidung zu erstattenden Steuern sind mit 4 vom Hundert für das Jahr zu verzinsen.

§ 70. Der Jahresbetrag der Steuer (§ 24) ist nach näherer Bestimmung der obersten Landesfinanzbehörde in gleichen Halbjahrs- oder Vierteljahrsteilen zu zahlen.

Bleibt der Einzelbetrag der Steuer unter 5 Mark, so ist der Jahresbetrag der Steuer auf einmal zu entrichten.

Die oberste Landesfinanzbehörde bestimmt den Tag, an dem die Einzelbeträge der Steuer fällig werden.

Die Einzelbeträge der Steuer sind auf 10 Pfennig nach oben abzurunden.

Der Steuerpflichtige ist berechtigt, die Steuer für den Rest des ganzen Erhebungszeitraums im voraus zu bezahlen.

§ 71. Würde die Einziehung der Steuer zu den gesetzlichen Zahlungsfristen mit einer erheblichen Härte für den Steuerpflichtigen verbunden sein, so kann die Steuer bis zum Ablauf von drei Jahren gestundet, auch die Entrichtung in Teilbeträgen bis zum Ende des nächsten Erhebungszeitraums (§ 24) gestattet werden.

Die Stundung kann von einer angemessenen Sicherheitsleistung abhängig gemacht werden.

Die Stundungsbewilligung wird zurückgenommen, wenn die Voraussetzungen hierfür weggefallen sind oder wenn eine nachträglich verlangte Sicherheit nicht geleistet wird.

§ 72. Ist der Steuerpflichtige ein Deutscher, so ist zum Zwecke der Einziehung der Besitzsteuer die Zwangsversteigerung eines Grundstücks ohne seine Zustimmung nicht zulässig.

§ 73. Ist die Veranlagung zu Unrecht unterblieben, so wird dadurch die Pflicht zur Zahlung der Besitzsteuer nicht berührt. Eine Neuveranlagung hat zu erfolgen, wenn nachträglich neue Tatsachen und Beweismittel bekannt werden, die eine höhere Veranlagung des Steuerpflichtigen rechtfertigen.

§ 74. Stirbt der Steuerpflichtige innerhalb eines Erhebungszeitraums oder fällt die Steuerpflicht auf andere Weise weg, so wird dadurch die Verbindlichkeit zur Entrichtung der bei Wegfall der Steuerpflicht noch nicht fälligen Teilbeträge nicht berührt.

Wird im Falle des § 14 die Ehe innerhalb des Erhebungszeitraums aufgelöst oder fällt die Voraussetzung für die Zusammenrechnung des Vermögens weg, so sind die Ehegatten oder deren Erben zur Zahlung der noch nicht fälligen Teilbeträge der Steuer nach dem Verhältnis ihres Anteils an dem steuerpflichtigen Vermögenszuwachs verpflichtet.

Verjährung.

§ 75. Der Anspruch der Staatskasse auf die Besitzsteuer verjährt in vier Jahren. Die Frist beginnt mit dem Schlusse des Jahres, in welchem die Steuerbeträge fällig geworden sind, im Falle der Sicherheitsleistung für die Steuer jedoch nicht vor dem Ablauf des Jahres, in welchem die Sicherheit erlischt.

Strafvorschriften.

§ 76. Wer als Steuerpflichtiger oder als Vertreter eines Steuerpflichtigen wissentlich der Steuerbehörde unrichtige oder unvollständige Angaben macht, die geeignet sind, eine Verkürzung der Besitzsteuer herbeizuführen, wird mit einer Geldstrafe bis zum zwanzigfachen Betrage der gefährdeten Steuer bestraft.

§ 77.*) In den Fällen des § 76 kann neben der Geldstrafe auf Gefängnis bis zu sechs Monaten erkannt werden, wenn die unrichtigen oder unvollständigen Angaben in der Absicht, die Besitzsteuer zu hinterziehen, gemacht worden sind und wenn der Steuerbetrag, der durch die unrichtigen oder unvollständigen Angaben gefährdet worden ist, nicht weniger als 10 vom Hundert der geschuldeten Steuer, mindestens aber dreihundert Mark ausmacht, oder wenn der Steuerpflichtige wegen Besitzsteuerhinterziehung vorbestraft ist.

Bei einer Steuergefährdung der im Abs. 1 bezeichneten Art kann im Urteil angeordnet werden, daß die Bestrafung auf Kosten des Verurteilten öffentlich bekannt zu machen ist.

Besteht der Verdacht, daß eine Steuergefährdung der im Abs. 1 bezeichneten Art vorliegt, so hat die Steuerbehörde die Sache an die zuständige Staatsanwaltschaft abzugeben. Ist der Steuerpflichtige abwesend (§ 318 der Strafprozeßordnung), so kann gegen ihn nach Maßgabe der §§ 320 bis 326 der Strafprozeßordnung verhandelt werden. Findet die Staatsanwaltschaft in einer an sie abgegebenen Sache, daß der Verdacht nicht hinreichend begründet ist, so kann sie die Sache zur weiteren Erledigung im Verwaltungsstrafverfahren an die Verwaltungsbehörde abgeben.

---

*) Vgl. § 39 des Kriegssteuergesetzes vom 21. Juni 1916 (RGBl. S. 561).

§ 78. Ist nach den obwaltenden Umständen anzunehmen, daß die unrichtigen oder unvollständigen Angaben, die geeignet sind, eine Verkürzung der Besitzsteuer herbeizuführen, nicht in der Absicht der Steuerhinterziehung gemacht worden sind, so tritt an Stelle der im § 76 vorgesehenen Strafe eine Ordnungsstrafe bis zu fünfhundert Mark.

§ 79. Straffrei bleibt, wer seine unrichtigen oder unvollständigen Angaben, bevor eine Anzeige erstattet oder eine Untersuchung gegen ihn eingeleitet ist, bei der Steuerbehörde berichtigt oder ergänzt und die gefährdete Steuer, soweit sie bereits fällig gewesen ist, entrichtet.

§ 80. Die Einziehung der Besitzsteuer erfolgt unabhängig von der Bestrafung.

§ 81. Wer in der nach § 58 Abs. 2 einzureichenden Nachweisung oder in dem nach § 62 einzureichenden Verzeichnis wissentlich unrichtige oder unvollständige Angaben macht, die geeignet sind das Steueraufkommen zu gefährden, wird mit einer Geldstrafe bis zu dreitausend Mark bestraft.

Straffrei bleibt, wer seine unrichtigen oder unvollständigen Angaben, bevor eine Anzeige erstattet oder eine Untersuchung gegen ihn eingeleitet ist, bei der Steuerbehörde berichtigt oder ergänzt.

§ 82. Beamte, Angestellte und ehrenamtliche Mitglieder von Behörden sowie Sachverständige werden, wenn sie die zu ihrer dienstlichen oder amtlichen Kenntnis gelangten Vermögens-, Erwerbs- oder Einkommensverhältnisse eines Steuerpflichtigen, insbesondere auch den Inhalt einer Besitzsteuererklärung oder der über sie gepflogenen Verhandlungen unbefugt offenbaren, mit Geldstrafe bis zu fünfzehnhundert Mark oder mit Gefängnis bis zu drei Monaten bestraft.

Die Strafverfolgung tritt nur ein auf Antrag der obersten Landesfinanzbehörde oder des Steuerpflichtigen, dessen Interesse an der Geheimhaltung verletzt ist.

§ 83. Eine Ordnungsstrafe bis zu einhundertfünfzig Mark tritt ein bei Zuwiderhandlungen gegen die Vorschriften dieses Gesetzes oder die zu seiner Ausführung erlassenen Bestimmungen, die im Gesetze mit keiner besonderen Strafe bedroht sind.

§ 84. Die Umwandlung einer nicht beizutreibenden Geldstrafe in eine Freiheitsstrafe findet nicht statt.

Kosten.

§ 85. Das Verfahren in Besitzsteuerangelegenheiten ist vorbehaltlich der Vorschrift des § 60 kosten-, gebühren- und stempelfrei. Für das Rechtsmittel- und Strafverfahren bewendet es bei den sonst geltenden Vorschriften.

Schlußvorschriften.

§ 86. Die Bundesstaaten erhalten für die erste Veranlagung und Erhebung der Steuer zehn, später fünf vom Hundert ihrer Roheinnahme.

§ 87. Nach näherer Bestimmung des Bundesrats kann bis zum Ablauf des Rechnungsjahrs 1919 denjenigen Bundesstaaten, die zur Zeit der Verkündung dieses Gesetzes die Erbschaften in gerader absteigender Linie besteuern und bis zum Ablauf des Rechnungsjahrs 1916 eine der Mehrbelastung durch die Besitzsteuer angemessene Ermäßigung dieser Steuer einführen, der Ausfall an Erbschaftssteuer bis zum Betrag ihrer Durchschnittseinnahmen in den Rechnungsjahren 1913 bis 1915 aus dem Aufkommen an Besitzsteuer in ihrem Lande ersetzt werden.

Ferner kann in diesen Bundesstaaten unter gleichen Voraussetzungen der Vermögenszuwachs bei der erstmaligen Veranlagung der Besitzsteuer insoweit außer Betracht bleiben, als ein entsprechender Vermögensteil durch Erbgang in gerader absteigender Linie nach dem 31. Dezember 1913 erworben und zur Landessteuer herangezogen ist.

§ 88. Die Ausführungsbestimmungen zu diesem Gesetz erläßt der Bundesrat.

II. Aus dem Einkommensteuergesetze vom 17. August 1918. (GVBl. S. 815.)

Art. 1. [I] Einkommensteuerpflichtig sind:

1. die bayerischen Staatsangehörigen, jedoch mit Ausnahme jener:
   a) die in einem anderen Bundesstaate wohnen, ihren dienstlichen Wohnsitz haben oder sich aufhalten, ohne daneben in Bayern einen Wohnsitz zu haben,
   b) die in einem anderen Bundesstaat einen Wohnsitz und zugleich ihren dienstlichen Wohnsitz haben,
   c) die im Auslande seit mehr als zwei Jahren sich dauernd aufhalten, ohne daselbst ihren dienstlichen Wohnsitz oder in Bayern einen Wohnsitz oder ihren dienstlichen Wohnsitz zu haben;
2. die nichtbayerischen Reichsangehörigen:
   a) die in Bayern einen Wohnsitz haben, ohne daneben in einem anderen Bundesstaat einen Wohnsitz und zugleich ihren dienstlichen Wohnsitz oder in ihrem Heimatstaat einen Wohnsitz zu haben;
   b) die in Bayern ihren dienstlichen Wohnsitz oder einen Aufenthalt haben, ohne in einem anderen Bundesstaat einen Wohnsitz zu haben;
3. die Ausländer, die in Bayern einen Wohnsitz haben oder sich daselbst des Erwerbes wegen oder länger als ein Jahr aufhalten;
4. die juristischen Personen und nicht rechtsfähigen Vereine, die in Bayern ihren Sitz haben, insbesondere:
   a) Erwerbsgesellschaften, wie Aktiengesellschaften, Kommanditgesellschaften auf Aktien, Gesellschaften mit beschränkter Haftung, Genossenschaften, Berggewerkschaften,
   b) Vereine des bürgerlichen Rechtes,
   c) Stiftungen des öffentlichen und des bürgerlichen Rechtes.

[II] Die Worte Wohnsitz, dienstlicher Wohnsitz und Aufenthalt sind im Sinne des Reichsdoppelsteuergesetzes zu verstehen.

III Bayerische Staatsangehörige, die das Recht der Exterritorialität genießen, behalten in Ansehung der Steuerpflicht ihren bisherigen Wohnsitz in Bayern; in Ermangelung eines solchen gilt die Landeshauptstadt als ihr Wohnsitz.

IV Der Wohnsitz, der dienstliche Wohnsitz und der Aufenthalt in einem deutschen Schutzgebiete sind dem Wohnsitze, dem dienstlichen Wohnsitz und dem Aufenthalt in einem anderen Bundesstaate gleich zu achten.

Art. 2. I Einkommensteuerpflichtig sind auch Personen und nicht rechtsfähige Vereine, die der Steuerpflicht nach Art. 1 nicht unterliegen, für ihre Einkünfte:

1. aus dem in Bayern gelegenen Grundvermögen und aus dem Betrieb eines stehenden Gewerbes, zu dessen Ausübung in Bayern eine Betriebsstätte unterhalten wird,
2. an den von bayerischen öffentlichen Kassen bezahlten Gehalten, Pensionen, Wartegeldern und derartigen Bezügen, falls nicht diese Einkünfte nach reichsgesetzlichen Vorschriften der Besteuerung in Bayern entzogen sind,
3. aus dem in Bayern dinglich versicherten oder aus dem Kapitalvermögen eines Abwesenden, für den von einem bayerischen Gericht eine Pflegschaft nach § 1911 des Bürgerlichen Gesetzbuchs angeordnet ist, falls nicht diese Einkünfte nach reichsgesetzlichen Vorschriften der Besteuerung in Bayern entzogen sind.

III Solche Steuerpflichtige sind in den Fällen des Abs. I Ziff. 1, 3 verbunden, auf Verlangen der Steuerverwaltung für die Erfüllung aller durch dieses Gesetz und dessen Vollzugsvorschriften auferlegten Verpflichtungen einen Bevollmächtigten zu bestellen. Dieser Bevollmächtigte muß in Bayern seinen Wohnsitz haben; er ist für die Erfüllung dieser Verpflichtungen neben dem Steuerpflichtigen haftbar.

Art. 3. I Einkommensteuerfrei sind:

3. Personen, denen sonst nach völkerrechtlichen Grundsätzen oder nach besonderen Vereinbarungen mit

anderen Staaten ein Anspruch auf Einkommensteuerfreiheit zukommt.

II Die Befreiungen der Ziff. 3 erstrecken sich nicht auf die nach Art. 2 Abs. I Ziff. 1, 2 steuerbaren Einkünfte und sind ausgeschlossen, wenn keine Gegenseitigkeit gewährt wird.

Art. 9. II Im Falle einheitlicher Veranlagung gelten die Ehegatten als Gesamtschuldner der Steuer, wenn nicht nachgewiesen wird, welches Einkommen an dem veranlagten Gesamteinkommen auf die Ehefrau trifft; in diesem Falle haftet die Ehefrau nur für den hierauf entfallenden Teil der Steuer.

Art. 49. I Gegen den Beschluß über die Veranlagung ist Berufung zulässig.

II Die Berufung steht sowohl dem Steuerpflichtigen als auch dem Rentamt und im Falle der vormerkungsweisen Veranlagung zur Begründung der Umlagenpflicht den Gemeinden zu.

III Sie hat keine aufschiebende Wirkung.

Art. 50. I Die Berufung ist binnen einer Ausschlußfrist von einem Monat schriftlich oder zu Protokoll beim Rentamt oder bei der Gemeindebehörde einzulegen.

III In der Berufung sind die Gründe anzugeben, aus denen der Beschluß des Steuerausschusses angefochten wird. Berufungen ohne Bezeichnung von Gründen sind formell unzulässig.

IV Hält der Berufungsführer eine Beweisaufnahme für notwendig, so hat er die Beweismittel anzugeben.

V Dem Berufungsführer steht frei, der Berufung zur Begründung seines Vorbringens Schriftstücke beizufügen.

Art. 59. I Gegen den Bescheid der Berufungskommission ist Beschwerde an die Oberberufungskommission zulässig.

II Die Beschwerde steht sowohl dem Steuerpflichtigen als auch der Regierung, Kammer der Finanzen, und im Falle der vormerkungsweisen Veranlagung zur Begründung der Umlagenpflicht den Gemeinden zu.

III Sie hat keine aufschiebende Wirkung.

Art. 60. I Die Beschwerde ist innerhalb einer Ausschlußfrist von einem Monat einzulegen. Die Frist beginnt am Tage der Zustellung des Berufungsbescheids (Art. 58 Abs. III).

II Die Beschwerde ist bei der Regierung, Kammer der Finanzen, schriftlich einzureichen; sie kann nur darauf gestützt werden:

1. daß der angefochtene Bescheid auf der Nichtanwendung oder auf der unrichtigen Anwendung des bestehenden Rechtes beruhe.
2. daß das Verfahren an einem wesentlichen Mangel leide.

III In der Beschwerde ist anzugeben, worin die behauptete Nichtanwendung oder unrichtige Anwendung des bestehenden Rechtes oder worin der behauptete Mangel des Verfahrens gefunden wird. Beschwerden ohne solche Angaben sind formell unzulässig.

Art. 66. I Die Mehrung des Einkommens während des Steuerjahrs zieht die Veranlagung oder die der Mehrung entsprechende Änderung der veranlagten Steuer nach sich, wenn sie infolge Erwerbes von Todes wegen oder infolge eines durch Tod veranlaßten Lehens- oder Fideikommißanfalls eingetreten ist.

II Von der Veranlagung oder von der Änderung der Veranlagung ist jedoch Umgang zu nehmen, wenn für die zugegangenen Einkünfte in Bayern die Einkommensteuer des laufenden Steuerjahrs anderweitig fortentrichtet wird.

Art. 68. I Fälle, in denen die Steuerpflicht im Laufe des Steuerjahrs eingetreten oder erloschen ist, sind als Steuerzugänge oder Steuerabgänge zu behandeln.

II Als ein solcher Fall gilt auch der Übergang von der beschränkten Steuerpflicht (Art. 2) zur allgemeinen Steuerpflicht (Art. 1) und umgekehrt.

Art. 69. I Wer im Laufe des Steuerjahrs eine die Steueränderung bedingende Mehrung des Einkommens erlangt hat (Art. 66) oder steuerpflichtig geworden ist, hat hierüber beim Rentamt oder bei der Gemeindebehörde Anzeige zu erstatten. Die Gemeindebehörde hat die Anzeige dem Rentamte zu übersenden.

IV Die zum Vollzuge weiter erforderlichen Anordnungen, insbesondere wegen der Abgabe der Steuererklärungen, trifft die Staatsregierung.

Art. 70. I Die Steueränderungen sowie die Steuerzugänge und Steuerabgänge hat das Rentamt mit Wirkung für den Beginn des auf den Eintritt ihrer Voraussetzung folgenden Monats unter Festsetzung der Steuer durchzuführen.

II Das Ergebnis der Festsetzung oder die Abweisung des Antrags auf Abminderung oder Abschreibung der Steuer ist dem Pflichtigen zu Protokoll zu eröffnen oder schriftlich mitzuteilen.

III Gegen die Festsetzung oder Abweisung hat der Pflichtige das Rechtsmittel des Einspruchs an den Steuerausschuß.

IV Der Einspruch ist innerhalb einer Ausschlußfrist von zwei Wochen nach der Eröffnung schriftlich oder mündlich beim Rentamt anzubringen; er hat keine aufschiebende Wirkung.

V Wenn das Rentamt den Einspruch für begründet erachtet, so hat es die Veranlagung hiernach abzuändern; andernfalls ist der Einspruch als Berufung zu behandeln und dem Pflichtigen aufzugeben, binnen einer Ausschlußfrist von einem Monat seine Berufung nach Maßgabe des Art. 50 Abs. II bis V zu begründen.

VI Die Durchführung der Steueränderungen sowie der Steuerzugänge und Steuerabgänge kann, soweit keine Steuerverlustgefahr besteht, nach näherer Bestimmung der Staatsregierung mit der nächstfolgenden allgemeinen Veranlagung unter entsprechender Nachholung oder Rückvergütung verbunden werden.

Art. 72. I Ein Steuerpflichtiger, der entgegen den Vorschriften des Gesetzes bei der Veranlagung übergangen oder infolge tatsächlichen Irrtums zu niedrig veranlagt ist oder bezüglich dessen nachträglich neue Tatsachen oder Beweise ermittelt sind, die eine höhere Veranlagung begründen, ist zur Nachzahlung des der Staatskasse entgangenen Steuerbetrags verpflichtet.

II Ist der Steuerpflichtige gestorben, so trifft die Verpflichtung zur Nachzahlung die Erben nach den wegen der Haftung für Nachlaßverbindlichkeiten geltenden Vorschriften.

III Der Anspruch auf Nachzahlung ist nicht weiter zurück zu verfolgen als auf zwanzig Jahre, wenn aber nicht die Absicht der Steuerhinterziehung erwiesen ist, nicht weiter zurück als auf zehn Jahre, vom Beginne des Jahres an zurückgerechnet, in dem der Steuerentgang dem Rentamte bekannt geworden ist.

IV Der Berechnung der Steuer über die letzten drei Steuerjahre zurück ist im Zweifel die höchste Jahressteuer zugrunde zu legen, die in einem der drei letzten Jahre entgangen ist.

V Die Nachveranlagung hat das Rentamt unter Festsetzung der Steuer durchzuführen.

VI Auf solche Steuernachholungen sind mit Unrecht erhobene direkte Steuern auf Verlangen des Steuerpflichtigen anzurechnen, auch wenn der Anspruch auf Rückerstattung durch Zeitlauf erloschen ist.

VII Im übrigen findet Art. 70 Abs. II bis VI entsprechende Anwendung.

Art. 90. Veranlagte Steuerbeträge können in einzelnen Fällen niedergeschlagen werden, wenn ihre zwangsweise Beitreibung die Steuerpflichtigen in ihrem wirtschaftlichen Fortkommen gefährden, ferner wenn das Beitreibungsverfahren voraussichtlich ohne Erfolg sein würde oder wenn die Kosten der Beitreibung außer Verhältnis zu dem beizutreibenden Steuerbetrage stehen würden.

Art. 92. I Die Wiedereinsetzung in den vorigen Stand im Berufungs-, Beschwerde- oder Einspruchsverfahren kann beantragen, wer durch Naturereignisse oder andere unabwendbare Zufälle verhindert worden ist, Ausschlußfristen einzuhalten. Einem unabwendbaren Zufall ist es gleichzuachten, wenn der vom Ausschlusse betroffene Steuerpflichtige von einer Ausschlußfrist ohne sein Verschulden keine Kenntnis erhalten hat.

II Die Wiedereinsetzung ist unter Anführung der sie begründenden Tatsachen und der Beweismittel hierfür sowie unter Nachholung des ausgeschlossenen Rechtsmittels innerhalb zwei Wochen nach Beseitigung des Hindernisses bei der für die Einlegung des nachgeholten Rechtsmittels zuständigen Behörde zu beantragen.

III Nach Ablauf von sechs Monaten, von dem Ende der versäumten Frist an gerechnet, ist ein Antrag auf Wiedereinsetzung nicht mehr zulässig.

IV Über den Antrag entscheidet die Kommission oder Behörde, der die Entscheidung über das versäumte Rechtsmittel zusteht.

V Die Staatsregierung ist ermächtigt, einem Steuerpflichtigen, der das Recht des Einspruchs, der Berufung, der Beschwerde oder des Antrags auf Abminderung der Steuer (Art. 49 bis 51, 59, 60, 69, 70, 72 des Einkommensteuergesetzes, Art. 22, 26, 27 des Gewerbsteuergesetzes, Art. 18, 19, 20 des Kapitalrentensteuergesetzes, Art. 22, 23, 27, 37 des Umlagengesetzes) verloren hat, innerhalb der auf die Steuerfestsetzung folgenden drei Jahre eine neue Rechtsmittelfrist oder Antragsfrist zu eröffnen, wenn der Verlust durch eine entschuldbare Handlung oder Unterlassung des Steuerpflichtigen verursacht worden ist oder wenn nur auf diese Weise eine durch offenbar unrichtige amtliche Sachbehandlung verursachte erhebliche Schädigung des Steuerpflichtigen abgewendet werden kann. Diese Ermächtigung erstreckt sich auch auf die einer Gemeinde wegen Steuerausscheidung oder zur Begründung der Umlagenpflicht vormerkungsweise erfolgter Veranlagung zustehenden Rechtsmittel.

III. Aus dem Einführungsgesetze zu den Gesetzen über die direkten Steuern vom 14. August 1910 in der Fassung des Gesetzes vom 17. August 1918.

(GVBl. S. 429.)

Art. 2. I Die Staatsregierung kann in Bezug auf Steuerpflichtige und Steuerquellen, die der Steuerhoheit mehrerer Staaten unterliegen oder den Gegenstand von Verträgen über Beseitigung von Doppelbesteuerungen bilden, Vereinbarungen und Verfügungen über eine von den gesetzlichen Vorschriften abweichende Veranlagung treffen.

II Die Staatsregierung kann ferner gegen Ausländer nach dem Grundsatze der Gegenseitigkeit verfahren.

IV. Aus dem Reichserbschaftssteuergesetze vom 3. Juni 1906.
(RGBl. S. 654.)

§ 1. Gegenstand der Erbschaftssteuer ist der Erwerb von Todes wegen.

Als Erwerb von Todes wegen gilt, außer demjenigen, was durch Erbfolge, durch Vermächtnis oder als Pflichtteil erworben wird:

1. ein Erwerb, auf welchen die für Vermächtnisse geltenden Vorschriften des bürgerlichen Rechtes Anwendung finden, sowie dasjenige, was durch eine nach den Vorschriften des bürgerlichen Rechtes als Verfügung von Todes wegen zu beurteilende Schenkung erworben wird;
2. ein Erwerb, welcher infolge der Vollziehung einer durch Verfügung von Todes wegen angeordneten Auflage oder infolge der Bewirkung einer Leistung, von welcher der Erblasser einen Erwerb von Todes wegen abhängig gemacht hat, oder, sofern der Erwerb der Genehmigung einer Behörde bedarf, infolge der Vollziehung einer Anordnung dieser Behörde erlangt wird.

§ 2. Als Erwerb von Todes wegen ist außerdem anzusehen:

1. was durch Rechtsgeschäft unter Lebenden mit der Bestimmung zugewendet wird, daß es auf den Pflichtteil angerechnet werden soll;
2. was als Abfindung für einen Erbverzicht (§§ 2346, 2352 des Bürgerlichen Gesetzbuchs) oder für die Ausschlagung einer Erbschaft oder eines Vermächtnisses gewährt wird.

§ 3. Als Erwerb von Todes wegen sind ferner anzusehen:

1. was durch den Eintritt eines Lehens- oder Fideikommißfalls erworben wird;
2. Bezüge aus Familienstiftungen, soferne sie infolge Todesfalls an den stiftungsmäßig oder gesetzlich

tigten Abkömmlingen erfolgen. Der Vertrag bedarf der gerichtlichen oder notariellen Beurkundung.

Steht der Abkömmling unter elterlicher Gewalt oder unter Vormundschaft, so ist zu dem Verzichte die Genehmigung des Vormundschaftsgerichts erforderlich.

Der Verzicht hat die gleichen Wirkungen, wie wenn der Verzichtende zur Zeit des Verzichts ohne Hinterlassung von Abkömmlingen gestorben wäre.

VI. Aus dem Bayerischen Ausführungsgesetze vom 18. August 1879 zur Reichs-Strafprozeßordnung.

(GVBl. S. 781.)

Art. 86. Das Verfahren im Verwaltungswege richtet sich nach den §§ 459—463 der Reichs-Strafprozeßordnung und den nachstehenden weiteren Bestimmungen.

Art. 87. I Die vorläufige Feststellung des Tatbestandes bei Entdeckung einer strafbaren Zuwiderhandlung gegen die Zollgesetze*) erfolgt durch die Zollbehörden.*)

Art. 88. I Zu dem im Art. 87 Abs. I bezeichneten Zwecke kann die Zollbehörde*) Ermittelungen jeder Art mit Ausschluß eidlicher Vernehmungen vornehmen.

Art. 89. I Der Strafbescheid wird dem amtsanwesenden Beschuldigten zu Protokoll eröffnet, andernfalls durch Zustellung bekannt gemacht.

II Die Zustellung erfolgt durch Bedienstete der Zollbehörde*) oder durch Vermittelung der Ortspolizeibehörde oder durch die Post gegen schriftliche Bestätigung des Empfanges durch den Beschuldigten.

III Verweigert der Beschuldigte die unterschriftliche Bestätigung der mündlichen Eröffnung zu Protokoll oder im Falle der Zustellung die schriftliche Bestätigung des Empfanges, so gilt der Strafbescheid als nicht erlassen.

IV [14]) Eine Beschwerde gegen den Strafbescheid an die höhere Verwaltungsbehörde findet nicht statt.

Art. 90. I Ein Strafbescheid, gegen welchen nicht rechtzeitig auf gerichtliche Entscheidung angetragen wird, erlangt die Wirkung eines rechtskräftigen Urteils.

---

*) An die Stelle der Zollgesetze und der Zollbehörden treten die Steuergesetze und die Rentämter.

[14]) Druckfehler, richtig: V.

II Die gleiche Wirkung tritt ein, wenn der Antrag des Beschuldigten auf gerichtliche Entscheidung von demselben vor dem Beginne der Hauptverhandlung zurückgenommen wird.

III Solange ein Strafbescheid noch nicht erlassen ist, kann die Zollbehörde*) in allen Fällen sich der Entscheidung enthalten und die Einleitung des gerichtlichen Verfahrens veranlassen.

Art. 91. I Der Beschuldigte, welcher sich bei dem ergangenen Strafbescheide beruhigt, hat auch die Kosten des Verfahrens im Verwaltungswege zu tragen.

II Ebenso fallen dem Beschuldigten, welcher zu einer Strafe gerichtlich verurteilt wird, die baren Auslagen zur Last, welche durch das Verfahren im Verwaltungswege entstanden sind.

III Im Falle der Zurücknahme des Antrags auf gerichtliche Entscheidung treffen den Beschuldigten auch die bis dahin entstandenen Kosten des gerichtlichen Verfahrens.

IV Die Kosten der besonderen Vertretung der Zollbehörde*) vor Gericht können dem Beschuldigten niemals überbürdet werden.

Art. 92. II Ebenso erfolgt durch dieselbe (Zollbehörde) die Vollstreckung von rechtskräftigen Strafbescheiden auf dem Wege des administrativen Zwangsvollzugs.

---

*) An die Stelle der Zollgesetze und der Zollbehörden treten die Steuergesetze und die Rentämter.

Die Ausführungsbestimmungen des Bundesrats zum Reichsbesitzsteuergesetz.

Vom 30. November 1916.

(Zentralblatt für das Deutsche Reich S. 414 ff.)

Besitzsteuerämter und Oberbehörden.

§ 1. [1] Die mit der Veranlagung der Besitzsteuer betrauten Behörden (Besitzsteuerämter) und die ihnen übergeordneten Behörden (Oberbehörden) werden von den Landesregierungen bestimmt und öffentlich bekannt gemacht. Ein Verzeichnis der Besitzsteuerämter und Oberbehörden ist unter Angabe ihrer Amtsbezirke dem Reichskanzler zur Veröffentlichung im Zentralblatt für das Deutsche Reich mitzuteilen. Das gleiche hat mit etwaigen späteren Veränderungen zu geschehen.

[2] Die Landesregierung kann die Erhebung der Besitzsteuer anderen Stellen als den Besitzsteuerämtern übertragen. Sie bestimmt auch, ob und inwieweit andere Behörden als Hilfsstellen der Besitzsteuerämter beim Veranlagungsgeschäfte mitzuwirken haben. In diesem Falle sind die zur Regelung des Geschäftsverkehrs erforderlichen besonderen Bestimmungen zu treffen.

[3] Befugnisse, die in den nachstehenden Vorschriften den Besitzsteuerämtern übertragen sind, können von der obersten Landesfinanzbehörde im Einverständnisse mit dem Reichskanzler den Oberbehörden übertragen werden.

Zuständigkeit.

§ 2. [1] Für die Zuständigkeit der Bundesstaaten zur Veranlagung und Erhebung der Besitzsteuer sind maßgebend die Wohnsitz- oder Aufenthaltsverhältnisse des Steuerpflichtigen am Ende des jeweiligen Veranlagungszeitraums, erstmals am 31. Dezember 1916. Bei mehrfachem Wohnsitz hat den Vorrang zunächst der dienstliche Wohnsitz, dann der Wohnsitz im Heimatstaate, weiter der Wohnsitz an dem Orte des vorwiegenden Aufenthalts.

[2] Hat der Steuerpflichtige erst nach dem im Abs. 1 bezeichneten Zeitpunkt, aber noch vor Beginn des anschließenden Erhebungszeitraums (§ 24 des Gesetzes) im Reiche seinen Wohnsitz begründet oder seinen gewöhnlichen Aufenthalt genommen, so ist der Bundesstaat zuständig, in dem er seinen Wohnsitz begründet oder seinen Aufenthalt genommen hat.

[3] Hat der Steuerpflichtige weder am Ende des jeweiligen Veranlagungszeitraums noch vor Beginn des anschließenden Erhebungszeitraums in einem Bundesstaat einen Wohnsitz oder seinen gewöhnlichen Aufenthalt, so ist der Bundesstaat zuständig, in welchem er seinen letzten inländischen Wohnsitz oder Aufenthalt gehabt hat. Hat der Steuerpflichtige auch früher keinen inländischen Wohnsitz oder Aufenthalt gehabt, so ist der Bundesstaat zuständig, in dessen Gebiet sich das steuerbare Vermögen befindet, und, wenn das Vermögen sich in mehreren Bundesstaaten befindet, der Bundesstaat, in dessen Gebiet sich der größere Teil des Vermögens befindet.

§ 3. Die Vorschriften über die Zuständigkeit der Bundesstaaten gelten auch entsprechend für die Zuständigkeit der Besitzsteuerämter. Die oberste Landesfinanzbehörde des für die Veranlagung der Besitzsteuer zuständigen Bundesstaats kann jedoch die Abgrenzung der Zuständigkeit seiner Besitzsteuerämter anderweit regeln.

Ermittlung der steuerpflichtigen Personen und deren Eintragung in die Besitzsteuerliste.

§ 4. [1] Für jeden Veranlagungsbezirk sind die Personen zu ermitteln und in die Besitzsteuerliste einzutragen, die für die Veranlagung zur Besitzsteuer in Frage kommen (§ 5).

[2] Die Besitzsteuerliste ist nach Anleitung des Musters 1 einzurichten.

§ 5. In die Besitzsteuerliste sind jedenfalls die Personen aufzunehmen, welche die Voraussetzungen der persönlichen Steuerpflicht erfüllen und von denen zu vermuten ist, daß sie ein Vermögen von mehr als zwanzigtausend Mark haben.

§ 6. [1] In die Besitzsteuerliste eines Veranlagungsbezirkes sind die Personen aufzunehmen, die in diesem Bezirke zu veranlagen sind.

[2] Bestehen Zweifel darüber, ob das Besitzsteueramt zur Veranlagung eines Steuerpflichtigen zuständig ist, und können diese Zweifel vor der öffentlichen Aufforderung zur Abgabe der Besitzsteuererklärungen (§ 14) nicht beseitigt werden, so ist eine solche Person in jedem Veranlagungsbezirke, der für die Veranlagung der Besitzsteuer in Frage kommt, in die Besitzsteuerliste aufzunehmen. Dies gilt, abgesehen von Steuerpflichtigen mit mehrfachem Wohnsitz, insbesondere für solche Personen, die in dem Veranlagungsbezirke Grund- oder Betriebsvermögen besitzen, und die im Inland keinen der Behörde bekannten Wohnsitz oder Aufenthalt haben.

§ 7. Ist dem Besitzsteueramte bekannt oder haben die eingeleiteten Verhandlungen ergeben, daß ein Steuerpflichtiger, der im Veranlagungsbezirke Grund- oder Betriebsvermögen besitzt, in einem anderen Veranlagungsbezirke zur Besitzsteuer zu veranlagen ist, so ist dem zuständigen Besitzsteueramte hiervon unter Mitteilung etwaiger landesrechtlicher Veranlagungsmerkmale Nachricht zu geben. Die Benachrichtigung kann unterbleiben, wenn sie bereits aus Anlaß der Wehrbeitragsveranlagung oder einer Besitzsteuerveranlagung erfolgt und seither eine Besitzänderung oder eine wesentliche Änderung der landesrechtlichen Veranlagungsmerkmale nicht eingetreten ist.

§ 8. Hat eine Person in einem Veranlagungsbezirke Grund- oder Betriebsvermögen, ohne in diesem Veranlagungsbezirke zugleich einen Wohnsitz oder Aufenthalt zu haben, so darf die Aufnahme in die Besitzsteuerliste (§ 6) oder die Benachrichtigung des zuständigen Besitzsteueramtes (§ 7) unterbleiben, wenn der Behörde die Vermögensverhältnisse des Inhabers dieses Grund- oder Betriebsvermögens genügend bekannt sind und danach feststeht, daß er ein steuerbares Gesamtvermögen von mehr als zwanzigtausend Mark nicht besitzt.

§ 9. Die näheren Bestimmungen über die Vorbereitung der Veranlagung, insbesondere über die Ermittlung der in die Besitzsteuerliste aufzunehmenden Personen erläßt die oberste Landesfinanzbehörde.

§ 10. Die Besitzsteuerliste wird abgeschlossen, sobald die Veranlagung (§§ 20 ff.) in der Hauptsache durchgeführt und ihr Ergebnis darin eingetragen ist. Bis dahin ist sie fortlaufend zu ergänzen und zu berichtigen. Sind Personen zu streichen, so ist der Grund der Streichung in der Bemerkungsspalte ersichtlich zu machen.

§ 11. Personen, deren Steuerpflicht erst nach Abschluß der Besitzsteuerliste festgestellt wird, sowie Personen, die bei Wechsel des Wohnorts dem Besitzsteueramte des neuen Wohnorts zum Zwecke der Erhebung der Besitzsteuer überwiesen werden (§ 65 Abs. 2), sind in eine Zugangsliste aufzunehmen, die ebenso einzurichten ist wie die Besitzsteuerliste.

Besitzsteuererklärung.

§ 12. [1] Als Frist für die Abgabe der Besitzsteuererklärung (§ 52 Abs. 1 des Gesetzes) wird die Zeit vom 2. Januar bis 15. Februar des auf den Veranlagungszeitraum folgenden Jahres bestimmt. Die oberste Landesfinanzbehörde kann einen späteren Anfangs- und früheren Endtermin festsetzen; doch muß die Frist mindestens zwei Wochen betragen. Für Steuerpflichtige, die Inhaber eines unter § 28 Abs. 2 des Gesetzes fallenden Betriebs sind, und die ihrer Besitzsteuererklärung den Abschluß für den 31. Dezember des letzten Jahres des Veranlagungszeitraums zugrunde legen, kann nach näherer Bestimmung der obersten Landesfinanzbehörde die Frist zur Abgabe der Besitzsteuererklärung bis zum 31. Mai des auf den Veranlagungszeitraum folgenden Jahres verlängert werden.

[2] Der Reichskanzler ist ermächtigt, für solche Bundesstaaten, in denen mit Rücksicht auf die Veranlagung zu den direkten Landessteuern die im Abs. 1 bestimmte Frist sich als unzweckmäßig erweisen sollte, eine spätere Frist zu bestimmen, die sich aber nicht über den 31. Mai des auf den Veranlagungszeitraum folgenden Jahres hinaus erstrecken darf.

§ 13. Für die in außereuropäischen Ländern und Gewässern Abwesenden verlängert sich die Frist zur Abgabe der Besitzsteuererklärung bis Ende Juni, für die im europäischen Ausland Abwesenden bis Ende Februar des auf den Veranlagungszeitraum folgenden Jahres.

Öffentliche Aufforderung zur Abgabe der Besitzsteuererklärung.

§ 14. Mindestens eine Woche vor Beginn der im § 12 bezeichneten Frist erläßt das Besitzsteueramt oder die Oberbehörde in den für amtliche Bekanntmachungen der unteren Verwaltungsbehörden bestimmten Tagesblättern eine öffentliche Aufforderung zur Abgabe der Besitzsteuererklärungen. Die oberste Landesfinanzbehörde kann anordnen, daß die Aufforderung außerdem in sonst ortsüblicher Weise bekanntgemacht wird. In dieser Aufforderung, die mit öffentlichen Bekanntmachungen über die Veranlagung von Landessteuern verbunden werden kann, sind die Steuerpflichtigen über ihre Pflicht zur Abgabe einer Besitzsteuererklärung, über die Vorschriften der §§ 76, 77 und 54 des Gesetzes zu belehren.

Besondere Aufforderung zur Abgabe der Besitzsteuererklärung.

§ 15. [1] Gleichzeitig mit der öffentlichen Aufforderung (§ 14) und noch vor Beginn der im § 12 bezeichneten Frist ist den Personen, von denen das Besitzsteueramt annimmt, daß sie zur Abgabe einer Besitzsteuererklärung nach § 52 Abs. 1 des Gesetzes verpflichtet sind, ein Vordruck für diese nebst einem Abdruck der öffentlichen Bekanntmachung zu übersenden; alle anderen in die Besitzsteuerliste aufgenommenen Personen sind gemäß § 52 Abs. 2 des Gesetzes unter Beifügung eines Vordrucks besonders aufzufordern, eine Besitzsteuererklärung binnen der im § 12 bezeichneten oder einer auf mindestens vierzehn Tage zu bemessenden besonderen Frist abzugeben. Die oberste Landesfinanzbehörde kann im Einverständnisse mit dem Reichskanzler ein anderes Verfahren vorschreiben.

[2] Ein Steuerpflichtiger, der von mehreren Behörden zur Abgabe einer Besitzsteuererklärung aufgefordert wird, ist nur verpflichtet, *einer* Behörde die Besitzsteuererklärung abzugeben. Macht er von dieser Möglichkeit Gebrauch, so hat er den anderen Behörden mitzuteilen, daß und welcher Behörde er eine Besitzsteuererklärung abgegeben hat.

§ 16. Das Besitzsteueramt kann einem Steuerpflichtigen, der glaubhaft macht, daß ihm die Abgabe der Besitzsteuererklärung innerhalb der vorgeschriebenen Frist nicht möglich ist, die Frist zur Abgabe der Besitzsteuererklärung angemessen verlängern.

§ 17. [1]Die Besitzsteuererklärung des Ehemanns hat das Vermögen der Ehefrau mitzuumfassen, sofern die Ehegatten nicht dauernd voneinander getrennt leben.

[2]Für einen nach Ablauf des Veranlagungszeitraums, aber vor Abgabe der Besitzsteuererklärung verstorbenen Steuerpflichtigen ist die Besitzsteuererklärung, wenn ein ohne Beschränkung der Verwaltungsbefugnis auf einzelne Gegenstände bestellter Testamentsvollstrecker oder ein Nachlaßpfleger die Verwaltung des Nachlasses übernommen hat, von diesen Personen, andernfalls von den Erben abzugeben. Sind mehrere Verpflichtete vorhanden und gibt ein Verpflichteter die Besitzsteuererklärung ab, so werden die anderen dadurch von der Verpflichtung befreit. Hat von mehreren Erben einer dem Besitzsteueramte gegenüber die Erfüllung der den Erben in Ansehung der Besitzsteuer obliegenden Pflichten übernommen, so ist die Aufforderung zur Abgabe der Besitzsteuererklärung nur an ihn, andernfalls nach dem Ermessen des Besitzsteueramts an einen von ihnen zu richten.

§ 18. [1]Die Besitzsteuererklärung ist nach Anleitung des Musters 2 zu gestalten. Bei der erstmaligen Veranlagung der Besitzsteuer ist mit der Besitzsteuererklärung in der Regel die Steuererklärung zum Zwecke der Veranlagung der außerordentlichen Kriegsabgabe zu verbinden (§ 8 der Kriegssteuer-Ausführungsbestimmungen).

[2]Vordrucke für die Besitzsteuererklärung sind dem Steuerpflichtigen kostenlos zu verabfolgen.

[3]Die oberste Landesfinanzbehörde kann bestimmen, daß die Besitzsteuererklärung auch mündlich bei der Veranlagungsbehörde abgegeben werden kann; der hiernach ausgefüllte Vordruck ist vom Steuerpflichtigen und vom Veranlagungsbeamten zu unterzeichnen.

[4]Wenn für Landessteuerzwecke zuverlässige Darstellungen des gesamten im Bundesstaate gelegenen

Grundbesitzes der einzelnen Steuerpflichtigen bestehen und fortgeführt werden, kann die Aufführung der einzelnen Grundstücke in der Steuererklärung unterbleiben und ihr Steuerwert im ganzen angegeben werden. Doch muß das in anderen Bundesstaaten gelegene Grundvermögen besonders aufgeführt werden.

§ 19. [1] Die Abgabe der Besitzsteuererklärung ist nötigenfalls durch vorher anzudrohende Geldstrafen bis zu fünfhundert Mark zu erzwingen.

[2] Gleichzeitig mit der Straffestsetzung auf Grund des § 54 Abs. 1 des Gesetzes ist dem Säumigen eine angemessene weitere Frist zur Abgabe der Besitzsteuererklärung zu setzen.

[3] Die Geldstrafe kann so lange wiederholt werden, bis der Steuerpflichtige seiner Verpflichtung zur Abgabe der Erklärung nachgekommen ist.

[4] Durch die fortgesetzte Weigerung des Steuerpflichtigen, eine Besitzsteuererklärung abzugeben, wird seine Veranlagung zur Besitzsteuer auf Grund schätzungsweiser Vermögensfeststellungen nicht gehindert.

[5] Von der Auferlegung eines Zuschlags zu der geschuldeten Besitzsteuer (§ 54 Abs. 2 des Gesetzes) bei nicht rechtzeitiger Abgabe der Besitzsteuererklärung soll dann abgesehen werden, wenn die Umstände des Einzelfalls die Versäumnis als entschuldbar erscheinen lassen. Wird die Besitzsteuer im Rechtsmittel- oder Berichtigungsverfahren anderweit festgesetzt, so tritt auch eine entsprechende Erhöhung oder Ermäßigung des Zuschlags ein.

Prüfung der Besitzsteuererklärung.

§ 20. Das Besitzsteueramt hat die Angaben in den Besitzsteuererklärungen auf ihre Richtigkeit und Vollständigkeit zu prüfen.

Feststellung des Vermögenszuwachses.

§ 21. [1] Der Vermögenszuwachs ergibt sich aus der Vergleichung des Vermögensstandes am Ende des Veranlagungszeitraums (Endvermögen) mit dem Vermögensstand am Anfang des Veranlagungszeitraums (Anfangsvermögen).

[2] Als Anfang des Veranlagungszeitraums (§ 19 Abs. 1 des Gesetzes) gilt der 1. Januar 1914, wenn der

Steuerpflichtige damals schon zu den im § 11 des Gesetzes aufgeführten Personen gehört hat, oder, wenn dies nicht der Fall war, der Zeitpunkt, an dem später die persönliche Steuerpflicht eingetreten ist.

[3] Der Vermögensstand an dem im Abs. 2 bezeichneten Zeitpunkt ist als Anfangsvermögen so lange maßgebend, bis eine Besitzsteuer zu veranlagen ist. Ist es zu einer Besitzsteuerveranlagung gekommen, so ist das hierbei festgestellte Endvermögen später wieder so lange als Anfangsvermögen maßgebend, bis erneut eine Besitzsteuer zu veranlagen ist.

[4] Ist die persönliche Steuerpflicht in der Folgezeit weggefallen und wird sie später neubegründet, so ist für die weitere Besitzsteuerveranlagung das zur Zeit der Neubegründung der persönlichen Steuerpflicht vorhandene Vermögen als Anfangsvermögen maßgebend.

§ 22. [1] Bei der Besitzsteuerveranlagung ist in der Regel nur das Vermögen des Steuerpflichtigen für das Ende des Veranlagungszeitraums, erstmals für den 31. Dezember 1916 (§ 18 des Gesetzes), neu festzustellen.

[2] Das Anfangsvermögen ist nur dann gleichzeitig mit der Ermittelung des Endvermögens nachträglich festzustellen, wenn eine rechtskräftige Feststellung durch Erteilung eines Veranlagungs- oder Feststellungsbescheids gemäß § 47 des Wehrbeitraggesetzes oder später durch Erteilung eines Steuer- oder Feststellungsbescheids gemäß § 65 des Besitzsteuergesetzes nicht stattgefunden hat.

[3] Ist im Wege des aus Billigkeitsrücksichten gewährten gänzlichen oder teilweisen Erlasses des rechtskräftig veranlagten Wehrbeitrags oder der rechtskräftig veranlagten Besitzsteuer das Vermögen anderweit ermittelt, so ist nicht das rechtskräftig festgestellte Vermögen, sondern das anderweit ermittelte Vermögen als Anfangsvermögen maßgebend.

§ 23. [1] Wenn das Vermögen am Ende des Veranlagungszeitraums den nach § 28 Abs. 3 des Gesetzes abgerundeten Betrag von dreißigtausend Mark nicht übersteigt, so genügt die Angabe des Steuerpflichtigen, daß die Vermögenszunahme während des Veranlagungszeitraums mehr als zehntausend Mark betragen hat. Eine Feststellung des tatsächlich vorhanden gewesenen Anfangsvermögens ist in diesem Falle nicht erforderlich.

[2] Haben zu Beginn des Veranlagungszeitraums die abzugsfähigen Schulden und Lasten den Gesamtwert des Aktivvermögens überstiegen (§ 19 Abs. 2 des Gesetzes), so gilt das für den Schluß des Veranlagungszeitraums festgestellte Reinvermögen als Vermögenszuwachs.

§ 24. [1] War jemand nur gemäß § 10 Nr. II des Wehrbeitraggesetzes beschränkt beitragspflichtig, dagegen schon seit dem 1. Januar 1914 gemäß § 11 Nr. I des Besitzsteuergesetzes unbeschränkt steuerpflichtig, so ist für den 1. Januar 1914 das damals vorhandene steuerbare Vermögen neu festzustellen. Maßgebendes Anfangsvermögen ist in diesem Falle das nachträglich für den 1. Januar 1914 festgestellte Vermögen, es sei denn, daß dieses niedriger ist als das früher festgestellte, gemäß § 10 Nr. II des Wehrbeitraggesetzes beitragspflichtige Vermögen.

[2] Entsprechendes gilt, wenn später an Stelle der bisherigen beschränkten persönlichen Steuerpflicht (§ 11 Nr. II des Besitzsteuergesetzes) die unbeschränkte persönliche Steuerpflicht (§ 11 Nr. I des Besitzsteuergesetzes) tritt. Das für den Zeitpunkt des Eintritts der unbeschränkten Steuerpflicht neu festzustellende steuerbare Vermögen gilt dann als Anfangsvermögen, es sei denn, daß dieses niedriger ist als das früher festgestellte, schon von der beschränkten persönlichen Steuerpflicht erfaßte Vermögen.

§ 25. Im Sinne des § 23 Abs. 2 des Gesetzes gilt als der Besteuerung entzogen jedes Vermögen, das auf irgendeine Weise während des Veranlagungszeitraums aus steuerbarem Vermögen in nichtsteuerbares Vermögen umgewandelt worden ist.

§ 26. [1] Ist das Vermögen von Ehegatten gemäß § 14 des Gesetzes für den Schluß des Veranlagungszeitraums zusammenzurechnen, ohne daß die Voraussetzungen der Zusammenrechnung für den Beginn des Veranlagungszeitraums gegeben sind, so ist als Anfangsvermögen maßgebend die Summe des für den Beginn des Veranlagungszeitraums festgestellten oder nachträglich zu ermittelnden Vermögens jedes der beiden Ehegatten.

²War dagegen das Vermögen von Ehegatten früher zusammengerechnet worden (§ 13 des Wehrbeitraggesetzes, § 14 des Besitzsteuergesetzes) und sind die Voraussetzungen der Zusammenrechnung für den Schluß des Veranlagungszeitraums nicht mehr gegeben, so ist das Vermögen, das der betreffende Ehegatte bei Beginn des Veranlagungszeitraums besessen hat, nachträglich zu ermitteln und als Anfangsvermögen zugrunde zu legen.

³Die Ausscheidung der nach §§ 15 und 16 des Gesetzes steuerfreien Zuwachsbeträge hat in der Weise zu erfolgen, daß diese Beträge von dem noch nicht abgerundeten Endvermögen abgezogen werden.

⁴Nach § 15 des Gesetzes steuerfrei ist der dem Anteil des überlebenden Ehegatten am Nachlaßvermögen entsprechende Teilbetrag desjenigen Vermögens, das als Anfangsvermögen gegolten hätte, wenn der verstorbene Ehegatte auf den Zeitpunkt seines Todes zur Besitzsteuer zu veranlagen gewesen wäre.

Ermittlung des Vermögenswerts.

§ 27. ¹Der Ermittlung des Vermögenswerts ist, soweit das Gesetz nichts anderes vorschreibt, der gemeine Wert seiner einzelnen Bestandteile an dem für die Vermögensfeststellung maßgebenden Zeitpunkt zugrunde zu legen.

²Der gemeine Wert (Verkaufs- oder Verkehrswert) wird durch den Preis bestimmt, der im gewöhnlichen Geschäftsverkehre nach der Beschaffenheit des Gegenstandes ohne Rücksicht auf ungewöhnliche oder lediglich persönliche Verhältnisse zu erzielen ist.

³Ein Vermögensbestandteil, dessen Wert im ganzen zu ermitteln ist, umfaßt alle Gegenstände, die in einem wirtschaftlichen Zusammenhange zueinander stehen.

§ 28. ¹Nach § 28 Abs. 2 des Gesetzes kann der Steuerpflichtige, unbeschadet der Nachprüfung nach § 57 des Gesetzes, verlangen, daß das in einem Betriebe, für welchen regelmäßige jährliche Abschlüsse stattfinden, angelegte Vermögen nach dem Bestand und Werte am Schlusse des letzten Wirtschafts- oder Rechnungsjahrs festgestellt wird. Die seit dem Schlusse des letzten Wirtschafts- oder Rechnungsjahrs bis zum gesetzlichen Stichtag eingetretenen Verschiebungen zwischen dem im Betrieb angelegten Vermögen und dem sonstigen Vermögen des Steuerpflichtigen sind zu berücksichtigen.

[2] Die Anwendung des § 28 Abs. 2 des Gesetzes setzt eine ordnungsmäßige Buchführung voraus, ist aber nicht davon abhängig, daß der Steuerpflichtige zur Führung von Handelsbüchern gesetzlich verpflichtet ist.

[3] Die Anwendung des § 28 Abs. 2 des Gesetzes darf nicht dazu führen, daß die Besitzsteuerveranlagung nur zwei Jahresabschlüsse erfassen würde.

[4] Macht der Steuerpflichtige von dem Rechte nach Abs. 1 Gebrauch, so hat er der Steuererklärung den Abschluß für das letzte Wirtschafts- oder Rechnungsjahr beizufügen.

Bewertung der Grundstücke nach den Gestehungskosten.

§ 29. [1] Grundstücke sind bei der Vermögensfeststellung auf Antrag des Steuerpflichtigen statt mit dem gemeinen Werte mit dem Betrage der nachgewiesenen oder glaubhaft gemachten Gestehungskosten anzusetzen.

[2] Der Antrag kann bis zum Ablauf der mit der Zustellung des Steuer- oder des Feststellungsbescheids eröffneten Rechtsmittelfrist gestellt werden. Bei gleichzeitiger Feststellung des Anfangs- und Endvermögens kann der Antrag nicht auf eine Feststellung beschränkt werden.

§ 30. [1] Die Gestehungskosten zerfallen in die Gestehungskosten beim Erwerb und in die weiteren Gestehungskosten während der Besitzzeit.

[2] Zu den Gestehungskosten beim Erwerbe sind zu rechnen

1. der Gesamtwert der Gegenleistungen beim Erwerb (Erwerbspreis). Der Wert einer Gegenleistung ist erforderlichenfalls in entsprechender Anwendung der §§ 29, 34 ff. des Gesetzes festzusetzen;
2. die sonstigen Anschaffungskosten einschließlich der öffentlichen Abgaben und etwaiger Vermittlergebühren.

³ Zu den weiteren Gestehungskosten zählen alle auf das Grundstück gemachten besonderen Aufwendungen während der Besitzzeit, soweit sie nicht zu den laufenden Wirtschaftsausgaben gehören. Die Zurechnung zu den weiteren Gestehungskosten entfällt für solche Aufwendungen, durch die nicht mehr vorhandene Bauten und Verbesserungen hergestellt worden sind.

⁴ Von den Gestehungskosten (Abs. 2 und 3) sind die durch Verschlechterung entstandenen Wertminderungen abzuziehen (§ 30 Abs. 2 Satz 2 des Gesetzes). Als Verschlechterung ist jede Beeinträchtigung des Bestandes und der Beschaffenheit eines Grundstücks anzusehen, so daß auch Wertminderungen infolge Abnutzung, infolge mangelhafter Bodenbestellung oder Verringerung des lebenden und toten Inventars zu berücksichtigen sind. Eine Verschlechterung, die bereits nach Abs. 3 Satz 2 berücksichtigt worden ist, bleibt außer Betracht.

Wehrbeitragswert als Gestehungskosten.

§ 31. Für Grundstücke, die vor dem 1. Januar 1914 erworben worden sind, tritt an die Stelle der Gestehungskosten beim Erwerb und an die Stelle der bis zum 1. Januar 1914 zu berücksichtigenden weiteren Gestehungskosten während der Besitzzeit der bei der Veranlagung des Wehrbeitrags zugrunde gelegte Wert, so daß diesem nur die seit dem 1. Januar 1914 gemachten besonderen Aufwendungen hinzuzurechnen und von ihm die seit dem 1. Januar 1914 durch Verschlechterung etwa entstandenen Wertminderungen abzuziehen sind.

Gemeiner Wert oder Ertragswert zur Zeit des Erwerbes als Gestehungskosten.

§ 32. Für Grundstücke, die seit dem 1. Januar 1914 durch eine der im § 31 Abs. 1 des Gesetzes bezeichneten Erwerbsarten erworben worden sind, tritt an die Stelle der Gestehungskosten beim Erwerbe (§ 30 Abs. 2) der gemeine Wert (Verkaufswert), soweit jedoch die Grundstücke dauernd land- oder forstwirtschaftlichen oder gärtnerischen Zwecken zu dienen bestimmt sind, oder soweit bebaute Grundstücke Wohnzwecken oder gewerblichen Zwecken zu dienen bestimmt sind, und ihre Bebauung und Benutzung der ortsüblichen Bebauung und Benutzung entspricht, der Ertragswert oder auf Antrag des Steuerpflichtigen ebenfalls der gemeine Wert zur Zeit des Erwerbes. Diesem Werte sind die seit dem Erwerbe gemachten besonderen Aufwendungen hinzuzurechnen, und es sind von ihm die etwa seit dem Erwerbe durch Verschlechterung entstandenen Wertminderungen abzuziehen.

§ 33. Für Grundstücke, die seit dem 1. Januar 1914 durch eine nicht unter § 31 Abs. 1 des Gesetzes fallende Erwerbsart zu einem Preise erworben worden sind, der um mehr als 10 vom Hundert hinter dem gemeinen Werte zur Zeit des Erwerbes, und soweit es sich um Grundstücke handelt, die unter der Voraussetzung des § 31 Abs. 1 des Gesetzes mit dem Ertragswert zu bewerten sind, zugleich auch hinter dem Ertragswert zur Zeit des Erwerbes zurückbleibt, tritt an die Stelle der Gestehungskosten beim Erwerbe (§ 30 Abs. 2) ebenfalls der gemeine Wert und bei den unter der Voraussetzung des § 31 Abs. 1 des Gesetzes mit dem Ertragswert zu bewertenden Grundstücken der Ertragswert oder auf Antrag des Steuerpflichtigen der gemeine Wert zur Zeit des Erwerbes. § 32 Satz 2 findet Anwendung.

Ermittlung des Ertragswerts (als Gestehungskosten).

§ 34. [1] Zu den Grundstücken, die dauernd land- oder forstwirtschaftlichen oder gärtnerischen Zwecken zu dienen bestimmt sind (§ 31 des Gesetzes), sind land- oder forstwirtschaftlich oder gärtnerisch genutzte Grundstücke nicht mehr zu rechnen, deren gemeiner Wert schon zur Zeit des Erwerbes durch ihre Lage als Bauland oder als Land zu Verkehrszwecken bestimmt wird, oder bei denen nach den sonstigen Umständen, z. B. nach ihrer Lage und Beschaffenheit, ihrem Erwerbspreis oder ihrer Belastung, anzunehmen ist, daß sie in absehbarer Zeit anderen als land- oder forstwirtschaftlichen oder gärtnerischen Zwecken dienen werden.

[2] Bebaute Grundstücke, die Wohnzwecken oder gewerblichen Zwecken zu dienen bestimmt sind, können nach dem Ertragswert gemäß § 31 des Gesetzes nur dann bewertet werden, wenn ihre Bebauung und Benutzung zur Zeit des Erwerbes der ortsüblichen Bebauung und Benutzung entspricht. Dies ist dann zu verneinen, wenn

die Art der Benutzung und die Höhe der Aufwendungen für die Herstellung und Unterhaltung von baulichen und sonstigen Anlagen erkennen lassen, daß ein Grundstück außergewöhnlichen Zwecken, insbesondere dem Luxus des Besitzers, zu dienen bestimmt ist, oder wenn der gemeine Wert eines Grundstücks durch eine wirtschaftliche Verwertbarkeit bestimmt wird, die eine wesentlich andere Bebauung und Benutzung als die tatsächliche voraussetzt.

a) bei land- oder forstwirtschaftlichen oder Gärtnereigrundstücken.

§ 35. Bei der Ermittlung des Ertragswerts von land- oder forstwirtschaftlichen oder Gärtnereigrundstücken sind die der Land- oder Forstwirtschaft oder der Gärtnerei einschließlich etwaiger Nebenbetriebe dienenden Gebäude und Betriebsmittel mitzuberücksichtigen. Hierbei wird ein angemessener Bestand an lebendem und totem Inventar und an sonstigem Betriebskapitale vorausgesetzt. Ein Mehr- oder Minderwert an Gebäuden und Betriebsmitteln gegenüber einem wirtschaftlich normalen Bestand ist dem Ertragswert hinzu- oder von ihm abzurechnen, insoweit er geeignet ist, den Ertrag zu beeinflussen.

§ 36. [1] Der Berechnung des Ertragswerts bei landwirtschaftlich oder gärtnerisch genutzten Grundstücken ist der Reinertrag zugrunde zu legen, den ein ordentlicher Unternehmer von den Grundstücken nach ihrer bisherigen wirtschaftlichen Bestimmung bei gemeinüblicher Bewirtschaftung und unter gewöhnlichen Verhältnissen im Durchschnitt einer Reihe von Jahren für ein Wirtschaftsjahr erzielen kann.

[2] Bei Grundstücken, bei denen die Ergebnisse des Wirtschaftsbetriebs dem Boden unmittelbar entnommen werden, wie bei Sand-, Lehm-, Tongruben, Stein-, Schiefer-, Kalk- oder Kreidebrüchen, Torfstichen usw. deren Ausbeutung in unmittelbarer Verbindung mit einem land- oder forstwirtschaftlichen oder Gärtnereibetrieb erfolgt, ist die Jahresgewinnung um einen der fortschreitenden Erschöpfung des Bodens entsprechenden Betrag zu kürzen.

³ Sind Grundstücke zu einer wirtschaftlichen Einheit verbunden, so ist der Reinertrag unter Berücksichtigung dieser Zusammengehörigkeit von den Grundstücken als einheitlichem Ganzen zu berechnen.

§ 37. ¹ In die zur Ermittlung des Reinertrags vom Rohertrag abzuziehenden Bewirtschaftungskosten sind alle Kosten einzurechnen, die aufzuwenden sind, um mit entlohnten fremden Arbeitskräften den Rohertrag zu erzielen. Ist bei Zugrundelegung der Verhältnisse einer ordnungsmäßigen Bewirtschaftung zur Oberleitung des gesamten Betriebs eine besondere Arbeitskraft für erforderlich zu erachten, so ist bei selbstbewirtschafteten Betrieben der Wert der Tätigkeit des Selbstbewirtschafters vom Rohertrag insoweit in Abzug zu bringen, als diese Tätigkeit des Selbstbewirtschafters eine solche besondere Arbeitskraft ersetzt und der dafür angesetzte Wertbetrag die angemessene Entlohnung einer solchen Arbeitskraft nicht übersteigt.

² Zum Rohertrag ist auch der Mietwert der vom Eigentümer oder vom Pächter und deren Angehörigen selbst bewohnten oder zur Führung des Haushalts benutzten Gebäude zu rechnen.

³ Was zur Bestreitung des Haushalts des Besitzers aus den Ergebnissen des Wirtschaftsbetriebs zu entnehmen ist, darf aus dem Rohertrage nicht ausgeschieden werden.

§ 38. Bei Forsten (Holzungen) ist, soweit eine ordnungsmäßige Bewirtschaftung auf Grund eines nach forstwirtschaftlichen Grundsätzen aufgestellten Bewirtschaftungsplans stattgefunden hat und außergewöhnliche, nicht innerhalb der regelmäßigen Nutzung liegende Abtriebe nicht vorgekommen sind, zunächst der Gesamtreinertrag während des vorangegangenen, der Zahl der Jahre der Wirtschaftsperiode entsprechenden Zeitraums zu berechnen. Hierbei sind in Einnahme zu stellen der Erlös für die in dem maßgebenden Zeitraum aus dem regelmäßigen Abtrieb sowie den Zwischen- und Nebennutzungen erzielten Erzeugnisse, in Ausgabe als Bewirtschaftungskosten die Aufwendungen für Aufsicht und

Verwaltung, Schlagen, Aufbereitung, Rücken und Flößen der Hölzer, für Aufforstung sowie für Unterhaltung der Baulichkeiten (Forsthäuser, Brücken, Wege usw.). Der Berechnung des Ertragswerts ist der Reinertrag zugrunde zu legen, der durchschnittlich auf ein Jahr des der Berechnung des Gesamtreinertrags zugrunde gelegten Zeitraums entfällt. Von der Berechnung des Ertragswerts nach dem wirklichen Reinertrage sind diejenigen Flächen auszuscheiden, auf denen während des maßgebenden Zeitraums Neubeforstungen behufs Erweiterung des Forstbestandes oder Abtriebe behufs Änderung der Kulturart stattgefunden haben.

§ 39. Soweit nicht im § 38 etwas anderes bestimmt ist, ist der Reinertrag schätzungsweise zu ermitteln. Eine Berechnung des Ertragswerts aus dem von den Grundstücken wirklich erzielten Reinertrage findet nicht statt.

b) Bei bebauten Grundstücken, die Wohnzwecken oder gewerblichen Zwecken dienen.

§ 40. Bei bebauten Grundstücken, die Wohnzwecken oder gewerblichen Zwecken zu dienen bestimmt sind, wird der Berechnung des Ertragswerts der Miet- oder Pachtreinertrag zugrunde gelegt, der im Durchschnitt der letzten drei Jahre erzielt worden ist oder im Falle der Vermietung oder Verpachtung hätte erzielt werden können. Der Miet- oder Pachtreinertrag ergibt sich aus dem Miet- oder Pachtrohertrage nach Abzug von einem Fünftel des Rohertrags für Nebenleistungen und Instandhaltungskosten oder von dem als erforderlich nachgewiesenen höheren Betrage für Nebenleistungen und Instandhaltungskosten.

§ 41. ¹ Ist das Grundstück vermietet oder verpachtet gewesen, so ist der durchschnittliche Jahresmiet- oder -pachtrohertrag aus dem Miet- oder Pachterlöse zu berechnen, der auf Grund der Miet- oder Pachtverträge in den letzten drei Jahren zu erzielen war. Ausfälle an Miet- oder Pachtgeldern infolge Zahlungsunfähigkeit des Schuldners oder aus anderen Gründen dürfen nicht berücksichtigt werden. Soweit das Grundstück zum Teil oder zeitweise nicht vermietet oder nicht verpachtet war, ist für den vom Eigentümer selbst benutzten oder aus einem anderen Grunde unvermietet oder unverpachtet gebliebenen Teil des Grundstücks ein dem Nutzungswerte dieses Teiles und des vermieteten oder verpachteten Teiles entsprechender oder ein dem Zeitraum entsprechender Verhältnisbetrag dem erzielten Miet- oder Pachtpreis zuzurechnen.

2 Ist das Grundstück in den letzten drei Jahren überhaupt nicht oder nur zu einem unwesentlichen Teile oder für einen unwesentlichen Zeitraum vermietet oder verpachtet gewesen, so ist der Miet- oder Pachtertrag nach den ortsüblichen Miet- oder Pachtpreisen für gleiche oder ähnliche Grundstücke zu berechnen.

§ 42. 1 Beansprucht der Steuerpflichtige einen höheren Abzug als ein Fünftel von dem Miet- oder Pachtrohertrage, so hat er den erforderlichen tatsächlichen Aufwand für Nebenleistungen und Instandhaltungskosten nachzuweisen. Soweit für Nebenleistungen und für die Instandhaltung des Grundstücks die eigene Arbeitskraft des Eigentümers oder die seiner Angehörigen in Anspruch genommen worden ist, kann für diese Tätigkeit ein angemessener Betrag angesetzt werden, der aufzuwenden gewesen wäre, wenn die Arbeiten durch entlohnte fremde Arbeitskräfte verrichtet worden wären. Abzugsfähig sind nur die Kosten, die durch die ordnungsmäßige Instandhaltung des Grundstücks notwendig geworden sind, nicht dagegen die Kosten für außergewöhnliche Maßnahmen, für Umbauten, Erweiterungsbauten usw.

2 Ist das Grundstück durch solche außergewöhnliche Maßnahmen, Umbauten, Erweiterungs- oder Neubauten wesentlich geändert worden, so kommt für die Berechnung des Miet- oder Pachtertrags nur der neue Zustand des Grundstücks in Betracht.

§ 43. Im Falle des § 41 Abs. 2 bleiben bei der Berechnung des Ertragswerts für bebaute Grundstücke, die gewerblichen Zwecken dienen, Betriebsmittel, die nicht herkömmlicherweise mit dem Grundstück mitvermietet oder mitverpachtet werden, unberücksichtigt. Diese Betriebsmittel sind besonders mit ihrem gemeinen Werte anzusetzen.

§ 44. Ist im Falle des § 41 Abs. 2 der Grundstückseigentümer zu einer zuverlässigen Angabe des Ertragswerts außerstande und stehen dem Besitzsteueramt ortsübliche Miet- oder Pachtpreise für gleiche oder ähnliche Grundstücke nicht zu Gebote, so ist als Ertragswert der gemeine Wert zugrunde zu legen.

Benutzung landesrechtlicher Einschätzungen für die Ermittlung des Ertragswerts der Grundstücke.

§ 45. In den Bundesstaaten, in denen eine Einschätzung der Grundstücke nach dem Reinertrag oder dem Nutzungswerte zu steuerlichen Zwecken stattgefunden hat und aktenmäßig festgestellt ist, können als Hilfsmittel bei der Ermittlung der Ertragswerte die landesrechtlichen Einschätzungen benutzt werden, sofern die Beschaffenheit des Grundstücks sich nicht wesentlich geändert hat und entweder anzunehmen ist, daß die landesrechtliche Schätzung den Ertragsverhältnissen zur Zeit des Erwerbes entspricht, oder ausreichende Anhaltspunkte vorhanden sind, um aus ihnen den Ertragswert zur Zeit des Erwerbes zu ermitteln.

§ 46. [1] Der Steuerpflichtige bleibt an einen gemäß § 30 Abs. 1, § 31 Abs. 5, § 32 des Gesetzes gestellten Antrag gebunden.

[2] Wird ein solcher Antrag noch rechtzeitig nach Zustellung des Steuer- oder des Feststellungsbescheids gestellt, so ist die Veranlagung zunächst zu berichtigen. In diesem Falle wird mit der Zustellung des berichtigten Steuer- oder Feststellungsbescheids oder der Mitteilung, daß sich an dem Veranlagungsergebnisse nichts ändere, eine neue Rechtsmittelfrist eröffnet.

Wertermittlung bei dem sonstigen Vermögen.

§ 47. Rechte der im § 6 Nr. 6 des Gesetzes bezeichneten Art sind dem steuerbaren Vermögen dann nicht zuzurechnen, wenn nach Eintritt des Versicherungsfalls § 7 des Gesetzes Anwendung finden würde.

§ 48. [1] Bringt der Steuerpflichtige von dem Werte seiner mit Dividendenschein gehandelten Wertpapiere einen Gewinnbetrag in Abzug (§ 34 Abs. 2 des Gesetzes), so hat er die Wertpapiere, für welche der Abzug begehrt wird, nach Stückzahl oder Nennbetrag und Gattung besonders zu bezeichnen.

²Auf Wertpapiere, die Bestandteil eines Betriebsvermögens sind, findet die Vorschrift des § 34 Abs. 2 des Gesetzes keine Anwendung.

§ 49. ¹Die behördliche Schätzung des Wertes der im § 35 des Gesetzes bezeichneten Vermögensgegenstände hat durch das Besitzsteueramt zu erfolgen, in dessen Bezirk sich die Leitung des betreffenden inländischen Unternehmens befindet. Ein anderes Besitzsteueramt, das die Wertangabe eines Steuerpflichtigen beanstandet, hat das nach Satz 1 zuständige Besitzsteueramt um Vornahme der Schätzung zu ersuchen.

²Andere als die im § 35 des Gesetzes bezeichneten Wertpapiere, die keinen Börsenkurs haben, sind ebenfalls mit ihrem Verkaufswert anzusetzen.

§ 50. Der Gesamtwert der auf bestimmte Zeit beschränkten Nutzungen oder Leistungen (§ 37 Abs. 1
Anl. 1 des Gesetzes) ist nach der beigefügten Hilfstafel zu ermitteln.

Veranlagung von beschränkt steuerpflichtigen Personen.

§ 51. ¹Bei der Veranlagung von beschränkt steuerpflichtigen Personen (§ 11 Nr. II des Gesetzes) mit ihrem inländischen Grund- und Betriebsvermögen sind nur die in einer wirtschaftlichen Beziehung zu diesen Vermögensteilen stehenden Schulden und Lasten abzugsfähig. Sofern nicht besondere Umstände eine gegenteilige Annahme rechtfertigen, ist eine wirtschaftliche Beziehung zu dem in Grundstücken bestehenden Vermögen anzuerkennen, wenn die Schulden und Lasten auf den betreffenden Grundstücken ruhen.

²Zu dem nach § 11 Nr. II des Gesetzes steuerpflichtigen inländischen Grund- und Betriebsvermögen gehört außer dem im Gebiete des Deutschen Reichs liegenden Grund- und Gebäudebesitz alles Vermögen, das gewidmet ist der Ausübung eines stehenden Gewerbes in einer innerhalb des Reichsgebiets befindlichen Betriebsstätte (§ 3 Abs. 2 des Doppelsteuergesetzes).

Rechtshilfe.

§ 52. Die Besitzsteuerämter haben sich bei der Veranlagung der Besitzsteuer gegenseitig Rechtshilfe zu leisten. Das gilt insbesondere für die Ermittlung des Wertes des in auswärtigen Veranlagungsbezirken befindlichen Grund- und Betriebsvermögens eines Steuerpflichtigen.

Ermäßigung der Besitzsteuer.

§ 53. Der Anspruch auf eine Ermäßigung der Besitzsteuer gemäß § 27 Abs. 1 des Gesetzes ist nach den Verhältnissen am Ende des Veranlagungszeitraums zu beurteilen.

Berechnung der Besitzsteuer.

§ 54. [1] Nach Abschluß der Ermittlungen über den Vermögensstand des Steuerpflichtigen zu den maßgebenden Zeitpunkten ist die Besitzsteuer zu berechnen und das Ergebnis der Veranlagung in die Besitzsteuerliste einzutragen.

[2] Zum Grundvermögen (Spalte 3 der Besitzsteuerliste) sind zu rechnen alle im Inland belegenen Grundstücke eines Steuerpflichtigen einschließlich der unter § 3 des Gesetzes fallenden Berechtigungen, soweit sie nicht dem Betrieb eines Bergbaues oder eines Gewerbes dienen, mit allem Zubehör.

[3] Zum Betriebsvermögen (Spalte 4 der Besitzsteuerliste) gehört das gesamte, dem inländischen Betriebe der Land- oder Forstwirtschaft, des Bergbaues oder eines Gewerbes dienende Vermögen eines Steuerpflichtigen. Das dem Betriebe der Land- oder Forstwirtschaft auf eigenen selbstbewirtschafteten Grundstücken und zugepachteten Grundstücken dienende Vermögen ist jedoch in Spalte 3, die dem Betriebe des Bergbaues oder eines Gewerbes dienenden Grundstücke und unter § 3 des Gesetzes fallende Berechtigungen sind in Spalte 4 der Besitzsteuerliste nachzuweisen. Der Betrieb der Gärtnerei gilt, je nachdem die Bodenbewirtschaftung überwiegt oder nicht, als landwirtschaftlicher oder als gewerblicher Betrieb.

[4] Alles sonstige Vermögen eines Steuerpflichtigen ist als Kapitalvermögen in Spalte 5 der Besitzsteuerliste aufzuführen.

[5] Zur Berechnung der Besitzsteuer dient die beigefügte Hilfstafel.

Steuerbescheid.

§ 55. [1] Dem Steuerpflichtigen ist ein Steuerbescheid nach Anleitung des Musters 3 zu erteilen. Er hat zu enthalten

den Betrag der zu zahlenden Besitzsteuer,
die Berechnungsgrundlagen der angeforderten Steuer,
die Höhe des Endvermögens, dessen Feststellung für eine spätere Veranlagung zur Besitzsteuer maßgebend ist,
eine Belehrung über die zulässigen Rechtsmittel unter Angabe der Rechtsmittelfristen und Bezeichnung der Behörden, bei denen die Rechtsmittel einzulegen sind,
die Anweisung zur Entrichtung der Besitzsteuer in den gesetzlichen Teilbeträgen innerhalb der vorgeschriebenen Zahlungsfristen,
einen Hinweis auf die Zulässigkeit der Vorauszahlung der späteren Teilbeträge,
die Bezeichnung der zur Empfangnahme der Zahlung zuständigen Kassenstelle.

[2] In dem Steuerbescheid ist anzugeben, in welchen Punkten bei der Feststellung des steuerbaren Vermögens von der Besitzsteuererklärung abgewichen worden ist. Eine Begründung der Abweichungen ist nicht erforderlich.

Feststellungsbescheid.

§ 56. [1] Hat sich kein oder nur ein steuerfreier Vermögenszuwachs ergeben, so ist dem Steuerpflichtigen ein Bescheid über die Feststellung des Anfangsvermögens (§ 21) zu erteilen, falls dieses mehr als zwanzigtausend Mark beträgt und nicht bereits gemäß § 47 des Wehrbeitraggesetzes oder später gemäß § 65 des Besitzsteuergesetzes festgestellt ist.

[2] Der Feststellungsbescheid, für den das Muster 4 als Anhalt dient, hat wie der Steuerbescheid eine Belehrung über die zulässigen Rechtsmittel und eine Bezeichnung der Punkte zu enthalten, in welchen bei der Feststellung des Vermögens von der Besitzsteuererklärung abgewichen worden ist.

§ 57. [1]Der Steuerbescheid oder der Feststellungsbescheid ist dem Steuerpflichtigen oder seinem gesetzlichen oder bevollmächtigten Vertreter zuzustellen. Ist der Steuerpflichtige vor Zustellung des Steuerbescheids gestorben, so ist dieser Bescheid, der dann eine Feststellung des für eine künftige Veranlagung zur Besitzsteuer maßgebenden Vermögensstandes nicht mehr zu enthalten hat, den im § 17 Abs. 2 bezeichneten Personen zuzustellen.

[2]Die Zustellung hat nach den in dem betreffenden Bundesstaate für amtliche Zustellungen in Landessteuersachen maßgebenden Vorschriften zu erfolgen.

§ 58. Ist den in die Besitzsteuerliste aufgenommenen Personen gemäß § 65 Abs. 1 des Besitzsteuergesetzes weder ein Steuer- noch ein Feststellungsbescheid zu erteilen, so ist gleichwohl das für das Ende des Veranlagungszeitraums ermittelte Vermögen sowie das für eine spätere Besitzsteuerveranlagung in Betracht kommende Anfangsvermögen in der Besitzsteuerliste zu vermerken.

Erhebung.

§ 59. Über die Erhebung der Besitzsteuer ist ein Sollbuch nach Muster 5 für je einen ganzen Erhebungszeitraum (§ 24 des Gesetzes) und ein Einnahmebuch nach Muster 6 für je ein Rechnungsjahr zu führen. Abweichungen in der Führung des Einnahmebuchs sind mit Zustimmung des Reichskanzlers zulässig.*)

§ 60. [1]Das Besitzsteueramt hat nach der Veranlagung zur Besitzsteuer alsbald auf Grund der festgestellten Besitzsteuerliste für jeden Erhebungsbezirk ein Sollbuch unter Ausfüllung der Spalten 1 bis 4 aufzustellen. Das Sollbuch ist in Spalte 4 aufzurechnen und auf dem Titelblatte mit Feststellungsbescheinigung zu versehen.

[2]Die Erhöhung oder Herabsetzung der zum Soll gestellten Besitzsteuer im Rechtsmittel-, Berichtigungs-, Neu- oder Nachveranlagungsverfahren (§ 38 Abs. 3, § 43 Abs. 2, § 44 Abs. 2, § 45 Satz 2, § 66 Abs. 1, § 73 Satz 2 des Gesetzes) kommt in den Spalten 5 und 6 zur Darstellung. Die Inabgangstellung des Sollbetrags

*) Muster 5 und 6 sind wie alle Formulare, die nur den inneren Dienst der Besitzsteuerämter selbst betreffen, hier nicht abgedruckt.

infolge Überweisung der Besitzsteuer bei Verlegung des Wohnsitzes des Steuerpflichtigen (§ 64) erfolgt in Spalte 6. Die Ausfüllung dieser Spalten geschieht durch die Hebestelle. Die Spalte 7 (Berichtigtes Soll) ist erst beim Abschluß des Sollbuchs auszufüllen.

³ Das Sollbuch wird am Schlusse des auf den Erhebungszeitraum folgenden Rechnungsjahrs — das Sollbuch für den Erhebungszeitraum 1917 bis 1919 also am 31. März 1921 — durch die Hebestelle in den Spalten 5 ff. aufgerechnet und abgeschlossen. Die nach Spalte 12 verbliebenen Rückstände werden in die Restnachweisung (§ 72) übernommen. Unter dem Abschluß des Sollbuchs ist von einem an der Kassenführung nicht beteiligten Beamten zu bescheinigen, daß die nach Spalte 12 verbliebenen Rückstände sämtlich in die Restnachweisung übertragen worden sind.

§ 61. Die oberste Landesfinanzbehörde kann im Einverständnisse mit dem Reichskanzler anordnen, daß von der Führung eines besonderen Sollbuchs abzusehen ist. In diesem Falle ist die Besitzsteuerliste mit dem Sollbuch durch Aufnahme der Spalten 5 ff. des Sollbuchs zu verbinden.

§ 62. In den Einnahmebüchern für die Rechnungsjahre 1920, 1921 und 1922 sind wegen der Vorschrift des § 86 des Gesetzes je besondere Einnahmespalten für die Einnahmen aus dem Erhebungszeitraum 1917 bis 1919 und die Einnahmen aus dem Erhebungszeitraum 1920 bis 1922 anzulegen.

Stundung, Teilzahlung und Sicherstellung.

§ 63. ¹ Stundung oder andere als die gesetzlichen Teilzahlungen kann das Besitzsteueramt auf Antrag bewilligen, wenn die sofortige Einziehung der fälligen Besitzsteuerteilbeträge am Fälligkeitstage mit erheblichen Härten für den Steuerpflichtigen verbunden sein würde, oder soweit im Falle der Anfechtung eines Steuerbescheids das Rechtsmittelverfahren voraussichtlich zu einer Aufhebung oder Herabsetzung der Besitzsteuer führen wird.

² Die oberste Landesfinanzbehörde kann im Einverständnisse mit dem Reichskanzler die Bewilligung von

Stundung oder Teilzahlung der Erhebungsbehörde übertragen.

[3] Stundung der Besitzsteuer oder deren Entrichtung in anderen als den gesetzlichen Teilzahlungen darf nur bis zu drei Jahren, von der Fälligkeit des einzelnen gesetzlichen Teilbetrags an gerechnet, bewilligt werden.

[4] Stundung oder Bewilligung von Teilzahlungen ist in allen für eine Sicherheitsleistung geeigneten Fällen nur gegen eine solche zulässig. Die Art der Sicherheitsleistung richtet sich nach den landesrechtlichen Bestimmungen. Zur Stundung eines fünfhundert Mark übersteigenden Betrags oder für länger als sechs Monate nach Fälligkeit der einzelnen Teilbeträge ist die Genehmigung der Oberbehörde oder einer anderen von der obersten Landesfinanzbehörde bestimmten Behörde erforderlich.

[5] Die Gewährung von anderen als den gesetzlichen Teilzahlungen ist an die Bedingung zu knüpfen, daß bei dem Ausbleiben auch nur einer Teilzahlung die sofortige Beitreibung der nach der gesetzlichen Vorschrift bis dahin fälligen Besitzsteuerbeträge erfolgen würde.

[6] Eine Verzinsung der gestundeten Besitzsteuer findet nicht statt.

[7] Stundung und Entrichtung von Teilzahlungen sind durch das Sollbuch und nach dessen Abschluß durch die Restnachweisung (§ 72) zu überwachen.

Überweisung der Besitzsteuer bei Verlegung des Wohnsitzes des Steuerpflichtigen.

§ 64. [1] Verlegt der Steuerpflichtige seinen Wohnsitz in den Bezirk eines anderen Besitzsteueramts, so hat die Erhebung der Besitzsteuer durch die für den neuen Wohnsitz zuständige Hebestelle zu erfolgen.

[2] Die bisherige Hebestelle stellt den noch rückständigen Teil der Besitzsteuer in Spalte 6 des Sollbuchs in Abgang und übersendet ihrem Besitzsteueramt unter Angabe der Wohnsitzänderung einen beglaubigten Auszug aus dem Sollbuch (Spalte 1 bis 11, 14, 15) in zweifacher Ausfertigung.

§ 65. [1] Das bisher zuständige Besitzsteueramt hat die noch nicht gezahlten Besitzsteuerbeträge dem für den neuen Wohnort zuständigen Besitzsteueramt unter Übersendung je eines Auszugs aus der Besitzsteuerliste und aus dem Sollbuch zur Einziehung zu überweisen. Beizufügen sind die den Steuerpflichtigen betreffenden Verhandlungen. Die Überweisung ist in der Bemerkungsspalte der Besitzsteuerliste zu vermerken, und der überwiesene Betrag ist am Schlusse der Besitzsteuerliste in Spalte 16 von dem aufgerechneten Gesamtsteuerbetrag abzusetzen.

[2] Das Besitzsteueramt des neuen Wohnorts nimmt die überwiesene Besitzsteuer in eine Zugangsliste zur Besitzsteuerliste (§ 11) auf und übersendet der nunmehr zuständigen Hebestelle den Auszug aus dem Sollbuch unter Angabe der Nummer der Zugangsliste. Die Hebestelle trägt den Besitzsteuerbetrag in das Besitzsteuer-Sollbuch unter einer neuen Abteilung mit der Überschrift „Zugänge an Besitzsteuer" ein. Daß dies geschehen, ist dem Besitzsteueramt unter Angabe der Nummer des Sollbuchs alsbald anzuzeigen. Die Mitteilung des Besitzsteueramts wird Beleg zum Sollbuch.

[3] Demnächst bestätigt das Besitzsteueramt (unter Angabe der Nummer seiner Zugangsliste) dem bisherigen Besitzsteueramte die Übernahme der Besitzsteuer. Letzteres teilt der bisherigen Hebestelle die erfolgte Überweisung mit; die Mitteilung wird Beleg zum Sollbuch.

[4] Gleichzeitig ist der Steuerpflichtige von der Überweisung mit der Aufforderung in Kenntnis zu setzen, weitere Zahlungen an die neue Hebestelle zu leisten.

[5] Für die Überweisung innerhalb eines Bundesstaats kann die oberste Landesfinanzbehörde Abweichendes bestimmen.

Ableben des Steuerpflichtigen.

§ 66. [1] Ist der Steuerpflichtige nach Veranlagung und Insollstellung der Besitzsteuer gestorben, so sind die noch nicht gezahlten Besitzsteuerbeträge nach Fälligkeit von den Erben einzuziehen. Die Hebestelle hat das Ableben des Steuerpflichtigen dem Besitzsteueramt anzuzeigen.

[2] War dem Verstorbenen eine Stundung der Besitzsteuer bewilligt worden, so erlischt die Bewilligung mit seinem Ableben.

[3] Im Falle des Todes eines Steuerpflichtigen findet eine Überweisung der Besitzsteuer zur Einziehung nicht statt.

§ 67. Die gemäß § 40 des Erbschaftssteuergesetzes, §§ 2, 3 der Erbschaftssteuer-Ausführungsbestimmungen den Erbschaftssteuerämtern einzureichenden Totenlisten und Mitteilungen über Todeserklärungen werden nach näherer Bestimmung der obersten Landesfinanzbehörde auch den Besitzsteuerämtern so zeitig zur Verfügung gestellt, daß diese innerhalb der im § 62 Abs. 1 des Gesetzes vorgeschriebenen Frist in Fällen, in denen ein besonderer Anlaß hierzu besteht, von den pflichtigen Personen die Einreichung eines Verzeichnisses über das von einem Verstorbenen hinterlassene Kapital- und Betriebsvermögen verlangen können.

Niederschlagung.

§ 68. Zur Niederschlagung von Besitzsteuerbeträgen wegen Uneinbringlichkeit sind nur die Oberbehörden zuständig. Die Niederschlagung darf nur dann erfolgen, wenn keine Aussicht zur Einziehung der geschuldeten Beträge mehr besteht. Die Niederschlagung ist in der Besitzsteuerliste zu vermerken und der Hebestelle mitzuteilen. Die Mitteilung wird Beleg zum Sollbuch.

Anderweite Veranlagung und Erstattung der Besitzsteuer.

§ 69. [1] Gegen einen Nachveranlagungsbescheid auf Grund von § 38 Abs. 3 Satz 2, § 45 Satz 2, § 46 des Gesetzes sowie gegen einen Neuveranlagungsbescheid auf Grund von § 73 Satz 2 des Gesetzes stehen dem Steuerpflichtigen die gleichen Rechtsmittel zu wie gegen den Steuerbescheid. Von einer Nachveranlagung kann, sofern eine solche nicht gleichzeitig für die Kriegssteuer erforderlich wird, abgesehen werden, wenn der nachzufordernde Mehrbetrag an Besitzsteuer den Betrag von dreißig Mark nicht übersteigt.

[2] Gegen den Bescheid des Besitzsteueramts, durch den die Veranlagung zugunsten des Steuerpflichtigen auf Grund von § 38 Abs. 3 Satz 1, § 43 Abs. 2, § 44 Abs. 2, § 46 des Gesetzes berichtigt wird, oder die auf Grund dieser Vorschriften beantragte Berichtigung der Veranlagung abgelehnt wird, steht dem Steuerpflichtigen

nach näherer Bestimmung der obersten Landesfinanzbehörde die Beschwerde im Verwaltungsweg offen.

3 Soweit die Besitzsteuer infolge eines offenbaren Versehens zu Unrecht bezahlt worden ist, hat eine Erstattung auf Antrag des Steuerpflichtigen und, wenn die Überhebung mindestens fünf Mark beträgt, auch von Amts wegen durch die Oberbehörde zu erfolgen.

4 Dem Antrag auf Berichtigung der Veranlagung (Abs. 2) oder Erstattung von Besitzsteuer (Abs. 3) ist nur zu entsprechen, wenn er innerhalb eines Jahres nach Ablauf des Erhebungszeitraums gestellt worden ist. Wird der Antrag auf Tatsachen gestützt, die erst nach Ablauf des Erhebungszeitraums eingetreten sind, so beginnt die einjährige Frist mit dem Tage, an dem der Antragsteller von diesen Tatsachen Kenntnis erhalten hat.

5 Im übrigen kann eine rechtskräftige Veranlagung zugunsten des Steuerpflichtigen nur im Wege des Billigkeitserlasses durch den Bundesrat geändert werden. § 31 Abs. 2 der Kriegssteuer-Ausführungsbestimmungen gilt entsprechend für die erstmalige Veranlagung der Besitzsteuer.

6 Wenn nach Ansicht des Besitzsteueramts die Besteuerung von nachweislich aus der Veräußerung ausländischen Grund- oder Betriebsvermögens herrührenden Vermögensbeträgen oder von solchen zum ausländischen Grund- oder Betriebsvermögen gehörigen Gegenständen, die während des Veranlagungszeitraums ins Inland verbracht worden sind, eine besondere Härte darstellt, so kann das Besitzsteueramt die Erhebung des Mehrbetrags, der von dem Steuerpflichtigen zu zahlen ist, weil ausländisches Grund- oder Betriebsvermögen vom Wehrbeitrag freigeblieben ist, vorläufig aussetzen und dem Steuerpflichtigen anheimstellen, binnen einem Monat den Erlaß dieses Betrags zu beantragen. Derartige Anträge sind bei dem Besitzsteueramt anzubringen und mit einer gutachtlichen Äußerung der Oberbehörde durch Vermittlung der obersten Landesfinanzbehörde dem Bundesrate vorzulegen.

§ 70. Die nach § 69 Satz 2 des Gesetzes zu vergütenden Zinsen für die auf Grund rechtskräftiger Entscheidung zu erstattenden Beträge sind wie Erstattungen an Besitzsteuer zu Lasten der Reichskasse zu verrechnen.

§ 71. [1] Wird im Rechtsmittel-, Berichtigungs-, Neu- oder Nachveranlagungsverfahren (§ 38 Abs. 3, § 43 Abs. 2, § 44 Abs. 2, § 66 Abs. 1, § 73 Satz 2 des Gesetzes) die Besitzsteuer anderweit veranlagt oder infolge eines offenbaren Versehens zu Unrecht gezahlte Besitzsteuer erstattet oder Besitzsteuer vom Bundesrat aus Billigkeitsgründen erlassen (§ 69 Abs. 3 und 5), so hat das Besitzsteueramt die Eintragungen in den Spalten 3 ff. der Besitzsteuerliste (Zugangsliste) mit roter Tinte zu berichtigen.

[2] Die Erhöhung oder Herabsetzung der Besitzsteuer (Zugang oder Abgang) ist der Hebestelle behufs Eintragung in die Spalten 5 und 6 des Sollbuchs mitzuteilen. Die Mitteilung wird Beleg zum Sollbuch.

Rückstände von Besitzsteuerbeträgen und Restnachweisung.

§ 72. [1] Sind am Schlusse des auf den Erhebungszeitraum folgenden Jahres beim Abschluß des Sollbuchs die zum Soll gestellten Besitzsteuerbeträge noch nicht oder nicht vollständig zur Hebung gelangt, so sind die Rückstände in die Restnachweisung einzutragen und dort weiter abzuwickeln.

[2] Die Restnachweisung wird nach dem Muster 7*) geführt. Von einem an der Kassenführung nicht beteiligten Beamten ist auf dem Titelblatte der Restnachweisung zu bescheinigen, daß die beim Abschluß des Sollbuchs rückständig gebliebenen Sollbeträge in die Restnachweisung übertragen worden sind.

[3] Einzahlungen auf diese Reste sind im Einnahmebuche zu buchen.

[4] Eine Überweisung der in die Restnachweisung übernommenen Beträge findet im Falle des Wegzugs des Steuerpflichtigen in einen anderen Bezirk nicht statt.

Unterbliebene Veranlagung der Besitzsteuer.

§ 73. [1] Besitzsteuern, welche wegen zu Unrecht unterbliebener Veranlagung erst später veranlagt werden, sind

---

*) Siehe oben Fußnote zu § 59.

in der Zugangsliste zur Besitzsteuerliste und in dem Besitzsteuer-Sollbuche (Zweite Abteilung) oder nach dessen Abschluß in der Restnachweisung nachzuweisen. Die Bestimmungen im § 65 Abs. 2 finden sinngemäße Anwendung.

²Sind die im § 70 Abs. 1 des Gesetzes vorgesehenen gesetzlichen Zahlungsfristen bereits verstrichen, so ist die Besitzsteuer binnen vier Wochen nach Zustellung des Steuerbescheids zu entrichten.

§ 74. ¹Hinsichtlich des Verwaltungsstrafverfahrens, der Strafmilderung und des Erlasses der Strafe im Gnadenwege sowie hinsichtlich der Strafvollstreckung und der Verjährung der Strafverfolgung kommen, auch für die von der Zollgrenze ausgeschlossenen Gebietsteile, die sich auf Zollstrafen beziehenden Vorschriften mit der Maßgabe zur Anwendung, daß an die Stelle der Hauptzollämter und Zolldirektivbehörden die Besitzsteuerämter und Oberbehörden (§ 49 des Gesetzes) oder andere durch die Landesregierung bestimmte Behörden treten.

²Bei Zuwiderhandlungen gegen die Geheimhaltungspflicht (§ 82 des Gesetzes) findet die Strafverfolgung nur im gerichtlichen Verfahren statt

§ 75. Die festgesetzten Geldstrafen fallen der Staatskasse des Bundesstaats zu, von dessen Behörde die Strafentscheidung getroffen ist

Aktenführung.

§ 76. Über jeden einzelnen in die Besitzsteuerliste aufgenommenen Steuerpflichtigen sind Akten anzulegen, in welche alle auf die Veranlagung zur Besitzsteuer bezüglichen Mitteilungen, Besitzsteuererklärungen, Anträge und sonstigen Schriftstücke nach der Zeitfolge geordnet aufzunehmen sind Die Wehrbeitragsakten können als Besitzsteuerakten weitergeführt werden. Die Akten sind derart zu führen, daß sich eine Nachprüfung nach ihrem Inhalt ermöglichen läßt

Aufbewahrungsfristen.

§ 77. Die Wehrbeitragslisten A, die Besitzsteuerlisten und die Kassenbücher sind nach Abschluß des Veranlagungsverfahrens noch fünfzehn Jahre aufzubewahren Die Wehrbeitragsakten der natürlichen Personen und die

Besitzsteuerakten können nach Ablauf des zehnten, auf den Tod eines Steuerpflichtigen folgenden Jahres ausgeschieden und vernichtet werden.

Prüfungsverfahren.

§ 78. [1] Die Besitzsteuer-Sollbücher, die an deren Stelle getretenen ergänzten Besitzsteuerlisten (§ 61), die Restnachweisungen und die Besitzsteuer-Einnahmebücher nebst den dazugehörigen Belegen sind durch die Oberbehörden nachzuprüfen. Zu diesem Zwecke sind je nach Ablauf des auf einen Erhebungszeitraum folgenden Rechnungsjahrs die Sollbücher und die an deren Stelle getretenen Besitzsteuerlisten für den abgelaufenen Erhebungszeitraum, die Restnachweisungen für den vorvergangenen Erhebungszeitraum und die Einnahmebücher für die letzten vier Rechnungsjahre nebst den dazugehörigen Belegen der Oberbehörde einzureichen. Die oberste Landesfinanzbehörde kann anordnen, daß die Nachprüfung der Bücher und Belege an den Amtssitzen der Besitzsteuerämter und Hebestellen durch abgeordnete Beamte der Oberbehörde stattzufinden hat.

[2] Inwieweit sich die Prüfung der Oberbehörde auch auf die einzelnen Veranlagungen zur Besitzsteuer zu erstrecken hat, bestimmt die oberste Landesfinanzbehörde.

[3] Die Landesregierung kann die Prüfung anderen Behörden als den nach § 1 Abs. 1 bestimmten Oberbehörden übertragen. Diese Behörden sind unter Angabe ihrer Amtsbezirke dem Reichskanzler mitzuteilen.

Kosten.

§ 79. [1] Das Verfahren in Besitzsteuerangelegenheiten ist, soweit nicht hinsichtlich der Kosten in den §§ 60, 85 des Gesetzes ein anderes bestimmt ist, kosten-, gebühren- und stempelfrei.

[2] Zu den Kosten des Verfahrens ist auch die Postgebühr zu rechnen, welcher die Sendungen der Besitzsteuerämter und Hebestellen an die Steuerpflichtigen unterliegen; sie fällt daher den letzteren nicht zur Last. Dagegen haben die Steuerpflichtigen die Postgebühr für die von ihnen an die bezeichneten Behörden zu richtenden Sendungen zu tragen.

Abrechnung über die Besitzsteuer und Aufstellung der Einnahmeübersichten.

§ 80. [1] Über den Ertrag der Besitzsteuer ist von den durch die Landesregierungen bestimmten Kassen mit der Reichshauptkasse nach Maßgabe der „Bestimmungen zur Regelung der Abrechnungen zwischen der Reichshauptkasse und den Landeskassen vom 23. Juni 1910*)" abzurechnen. Entsprechend den Vorschriften im § 4 dieser Abrechnungsbestimmungen sind ferner besondere monatliche und vierteljährliche Übersichten der Einnahme an Besitzsteuer aufzustellen, aus denen sich das Gesamtaufkommen (die eingezahlten Beträge) an Besitzsteuer einschließlich der Nacherhebungen und abzüglich der Erstattungen (Zurückzahlungen), der Betrag der Vergütung an die Bundesstaaten für die Veranlagung und Erhebung der Besitzsteuer (§ 86 des Gesetzes) und bis zum Rechnungsjahr 1919 auch der Betrag der nach § 87 des Gesetzes den Bundesstaaten etwa zu gewährenden Sonderentschädigungen für den Ausfall an Erbschaftssteuer sowie der an die Reichskasse abzuführende Betrag ergeben.

[2] Die Übersichten sind den in den Abrechnungsbestimmungen bezeichneten Behörden oder Dienststellen innerhalb der daselbst angegebenen Fristen einzureichen. Statt dessen können die Angaben in die allgemeinen Reichssteuerübersichten aufgenommen werden.

[3] Die Oberbehörden für die Besitzsteuer (§ 1) gelten im Sinne der Abrechnungsbestimmungen als Direktivbehörden.

§ 81. Die Landesregierung kann die den Direktivbehörden nach den Abrechnungsbestimmungen übertragenen Geschäfte anderen Behörden als den nach § 1 bestimmten Oberbehörden übertragen. Die Behörden sind unter Angabe ihrer Amtsbezirke dem Reichskanzler (Reichsschatzamt) mitzuteilen.

Übergangsbestimmungen.

§ 82. [1] Der Durchschnittsbetrag, um welchen die Einnahme an Erbschaftssteuer in den im § 87 Abs. 1 des Gesetzes bezeichneten Bundesstaaten in den Rechnungs-

---

*) Zentralbl. für das Deutsche Reich 1910 S. 352.

jahren 1913 bis 1915 niedriger gewesen wäre, wenn die wegen der Besitzsteuer eingeführte Ermäßigung bereits während der Rechnungsjahre 1913 bis 1916 bestanden hätte, wird vom Bundesrate besonders festgesetzt.

[2] Die hiernach festgesetzten Durchschnittsbeträge bilden nach Abzug

a) des Unterschieds zwischen der Einnahme, welche die Bundesstaaten noch in den Rechnungsjahren 1917 bis 1919 aus der nicht ermäßigten Besteuerung von vor dem 1. April 1917 eingetretenen Erbfällen gehabt haben, und der Einnahme, welche sie aus diesen Erbfällen gehabt hätten, wenn auf sie bereits die Ermäßigung wegen der Besitzsteuer in Anwendung gekommen wäre,

b) von zehn vom Hundert der nach dieser Kürzung noch verbleibenden Beträge

das Soll der nach § 87 des Gesetzes den Bundesstaaten auf die betreffenden Zeiträume für den Fortfall der Erbschaftssteuer zu gewährenden Vergütungen.

Anlage 1.
(Ausführungsbestimmungen § 60).

Hilfstafel

über den gegenwärtigen Gesamtwert einer Rente oder Nutzung im Werte von 1 Mark auf eine bestimmte Anzahl von Jahren zur Berechnung der davon zu entrichtenden Besitzsteuer. (Zu § 37 Abs. 1 des Gesetzes.)

Anzahl der Jahre	Gesamtwert		Anzahl der Jahre	Gesamtwert		Anzahl der Jahre	Gesamtwert	
	Mark	Pf		Mark	Pf.		Mark	Pf.
1	1	0,0	29	17	66,8	57	23	22,0
2	1	96,2	30	17	98,4	58	23	32,7
3	2	88,0	31	18	29,0	59	23	43,0
4	3	77,5	32	18	58,9	60	23	52,8
5	4	63,0	33	18	87,1	61	23	62,4
6	5	45,1	34	19	14,8	62	23	71,5
7	6	24,2	35	19	41,1	63	23	80,8
8	7	00,2	36	19	66,5	64	23	88,7
9	7	73,8	37	19	90,8	65	23	96,9
10	8	43,5	38	20	14,8	66	24	04,7
11	9	11,1	39	20	36,8	67	24	12,2
12	9	76,0	40	20	58,5	68	24	19,4
13	10	38,5	41	20	79,3	69	24	26,4
14	10	98,6	42	20	99,3	70	24	33,0
15	11	56,8	43	21	18,6	71	24	39,5
16	12	11,8	44	21	37,1	72	24	45,6
17	12	65,2	45	21	54,9	73	24	51,6
18	13	16,6	46	21	72,0	74	24	57,3
19	13	65,9	47	21	88,5	75	24	62,8
20	14	13,4	48	22	04,3	76	24	68,0
21	14	59,0	49	22	19,5	77	24	73,1
22	15	02,9	50	22	34,2	78	24	78,0
23	15	45,1	51	22	48,2	79	24	82,7
24	15	85,7	52	22	61,8	80	24	87,3
25	16	24,7	53	22	74,8	81	24	91,5
26	16	62,3	54	22	87,3	82	24	95,7
27	16	98,8	55	22	99,3	83	24	99,7
28	17	33,0	56	23	10,9	84 und mehr	25	00,0

Die bayerischen Vollzugsvorschriften zum Reichsbesitzsteuergesetz.

A. Königliche Verordnung zum Vollzuge des Besitzsteuergesetzes vom 3. Juli 1913.

Vom 16. Dezember 1916.

(Gesetz- und Verordnungsblatt für das Königreich Bayern, Nr. 71 vom 18. Dezember 1916, S. 635 f.)

Ludwig III.

von Gottes Gnaden König von Bayern, Pfalzgraf bei Rhein, Herzog von Bayern, Franken und in Schwaben usw. usw.

Wir finden Uns bewogen, mit Bezug auf § 49, § 63 Abs. 2 und § 66 Abs. 1 des Besitzsteuergesetzes vom 3. Juli 1913 (RGBl. S. 524) sowie auf die zu diesem Gesetz ergangenen Ausführungsbestimmungen des Bundesrats zu verordnen, was folgt:

§ 1. I Die Vorbereitung der Veranlagung und die Berechnung der Besitzsteuer, die Erteilung der Besitzsteuer- und der Feststellungsbescheide, die Erhebung der Besitzsteuer, das Berichtigungsverfahren und die Abgangstellung, die Neuveranlagung und die Nachveranlagung, die Beschlußfassung über die Kostentragung und die Verrechnung der Besitzsteuer erfolgt durch die Rentämter als Besitzsteuerämter und Hebestellen.

II Als Oberbehörden werden die Regierungen, Kammern der Finanzen, bestimmt.

III Die Feststellung der Grundlagen für die Veranlagung und Berechnung der Besitzsteuer erfolgt durch die nach Maßgabe der Art. 37 bis 41 des Einkommensteuergesetzes vom 14. August 1910 gebildeten Steuerausschüsse unter entsprechender Anwendung der Art. 42 bis 47 des Einkommensteuergesetzes.

§ 2. I Die Gemeindebehörden haben bei der Veranlagung der Besitzsteuer in demselben Umfange wie bei der Veranlagung der Einkommensteuer mitzuwirken. Sie haben insbesondere auf Verlangen der Steuerpflichtigen mündlich abgegebene Besitzsteuererklärungen zu Protokoll zu nehmen, sowie schriftlich bei ihnen eingereichte Besitzsteuererklärungen entgegenzunehmen und unverzüglich dem Rentamte zu übermitteln. Verschlossen abgegebene Besitzsteuererklärungen sind dem Rentamt uneröffnet vorzulegen.

II Die Notare sind verpflichtet, Aufschlüsse zu erteilen und Einsicht der ihnen zur Verfügung stehenden amtlichen Behelfe zu gestatten im gleichen Umfange wie nach Art. 35 Abs. II des Einkommensteuergesetzes.

§ 3. I Gegen den rentamtlichen Besitzsteuer- und den Feststellungsbescheid sind die Rechtsmittel zulässig, die den Steuerpflichtigen gemäß den Art. 49, 59, 70 Abs. III, 72 Abs. VII des Einkommensteuergesetzes gegen die Heranziehung zur Einkommensteuer zustehen.

II Diese Rechtsmittel sind — vorbehaltlich der im § 66 Abs. 3 des Besitzsteuergesetzes getroffenen Sonderbestimmung — nach Maßgabe der in den Art. 49 bis 64 des Einkommensteuergesetzes enthaltenen Vorschriften einzulegen und weiter zu behandeln.

§ 4. Die zum Vollzuge des Besitzsteuergesetzes weiter erforderlichen Vorschriften werden vom Staatsministerium der Finanzen erlassen.

München, den 16. Dezember 1916.

Ludwig.

v. Thelemann. v. Breunig. Dr. v. Brettreich.

Auf allerhöchsten Befehl:

Der Generalsekretär:

Ministerialrat Dr. Deybeck.

B. Bekanntmachung zum Vollzuge des Besitzsteuergesetzes vom 3. Juli 1913.

Vom 16. Dezember 1916.

(Gesetz- und Verordnungsblatt für das Königreich Bayern, Nr. 71 vom 18. Dezember 1916, S. 638 ff.)

K. Staatsministerium der Finanzen.

Zum Vollzuge des Besitzsteuergesetzes und der Ausführungsbestimmungen des Bundesrats (GVBl. 1916 S. 510) werden nachstehende Vorschriften erlassen.

I. Besitzsteuerämter und Oberbehörden; Zuständigkeit.

§ 1. [I] Die Vorbereitung der Veranlagung und die Berechnung der Besitzsteuer, die Erteilung der Steuer- und der Feststellungsbescheide, die Erhebung der Besitzsteuer, das Berichtigungsverfahren und die Abgangstellung, die Neuveranlagung und die Nachveranlagung, die Beschlußfassung über die Kostentragung und die Verrechnung der Besitzsteuer obliegt den Rentämtern unter Leitung der Regierungsfinanzkammern und unter Oberaufsicht des Staatsministeriums der Finanzen.

[II] In München sind die Stadtrentämter München II und München III, in Nürnberg die Rentämter Nürnberg II und Nürnberg III zuständig. Für die behördliche Schätzung nach § 35 des Gesetzes, § 49 Abs. 1 der Ausführungsbestimmungen ist in München das Stadtrentamt München III, in Nürnberg das Rentamt Nürnberg III zuständig. Die für die Besitzsteuerämter in München und Nürnberg bestimmten Ersuchschreiben anderer Bundesstaaten sind, soweit sie nicht diese Schätzung betreffen, an das Stadtrentamt München II und an das Rentamt Nürnberg II zu richten. Diese Rentämter haben die Ersuchschreiben erforderlichenfalls an das zuständige Besitzsteueramt zu übermitteln.

§ 2. Zuständig ist — vorbehaltlich der Bestimmungen über die Zuständigkeit der Bundesstaaten (§ 48 des Gesetzes und § 2 der AusfBest.) — das Rentamt, in dessen Bezirke der Steuerpflichtige nach den Vorschriften der Art. 22 des EinkStG. und § 42 der VollzVorschr. zum EinkStG. zu veranlagen ist oder zu veranlagen wäre.

§ 3. Ergeben sich bei einem Rentamte Zweifel, ob die Besitzsteuer von ihm oder von dem Besitzsteueramt eines anderen Bundesstaats zu veranlagen ist, so hat das Rentamt unter Vorlage der Akten die Entscheidung der vorgesetzten Regierungsfinanzkammer zu erholen. Erkennt das Besitzsteueramt eines anderen Bundesstaats eine ihm angesonnene Zuständigkeit zur Veranlagung der Besitzsteuer nicht an, so sind die Akten dem Staatsministerium der Finanzen vorzulegen, damit erforderlichen Falles die Entscheidung des Bundesrats (§ 48 Abs. 4 Satz 2 des Gesetzes) eingeholt wird.

II. Verfahren bis zur Erlassung des Steuer- und Feststellungsbescheids.

1. Vorbereitung der Veranlagung.

a) Ermittlung der steuerpflichtigen Personen, Aufstellung der Besitzsteuerliste.

§ 4. I Die Tätigkeit der Rentämter hat mit der Aufstellung der Besitzsteuerliste zu beginnen. Zu diesem Zwecke sind für jeden Veranlagungsbezirk die Personen zu ermitteln und in die Besitzsteuerliste einzutragen, die nach den Wehrbeitragslisten und den Zugangslisten hierzu, nach der Steuerveranlagung für das letzte Jahr des Veranlagungszeitraums und nach den Vorbereitungen zur Steuerveranlagung für das auf den Veranlagungszeitraum folgende Jahr (Art. 23, 24, 26 des EinkStG., §§ 44, 45, 46 der VollzVorschr. hierzu) unter Berücksichtigung der dem Rentamte mitgeteilten Zu- und Abgänge für die Veranlagung zur Besitzsteuer in Frage kommen. Die Besitzsteuerliste soll jeweils bis Anfang Januar des auf den Veranlagungszeitraum folgenden Jahres aufgestellt sein.

II Die Besitzsteuerliste ist nach dem dem § 4 Abs. 2 der Ausführungsbestimmungen beigegebenen Muster 1 anzulegen.

III Für die Eintragung in die Besitzsteuerliste gelten die Vorschriften der §§ 5 mit 8 der Ausführungsbestimmungen.

IV In die Besitzsteuerliste sind Personen, bei deren Veranlagung ein Vermögen von mehr als 20000 ℳ nicht in Betracht kommt, nicht einzutragen. Vgl. jedoch für die erstmalige Besitzsteuerveranlagung § 5 der Vollzugsbekanntmachung zum Kriegssteuergesetz und § 7 der Ausführungsbestimmungen zum Kriegssteuergesetz.

V Die Benachrichtigungen nach § 7 der Ausführungsbestimmungen haben, wenn sie an ein nichtbayerisches Besitzsteueramt zu richten sind, alle aus den rentamtlichen Steuerakten usw. ersichtlichen Besteuerungsmerkmale zu enthalten (Höhe des Einkommens und der Erträge, der Betriebskapitalien, Flächenumfang, Bonitäten, Verhältniszahlen usw.). Besondere Benachrichtigungen nach § 7 der Ausführungsbestimmungen können, wenn sie an ein bayerisches Besitzsteueramt zu richten wären, unter der Voraussetzung unterbleiben, daß durch den Mitteilungsverkehr nach § 43 der VollzVorschr. z. Eink.-StG. dem Besitzsteueramte bereits alles für die Veranlagung der Besitzsteuer Sachdienliche bekannt geworden ist. Die Benachrichtigungen sind jeweils unverzüglich vorzunehmen und, wenn sich nach der Einkommensteuerveranlagung für das dem Veranlagungszeitraum folgende Jahr wesentliche Änderungen gegenüber den Benachrichtigungen ergeben, entsprechend zu berichtigen.

VI Die Ergänzung und Berichtigung der Besitzsteuerliste, sowie die Führung der Zugangsliste bemißt sich nach den Vorschriften der §§ 10, 11 der Ausführungsbestimmungen.

b) Besitzsteuererklärungen.

§ 5. I Als Frist für die Abgabe der Besitzsteuererklärung (§ 52 Abs. 1 des Gesetzes) wird mit Rücksicht auf die im § 12 Abs. 1 Satz 2 der Ausführungsbestimmungen erteilte Ermächtigung die Zeit vom 5. Januar bis 31. Januar des auf den Veranlagungszeitraum folgenden Jahres bestimmt. Bei der erstmaligen Veranlagung dürfen die Rentämter eine andere im Rahmen des § 12 Abs. 1 Satz 1 und 2 der Ausführungsbestimmungen bleibende Frist bestimmen.

II Diese Vorschrift gilt im allgemeinen auch für Steuerpflichtige, die Inhaber eines unter § 28 Abs. 2 des Gesetzes fallenden Betriebs sind und ihrer Besitzsteuererklärung den Abschluß für den 31. Dezember des letzten Jahres des Veranlagungszeitraums zugrunde legen. Erweist sich jedoch die Abgabe der Besitzsteuererklärung innerhalb der im Abs. I bestimmten Frist als nicht möglich, so können die Rentämter die Frist für die Abgabe der Besitzsteuererklärung entsprechend, jedoch keinesfalls über den 31. Mai des auf den Veranlagungszeitraum folgenden Jahres hinaus, verlängern. Eine entsprechende Verlängerung ist auf Verlangen ohne weiteres und stillschweigend in allen jenen Fällen zu gewähren, in denen der alljährliche Zeitpunkt der Festsetzung der Bilanz und ihrer Veröffentlichung nachweislich erst nach dem 1. Januar erfolgt.

III Anderen Personen, die nicht Inhaber eines unter § 28 Abs. 2 des Gesetzes fallenden Betriebs sind, kann die Frist zur Abgabe der Besitzsteuererklärung vom Rentamt auf Ansuchen angemessen verlängert werden, wenn glaubhaft dargetan wird, daß die Besitzsteuererklärung während der im Abs. I bestimmten Frist nicht möglich ist.

§ 6. I Am 29. Dezember des letzten Jahres des Veranlagungszeitraums haben die Rentämter die öffentliche Aufforderung zur Abgabe der Besitzsteuererklärung nach Maßgabe des § 14 der Ausführungsbestimmungen zu erlassen. Hierbei ist das als Anlage I beigereihte Muster zu benützen. Für die erstmalige Besitzsteuerveranlagung ist die öffentliche Aufforderung zur Abgabe der Besitzsteuererklärung mit der Aufforderung zur Abgabe der Steuererklärungen der Einzelpersonen zum Zwecke der Veranlagung der außerordentlichen Kriegsabgabe und zur Abgabe der Kriegssteuererklärungen der Gesellschaften zu verbinden. Hierbei ist das dem § 6 der Vollzugsbekanntmachung zum Kriegssteuergesetze beigegebene Muster I zu benützen. Die öffentliche Aufforderung ist außerdem durch die Gemeindebehörden sowie in der sonst ortsüblichen Weise bekannt zu machen. Nachweis über die Art und Dauer der Veröffentlichung der Bekanntmachung ist in der Form einer gemeindeamtlichen Bestätigung nach Ablauf der Frist für die Abgabe der Besitzsteuererklärung an das Rentamt zu übersenden.

II Um der öffentlichen Aufforderung bei ihrer Bedeutung für die rechtzeitige Abgabe der Besitzsteuererklärung eine besondere Verbreitung in allen beteiligten Kreisen zu sichern, ist sie ferner in allen Tages-Zeitungen, die im Rentamtsbezirk erscheinen und dort einen größeren Leserkreis besitzen, bekannt zu machen. Ferner ist darauf hinzuwirken, daß auf die Verpflichtung zur Abgabe der Besitzsteuererklärung und auf die strenge Einhaltung der Frist unter ausdrücklichem Hinweis auf die mit der Fristversäumnis verbundenen nachteiligen Folgen für den Erklärungspflichtigen in dem meist gelesenen textlichen Teile dieser Zeitungen mit hervorgehobenem Drucke hingewiesen wird.

§ 7. I Die Besitzsteuererklärung ist nach dem den Ausführungsbestimmungen beigegebenen Muster 2 zu gestalten. Für die erstmalige Besitzsteuerveranlagung ist sie in der Regel nach Maßgabe des den Kriegssteuer-Ausführungsbestimmungen beigegebenen Musters 3 mit der Steuererklärung zum Zwecke der Veranlagung der außerordentlichen Kriegsabgabe zu verbinden.

II Vordrucke sind in der erforderlichen Anzahl, die die Rentämter auf Grund der Einträge in die Besitzsteuerliste entsprechend zu bemessen haben, bei den Rentämtern bereit zu halten und den Gemeindebehörden zur Abgabe an die Erklärungspflichtigen zu übersenden. Die Verabfolgung an die Erklärungspflichtigen hat kostenlos zu erfolgen.

III Vordrucke für die Besitzsteuererklärung (Muster 2 zu § 18 Abs. 1 der AusfBest.) sind auch schon für die erstmalige Besitzsteuerveranlagung bereit zu halten.

§ 8. I Die Besitzsteuererklärung ist auf dem vorgeschriebenen Vordrucke bei dem Rentamt oder bei der Gemeindebehörde schriftlich oder zu Protokoll unter der Versicherung abzugeben, daß die Angaben nach bestem Wissen und Gewissen gemacht sind. Bei der Abgabe der Besitzsteuererklärung zu Protokoll ist der ausgefüllte Vordruck vom Steuerpflichtigen und von dem Beamten, der die Erklärung entgegengenommen hat, zu unterzeichnen. Die bei der Gemeindebehörde eingelangenden oder zu Protokoll gegebenen Besitzsteuererklärungen sind unverzüglich an das Rentamt einzusenden.

II Die schriftliche Besitzsteuererklärung darf auch verschlossen bei der Gemeindebehörde abgegeben werden. Die Gemeindebehörde hat eine verschlossen abgegebene Besitzsteuererklärung uneröffnet dem Rentamte vorzulegen, wenn der Name des Erklärenden auf dem Umschlag ersichtlich gemacht ist.

III Wenn es die Personalverhältnisse eines Rentamts gestatten, darf auf Wunsch einer Gemeindebehörde durch den Rentamtsvorstand rentamtliches Personal zur Unterstützung der Gemeindebehörde bei Entgegennahme der protokollarischen Besitzsteuererklärungen abgeordnet werden. Die von der Gemeindeverwaltung zu leistende Vergütung wird vom Staatsministerium der Finanzen festgesetzt.

§ 9. I Den Steuerpflichtigen ist es gestattet, in den Besitzsteuererklärungen von der Aufführung der einzelnen in Bayern gelegenen Grundstücke abzusehen und ihren Wert im ganzen anzugeben, wenn sie ihren Besitzsteuererklärungen evident gestellte Katasterauszüge beigeben. Liegen die Katasterauszüge bei Amt, so genügt eine Bezugnahme auf diese.

II Die Vollzähligkeit und Richtigkeit der Katasterauszüge nach dem Stande vom 31. Dezember des letzten Jahres des Veranlagungszeitraums ist vom Rentamt auf Grund der ihm zum Zwecke der Einkommensteuerveranlagung nach § 43 Abs. I der Vollzugsvorschriften zum EinkStG. zugehenden Mitteilungen über die in anderen Rentamtsbezirken zu zahlenden Grund- und Haussteuern zu prüfen.

III Da solche Behelfe für das in anderen Bundesstaaten gelegene Grundvermögen fehlen, muß das dort befindliche Grundvermögen in allen Fällen besonders in der Besitzsteuererklärung aufgeführt werden (§ 18 Abs. 4 Satz 2 der AusfBest.).

§ 10. I Jene Personen, die in der Besitzsteuerliste aufgeführt sind und nicht von selbst schon eine Besitzsteuererklärung abgegeben oder um Fristverlängerung nachgesucht haben, sind unter Bezugnahme auf § 52 Abs. 2 des Gesetzes und unter Androhung einer Geldstrafe im Versäumnisfalle (§ 54 Abs. 1 des Gesetzes) aufzufordern, binnen 14 Tagen eine Besitzsteuererklärung abzugeben. Dabei ist auf § 19 Abs. 3 der Ausführungsbestimmungen und § 54 Abs. 2 des Gesetzes aufmerksam zu machen (vgl. § 19 Abs. 5 der AusfBest.). Auf § 15 Abs. 2 der Ausführungsbestimmungen ist hinzuweisen.

II Diese Aufforderung, die der Anlage I entsprechend nachzubilden ist, hat gegen Zustellungsnachweis zu erfolgen.

III Die im § 54 Abs. 1, 2 des Gesetzes vorgesehenen Zwangsmittel (Geldstrafen und prozentuale Zuschläge) können nebeneinander zur Anwendung gebracht werden.

§ 11. I Die Zuständigkeit und das Verfahren bei Verhängung der im § 54 Abs. 1 des Gesetzes (§ 19 Abs. 1 bis 3 der AusfBest.) erwähnten Geldstrafen bemißt sich im Hinblick auf § 74 der Ausführungsbestimmungen nach den Vorschriften des Reichs-Gerichtsverfassungsgesetzes und der Reichs-Strafprozeßordnung und nach den Vorschriften der Art. 86 bis 92 des Gesetzes vom 18. August 1879 zur Ausführung der Reichs-Strafprozeßordnung (GVBl. 1879 S. 781).

II Die im § 54 Abs. 2 des Gesetzes (§ 19 Abs. 5 der AusfBest.) erwähnten Zuschläge von 5 bis 10 vom Hundert der rechtskräftig festgestellten Besitzsteuer werden durch das Rentamt festgesetzt. Art. 31 Abs. IV des Einkommensteuergesetzes und § 48 Abs. II bis V der Vollzugsvorschriften hierzu finden entsprechende Anwendung.

III Die festgesetzten Geldstrafen fließen in die Staatskasse (§ 75 der AusfBest.). Die festgesetzten Zuschläge dagegen sind zugleich mit den Besitzsteuern, aus denen sie berechnet wurden, an die Reichskasse abzuführen und in der gleichen Weise wie diese zu verrechnen.

IV Die Vorschriften des Abs. I und III Satz 1 finden auch auf die Verhängung von Geldstrafen nach Maßgabe des § 56 Abs. 2, § 58 Abs. 4 und § 62 Abs. 4 des Gesetzes Anwendung.

c) Prüfung und Vervollständigung der Veranlagungsunterlagen durch das Rentamt.

§ 12. I Das Rentamt hat nach § 55 des Gesetzes und § 20 der Ausführungsbestimmungen zunächst die Angaben in der Besitzsteuererklärung auf ihre Richtigkeit und Vollständigkeit und unter Benützung der ihm zu Gebote stehenden amtlichen Behelfe, der Wehrbeitrags- und Besitzsteuerakten, der Steuererklärungen für die Veranlagung der Einkommen-, Gewerb- und Kapitalrentensteuer, endlich der Überweisungen und Mitteilungen anderer Rentämter und Besitzsteuerämter zu prüfen.

II Für jene Steuerpflichtigen, bei denen die vorliegenden Prüfungsbehelfe keinen verlässigen Schluß auf die Höhe des Vermögens gestatten, sind die erforderlichen Erkundigungen gewissenhaft und mit Umsicht unter Anwendung der den Besitzsteuerämtern nach § 35 Satz 4, §§ 56 bis 59, 63 des Gesetzes eingeräumten Befugnisse einzuziehen. In allen zweifelhaften Fällen ist von der Befugnis der Einvernahme von Sachverständigen ausgiebiger Gebrauch zu machen und, soweit irgend tunlich, auf persönliche Erörterung etwaiger Bedenken über die Richtigkeit der Besitzsteuererklärung Bedacht zu nehmen. Kleinliche Beanstandungen sind zu unterlassen. Wegen der Auswahl von Sachverständigen wird es sich empfehlen mit den Vertretungen von Handel und Gewerbe ins Benehmen zu treten.

III Die Gemeindebehörden haben in dem Umfange bei der Vermögensermittlung mitzuwirken, wie dies ihnen im § 63 des Gesetzes und im Art. 35 Abs. I des Einkommensteuergesetzes zur Pflicht gemacht ist. Die Notare sind verpflichtet, Aufschlüsse zu erteilen und Einsicht der ihnen zur Verfügung stehenden amtlichen Behelfe zu gestatten im gleichen Umfange wie nach Art. 35 Abs. II des Einkommensteuergesetzes. Das gleiche gilt für die sämtlichen öffentlichen Behörden, soweit nicht der Vorbehalt im § 63 Abs. 3 des Gesetzes und im Art. 35 Abs. III des Einkommensteuergesetzes platzzugreifen hat. § 51 der Vollzugsvorschriften zum Einkommensteuergesetze findet entsprechende Anwendung.

§ 13. I Vermögen, dessen Nutznießung einem anderen (z. B. einem Elternteile) zusteht, ist in der Hand des Eigentümers steuerpflichtig. Besteht an einer Gesamtheit von Vermögenswerten zwischen mehreren eine Rechtsgemeinschaft, so ist jeder von ihnen mit seinem Anteile steuerpflichtig. Dies gilt insbesondere auch dann, wenn nach dem Tode eines Ehegatten zwischen den überlebenden Ehegatten und den übrigen Erben des Verstorbenen zufolge güterrechtlicher oder erbrechtlicher Bestimmung an einem Vermögen (Gesamtgut bei fortgesetzter Gütergemeinschaft, Nachlaß des Verstorbenen) eine Rechtsgemeinschaft stattfindet.

II Jeder an einer Rechtsgemeinschaft Beteiligte hat in seiner Steuererklärung den ihm zustehenden Anteil hieran anzugeben. Nötigenfalls werden in dieser Richtung die gerichtlichen Akten den erforderlichen Aufschluß geben.

III Im Falle eines Nießbrauchrechts ist der Wert des Rechtes in der Hand des Nießbrauchers steuerpflichtig; der Eigentümer darf diesen Wert von dem Werte der dem Nießbrauch unterliegenden Sache abziehen.

§ 14. I Als Hilfsmittel für die Feststellung der Vermögenswerte kommen vor allem das gesamte Wehrbeitrags- und Besitzsteuerveranlagungsmaterial, die Steuerlisten, die Einkommensteuerakten und die Kataster in Betracht.

II Zur Feststellung des Ertragswerts von Grundstücken sind neben den Vermögenserklärungen als Hilfsmittel insbesondere zu benützen:

a) Die Steuerkataster im Rahmen des § 45 der Ausführungsbestimmungen,
b) etwa ermittelte Pachterträge bei Pachtgütern,
c) die Einkommensteuerveranlagung,
d) die Veranlagung des gebundenen Grundbesitzes zur Ersatzabgabe nach § 95 des Reichsgesetzes vom 3. Juli 1913 (RGBl. S. 639),
e) die Gutachten der Sachverständigen.

§ 15. I Für die Einschätzung von Grundstücken wird unter Hinweis auf die §§ 29 bis 33 des Gesetzes und die Änderung des § 30 Abs. 2 des Gesetzes durch das Kriegssteuergesetz sowie auf die §§ 27 bis 46 der Ausführungsbestimmungen auf folgende Gesichtspunkte besonders aufmerksam gemacht.

II Anders wie bei der Wehrbeitragsveranlagung sind bei der Vermögensfeststellung im Rahmen einer Veranlagung nach dem Besitzsteuergesetz alle Grundstücke ohne Rücksicht auf ihre Zweckbestimmung grundsätzlich mit dem gemeinen Werte (Verkaufs- oder Verkehrswert) anzusetzen (§ 29 des Gesetzes). Auf Antrag des Steuerpflichtigen (§ 30 des Gesetzes) tritt an die Stelle des gemeinen Wertes der Betrag der nachgewiesenen oder glaubhaft gemachten Gestehungskosten nach Maßgabe der §§ 29 bis 33 der Ausführungsbestimmungen. Für Grundstücke, die dauernd land- oder forstwirtschaftlichen oder gärtnerischen Zwecken, sowie für bebaute Grundstücke, die Wohnzwecken oder gewerblichen Zwecken zu dienen bestimmt sind, und bei denen die Bebauung und Benutzung der ortsüblichen Bebauung und Benutzung entspricht, findet eine Berechnung des Ertragswerts nur insoweit statt, als ein Antrag des Steuerpflichtigen nach § 30 Abs. 1 des Gesetzes vorliegt und die Voraussetzungen des § 31 Abs. 1 oder des § 32 des Gesetzes gegeben sind. Der Ertragswert tritt in solchen Fällen für die Berechnung der Gestehungskosten an die Stelle des Erwerbspreises des Grundstücks.

III Als Ertrag, dessen Fünfundzwanzigfaches als Ertragswert für die Berechnung der Gestehungskosten maßgebend ist, gilt aber nicht der steuerbare Reinertrag, wie er der Berechnung der Landessteuern zugrunde gelegt wird. Er unterscheidet sich von diesem in folgenden wesentlichen Punkten:

1. Die Betriebsgebäude und die Betriebsmittel sind bei der Vermögensfeststellung mitzuberücksichtigen, während sie bei der Ertragsermittlung nach den Landessteuergesetzen außer Betracht zu bleiben haben.

2. Es ist der Reinertrag zugrunde zu legen, den ein ordentliches Unternehmen bei gemeinüblicher Bewirtschaftung und unter gewöhnlichen Verhältnissen im Durchschnitt einer Reihe von Jahren erzielen kann. Eine Berechnung des Ertragswerts nach dem wirklichen Reinertrage findet also nicht statt. Das Verfahren wird sich daher auch — vorbehaltlich der Ausscheidung des Anschlags für die eigene Arbeit — den beim Vollzuge des Einkommensteuergesetzes vorgenommenen Schätzungen anschließen können, sofern sich diese Schätzungen bei der Veranlagung zur Einkommensteuer als brauchbare und verlässige Behelfe erwiesen haben. Hierbei haben alle objektiven Schätzungselemente, wie Umfang und Ertragsfähigkeit der Grundstücke, ihre Lage zum Hauptanwesen, die allgemeine Verkehrslage, die Absatzmöglichkeit u. dgl. Berücksichtigung zu finden.

Dagegen haben alle persönlichen Momente auszuscheiden, z. B. insbesondere hervorragende Tüchtigkeit oder Untüchtigkeit des Wirtschafters, reichliches Vorhandensein oder Mangel an flüssigen Betriebsmitteln; ferner haben unberücksichtigt zu bleiben alle mehr zufälligen oder vorübergehenden Einflüsse, wie außerordentlich günstige oder ungünstige Witterungsverhältnisse, anormale Preissteigerungen oder Preisstürze.

3. Als Bewirtschaftungskosten sind alle Kosten anzurechnen, die aufzuwenden sind oder aufzuwenden wären, um mit entlohnten fremden Arbeitskräften den Rohertrag zu erzielen. Es darf also nicht bloß der wirkliche regelmäßige Aufwand an Bar- und Naturallöhnen für das Betriebspersonal vom landwirtschaftlichen Rohertrag abgezogen werden, sondern es dürfen alle Aufwendungen in Ansatz kommen, die notwendig wären, wenn die Bewirtschaftung ausschließlich mit fremden Arbeitskräften erfolgen würde. Daraus ergibt sich, daß nicht nur für die an Stelle von Dienstboten im Betrieb arbeitenden Kinder — ohne Rücksicht auf ihre wirklichen Bezüge — dieselben Geld- und Naturalanschläge in Anrechnung kommen wie für gleichartige gedungene Dienstboten, sondern daß auch der Eigentümer selbst und seine Ehefrau ihre im Betriebe geleistete Arbeit angemessen in Anschlag bringen können.

IV Der unter Berücksichtigung dieser Gesichtspunkte berechnete Reinertrag bildet die Grundlage für die nach § 39 der Ausführungsbestimmungen vorgeschriebenen Schätzung des Ertragswerts. Es wird im allgemeinen angenommen werden können, daß der Ertragswert des landwirtschaftlich benützten Grundbesitzes in vielen Fällen geringer ist als der gemeine Wert (Verkaufs- oder Verkehrswert). Wenn dies aber nicht der Fall sein sollte, steht es dem Steuerpflichtigen nach § 31 Abs. 5 und § 32 des Gesetzes frei zu verlangen, daß statt des Ertragswerts der gemeine Wert (Verkaufs- oder Verkehrswert) der Berechnung der Gestehungskosten zugrunde gelegt werde.

V Der gemeine Wert wird gemäß § 27 der Ausführungsbestimmungen nach den Preisen bestimmt, die im gewöhnlichen Geschäftsverkehre nach der Beschaffenheit des Gegenstandes ohne Rücksicht auf ungewöhnliche oder lediglich persönliche Verhältnisse zu bezahlen sind. Diese Feststellung wird wesentlich erleichtert werden durch die aus den Katastern usw. ersichtlichen Verkaufspreise gleichartiger Objekte in der gleichen Gegend und aus den letzten Jahren.

VI Bei bebauten Grundstücken, die Wohnzwecken oder gewerblichen Zwecken zu dienen bestimmt sind (§ 34 Abs. 2, §§ 40 bis 44 der AusfBest.), ist darauf zu achten, daß in dem nach § 31 Abs. 4 des Gesetzes zugelassenen Abzuge von einem Fünftel für Nebenleistungen und Instandhaltungskosten jene Bauschbeträge inbegriffen sind, die bei der Ertragsermittlung nach den Landessteuergesetzen als Betriebsausgaben zum Abzuge zugelassen wurden.

§ 16. Das zur Besitzsteuer zu veranlagende gewerbliche Betriebsvermögen unterscheidet sich von dem im Art. 8 des Gewerbsteuergesetzes umschriebenen gewerblichen Betriebskapital dadurch, daß beim gewerblichen Betriebsvermögen einerseits auch die Grundstücke und Gebäude einbezogen, anderseits aber fremde Gegenstände und Rechte ausgeschlossen werden, ferner dadurch, daß der Schuldenabzug bei der Veranlagung zur Besitzsteuer uneingeschränkt zulässig ist, während er bei der Berechnung der Betriebskapitalsanlage nur in beschränktem Umfange gestattet wird.

§ 17. Bei der Feststellung des Kapitalvermögens ist zu beachten, daß § 6 des Gesetzes den Begriff des Kapitalvermögens in verschiedener Richtung weiter gefaßt hat, als dies im Kapitalrentensteuergesetze geschehen ist. In dieser Beziehung wird insbesondere auf die nach § 6 Nr. 1, 4, 5, 6 des Gesetzes steuerpflichtigen Vermögenswerte hingewiesen. (Vgl. übrigens RGBl. 1916 S. 1269).

§ 18. Für die erstmalige Besitzsteuerveranlagung treten an die Stelle der Börsenkurse (§ 34 des Gesetzes) die nach Maßgabe des Reichsgesetzes vom 9. November 1916, RGBl. S. 1269, festgesetzten und bekannt gemachten Kurse.

§ 19. Für die Feststellung des Vermögenszuwachses sind die Vorschriften der §§ 18 bis 23 des Gesetzes, 21 bis 26 der Ausführungsbestimmungen maßgebend. Hierbei ist besonders zu beachten, daß die nach dem Wehrbeitragsgesetze für den 31. Dezember 1913 erfolgte rechtskräftige Vermögensfeststellung mit Rücksicht auf § 20 des Besitzsteuergesetzes bei der Besitzsteuerveranlagung — unbeschadet der Vorschriften des § 20 Satz 2 und § 21 Abs. 1 Satz 2 des Besitzsteuergesetzes in der Fassung des Kriegssteuergesetzes (AusfBest. § 22 Abs. 3) — keinerlei Anfechtung und Änderung mehr unterliegt. Das gleiche gilt vorbehaltlich der Vorschriften in § 38 Abs. 3, § 43 Abs. 2, § 44 Abs. 2, §§ 45, 46 und 73 Satz 2 des Gesetzes und in § 22 Abs. 3 der Ausführungsbestimmungen für jede spätere Besitzsteuerveranlagung hinsichtlich einer früheren nach dem Besitzsteuergesetz erfolgten rechtskräftigen Vermögensfeststellung. Auch ist für die Feststellung des Vermögenszuwachses hinsichtlich des Grundvermögens nicht vorgesehen, daß die Wertermittlung für das Anfangs- und für das Endvermögen nach den gleichen Grundsätzen (Ertragswert oder gemeiner Wert) vorgenommen werden muß (vgl. § 15 Abs. 2 dieser Vorschriften). Das Wahl- und Antragsrecht des Steuerpflichtigen in dieser Hinsicht ist nur in der im Gesetze (§ 30 Abs. 1, § 31 Abs. 5, § 32) und in § 29 Abs. 2 der Ausführungsbestimmungen bezeichneten Weise beschränkt und der Antrag nur für die jeweilige Vermögensfeststellung verbindlich (§ 46 der AusfBest.).

§ 20. Es wird darauf aufmerksam gemacht, daß für die Ermäßigung der Besitzsteuer nach § 27 Abs. 1 des Gesetzes die Zahl der minderjährigen Kinder maßgebend ist, nicht etwa wie für die Ermäßigung der Einkommensteuer nach dem Einkommensteuergesetze die Zahl der Kinder, die das 15. Lebensjahr nicht überschritten haben oder doch noch in der Vorbildung für einen Beruf begriffen sind.

§ 21. [I] Die Kosten der Ermittlungen hat in den Fällen des § 60 des Gesetzes der Steuerpflichtige zu tragen. In allen übrigen Fällen sind — vorbehaltlich der landesgesetzlichen Bestimmungen über die Kostentragung im Rechtsmittel- und Strafverfahren — die Kosten des Verfahrens in Besitzsteuerangelegenheiten von der Staatskasse zu tragen (§ 85 des Gesetzes, § 79 der AusfBest.).

II Die Beschlußfassung über die Kostentragung nach § 60 des Gesetzes obliegt den Rentämtern. Gegen den Beschluß ist Beschwerde an die Regierung, Kammer der Finanzen, zulässig.

d) Besitzsteuerkontrolle.

§ 22. I Soweit dem Rentamt auch die Verwaltung des Erbschaftssteuerwesens obliegt (§ 1 der Bek. vom 10. August 1906, GVBl. S. 509) kann die in § 62 des Gesetzes vorgesehene Besitzsteuerkontrolle unmittelbar auf Grund der gemäß § 40 des Erbschaftssteuergesetzes, §§ 2, 3 der Erbschaftssteuer-Ausführungsbestimmungen, §§ 4 bis 7 der Bekanntmachung vom 10. August 1906 den Rentämtern einzureichenden Totenlisten und Mitteilungen über Todeserklärungen erfolgen.

II Das Stadtrentamt München I hat den Stadtrentämtern München II und III, das Rentamt Nürnberg I den Rentämtern Nürnberg II und III die eingekommenen Totenlisten und Mitteilungen über Todeserklärungen so rechtzeitig zur Verfügung zu stellen, daß diese innerhalb der in § 62 Abs. 1 des Gesetzes vorgeschriebenen Frist in Fällen, in denen ein besonderer Anlaß hierzu besteht, von den pflichtigen Personen die Einreichung eines Verzeichnisses über das von dem Verstorbenen hinterlassene Kapital- und Betriebsvermögen verlangen können. (§ 67 der AusfBest.).

III Ist das mit der Behandlung der Erbschaftssteuer befaßte Rentamt nicht auch für die Veranlagung und Erhebung der Besitzsteuer des Erblassers zuständig, so übersendet er alsbald nach Feststellung des Sachverhalts einen Auszug aus der Totenliste oder eine Abschrift der Mitteilung über die Todeserklärung an das zuständige Rentamt oder außerbayerische Besitzsteueramt.

IV Die Besitzsteuerkontrolle wird zweckmäßig mit der in Art. 73 des Einkommensteuergesetzes vorgesehenen Nachlaßkontrolle verbunden werden.

V Bei der Erbschaftssteuerbehandlung ist auch sonst darauf zu achten, ob nicht Veranlassung zu einer Besitzsteuer-Neu- oder Nachveranlagung besteht.

2. Veranlagung durch die Steuerausschüsse.

§ 23. Die Grundlagen für die Berechnung der Besitzsteuer werden durch die nach Maßgabe der Art. 37 bis 41, 88 des Einkommensteuergesetzes und der §§ 53 bis 56 der Vollzugsvorschriften hierzu gebildeten Steuerausschüsse festgesetzt.

§ 24. I Im Verfahren der Steuerausschüsse haben die Vorschriften der Art. 42, 44 bis 47 des Einkommensteuergesetzes sowie die Bestimmungen der §§ 57 bis 62 der Vollzugsvorschriften hierzu entsprechende Anwendung zu finden.

II Die Steuerausschüsse sind zur Veranlagung der Besitzsteuer alsbald nach Fertigstellung der vorbereitenden Arbeiten einzuberufen. Wenn es die Verhältnisse des Rentamts gestatten und keine erhebliche Verzögerung der Veranlagung zu den staatlichen Personalsteuern zu befürchten ist, sind die Veranlagung zu diesen Steuern und die Veranlagung zur Besitzsteuer ganz oder wenigstens teilweise zu verbinden.

III Die weiteren Ausschußmitglieder nach Art. 41 des Einkommensteuergesetzes sind in allen Fällen beizuziehen.

IV Die Steuerausschüsse sind auf die Möglichkeit der Beiziehung von Sachverständigen nach Art. 47 Abs. I des Einkommensteuergesetzes aufmerksam zu machen.

§ 25. I Die Verhandlungen über die Veranlagung der Besitzsteuer und über die hierbei zur Erörterung gelangenden Verhältnisse des Besitzsteuerpflichtigen sind streng vertraulicher Natur (§§ 64, 82 des Gesetzes).

II Die Mitglieder der Steuerausschüsse, die Berufungskommissionen und der Oberberufungskommission sind hierüber zu belehren.

§ 26. Ist das im § 69 Abs. 6 der Ausführungsbestimmungen vorgesehene Verfahren einzuleiten, so sind die Verhandlungen — für jeden Steuerfall gesondert — durch die vorgesetzte Regierungsfinanzkammer dem Staatsministerium der Finanzen vorzulegen, das die Entscheidung des Bundesrats einholen wird.

III. Steuer- und Feststellungsbescheid, Erhebung und Beitreibung der Besitzsteuer.

1. Steuer- und Feststellungsbescheid.

§ 27. I Das Ergebnis der Veranlagung ist nach näherer Vorschrift des § 54 Abs. 2 bis 5 der Ausführungsbestimmungen in die Besitzsteuerliste einzutragen.

II Auf Grund dieses Eintrags wird die Besitzsteuer vom Rentamte berechnet.

III Dem Steuerpflichtigen ist sodann ein Steuerbescheid nach Anleitung des Musters 3 zu § 55 Abs. 1 der Ausführungsbestimmungen zu erteilen.

IV Unter den Voraussetzungen des § 56 Abs. 1 der Ausführungsbestimmungen ist den Steuerpflichtigen ein Feststellungsbescheid nach Anleitung des Musters 4 zu Abs. 2 dieser Bestimmung zu erteilen.

V Beide Bescheide haben eine Belehrung über das zulässige Rechtsmittel der Berufung, über die vom Zustellungstag an laufende Ausschlußfrist von einem Monate, sowie darüber zu enthalten, daß die Berufung innerhalb dieser Ausschlußfrist schriftlich oder zu Protokoll beim Rentamt oder bei der Gemeindebehörde einzulegen ist, endlich darüber, daß in der Berufung die Gründe anzugeben sind, aus denen der Beschluß des Steuerausschusses angefochten wird.

VI Außerdem sind in den Bescheiden die Punkte in Kürze zu bezeichnen, in denen bei der Feststellung des steuerbaren Vermögens von der Besitzsteuererklärung abgewichen worden ist.

VII Die Steuer- und die Feststellungsbescheide sind kosten- und gebührenfrei (§ 85 des Gesetzes und § 79 der AusfBest.). Besteht Anlaß zur Auferlegung von Kosten des Ermittlungsverfahrens, so ist nach § 21 dieser Vorschriften zu verfahren.

§ 28. I Die Urschriften des Steuer- und des Feststellungsbescheids sind zu den rentamtlichen Akten zu nehmen.

II Den Beteiligten sind Abschriften der Bescheide unter Beobachtung der Vorschriften des § 68 des Gesetzes und des § 57 der Ausführungsbestimmungen in einem verschlossenen Umschlage durch die Post oder wenn tunlich zur Kostensparung auf andere geeignete dem § 57 Abs. 2 der Ausführungsbestimmungen entsprechende Weise unter Erholung eines Zustellungsnachweises zustellen zu lassen. Der Eingang der Zustellungsnachweise ist sorgfältig zu überwachen; sie sind zu den rentamtlichen Besitzsteuerakten zu nehmen.

§ 29. Für Personen, denen weder ein Steuer- noch ein Feststellungsbescheid zuzustellen ist (§ 65 Abs. 1 des Gesetzes), ist nach Maßgabe des § 58 der Ausführungsbestimmungen Vormerkung zu machen.

2. Sollstellung und Erhebung der Besitzsteuer.

§ 30. I Gleichzeitig mit der Erteilung des Steuerbescheids hat das Rentamt die festgesetzte Besitzsteuer im Sollbuche zu Soll zu stellen (§ 59 der AusfBest.).

II Die Führung des für je einen ganzen Erhebungszeitraum (§ 24 des Gesetzes) bestimmten Sollbuchs bemißt sich nach den Vorschriften der §§ 59, 60 der Ausführungsbestimmungen und nach dem diesen Vorschriften beigegebenen Muster 5. Die Führung des für je ein Rechnungsjahr bestimmten Einnahmebuchs richtet sich nach den §§ 59, 62 der Ausführungsbestimmungen und nach dem diesen Vorschriften beigegebenen Muster 6.

§ 31. Die Entrichtung der Besitzsteuer verteilt sich auf den dem Veranlagungszeitraume (§ 18 des Gesetzes) folgenden, mit dem 1. April beginnenden dreijährigen Erhebungszeitraum (§ 24 des Gesetzes). Der Jahresbetrag der Steuer ist in gleichen Halbjahresteilen, die am 1. Juli und am 1. Januar jeden Jahres des Erhebungszeitraums fällig werden, zu zahlen. Bleibt der Einzelbetrag der Steuer unter 5 ℳ, so ist der Jahresbetrag der Steuer am 1. Juli fällig und auf einmal zu entrichten.

3. Einziehung und Stundung der Besitzsteuer.

§ 32. I Für die Einziehung der Besitzsteuer sind die Vorschriften über die Einhebung und Beitreibung der Staatsgefälle maßgebend, vorbehaltlich jedoch der Vorschrift des § 72 des Gesetzes, wonach die Zwangsversteigerung eines Grundstücks ohne Zustimmung des Steuerpflichtigen nicht zulässig ist, wenn dieser ein Deutscher ist.

II Durch die Einlegung eines Rechtsmittels wird die Einhebung der veranlagten Besitzsteuer nicht aufgehalten (§ 69 des Gesetzes); soweit jedoch das Rechtsmittelverfahren voraussichtlich zu einer Aufhebung oder Herabsetzung der Besitzsteuer führen wird, kann Stundung oder eine andere als die gesetzliche Teilzahlung auf Antrag bewilligt werden (§ 63 der AusfBest.).

III Zur Bewilligung von Stundungen und Teilzahlungen in den eben genannten Fällen, sowie in den Fällen, in denen die sofortige Einziehung der Besitzsteuer zu den gesetzlichen Zahlungsfristen mit erheblichen Härten für den Steuerpflichtigen verbunden sein würde, sind, falls die Bewilligung sich auf nicht mehr als 6 Monate und auf Beträge von nicht mehr als 500 ℳ erstreckt, die Rentämter, außerdem die Regierungsfinanzkammern zuständig. Im übrigen gelten die Vorschriften der §§ 63, 66 Abs. 2 der Ausführungsbestimmungen.

IV Die Zurücknahme einer erteilten Stundungsbewilligung (§ 71 Abs. 3 des Gesetzes) erfolgt durch die Stelle oder Behörde, die die Bewilligung erteilt hat. Werden dem Rentamte Gründe bekannt, die die Zurücknahme einer von der Regierungsfinanzkammer bewilligten Stundung rechtfertigen, so hat das Rentamt der Regierungsfinanzkammer hiervon alsbald Anzeige zu erstatten.

4. Niederschlagung von Besitzsteuern.

§ 33. Zur Niederschlagung von Besitzsteuern wegen Uneinbringlichkeit sind nur die Regierungsfinanzkammern zuständig. Die Voraussetzungen und die formelle Behandlung richten sich nach § 68 der Ausführungsbestimmungen.

§ 34. I Beim Vollzuge der §§ 64, 65 der Ausführungsbestimmungen ist zu beachten, daß in Bayern die Rentämter zugleich Besitzsteuerämter und Hebestellen sind.

II Verlegt ein Steuerpflichtiger seinen Wohnsitz innerhalb Bayerns, so ist eine Überweisung der

Besitzsteuer an das Rentamt des neuen Wohnorts zu unterlassen und das Rentamt des bisherigen Wohnorts hat die Besitzsteuer einzuziehen.

VI. Rechtsmittelverfahren, Erstattungen.

1. Rechtsmittelverfahren.

§ 35. I Gegen den Steuer- und den Feststellungsbescheid ist die Berufung an die Berufungskommission, gegen den Bescheid der Berufungskommission die Beschwerde an die Oberberufungskommission zulässig.

II Gegen den Nachveranlagungsbescheid auf Grund der § 38 Abs. 3 Satz 2, § 45 Satz 2, § 46 des Gesetzes sowie gegen den Neuveranlagungsbescheid auf Grund des § 73 Abs. 2 des Gesetzes ist der Einspruch nach Art. 72 Abs. V, Art. 70 Abs. II bis V des Einkommensteuergesetzes zulässig.

III Die Rechtsmittel werden nach den Art. 49 bis 64, 85 bis 87, 91, 92 des Einkommensteuergesetzes mit dem Abmaße weiterbehandelt, daß zufolge der Sondervorschrift im § 66 Abs. 3 des Gesetzes die Rechtsmittelfrist nicht in Lauf gesetzt wird, wenn keine oder eine falsche Rechtsmittelbelehrung erteilt ist.

IV Gegen den Bescheid des Rentamts, durch den die Veranlagung zugunsten des Steuerpflichtigen auf Grund der § 38 Abs. 3 Satz 1, § 43 Abs. 2, § 44 Abs. 2, § 46 des Gesetzes berichtigt wird, oder die auf Grund dieser Vorschriften beantragte Berichtigung der Veranlagung abgelehnt wird, steht dem Steuerpflichtigen die Beschwerde an die Regierungsfinanzkammer und an das Staatsministerium der Finanzen offen.

V Wegen der Durchführung der durch das Rechtsmittel-, Berichtigungs-, Neu- oder Nachveranlagungsverfahren veranlaßten Änderungen der Besitzsteuer in den Besitzsteuerlisten und in den Sollbüchern wird auf § 60 Abs. 2, § 71 der Ausführungsbestimmungen verwiesen.

2. Erstattung.

§ 36. I Zu viel bezahlte Beträge sind im Falle des § 35 Abs. V dieser Vorschriften von Amts wegen zu erstatten (§ 71 der AusfBest.). Im übrigen bedürfen Erstattungen der Genehmigung der Regierungsfinanzkammer (§ 69 Abs. 3 und 5 der AusfBest.).

II Eine Verzinsung nach § 69 Satz 2 des Gesetzes und § 70 der Ausführungsbestimmungen tritt nur ein, wenn auf Grund einer Entscheidung im Rechtsmittelverfahren erstattet wird.

III Erstattete Besitzsteuern sind durch die Spalte 6 des Sollbuchs in Abgang zu bringen (vgl. auch § 41 Abs. II dieser Vorschriften).

V. Kassenbücher.

§ 37. I Die Feststellungsbescheinigung auf dem Titelblatte des Sollbuchs nach § 60 Abs. 1 der Ausführungsbestimmungen erfolgt durch den Rentamts- oder Kassenabteilungsvorstand.

II Gelegentlich der im § 40 dieser Vorschriften erwähnten örtlichen Besitzsteuerprüfung hat der von der Regierungsfinanzkammer abgeordnete Beamte die Feststellungsbescheinigung nach Prüfung als richtig zu bestätigen und hiervon auf dem Titelblatte den Vermerk: „Geprüft und festgesetzt auf ..... M." mit Namensunterschrift zu machen.

VI. Verrechnung und Ablieferung.

1. Führung des Einnahmebuchs.

§ 38. Die eingezahlten Besitzsteuern werden nach Eingang im Einnahmebuche verbucht, das nach Muster 6 zu § 59 der Ausführungsbestimmungen zu führen ist.

2. Abschluß des Einnahmebuchs; Aufnahme in die Reichssteuerübersichten, Abrechnung und Ablieferung.

§ 39. I Das Einnahmebuch ist am letzten Werktag eines jeden Monats abzuschließen.

II Das Gesamtaufkommen (die eingezahlten Beträge) an Besitzsteuer einschließlich der Nacherhebungen und abzüglich der Erstattungen (Zurückzahlungen) und der Betrag der Vergütung an die Bundesstaaten für die

Veranlagung und Erhebung der Besitzsteuer (§ 86 des Gesetzes) sind in die monatlich und vierteljährlich zu erstellenden allgemeinen Reichssteuerübersichten aufzunehmen (§ 80 der AusfBest.).

III Die Abrechnung der Rentämter mit den Kreiskassen, die Abrechnung der Kreiskassen mit der Zentralstaatskasse und die Abrechnung der letztgenannten Kasse mit der Reichshauptkasse hat nach § 9 der Bestimmungen zur Regelung der Abrechnungen zwischen der Reichshauptkasse und den Landeskassen (Zentralblatt für das Deutsche Reich 1910 S. 352) vierteljährlich zu erfolgen.

IV Die buchmäßige Behandlung der Ablieferungen erfolgt bei den Rentämtern und Kreiskassen in den allgemeinen Kassenbüchern.

V Für die Restnachweisung ist das Muster 7 zu den Ausführungsbestimmungen zu benützen.

VII. Prüfungsverfahren.

§ 40. I Die Veranlagungsarbeiten und die Bücher über die Besitzsteuer werden bis auf weiteres am Sitze des Rentamts, tunlichst gleichzeitig mit der örtlichen Prüfung der Veranlagungsarbeiten über die direkten Personalsteuern, durch abgeordnete Prüfungsbeamte der Regierungsfinanzkammern geprüft (Örtliche Prüfung, § 78 der AusfBest.).

II Die Prüfung erstreckt sich auf die Besitzsteuerlisten und das gesamte der Veranlagung zur Besitzsteuer zugrunde gelegte Material (§ 76 der AusfBest.), ferner auf die Sollbücher und die Einnahmebücher usw. Sie hat auch festzustellen, ob die während des Rechnungsjahres erstatteten monatlichen und vierteljährlichen Übersichten mit den Abschlüssen des Einnahmebuchs übereinstimmen.

III Die örtliche Prüfung hat auch die Feststellungsbescheinigung nach § 60 Abs. 1 der Ausführungsbestimmungen und die Überträge in die Restnachweisung (§ 72 Abs. 2 der AusfBest.) zu prüfen und den Befund auf dem Titelblatte des Sollbuchs zu bestätigen (vgl. § 37 Abs. II dieser Vorschriften).

§ 41. I Ergibt sich bei den Prüfungsverhandlungen Anlaß zu Neuveranlagungen (§ 73 Satz 2 des Gesetzes), so sind die nachzuholenden Besitzsteuern in die Zugangsliste zu den Besitzsteuerlisten einzutragen, nachträglich im Besitzsteuer-Sollbuche (Zweite Abteilung) zu Soll zu stellen und nach Einzahlung im Einnahmebuche zu vereinnahmen. § 73 Abs. 1 der Ausführungsbestimmungen findet Anwendung.

II Ergibt sich bei den Prüfungsverhandlungen Anlaß zu Erstattungen, so sind diese in Spalte 6 des Sollbuchs in Abgang zu bringen.

VIII. Kosten.

§ 42. I Das Verfahren in Besitzsteuerangelegenheiten ist, soweit nicht die §§ 60, 85 des Gesetzes ein anderes bestimmen, kosten-, gebühren- und stempelfrei (§ 79 der AusfBest.). Insbesondere ist das Rechtsmittelverfahren bis zum Abschlusse des Nachprüfungsverfahrens (Art. 53 des EinkStG., § 68 der VollzVorschr. hierzu) und das Beschwerdeverfahren nach § 35 Abs. IV dieser Vorschriften mit der aus § 60 des Gesetzes sich ergebenden Einschränkung kosten-, gebühren- und stempelfrei.

II Die Kosten in Besitzsteuersachen sind nach Maßgabe des Art. 85 des Einkommensteuergesetzes und § 92 der Vollzugsvorschriften hierzu zu behandeln und zu verrechnen.

München, den 16. Dezember 1916.

v. Breunig.

Doppelsteuergesetz.

Vom 22. März 1909.
(RGBl. S. 332.)

§ 1. I Ein Deutscher darf vorbehaltlich der Bestimmungen im § 3 zu den direkten Staatssteuern nur in demjenigen Bundesstaate herangezogen werden, in welchem er seinen Wohnsitz hat.

II Einen Wohnsitz im Sinne dieses Gesetzes hat ein Deutscher an dem Orte, an welchem er eine Wohnung unter Umständen inne hat, welche auf die Absicht der dauernden Beibehaltung einer solchen schließen lassen.

§ 2. I Ein Deutscher, welcher in keinem Bundesstaat einen Wohnsitz hat, darf nur in demjenigen Staate, in welchem er sich aufhält, zu den direkten Staatssteuern herangezogen werden.

II Hat ein Deutscher in seinem Heimatstaat und außerdem in anderen Bundesstaaten einen Wohnsitz, so darf er nur in dem ersteren zu den direkten Staatssteuern herangezogen werden.

III In Reichs- oder Staatsdiensten stehende Deutsche dürfen, sofern sie sowohl in demjenigen Bundesstaat, in welchem sich ihr dienstlicher Wohnsitz befindet, als auch in einem anderen Bundesstaat einen Wohnsitz im Sinne des § 1 Abs. II dieses Gesetzes haben, nur in dem ersteren Bundesstaate, sofern sie aber in keinem Bundesstaat einen Wohnsitz im Sinne des § 1 Abs. II dieses Gesetzes, sondern nur einen dienstlichen Wohnsitz haben, nur in dem Bundesstaate des dienstlichen Wohnsitzes zu den direkten Staatssteuern herangezogen werden.

§ 3. I Der Grund- und Gebäudebesitz und der Betrieb eines stehenden Gewerbes sowie das aus diesen Quellen herrührende Einkommen dürfen nur in demjenigen Bundesstaate besteuert werden, in dessen Gebiete der Grund- und Gebäudesitz liegt oder die Betriebsstätte zur Ausübung des stehenden Gewerbes unterhalten wird.

II Betriebsstätte im Sinne dieses Gesetzes ist jede feste örtliche Anlage oder Einrichtung, die der Ausübung des Betriebs eines stehenden Gewerbes dient.

Außer dem Hauptsitz eines Betriebs gelten hienach als Betriebsstätten:

Zweigniederlassungen,
Fabrikationsstätten, Ein- und Verkaufsstellen,
Niederlagen,
Kontore
und sonstige zur Ausübung des Gewerbes durch den Unternehmer selbst, dessen Geschäftsteilhaber, Prokuristen oder andere ständige Vertreter unterhaltene Geschäftseinrichtungen.

III Befinden sich Betriebsstätten desselben gewerblichen Unternehmens in mehreren Bundesstaaten, so darf die Heranziehung zu den direkten Staatssteuern in jedem Bundesstaate nur anteilig erfolgen.

IV Die Besteuerung des Gewerbebetriebs im Umherziehen einschließlich des Wanderlagerbetriebs bleibt demjenigen Bundesstaate vorbehalten, in dessen Gebiete der Betrieb stattfindet oder stattfinden soll.

§ 4. Wird ein Steuerpflichtiger für denselben Zeitraum, für den er in einem Bundesstaate die von ihm dort eingeforderte direkte Staatssteuer entrichtet hat, in einem anderen Bundesstaate zu einer gleichartigen direkten Staatssteuer herangezogen, so ist ihm diese auf Antrag bis zur endgültigen Entscheidung über das Recht und das Maß der Besteuerung zu stunden.

§ 5. An den Wirkungen, welche der Wohnsitz oder Aufenthalt außerhalb des Reichsgebiets auf die Steuerpflichtigkeit eines Deutschen äußert, wird durch das gegenwärtige Gesetz nichts geändert.

§ 6. Beschwerden über eine infolge Verletzung der Vorschriften dieses Gesetzes eingetretene Doppelbesteuerung sind innerhalb eines Jahres nach der endgültigen Feststellung der Doppelbesteuerung anzubringen. Solche Beschwerden dürfen nicht aus dem Grunde zurückgewiesen werden, daß der Steuerpflichtige die in Landesgesetzen vorgesehenen ordentlichen Rechtsmittel gegen die Veranlagung nicht innerhalb bestimmter Fristen eingelegt oder den Antrag auf Erstattung nicht innerhalb landesgesetzlich vorgeschriebener Fristen gestellt habe.

Register.

Die Zahlen bedeuten die Seiten.

A.

D.

E.

F.

T.

W.

Z.